# Lendas da Criação

## A Saga dos Orixás

Rubens Saraceni

# Lendas da Criação
## A Saga dos Orixás

MADRAS

© 2020, Madras Editora Ltda.

*Editor*:
Wagner Veneziani Costa (*in memoriam*)

*Produção e Capa*:
Equipe Técnica Madras

*Revisão*:
Neuza Rosa

---

Dados Internacionais de Catalogação na Publicação (CIP)
(Câmara Brasileira do Livro, SP, Brasil)

Saraceni, Rubens
   Lendas da criação : a saga dos orixás / Rubens Saraceni. — 4. ed. — São Paulo : Madras, 2020.

   ISBN 978-85-370-0410-4

   1. Criação 2. Lendas 3. Psicografia 4. Orixás 5. Umbanda (Culto) I. Título

08-07358                                        CDD-299.672

Índices para catálogo sistemático:
1. Lendas da criação : Orixás : Umbanda : Religião 299.672

---

Proibida a reprodução total ou parcial desta obra, de qualquer forma ou por qualquer meio eletrônico, mecânico, inclusive por meio de processos xerográficos, incluindo ainda o uso da internet, sem a permissão expressa da Madras Editora, na pessoa de seu editor (Lei nº 9.610, de 19.2.98).

Todos os direitos desta edição reservados pela

**MADRAS EDITORA LTDA.**
Rua Paulo Gonçalves, 88 — Santana
CEP: 02403-020 — São Paulo/SP
Caixa Postal 12183 — CEP: 02013-970 — SP
Tel.: (11) 2281-5555 — Fax: (11) 2959-3090
**www.madras.com.br**

# Índice

Introdução ..................................................................... 7
A Criação do Mundo ....................................................... 9
De Volta à Lagoa ............................................................ 30
Lenda do Nascimento das Mães Geradoras da Vida ..................... 39
Criação e Geração dos Orixás – O Nascimento de Exu ................. 43
Geração de Oxalá ........................................................... 47
Lenda da Ida de Oxalá e Ogum a uma das Muitas
Realidades do Nosso Divino Criador Olorum ............................. 54
Lenda das Idades dos Orixás ............................................... 66
Lenda da Chave de Exu Mirim ............................................ 69
Lenda da Geração de Pombagira .......................................... 75
Lenda da Geração de Oxum ............................................... 80
Geração de Obá ............................................................. 84
Lenda de Obá, a Senhora dos Fatores Concentrador,
Fixador e Condensador ..................................................... 86
A Geração de Oxóssi e de Omolu ......................................... 94
Lenda de Omolu ............................................................ 103
A Geração de Iemanjá ..................................................... 108
Lenda de Iemanjá, Orungã e Xangô ...................................... 110
O Nascimento de Oxumaré e Iansã ....................................... 125
Lenda de Oxumaré e Iansã ................................................ 128
Lenda da Saída de Iansã ................................................... 131
Lenda das Negociações e Cobranças entre Exu e Exu Mirim ........... 137
Lenda da Geração de Nanã Buruquê, Obaluaê e Omolu ................ 148
Lenda de Nanã Buruquê ................................................... 150
Lenda da Geração de Omolu e sua Ida para os
Domínios de Iemanjá ...................................................... 155
Lenda do Mistério das Cruzes ............................................. 158
Lenda da Chave de Obaluaê .............................................. 165
A Geração de Oro Iná ..................................................... 169
Lenda de Oro Iná .......................................................... 171

Orixá Oro Iná, a Deusa do Fogo Universal..................................... 174
Citação sobre Orixá Oro Iná............................................................175
Lenda da Geração de Logunã........................................................178
Lenda de Logunã, a Orixá Mãe do Tempo e das Eras ...................180
Lendas da Criação dos Mundos......................................................192
Lenda das Chaves e das Fechaduras da Criação...........................201
O Mistério das Cores.....................................................................203
O Mistério das Conchas Divinas ...................................................208
Lenda de Oxaguiã e as Conchas da Vida........................................218
A Mesa dos Mantos Divinos .........................................................233
As Realidades Regidas pelos Orixás ..............................................237
Lenda dos Mantos Sagrados...........................................................238
As Mesas dos Cajados e dos Condões............................................277
As Mesas das Espadas....................................................................279
Lenda de Ogum Quando Ele Foi à Guerra .....................................281
Lenda de Ogum Megê (Ogum Sete)...............................................291
A Primeira Visita de Ogum do Tempo a Iansã ..............................307
Lenda das Palavras Ditas por Olorum a Ogum Quando
da Partida dos Orixás para a sua Morada Exterior......................... 320
Lenda de Orunmilá, o Orixá da Adivinhação e das Oferendas .....325
A Coroa dos Orixás ........................................................................328
Lenda do Acordo dos Ebós............................................................330
Lenda do Acordo sobre os Ebós ....................................................333
A Saída dos Orixás.........................................................................340
Tabela Parcial dos Verbos, dos Fatores, dos Orixás e das
suas Funções..................................................................................344

# Introdução

Lendas da Criação é um livro diferente dos já psicografados por mim, e não sei se o classifico como ficção ou romance. Quando o penso como ficção, é graças ao fato de ser impossível a nós, os espíritos, descrevermos os seres divinos em suas essências, porque tudo o que sabemos é que, de tudo o que fazemos, o que predomina é a nossa ideia de como eles sejam.

Mesmo que sejamos inspirados por espíritos muito mais evoluídos, ainda assim eles também são espíritos.

Então, na dúvida de o classificar como ficção ou romance, optei por classificá-lo como uma saga. E, porque são inspirações que nunca poderão ser confirmadas, ainda que eu não duvide da autenticidade delas, classifiquei-as como lendas, pois elas tanto podem ser verdadeiras como não. Mas sempre são alegóricas e nos remetem a eventos que nos marcaram de forma indelével.

Uma lenda, para ser classificada como tal, precisa estar ligada a leis da criação e a mistérios divinos pois, se ela não trouxer isso em si, não poderá receber essa classificação e será mais uma estória.

Uma lenda tem de ter um fundamento divino por trás dela, senão é só mais um exercício de criação abstrata.

O fundamento de uma lenda tem de estar nela e tem de ser descrito de uma forma que a torne uma fonte de revelações dos poderes e dos mistérios da criação manifestados pelos seres divinos, que por sua vez devem ser mais que um ser e mostrar-se como um poder manifestado pelo criador.

Lendas são transmitidas oralmente desde os primórdios da humanidade por todos os povos e, no passado longínquo, era o único recurso dos religiosos para transmitirem aos seus seguidores os mistérios da criação, que foram perpetuados até o surgimento da escrita e daí em diante passaram a ser guardadas, não mais correndo o risco de desaparecerem.

Existem lendas que são epopeias. Outras são fábulas e ainda há outras que são sagas heroicas, todas difíceis ou impossíveis de serem constatadas cientificamente. Mas todas trazem em si algo que transcende o romance, os contos e as histórias, pois lendas só a vivenciam os heróis divinos.

O culto aos Sagrados Orixás sustentou-se ao longo dos milênios e tornou-se imortal justamente por estar fundamentado em lendas que, quer queiram ou não, são tão verídicas quanto as descrições cosmogênicas de todos os "Livros Santos".

Afinal, quem em sã consciência pode afirmar que os eventos criadores descritos na Bíblia são verdadeiros ou não, se nela as lendas receberam o nome de revelações?

Cada religião tem a sua cosmogênese, tem a sua teogonia, a sua teofania e a sua mitologia.

Podemos aceitá-las ou não, mas duvidar da sua autenticidade é um exercício inútil pois, do mesmo jeito que duvidamos ou questionamos as lendas alheias, as nossas também podem ser questionadas.

Então, o melhor a ser feito nesse campo da Literatura é colocarmos nossas lendas à disposição dos leitores e deixar que cada um decida por si se as aceita ou não. E devemos aguardar no tempo para saber se servirão como orientadoras na busca interior de quem as ler, reler e estudar.

O prazer que sinto ao escrever uma lenda, espero que os leitores também o vivenciem.

A abertura no entendimento é grande e passamos a compreender melhor as funções divinas sobre os Sagrados Orixás, ainda que usamos do antropomorfismo para descrevê-los e às suas ações. E nem seria possível fazê-lo de outra forma, porque somos nós quem estamos fazendo-o!

Os leitores devem ficar atentos aos "vícios" de linguagem, aqui usados de forma consciente por nós, porque são importantes na afixação das "mensagens" ou das "revelações" acerca do irrevelável ou do transcendente.

Em momento algum devem se esquecer disso ou pensar que tratamos de forma profana o que é sagrado e divino. Foi um recurso dos autores espirituais para tornarem a leitura mais fácil e agradável e, não raro, os diálogos reveladores são bem humorados ou mesmo hilários. Mas em momento algum houve a intenção de profanarmos o que é sagrado.

Uma lenda só é uma lenda se lidar com os nossos recursos "linguísticos" sem a preocupação de ser um texto irreparável e inquestionável, pois devemos nos preocupar em tornar sua leitura inesquecível para que, quando alguém se dispuser a contá-la a outrem, tenha como transmitir a sua essência e torná-la inesquecível ao seu ouvinte também.

Acreditamos ter conseguido esse propósito, pois as lendas que demos para algumas pessoas lerem ainda no original tornaram-se inesquecíveis para elas, já que tempos depois ainda se lembravam delas em seus mínimos detalhes.

Isso é lenda.

Tenham uma boa leitura e aprendam lendo e leiam aprendendo, porque esse é o nosso único e descontraído propósito.

*Rubens Saraceni*

# A Criação do Mundo

## Os mitos da criação e as lendas dos Orixás contadas por um velho Babalaô

Muitas são as lendas dos Orixás e os mitos da criação contados desde os primórdios da humanidade. Mitos e lendas que se perpetuaram por meio da transmissão oral – método usado pelos mais velhos para passarem aos mais novos toda uma vasta coletânea de conhecimentos indispensáveis ao culto aos Orixás e às suas práticas mágicas e religiosas.

Hoje, muitos destes mitos e lendas já são encontrados em livros e estão à disposição de quem queira conhecê-los. Mas houve um tempo que não era assim, e as pessoas se reuniam em volta de uma fogueira crepitante para ouvir dos lábios dos anciões as estórias, ou histórias, dos Orixás e suas dificuldades para criarem o mundo e tudo o que nele existe.

Foi um tempo de glórias e de descobertas. Inclusive, até hoje nem tudo foi contado sobre esse tempo, quando o tempo ainda não contava ou sequer existia.

O velho Babalaô, curvado pelo peso das eras e cansado de tanto caminhar sobre a Terra voltou-se para o céu e contemplou-o por tanto tempo, que até a noção dele ele perdeu e quando voltou sua mente e atenção novamente para a Terra, tudo à sua volta havia mudado.

As pessoas lhe eram desconhecidas e seus rostos pareciam inexpressivos ou descrentes do poder dos Orixás.

Sua aldeia já não era como ele conhecera e em vez de singelas cabanas de pau a pique, viu edifícios de concreto armado. E, em vez de campos floridos e florestas verdejantes, viu campos com altas torres retirando do subsolo um líquido viscoso que chamam de petróleo.

Procurou, entre as pessoas que via, algum velho Babalaô com quem pudesse conversar, mas não o encontrou e o que viu foram sacerdotes de várias religiões, cada um com seu "livro santo", mas nenhum deles falava dos Sagrados Orixás.

Aproximou-se deles e o que ouviu deixou-o muito triste, pois condenavam com veemência o antigo culto nativo e diziam que os Orixás eram demônios e que faziam mal às pessoas.

As pessoas que os ouviam, embasbacadas por suas oratórias bem elaboradas e pensadas para mostrarem o culto nativo como um retrocesso, entristeceram-no tanto que ele derramou lágrimas sentidas e doloridas.

Elas brotavam do âmago do seu espírito, de sua alma marcada pelo tempo e pelas eras já vividas.

Cabisbaixo, ele caminhou solitário e chegou a uma aldeia afastada da grande cidade chamada Lagos, na Nigéria atual.

Ver toda aquela transformação da outrora sagrada e gloriosa religião nativa decepcionou-o tanto, que ele deixou a Nigéria e caminhou por outras terras, também mudadas, e conheceu outros povos, também aculturados que, de tão diferentes, só pareciam os mesmos por causa da pele negra e traços fisionômicos.

Apoiado em seu tosco cajado, o velho Babalaô caminhou, caminhou e caminhou!

Caminhou por toda a África e não encontrou nada parecido com o que conhecera antes de ter voltado sua mente e olhos para o Orun (a morada dos Sagrados Orixás).

Desanimado por não encontrar nada que recordasse o outrora glorioso culto, sentou-se à margem de um riacho e ali derramou lágrimas sentidas.

Elas tanto eram de saudades do tempo em que partiu para o Orun, como de desgosto por encontrar tudo mudado, e para pior, no seu retorno à Terra.

Seus soluços eram de pura tristeza e de decepção e suas lágrimas cintilantes caíam na água do riacho fazendo-a brilhar. Eram como pequenas estrelas boiando naquela correnteza amena.

Como elas não se diluíam, correram riacho abaixo até pararem em uma pequena lagoa de uns 2 metros de profundidade.

Ali elas foram parando e ficaram pairando sobre a superfície. E tantas eram as lágrimas derramadas que cobriram todo o pequeno lago, fazendo-o brilhar muito naquela noite enluarada.

O brilho intenso atraiu alguns seres da natureza que timidamente foram chegando e acomodando-se em volta da lagoa.

Muitos outros, chamados pelos que ali estavam, também vieram ver o estranho fenômeno que ocorria naquela lagoa.

Do fundo dela, em meio a tanta luminosidade, surgiu uma Ninfa, formosa e radiante, como são todas as Ninfas.

Admirados com o aparecimento, outrora corriqueiro mas atualmente raríssimo, de uma Ninfa da água doce, os seres da natureza recuaram alguns passos das margens da lagoa.

# A Criação do Mundo

A Ninfa, vendo-os assustados com o seu repentino surgimento, falou-lhes:

— Não temam, seres da natureza e filhos do nosso Divino Criador Olodumarê! Eu não vim buscar nenhum de vocês para viver na minha morada no fundo dessa pequena lagoa, uma das poucas ainda não profanadas pelas mudanças ocorridas na face da Terra pela interferência e pela insensibilidade das atuais gerações de espíritos encarnados, tão ignorantes sobre a importância dela para vocês... e para eles!

Um pequeno gênio perguntou:

— Ninfa da lagoa, por que a senhora tornou a superfície da lagoa luminosa?

— Geniozinho, não fui eu quem fez isso!

— Então, se não foi a senhora, como isso aconteceu?

— Por que vocês não seguem rio acima e descobrem a origem desse fenômeno?

Vários daqueles seres da natureza acataram o conselho da Ninfa da lagoa e subiram pelas margens do rio até que viram o velho Babalaô sentado.

Quando se aproximaram, viram que ele soluçava e derramava pelos olhos aquelas gotículas cintilantes que caíam na água e desciam rio abaixo.

O geniozinho, mais curioso que todos os outros seres ali reunidos, chegou bem perto do ancião e perguntou-lhe:

— Ancião do Tempo, por que choras e por que suas lágrimas não se misturam com as águas do riacho?

O velho Babalaô voltou seus olhos na direção de onde vieram aquelas palavras e viu o gênio e outros seres da natureza, todos curiosos!

— Pequeno gênio, de onde você veio?

— Eu vivo mais abaixo, ancião. Lá adiante, perto da lagoa é onde vivo, assim como todos esses seres da natureza meus amigos. E o senhor, de onde veio?

— Eu venho de uma longa jornada, pequeno gênio! Percorri todo esse continente em busca de um passado glorioso.

— O senhor o encontrou?

— Não, pequenino ser da natureza. Tudo está mudado e irreconhecível, sabe?

— Não sei não, ancião. Desde que vim para este lugar, nunca mais saí daqui e não sei como estão os outros lugares que conheci antes de decidir por esse, onde vivo há muito tempo.

— Creio que se você visitar novamente os lugares que já viu, com certeza não os reconhecerá mais, de tão mudados que estão.

— Ancião, é por isso que está tão triste? — perguntou a Ninfa da lagoa.

— Por isso, e também porque as pessoas mudaram e já não praticam o culto aos Orixás como era feito no meu tempo, minha senhora.

— Como era o culto deles no seu tempo, velho Babalaô?

— No meu tempo, havia uma pureza muito grande nos sentimentos dos seus filhos, que se sentiam parte do seu Orixá. Para nós, éramos inseparáveis deles e entendíamos que formávamos os dois lados ou partes de uma mesma coisa.

— Em muitos locais e com muitas pessoas ainda é assim, Babalaô!

— Desculpe-me, senhora, mas não vi isso em minhas observações.

— Você não está sendo muito rigoroso?

— A senhora acha que estou sendo?

— Babalaô, você não está levando em conta a universalização dos cultos antigos, não mais restritos a uma tribo, povo ou nação. Saiba que, no seu tempo, os Orixás eram adorados por alguns milhares de pessoas e que atualmente o culto a eles espalhou-se por todos os continentes e são muitos milhões de pessoas que têm neles suas guias divinas a conduzi-los no retorno à morada interior do Divino Criador Olorum.

— Eu ouvi direito sobre a quantidade de adoradores dos Orixás, minha senhora?

— Ouviu sim, Babalaô. Eles estão espalhados por toda a face da Terra e têm seguidores entre todas as raças e em todas as nações. O culto a eles já não é restrito a umas poucas tribos e aldeias e, sim, espalhou-se como uma onda a partir da diáspora imposta pelos conquistadores do território outrora ocupado somente por seus cultuadores.

— Eu não sabia, minha senhora. O que vi foram poucos adoradores e cultos que pouco lembram os do tempo em que vivi na terra-mãe dos Orixás.

— Tudo se transforma com o tempo, velho e saudoso Babalaô! Viaje pelos outros continentes; conheça outros povos e descubra por si mesmo que tudo mudou por causa da evolução permanente da humanidade, no entanto tudo guarda a essência das eras míticas que, ainda hoje, norteiam essa evolução. O tempo dos heróis fundadores de nações já passou, e os que foram adotados e adorados como deuses nacionais deixaram marcas tão profundas na face da Terra, que se imortalizaram na mente e no coração dos seus seguidores, sobrevivendo a todas as mudanças ocorridas desde então. Não olhe os atuais adoradores dos Orixás como pessoas menos capazes ou menos virtuosas, mas sim, entenda-as como frutos da universalização que misturou religiões, raças, culturas e línguas. O seu tempo na Terra não foi melhor ou pior que o atual. Apenas foi diferente, velho e saudoso Babalaô!

— Sinto-me só e desorientado, senhora Ninfa.

— Atravesse o oceano e encontrará muitos outros velhos Babalaôs, nenhum saudoso, mas sim esperançosos e confiantes quanto ao futuro espiritual dos seus filhos encarnados que mantêm vivo o culto aos Orixás e ao Divino Criador Olorum.

— Eu vivi muito tempo no lado oculto da criação e não sei onde estão os novos cultuadores dos Orixás, senhora Ninfa. Também não sei como atravessar a imensidão aquática que cerca essa Terra.

# A Criação do Mundo

— Você não sabe volitar?
— O que é volitar?
— É deslocar-se por meio do pensamento, velho Babalaô.
— Isso é possível, senhora?
— Onde você esteve desde que desencarnou?
— Eu estive junto dos Orixás.
— Você ficou todo o tempo junto deles, Babalaô?
— Fiquei. Eu os vi, conheci e convivi com muitos deles e até conversei com alguns, que me trataram como filho, sabe?
— Já estou sabendo, Babalaô! — exclamou a Ninfa da lagoa, que lhe perguntou: — Por que você voltou à terra, ao Ayê, se estava lá no Orun, na morada divina deles?
— Um deles me ordenou que retornasse ao Ayê e transmitisse aos seus seguidores e adoradores a epopeia da construção dos mundos na morada exterior do Divino Criador Olorum, pois ela iria encantar e ensinar as novas gerações e fortaleceria os sentimentos de fé e amor pelo Divino Criador Olorum e ajudando a todos a entendê-los a partir do íntimo de cada um, senhora Ninfa.
— Entendo! Você é um mensageiro, Babalaô. Você tem uma missão a cumprir junto aos atuais adoradores deles.
— Eu não encontrei uma só pessoa receptiva ao que tenho a transmitir, minha senhora.
— Então, não é para essas pessoas daqui a sua missão. Você deve procurar em outros continentes até encontrar alguém receptivo.
— Não creio que exista alguém que consiga receber passivamente tudo o que vi, aprendi e tenho a transmitir, senhora Ninfa.
— Não desista, Babalaô. Continue a sua busca e mais adiante encontrará alguém qualificado para receber tudo o que o senhor deve transmitir. Acredite nisso!
— Está certo, senhora. Vou continuar minha peregrinação à procura desse alguém capaz de me ouvir. Obrigado pelo estímulo!
— Não precisa agradecer, velho Babalaô.
— Assim mesmo, obrigado a todos vocês! — exclamou o velho Babalaô, levantando-se e retomando sua caminhada.

Quando ele se afastou o bastante para não ser ouvido, o geniozinho deixou rolar dos seus olhinhos duas lágrimas cintilantes que caíram nas águas do riacho e misturaram-se às do velho Babalaô, que ainda pairavam nelas.

A Ninfa da lagoa voltou seus olhos para ele e perguntou:
— Por que você também chora, pequeno gênio?
— Eu, ao ouvi-lo falar com saudade de um tempo inesquecível, recordei-me das palavras de um ancestral meu que nos contou algumas histórias do tempo em que ele atuou junto dos espíritos encarnados, mãe Ninfa.

– Que histórias são essas, gênio? – perguntou outro ser da natureza.

– São histórias sobre o tempo em que viviam na face da Terra sacerdotes que trabalhavam com todas as forças da natureza. Eles eram tão completos e tinham tantos conhecimentos, que sabiam a qual força da natureza deviam recorrer para auxiliarem as pessoas que os procuravam, sabe, irmãozinho elemental da água?

– Não sei não, irmão gênio! Conte-nos como era isso no tempo desses velhos e sábios sacerdotes.

– Bom, o que sei, por ouvir desse meu ancestral, é que os antigos sacerdotes recorriam a todas as forças da natureza e conheciam tantos mistérios da criação, que nada lhes escapava. Eu entendo esse velho Babalaô!

– E como são os sacerdotes de hoje, irmão gênio da água? – perguntou-lhe a Ninfa da lagoa.

– Senhora, eles são tão limitados!

– Fale-nos sobre essas limitações, gênio da água! – exclamou o pequeno ser elemental.

– Hoje, eles já não recorrem a todas as forças da natureza, mas sim a só algumas poucas forças e poderes. E ainda assim, conhecendo só umas poucas particularidades delas.

– Quem é esse seu ancestral que lhe contou essas histórias, geniozinho? – perguntou-lhe a Ninfa da lagoa.

– Ele atualmente rege todo um reino de gênios-aquáticos em outro continente, senhora Ninfa. Acredito que ele conheceu esse tempo que o velho Babalaô nos falou.

– Qual é o continente em que está localizado o reino desse seu ancestral, geniozinho? – perguntou-lhe a Ninfa.

– É a América do Sul, mãe Ninfa.

– Você pode ir até esse reino?

– Não só posso, como sempre visito meus irmãos mais velhos que se deslocaram para lá assim que desenvolveram suas faculdades superiores. Atualmente, eles atuam junto dos espíritos encarnados, auxiliando-os a superar suas dificuldades no campo de atuação dos gênios. Sigam-me!

E pouco depois, sempre deslocando-se através da água, aquele grupo de seres da natureza ligados ao elemento água chegaram a um lago imenso.

Com exceção do pequeno gênio, todos os outros ficaram admirados com o tamanho do lago. A Ninfa, encantada com tanta água doce em um só lago, perguntou ao gênio:

– Geniozinho, que lugar é este?

– Mãe Ninfa da lagoa, este é um lago artificial criado pelos espíritos encarnados para gerarem energia. Venham, vou mostrar o que eles construíram.

Após conhecerem a Usina Hidrelétrica de Itaipu eles foram conhecer o reino regido pelo ancestral do pequeno gênio.

Depois foram convidados a irem até um local distante dali para assistirem a uma iniciação que estava sendo realizada no plano material. Ela estava sendo feita na vibração divina dos gênios.

Um gênio mais velho explicou-lhes que o mistério e a magia dos gênios estavam sendo reabertos para um numeroso grupo de espíritos encarnados agregados a uma nova escola de Magia Divina, a Magia da Luz e da Lei Maior que não possui um lado ou polo negativo que possa ser usado de forma negativa por pessoas em desequilíbrio consciencial, emocional ou racional.

O gênio explicou-lhes que esta nova escola de magia era uma reação da Lei Maior e da Justiça Divina ao mau uso da magia religiosa da mão esquerda, muito disseminada entre os espíritos encarnados, que recorriam a ela, não para se reequilibrarem com as faixas vibratórias negativas e sim, para acerto de contas pessoais com seus desafetos também encarnados.

— São muitas pessoas recorrendo a mistérios que desconhecem e estão ativando-os para coisas e causas que afrontam os princípios regentes da criação divina! — explicou-lhes o gênio-guia.

— Por que as pessoas fazem isto, gênio-guardião? — perguntou a Ninfa da lagoa.

— É um interminável processo de regressão consciencial, minha senhora. Isto já vem acontecendo há milênios e não vemos uma melhora no estado de consciência dos espíritos, estejam encarnados ou não. Observem o comportamento e os pensamentos de algumas dessas pessoas sentadas bem próximas do mestre Mago Iniciador Encarnado!

— O que há para ser observado nelas, senhor gênio-guardião? — perguntou um ser do reino aquático-vegetal.

— Irmão natural bielemental, ausculte o emocional das pessoas indicadas e descobrirás!

Após fazer o que dissera o gênio-guardião, aquele ser natural exclamou:

— Algumas dessas pessoas dão mais importância ao fato de estarem sentadas na frente, do que estarem diante e sob a irradiação da divindade dos gênios-aquáticos! Como isso é possível?!

— Há uma inversão total de valores no estado de consciência dos espíritos. Veja como aquela mulher sentada mais atrás vibra sentimentos negativos e projeta-os contra as pessoas que estão sentadas na primeira fileira.

— Eu já vi, senhor gênio-guardião — falou a Ninfa da lagoa. — Quem se senta na frente fica envaidecido e quem se senta atrás fica ofendido, e ambas estão procedendo de forma antinatural em uma cerimônia sagrada que visa ao crescimento íntimo e espiritual.

— É isto mesmo o que acontece, senhora Ninfa da lagoa. Vocês não têm tido esse tipo de contato com os espíritos encarnados da região onde vivem?

— Não. Lá não fazem essas iniciações coletivas. Eles até desconhecem que algo assim possa ser feito, sabe!

— Sei sim, senhora Ninfa da lagoa. Tudo mudou, as pessoas mudaram e o caos estabeleceu-se na face da Terra. No passado, isso não era assim e havia uma integração entre os espíritos encarnados e os seres da natureza.

— Um velho Babalaô falou que no tempo em que viveu no plano material tudo era diferente e as pessoas sentiam-se parte dos seus Orixás. Ele é um espírito que sofre porque tudo mudou desde que desencarnou!

— Não é só ele que sente saudades desse tempo em que tudo era integrado e não havia um abismo separando o plano da matéria e o dos espíritos. Muitos sentem isto, senhora Ninfa da lagoa! Onde está agora esse velho Babalaô?

— Não sei. Ele nos deixou e seguiu em frente, em busca de alguém que ouça o que ele tem a dizer sobre o tempo em que viveu entre os Sagrados Orixás.

— Como?!

— É o que o senhor me ouviu dizer, gênio-guardião. Por que a surpresa?

— Ele é o enviado! — exclamou o gênio, sorrindo feliz.

E pouco depois, vários outros gênios-guardiões juntaram-se a eles, todos querendo saber mais sobre o enviado dos Sagrados Orixás.

Como a Ninfa da lagoa não sabia onde estava o velho Babalaô, o pequeno gênio adiantou-se e falou:

— Pais gênios-guardiões, eu sei onde ele se encontra neste momento. Venho seguindo-o visualmente desde que ele nos deixou.

— Leve-nos até ele, gênio infante. — ordenou o gênio guardião que os ciceroneava.

— Não pode ser depois da iniciação que está começando, meu senhor?

— Não, gênio-infante. Leve-nos imediatamente!

E o gênio abriu um portal para a dimensão atemporal, explicando-lhes que voltariam ali no mesmo instante em que partiram, não deixando de assistirem à iniciação.

Em uma fração de segundo todos eles surgiram na frente do velho Babalaô, que estava sentado sobre uma grande rocha cercada por um campo verdejante.

Ao ver aquele grupo de gênios, o velho Babalaô acenou com a destra e perguntou-lhes:

— O que desejam, seres da natureza?

— Nós queremos ouvi-lo, velho Babalaô! — Exclamou o gênio-guardião que chefiava aquele grupo de gênios.

– O que vocês querem ouvir de mim?
– Tudo o que puder nos revelar sobre sua estada entre os Sagrados Orixás, lá no Orun, no reino dos deuses que governam os mundos!
– Por que vocês, seres da natureza, estão interessados em ouvir-me?
– Creio que o senhor é o enviado deles para revelar aos espíritos, encarnados ou não, uma nova visão sobre eles e que irá renovar o culto praticado em nome deles por milhões dos seus seguidores religiosos.
– Eu não sou um enviado deles. Só voltei à Terra porque senti saudades.
– Ainda que não pareça, nós já o aguardávamos há algum tempo, velho Babalaô! Venha conosco, assista a uma iniciação perante as sagradas divindades regentes dos gênios da natureza e depois nos conte o que achar que pode revelar sobre o tempo em que viveu entre os Sagrados Orixás.
– Eu já assisti a muitas iniciações desde que retornei à Terra, ser da natureza. E nenhuma era parecida com as que eram realizadas quando aqui vivi. As iniciações atuais afastam as pessoas do reino divino em vez de reconduzi-las a ele.
– Talvez, após assistir a esta que vai acontecer daqui a pouco, descubra que nem tudo está esquecido e que muitos velhos Babalaôs estão reconduzindo seus descendentes espirituais aos reinos das divindades da natureza para, posteriormente, reconduzi-los ao reino divino.
– Onde estão esses velhos Babalaôs, ser da natureza?
– Estão do outro lado do oceano que separa este continente de outro que lhe faz frente. É para lá que estão se dirigindo muitos dos velhos e sábios Babalaôs, todos imbuídos da missão de renovarem o ancestral culto aos Sagrados Orixás e às forças da natureza que os auxiliam no governo dos mundos.
– Isso quero ver, senhor gênio-guardião! – exclamou o velho Babalaô, animado com a possibilidade de reencontrar algum espírito conhecido.
– Vamos levá-lo a um local onde verá algo que o animará ainda mais! – falou a Ninfa da lagoa, segurando-o pelas mãos e volitando até o local onde estava para começar uma iniciação na irradiação das divindades dos gênios da natureza.
Os gênios-guardiões criaram um campo sutil que recolheu todos aqueles seres da natureza e o velho Babalaô. Campo este que tanto lhes permitiria assistir à iniciação, como impediria que viessem perturbá-la com suas vibrações.
Em silêncio, todos aguardaram o início da cerimônia, que logo começou.
Quando o Mestre-Mago-Iniciador elevou suas mãos e fez suas invocações, todo o espaço etérico correspondente ao espaço físico se transmutou. E era como se todos ali dentro tivessem sido transportados para outra realidade de Deus.

As sagradas divindades regentes da dimensão dos gênios tornaram-se visíveis para quem tinha olhos para vê-las, e a divindade evocada naquela cerimônia adiantou-se às demais e envolveu todas as pessoas que estavam se iniciando, inundando seus espíritos com suas energias e vibrações vivas e divinas, tornando-os muito sutis e brilhantes, quase iguais aos seus gênios tutelares, que estavam amparando-os.

Os chacras daqueles iniciados haviam se expandido e absorviam fluxos contínuos da energia viva irradiada para eles pela divindade ígnea dos gênios.

O Mestre-Mago-Iniciador determinava vários tipos de captação das vibrações que os imantaria e iniciaria perante aquela divindade ígnea, e centenas de pessoas iam adquirindo um poder único e restrito aos que realmente se iniciam em um mistério da criação.

Dos olhos do velho Babalaô corriam lágrimas cintilantes, de tão emocionado que ele estava por ver acontecer uma iniciação coletiva de tamanha grandeza e por estar revendo aquelas divindades dos gênios. E começou a soluçar quando a sagrada divindade ígnea dos gênios da natureza focou-o nos olhos e sorriu-lhe com amor e ternura, para em seguida dizer-lhe mentalmente: "Eu não me esqueci de você, meu filho! Eu o guiei o tempo todo!"

O velho Babalaô não conseguiu dizer nada e limitou-se a se ajoelhar e chorar convulsivamente, atraindo a atenção dos seres da natureza à sua volta.

Os gênios-guardiões irradiaram intensamente sobre ele e criaram ao seu redor uma aura ígnea que lhe possibilitou ser atraído por aquela divindade, que o puxou ao seu encontro e o envolveu em um abraço carinhoso e o aconchegou junto a seu peito.

A divindade possuía um tamanho gigantesco e ele parecia um bebezinho no colo dela.

Então falou-lhe mentalmente: "Meu filho, agora você voltou à morada exterior do Divino Criador Olorum para cumprir mais uma etapa da sua existência. Não desanime se tudo lhe parece mudado ou caótico. Na verdade, tudo está como deve estar, e todos são como devem ser. Compete a você e aos que o auxiliarão, despertar na mente das pessoas uma nova compreensão sobre os governantes divinos do mundo manifestado do nosso Divino Criador Olorum. Semeie o que viu, ouviu e presenciou. Só isso será uma semente tão fértil e tão divina, que modificará completamente a visão terrena sobre os mistérios da criação e sobre os Sagrados Orixás, os governadores da morada exterior do Divino Criador Olorum".

– Quem estará preparado para ouvir e compreender o que tenho a revelar, meu pai divino?

– Aquele seu irmão espiritual que está conduzindo aquela iniciação no lado material da criação.

– Quem é ele, meu pai divino? – perguntou o velho Babalaô, voltando seus olhos para o Mestre-Mago-Iniciador.
– Ele é um dos espíritos que semearam as sementes divinas que germinaram fortes e eternizaram-se no culto aos Sagrados Orixás.
– Ele é um dos velhos Babalaôs que me disseram que aqui reencontraria?
– Não, meu filho. Ele é mais um dos muitos filhos dos Orixás que se espiritualizaram e encarnaram para periodicamente lançarem sementes divinas sobre terras férteis, nas quais germinam e perpetuam-se em caminhos a serem trilhados por muitos.
– Ele é um dos tais Filhos do Pai que eu ouvi falar?
– Ele ajudou a semear o culto puro, do qual você se beneficiou e do qual sente saudades porque já não existe mais na face da Terra.
– Ele sabe que é um "Filho do Pai"?
– Avisado já foi. Só que ele não acredita que seja um, não se sente como tal e não crê que tais seres existam, pois se vê como só mais um espírito encarnado cheio de imperfeições.
– Como abordarei alguém assim, tão especial e tão distante de sua real consciência e função na criação?
– Proceda como os outros velhos Babalaôs têm procedido e terá nele um campo fértil onde semeará suas sementes renovadoras da compreensão sobre os sagrados mistérios da criação.
– Quem me dirá como deverei proceder?
– Está vendo aquele velho Babalaô logo atrás dele?
– Sim, já o vejo e o reconheço. Ele viveu uma de suas muitas vidas no mesmo tempo em que vivi esta que me distinguiu como Babalaô.
– Faça isso e sua missão terá início, meu filho.
– Sim senhor, eu farei o que me ordena.
– Agora vá! Volte para junto dos seus irmãos naturais! – exclamou a Sagrada Divindade Ígnea Regente dos Gênios do Fogo.
E no instante seguinte, o velho Babalaô estava novamente dentro do campo criado pelos gênios-guardiões, de onde assistiu ao restante da cerimônia iniciatória. E, quando o Mestre-Mago-Iniciador ordenou que todos espalmassem as mãos e, das mãos dele saíram os símbolos dos gênios-ígneos e estes se projetaram direto para a palma das mãos dos iniciados, o velho Babalaô exclamou:
– Só os Filhos do Pai conseguem realizar isso! Ele é de fato um Filho do Pai!
– Quem é um Filho do Pai? – perguntou-lhe a Ninfa da lagoa.
– O Mestre-Mago-Iniciador é um Filho do Pai, senhora Ninfa. Eu duvidei da existência desses seres, mas estava enganado. Se agora vejo um na minha frente, então os outros também estão por aí, em algum lugar da infinita criação do nosso Divino Criador Olorum.

– O senhor tem certeza de que esse Mestre-Mago-Iniciador é um verdadeiro Filho do Pai?

– Tenho. Já posso ver nele os mistérios que o distinguem como tal.

– Que mistérios são esses, velho Babalaô? – perguntou-lhe a Ninfa da lagoa, um tanto aflita e já derramando lágrimas azuladas pelos olhos.

– Eu não sei se devo revelar isso, senhora Ninfa da lagoa.

– Eu lhe imploro! – pediu ela, muito ansiosa.

O geniozinho, vendo que o velho Babalaô estava em dúvida se podia dizer ou não o que havia ouvido sobre o mistério "Filhos do Pai", exclamou:

– Mãe Ninfa da lagoa, os Filhos do Pai trazem em si todos os mistérios da criação e os manifestam segundo suas naturezas íntimas. Se este aí é um Filho do Pai humanizado, então ele manifesta-os de forma e em acordo com a sua natureza humana.

– Não sei, mas acho que você cometeu uma inconfidência, pequeno gênio. – falou o velho Babalaô, com a voz severa.

– Não cometi não. Quando revelamos um mistério, temos que torná-lo compreensível a quem se interessar por ele. A mãe Ninfa da lagoa tem suas razões para querer saber se ele é um Filho do Pai e quais mistérios eles trazem. Não é, mãe Ninfa?

– É isso mesmo, pequeno mas muito elucidativo gênio. São tantas as minhas razões que a confirmam ou desmentem que ele é um Filho do Pai; só com uma confirmação ou um desmentido conseguirei conter as lágrimas que correm dos meus olhos ou tornarei-as expressão de minha tristeza.

– Se tantas são as suas razões, então eu confirmo-lhe que ele é realmente um Filho do Pai, senhora Ninfa da lagoa. Afiançou-lhe um dos gênios guardiões, bem próximo dela, mas do lado de fora do campo que a isolava do "fogaréu" ali formado na iniciação, que já estava terminando.

– Eu lhe agradeço por confirmar o que eu havia vislumbrado quando fixei meus olhos nele. Obrigada, senhor gênio-guardião!

– Não existe o acaso nos acontecimentos, senhora Ninfa. O que a atraiu nele não é fruto do seu desejo de naturalizar sua hereditariedade divina. Outras Ninfas já o fizeram e estão satisfeitas porque, tanto naturalizaram como espiritualizaram suas hereditariedades, que estão amadurecendo muito rapidamente.

– Então ele é um filho humano do Pai?

– Foi o que eu disse, senhora Ninfa! – respondeu o gênio-guardião com um leve sorriso nos lábios. A seguir, pediu-lhes licença, pois tinha que se retirar. A cerimônia havia terminado e todos os outros gênios estavam retornando a seus reinos na natureza.

Apenas um gênio-guardião permaneceu junto daqueles seres da natureza. E assim que o espírito indicado pela divindade dos gênios aproximou-se do grupo, ele se diluiu no éter, desaparecendo da visão de todos.

O espírito aproximou-se e, olhando nos olhos do velho Babalaô, disse-lhe:

— Bem-vindo de volta à sua morada humana, irmão de sina e de destino! Eu sou Benedito. Pai Benedito de Aruanda é como sou chamado pelos meus irmãos!

— É um prazer reencontrá-lo, meu irmão Benedito. Creio que já sabe o que me trouxe até aqui, não?

— Sei sim, meu irmão bendito. Não é o primeiro que retorna e espero que não seja o último.

— Muitos já retornaram do Orun?

— Não tantos quanto precisamos ter conosco neste momento único da humanidade e de todo o planeta, composto de tantas dimensões da vida que nem sei ao certo quantas são.

— Por que este momento é único, irmão bendito?

— A humanidade está passando por profundas transformações, que visam preparar a espécie humana para que, no futuro, venha a ocupar outros orbes celestes.

— Isso será possível?

— Tudo dependerá dos espíritos encarnados, irmão bendito. Se não voltarem contra si os avanços científicos que estão alcançando, no futuro descobrirão planetas tão plenos como este. E o que não houver neles, saberão como desenvolver.

— Todas as transformações que vi têm esse propósito?

— Têm sim. Venha, vou apresentá-lo a um irmão mais velho que voltou já faz tempo e que está proporcionando o despertar consciente desse grupo de espíritos encarnados que se iniciaram há pouco.

No instante seguinte, o velho Babalaô se viu diante de um senhor de aparência idosa e de olhar penetrante, que o contemplou por um instante e em seguida sorriu-lhe com afeição e amor fraterno.

Então abriu os braços e o envolveu em um luminoso abraço. E enquanto durou o abraço, tudo foi transmitido ao velho Babalaô, que começou a soluçar convulsivamente, só se acalmando quando aquele senhor idoso pousou sua mão direita sobre o seu peito e irradiou-lhe um fluxo de luz cristalina.

— Bem-vindo de volta aos seus, meu filho! — falou-lhe o espírito, apresentando-se: — Eu sou Seiman, mestre Seiman Hamiser Yê é como sou chamado pelos meus irmãos de sina e de destino.

— O senhor é um Orixá, meu pai! Eu o revi em minha vida quando fui um Babalaô.

— Sou um sim, meu filho. Mas sou um dos muitos que se humanizaram para melhor auxiliar os espíritos que também se humanizaram.

— Eu o oferendei muitas vezes, meu pai!

— Todas elas recebi com amor, respeito e alegria, e a nenhum dos seus pedidos deixei de atender porque todos eram justos e visavam ao benefício dos seus semelhantes, meu filho.

— Por que não se mostra como é: um Ogum, meu pai?

— Entre os Orixás, proceda como um, entre os espíritos, seja mais um, meu filho!
— Entendi, meu pai.
— Entendeu mesmo?
— Sim, senhor.
— Então proceda como indiquei e sua missão será levada a bom termo.
— O senhor já sabia da minha missão?
— Eu já o aguardava há um bom tempo.
— Por que o senhor não foi ao meu encontro, meu pai?
— Nesses casos, procedo como Orixá, meu filho amado.
— Compreendo. Eu é quem deveria tê-lo procurado, não?
— Deveria sim. Enquanto Orixá, não posso ir até os meus filhos, se antes eles não vierem até mim. Essa é a Lei que rege a ação dos Orixás e é o princípio sustentador das nossas ações no mundo manifestado. Eu, como mestre Seiman, posso acompanhar o dia a dia dos meus filhos e filhas. Mas, como um Ogum Megê, só posso intervir por eles caso venham até mim e procedam como foi estabelecido pela Lei que rege a ação dos seres manifestadores dos mistérios da criação.
— Agora eu entendo o que ouvi enquanto vivi entre os nossos pais divinos, meu pai.
— Relatar o que você viu, ouviu e aprendeu é sua missão, não?
— É sim, meu pai.
— Então deixo-o aos cuidados do seu irmão Benedito. Ele o auxiliará nessa parte!
— Obrigado, meu pai Ogum Megê.
— Como espírito, dirija-se a mim como seu irmão mestre Seiman. Como Orixá, dirija-se a mim como seu pai Ogum Megê, e nunca infringirá as regras hierárquicas.
— Assim procederei, meu pai. Obrigado por acolher-me no seu amor divino com a sua fraternidade humana. Com sua licença!
— Licença concedida, meu filho amado!
Pouco depois, novamente com Pai Benedito de Aruanda, o velho Babalaô foi até uma cidadela astral onde já o aguardava um numeroso grupo de espíritos.
Após ser apresentado ao velho Babalaô, um deles falou-lhe:
— Irmão Babalaô, sua missão é de suma importância, mas é delicadíssima e terá que ser muito bem elaborada, senão suscitará muitas reações dos espíritos encarnados, os que deverão ser beneficiados pelos seus relatos e conhecimentos.
— Como devo proceder, irmão-mestre?
— O método adotado por nós é este: primeiro, o relator transfere o que há em sua memória para a memória de um cristal específico; segundo, tudo é impresso para uma leitura geral; terceiro, tudo passa por uma filtragem e partes dos relatos são suprimidas, pois não podem ser abertas, senão

revelarão coisas que ainda não podem ser reveladas ou nunca deverão tornar-se conhecimentos abertos a todos os que desejarem adiquiri-los porque, ou não os entenderão ou os deturparão; quarto, após a filtragem o relator recebe uma cópia e, após lê-la, aprova-a ou reprova-a; quinto, se aprová-la, ela será enviada a uma divindade guardiã dos mistérios, que poderá aprovar ou reprovar o relato; sexto, se aprovar, o cristal com o relato nos será devolvido. E, se reprovar, a divindade guardiã recolhe o cristal e nada é passado adiante.

– Compreendo vossa precaução, irmão-mestre. O que tenho a relatar, será segundo meu entendimento do que vi, ouvi e apreendi. Então, também poderá ser útil ou prejudicial a quem tomar conhecimento dos meus relatos.

– Esse é apenas um dos nossos cuidados, porque outros também se fazem necessários já que poderão suscitar descrença ou aversão em vez de despertar o entendimento e expandir a compreensão de quem os ler. E também, o fator fé e religiosidade devem ser pensados com cuidados especiais, irmão bendito! Nenhum relato é publicado no plano material se não passar por essas etapas.

– Quando começarei a transmitir tudo o que vi, ouvi e apreendi, irmão-mestre?

– Se o senhor quiser, será agora e não durará mais que uns minutos. Mas previno-o que, por algum tempo se sentirá como que sua mente houvesse sido esvaziada.

– Quanto tempo dura essa sensação?

– Só alguns minutos. Uns quinze no máximo.

– Eu estou de acordo, irmão-mestre. Podemos começar agora, se o senhor quiser.

– Eu quero, irmão! Só um Babalaô poderá descrever o universo divino dos Sagrados Orixás sem alterar a essência divina e religiosa deles.

– O que tenho a relatar difere um pouco do que vi na minha peregrinação em busca de alguém que pudesse ouvir os meus relatos, irmão-mestre.

– Eu sei, irmão Babalaô. Nós o seguimos o tempo todo desde que o senhor retornou do plano divino da criação.

– Parece-me que todos aqui sabiam do meu retorno e de minha missão. Estou enganado?

– Não está, irmão-mensageiro. Mas nos mantivemos a distância para não interferirmos em suas constatações de como está atualmente o culto aos Sagrados Orixás e saber o seu juízo sobre as transformações ocorridas no decorrer dos tempos. Isto só o senhor poderia fazer, sabe?

– Agora sei, irmão-mestre. Acho que fui severo demais em meu juízo e não levei em conta as mudanças ocorridas na dinâmica evolutiva humana.

– O que é muito bom, irmão Babalaô! Só sendo severos e rigorosos não nos afastamos demais das nossas missões junto aos espíritos encarnados no plano material da vida.

– Compreendo.

– Então venha conosco à sala onde registraremos suas lembranças do tempo em que viveu entre os Sagrados Orixás.

O velho Babalaô entrou em uma sala ampla cujas paredes translúcidas eram feitas de cristal.

Foi-lhe explicado que dali nada sairia, somente os relatos finais se fossem aprovados e liberados para publicação no plano material.

Nem os examinadores do relato sairiam dali até que tudo tivesse sido concluído e, inclusive, quando concluíssem eles passariam por um processo de anulação de tudo o que não constasse no relatório final, pois tudo mais seria apagado de suas memórias.

– Como isto será apagado da memória deles, irmão-mestre?

– Irmão Babalaô, a divindade guardiã fará isto por eles caso o seu relato seja aprovado. Inclusive, daí em diante até o senhor será privado de todas as lembranças que não forem aprovadas para não incorrer no risco de revelar o irrevelável, ou de ter suas lembranças roubadas por manifestadores de mistérios subtratores de conhecimentos alheios.

– Isso é possível de ser feito?

– Não só é possível como vem sendo feito com todos os espíritos que desencarnam e caem nas faixas vibratórias negativas. Até com os seres da natureza que caem vibratoriamente isso é feito. Roubam as chaves do mistério deles e as usam contra seus adversários, também caídos nas esferas negativas e tão mal-intencionados quanto todos os outros caídos.

– Meu pai! Se algum desses espíritos caídos se apossar dos meus conhecimentos...

– Eu sei, irmão Babalaô. Mas eles não sabiam de seu retorno e não saberão quem trouxe novas revelações sobre os Sagrados Orixás. Se forem aprovados os seus relatos, não poderão se servir deles porque as chaves que ativarão os mistérios e os colocarão em ação serão chaves mentais positivas, impossíveis de serem usadas por quem está negativado mentalmente, ainda que as conheçam.

– É a sua missão, irmão-mestre?

– É sim, irmão Babalaô. Tudo o que já abrimos ou ainda abriremos ao plano material por meio dos nossos pares encarnados segue rigorosamente a finalidade de beneficiar quem vier a se servir das nossas revelações. E, porque tudo o que é revelado passa pelo exame rigoroso das divindades guardiãs dos mistérios, nada será ativado de forma negativa.

– Então é por isso que as divindades-gênios transmitiram tantos poderes àquelas pessoas que se iniciaram nos seus mistérios sagrados?

– Àquelas pessoas não foi passado um só poder aos seus mentais negativos. E, caso alguma vier a cair conscientemente, na proporção que caírem, terão seus poderes fechados no polo positivo dos seus mentais. Inclusive, até na mão esquerda só estão recebendo funções positivas. O problema é que muitos deles receberam poderes destrutivos em práticas mágico-religiosas desvirtuadas e isso não conseguimos anular neles que,

# A Criação do Mundo

quando se negativam, recorrem a procedimentos contrários à Lei e à Vida e continuam a gerar reações negativas dos seus mistérios da Lei Maior, da Justiça Divina e da Lei de preservação da vida e dos seus meios sustentadores.

– Eu vi muitos sacerdotes dos Orixás usarem da mão esquerda para prejudicarem seus desafetos ou os desafetos de quem contratava seus "serviços"?

– Esse procedimento condenado pela Lei tornou-se uma prática corriqueira no plano material e hoje o desvirtuamento no culto aos Sagrados Orixás está tão disseminado, que o mistério Exu está negativado em cerca de 70 por cento dos seus mistérios derivados. Se o mistério Exu negativar-se mais um pouco, arrastará consigo todos os espíritos naturais e humanos agregados a ele, irmão Babalaô!

– Meu pai!!! O Orixá Exu era querido e amado por todos no tempo em que vivi no plano material, irmão-mestre!

– No meu tempo também era assim, irmão Babalaô. Mas você viu como usam dos seus mistérios derivados de forma tão profana e nociva?

– É, eu vi sim. E isto me incomodou muito, sabe?

– Sei sim. A nós todos, conscientes das penas da Lei sobre quem assim procede, isso nos preocupa. Sacerdotes e sacerdotizas que aprenderam a dar mal uso ao mistério Exu estão ensinando esse procedimento aos seus filhos. E estes aos seus filhos, perpetuando uma prática condenável por todos os Sagrados Orixás. O nosso temor é que todos os envolvidos nessa negativação de mistérios sejam arrastados para esferas extra-humanas ou, o que será pior: sejam expatriados para esferas extraplanetárias.

– Essas esferas são horrores puros, irmão-mestre.

– Nós sabemos disso. Mas os espíritos encarnados não sabem e muitos já estão condenados a serem recolhidos nelas assim que desencarnarem porque vivem de fazer trabalhos de amarração, de morte, de fechamento de caminhos, etc., contra seus semelhantes. Eles desconhecem que Orixá significa vida e não temem o uso da mão esquerda com fins destrutivos. Nós já assistimos ao desencarne de alguns espíritos que deram mal uso às suas mãos esquerdas. Foi um horror, sabe?

– Sei sim. Eu pude ver o horror das esferas extraplanetárias, irmão--mestre. Dor pura, desespero e aflição insuportável, horror, medo, angústia e remorsos intermináveis é o que lá existe... e nada mais.

– Nós sabemos disso e tememos que algo nesse sentido aconteça. Por isso somos severos e rigorosos.

– Sejam severos e rigorosos com os meus relatos, por favor!

– Seremos, irmão Babalaô. Sente-se nessa cadeira e coloque suas mãos sobre esse cristal à frente. Coloque a mão direita primeiro!

O velho Babalaô colocou sua mão direita e sentiu algo sair da sua mente. A seguir, colocou a mão esquerda. E, ainda zonzo, ouviu o espírito responsável dizer:

– Está pronto!

O cristal foi colocado em algo parecido com um processador e de um lado dele, a uma velocidade muito grande, folhas já impressas começaram a sair e ser empilhadas.

Não mais que meia hora depois, tudo havia sido imprimido, totalizando mais ou menos duas dezenas de milhares de folhas.

O dirigente de toda aquela cidadela voltou-se para os seus três acompanhantes e disse:

– Podem começar o trabalho de vocês, senhores examinadores! Quando terminarem avisem-me, que nos falaremos novamente. Agora vou levar nosso irmão Babalaô ao aposento reservado a ele para que descanse um pouco.

O mestre pegou em um dos braços do velho Babalaô e ajudou-o a ficar em pé. A seguir, saíram da sala de cristal, cuja porta de acesso foi trancada por fora. Dois espíritos guardiões estavam postados diante dela, vigiando para que ninguém viesse a abri-la enquanto os três examinadores ali permanecessem.

Já fora do complexo, que mais parecia uma escola, e passeando em um jardim, o velho Babalaô falou:

– Irmão-mestre, sinto-me vazio. De tão vazio que me sinto, chego a ficar angustiado!

– Isso é assim mesmo. Daqui a pouco tudo voltará ao normal e essa sensação de esvaziamento mental desaparecerá. Procure distrair sua mente com a visão agradável desse jardim que isso ajuda, sabe?

– Farei isso! Ou distraio minha mente, ou não terei como me manter em pé, de tão vazio que me sinto.

E o mestre dirigente começou a falar sobre as diversas espécies de flores ali existentes, distraindo o velho Babalaô. E, quando este tomou a iniciativa da conversa sobre as espécies e começou a dizer-lhe que uma pertencia ao Orixá tal e que aquela outra pertencia ao Orixá tal, viu no rosto do mestre dirigente um sorriso. Então percebeu que já não se sentia vazio e que suas lembranças haviam voltado, e falou:

– Estou parecendo um tolo, não?

– De jeito nenhum! Continue a classificar as flores por Orixá porque este é um conhecimento que não domino. Só sei que as rosas são de nossa mãe Oxum e que os girassóis são de nossa mãe Iansã, sabe.

– Desculpe-me, mas ensinaram-lhe errado, mestre dirigente.

– É mesmo? – perguntou ele, surpreso.

– É isso mesmo! Há um Orixá feminino que rege o mistério das flores. E, até onde sei, ele nunca antes foi revelado aos planos espiritual e material, pois seu nome não consta entre os dos Orixás que receberam nomes humanos.

– Fale-me sobre essa mãe Orixá regente das flores, irmão Babalaô.

– Não é melhor aguardarmos o relatório final, já aprovado pela divindade guardiã para vermos se tal mistério pode ser comentado?

— Tem razão! Vamos caminhar mais um pouco. Eu logo receberei um comunicado de que o exame terminou.
— Eles são tão rápidos assim?
— Irmão Babalaô, eles são capazes de examinar todo o conteúdo de uma biblioteca em poucas horas!

Os dois espíritos estavam sentados diante de uma fonte de águas multicoloridas quando um dos guardiões do aposento de cristal aproximou-se e fez um sinal com a mão.

— Está tudo pronto, irmão Babalaô! — exclamou o mestre dirigente — Vamos ver o resultado final?
— Conduza-me, irmão-mestre! — pediu o velho Babalaô.

Pouco depois, já dentro da sala, o dirigente exclamou admirado:
— Meu pai! Tudo isso foi liberado para a dimensão dos espíritos? Que honra para a espécie humana, meu pai!

Havia sobre uma mesa de cristal três grossos livros.

Eram diferentes dos livros existentes no plano material, porque eram enormes e mediam 40 centímetros de largura por 80 de comprimento e 15 de lombada.

O velho Babalaô foi instruído a colocar sua mão direita sobre um deles e examiná-lo.

— Como isso acontece? — quis saber ele.
— Bom, todo o conteúdo dele fluirá para a palma da sua mão e dela para a sua mente. Caso houver algo em desacordo com suas lembranças, o senhor detectará. Coloque sua mão sobre o livro e descubra como é isso, irmão possuidor de uma memória prodigiosa!

O velho Babalaô fez como havia sido ensinado e, de fato, todo o conteúdo do livro "entrou" em sua mente em uma fração de minuto. A seguir, fez o mesmo com os dois outros livros e, quando repetiu mais uma vez toda a operação, sorriu satisfeito e comentou:

— Irmão-mestre, o mistério da mãe Orixá regente das flores está aqui, integralmente, tal como eu aprendi quando vivi entre os Sagrados Orixás.
— O senhor aprova o conteúdo desses livros, irmão Babalaô?
— É claro que sim! Esses nossos irmãos examinadores fizeram um bom trabalho de seleção. Qual é o passo seguinte, irmão-mestre?
— Agora, com sua aprovação, vamos colocá-los naquela câmara de cristal furta-cor e aguardar o retorno do que será liberado para o conhecimento nos planos espiritual e material.
— Posso assistir a esta ação divina?
— Claro! Só sairemos daqui quando só estiver gravado em sua memória e na deles o que for aprovado pelo Orixá guardião dos mistérios da criação. Eu não me envolvi no processo de exame porque sou o responsável para que daqui desta sala só saia o que for liberado. Inclusive, em nossas memórias!

– Compreendo! – assentiu o velho Babalaô, observando-o colocar dentro da câmara de cristal furta-cor os três enormes livros que, logo após ela ser fechada, desapareceram. E, pouco depois, reapareceram já com as capas cintilando algo escrito nelas.

Com os livros ainda dentro da câmara furta-cor, os três examinadores um a um, sentaram-se em uma cadeira conectada a ela e todos passaram por um leve tremor. Por fim o mestre dirigente voltou-se para o velho Babalaô e disse:

– É a sua vez, irmão!

– Eu me lembrarei apenas do que está nesses livros? – perguntou ele.

– De nada mais do que viu, ouviu e apreendeu enquanto viveu entre os Sagrados Orixás, só do conteúdo deles se lembrará. Mas...

– Mas... o que, irmão-mestre?

– Caso o senhor não queira passar por esse processo de subtração de uma parte de sua memória, a divindade guardiã dos mistérios lhe reservou uma opção.

– Que opção é essa?

– O senhor poderá retornar ao plano divino e se assentará nele, não retornando mais ao mundo dos espíritos. Afinal, agora, como está, o senhor sabe demais!

– Que opção difícil, não?

– Também sou severo quanto a isso. Saiba que também tive essa opção quando retornei da dimensão dos anjos.

– O senhor já passou por algo semelhante ao que aconteceu comigo?

– Não só eu. Estes nossos irmãos-examinadores também conheceram outras realidades divinas e optaram por permanecerem aqui, na dimensão espiritual.

– Por que não retornaram às realidades divinas que conheceram?

– Nós somos espíritos, irmão Babalaô! Por mais saudades que tenhamos daquelas realidades, compreendemos que as divindades só queriam nos preparar para melhor auxiliarmos nossos irmãos espíritos e a humanidade.

– Compreendo.

– O senhor não é obrigado a seguir nossa opção. Afinal, será muito difícil viver entre os espíritos depois de ter vivido entre os "deuses", irmão Babalaô. Reflita antes de optar!

Após refletir um pouco, o velho Babalaô dirigiu-se até a cadeira, sentou-se nela e ordenou:

– Irmão-mestre, apague de minha memória tudo o que pertence ao mundo dos deuses!

O mestre dirigente ativou o aparelho e no instante seguinte o velho Babalaô passou por um leve tremor. A seguir, levantou-se e olhando para os livros dentro da câmara, exclamou:

— Bom, até que sei muito sobre os Sagrados Orixás! Quem me dera se eu tivesse ciência de tudo isso quando vivi na Terra como sacerdote do culto a eles!
— Concordo com o senhor, sábio irmão Babalaô. Recolhamos esses preciosos livros!

# De Volta à Lagoa

O velho Babalaô foi instruído em como deveria proceder dali em diante e optou integrar-se àquela cidadela. Mas antes, pediu para ser levado até um recanto na Terra onde havia um lago.

Já à beira do lago, viu surgirem a Ninfa, o geniozinho e todos os outros seres da natureza que com ele haviam conversado em um momento de muita angústia e incertezas.

A Ninfa perguntou-lhe:

– Já cumpriu sua missão, velho Babalaô?

– Só a comecei, senhora Ninfa. Mas agora sei como realizá-la sem receio de revelar o que deve ser mantido oculto ou de ocultar o que deve ser revelado. Mas, o que lhe aconteceu que a vejo muito corada e transbordando alegria?

– O senhor não sabe o que aconteceu comigo?

– Como poderia saber, se estive recolhido desde que a deixei naquele local onde estava acontecendo uma iniciação?

– Bom, se o senhor não sabe, saiba que serei grata por todo o sempre por ter revelado-me onde encontrar um genuíno Filho do Pai ainda não caído nas esferas negativas.

– Há muitos Filhos do Pai caídos?

– O senhor não imagina quantos deles vivem nos atormentando com seus mistérios invertidos. Eles são a perdição da humanidade!

– Isso eu não sabia.

– Qualquer dia desses, eles arrastam todos os espíritos humanos à perdição total em todos os sentidos.

– Não se pudermos impedi-los! – exclamou o guardião que acompanhava o velho Babalaô. E aquele guardião fechou as mãos ao redor das espadas que trazia penduradas no grosso cinturão prateado.

– Não se deixe possuir pelo ódio a eles, guardião. Eles são dignos de pena! – recomendou-lhe a Ninfa da lagoa.

– Eu não quero odiá-los. Mas não consigo conter o que sinto por eles, minha senhora.

– Tudo tem sua hora, irmão-guardião! – falou o velho Babalaô. Mais dias, menos dias, a deles também chegará!

# De Volta à Lagoa

— Assim espero, meu senhor. – concordou o guardião, soltando os cabos das suas duas espadas, mas ainda com todos os sentidos alerta.

— Algo o preocupa, guardião? – perguntou a Ninfa da lagoa.

— Sim, minha senhora. Capto as vibrações de um desses caídos desumanos.

— Deve ser mais um dos que vinham saquear meus domínios e levar para os dele minhas indefesas filhas, todas na mais tenra idade.

— O que esse verme fazia com elas, minha senhora?

— Ele fazia o que todos os caídos fazem: abria o mistério delas para que, atormentadas, gerassem as energias que acalmavam seus próprios tormentos. Mas agora tudo mudou, sabe?

— Não sei não, minha senhora. O que lhe aconteceu, que já não os teme mais?

— Eu encontrei um outro Filho do Pai que me acolheu e, ao formar um par comigo dotou-me de recursos extra-humanos para eu defender os meus domínios.

— Ele está se aproximando, minha senhora! – exclamou o guardião, voltando a segurar os cabos de suas espadas – Recolha-se aos seus domínios que eu vou combater esse espírito caído.

— Não faça nada nesse sentido, guardião. Eu mesma vou recebê-lo e derrotá-lo, pois só assim, com todos eles sabendo que acabou o tempo em que agiam impunemente, voltarei a ter paz na condução da minha hereditariedade. Além do mais, sua espada é inútil contra ele.

— Por que acredita que elas sejam inúteis, minha senhora?

— Só o mistério de um Filho do Pai é capaz de anular o de outro. Você só o impediria de saquear meus domínios, mas não o derrotaria. Eu o derrotarei e o anularei, guardião!

— Em todo caso, estarei aqui para defendê-la e aos seus domínios, minha senhora.

— Guardião, recue a uma distância segura e guarde o velho Babalaô, por favor!

O guardião recuou com o velho Babalaô que, curioso, sentou-se em um tronco de árvore caído na outra margem da lagoa. Então ordenou:

— Acalme-se, guardião! Essa senhora Ninfa mãe está muito segura quanto ao que deve fazer para derrotar o ser desumano que muito já a atormentou. É bom ver como tudo muda quando alguém evolui por meio dos mistérios da criação, sabe?

— Não sei não, meu senhor.

— Então observe e fique sabendo, está bem?

— Sim, senhor.

Pouco depois, surgiu ali, bem perto da Ninfa mãe, um ser enorme e com os sentidos completamente deformados. E, com ares de prepotência, ordenou:

— Ninfa, quero mais algumas de suas filhas!

– O que aconteceu com as últimas que você levou daqui, Filho do Pai caído nas trevas da ignorância humana?

– Já haviam sido esgotadas quando algo as retirou dos meus domínios, fazendo-as desaparecer do meu alcance visual.

– Que interessante! É por isso que você aproximou-se com cautela dos meus domínios?

– Eu... não tenho que lhe dar satisfações! Vamos, traga-me imediatamente todas as disponíveis porque estou com pressa!

– Por que está com pressa, se você já não consegue sair do lugar que está?

– É claro que posso sair daqui. Eu... – e o ser tentou se mexer e não conseguiu; tentou volitar e o mesmo aconteceu. Apavorado, perguntou:

– Ninfa ardilosa, o que você usou contra mim que me paralisou todo?

– Você não sabe?

– É claro que não. Mas quando eu gerar em meu íntimo a desparalisação dos meus movimentos, vou arrastá-la pelos cabelos aos meus domínios e vou esgotá-la totalmente.

– Eu creio que você não só não fará isto, como está paralisando-se ainda mais, sabe? Ao ativar seu mistério desparalisador, que eu já o havia invertido em seu íntimo, você paralisou seu poder de gerar reações ao que o desagrada.

– O que você fez comigo, Ninfa maldita?

– Só voltei contra você o seu próprio mistério, caído Filho do Pai. E, se não estou enganada, seus domínios imundos estão refluindo para dentro do seu mental. Será que você resistirá a todo o negativismo que exteriorizou por tantos milênios?

Pouco a pouco, aquele ser medonho começou a inchar e, em um urro de dor, explodiu e evaporou-se todo, desaparecendo da vista de todos. Então, a Ninfa da lagoa dirigiu-se até onde estavam o velho Babalaô e o guardião e falou-lhes:

– Agora podemos conversar tranquilos, porque o perigo já foi anulado, meus senhores.

– O que a senhora fez que derrotou tão facilmente aquele ser caído nas trevas da ignorância humana? – perguntou-lhe o guardião.

– Quase nada! Só recorri a um dos mistérios do meu par e guardião do meu mistério e tudo se resolveu da melhor forma possível. A partir de agora, aquele ser bestificado no desumanismo vivenciará um pouco da imensa dor que ele havia causado a milhões de outros seres.

– Quem semeia dor, só dor colherá! – exclamou o velho Babalaô, satisfeito com o desfecho do embate entre a Ninfa da lagoa e um Filho do Pai caído nas trevas do desumanismo.

– É a Lei do Retorno, velho Babalaô! – exclamou a Ninfa, com lágrimas a correr dos seus olhos.

— Ele não honrou ao seu Pai e pagou caro pela desonra, minha senhora. Por que derrama lágrima por um ser bestificado?

— Este ser que o senhor viu bestificado, em um passado remoto já foi um guardião do meu mistério. Naquele tempo ele era pura luz e amor!

— O que aconteceu a ele que o negativou todo? – perguntou o guardião.

— Ele se envolveu com as religiões existentes na face da Terra e foi subjugado pelos acontecimentos posteriores que lhe fugiram do controle. Quando retornou ao plano espiritual veio negativado, e daí em diante só continuou negativando-se até chegar ao estado em que vocês viram.

— Acho que vou aprender um pouco mais sobre os mistérios antes de voltar a combater esses espíritos caídos nas trevas da ignorância humana, senhora! – exclamou o guardião, preocupado com o fato de estar possuído pelo ódio aos adeptos da magia negra ou destrutiva.

— Faça isso, guardião – recomendou-lhe a Ninfa despedindo-se deles e submergindo na lagoa, que era um dos portais naturais de acesso aos seus domínios na dimensão aquática da vida.

— Guardião, você conhece o mistério das Ninfas? – perguntou-lhe o velho Babalaô.

— Não conheço, meu senhor.

— Sente-se ao meu lado que vou contar-lhe uma lenda sobre as Ninfas e talvez você descubra o mistério delas, está bem?

— Não está não, meu senhor.

— Por que não?

— Um guardião não pode se sentar enquanto estiver em serviço.

— Você não está em serviço.

— Estou sim, meu senhor. Meu dever é zelar pela sua segurança.

— Eu não preciso de que alguém zele por minha segurança.

— Recebi ordens de protegê-lo, até com minha vida se for necessário. Eu gostaria de ouvir o que tem a me dizer. Mas não posso relaxar a vigilância à nossa volta. Espero que me compreenda, meu senhor.

— Obrigado pelo seu zelo por mim. Fico agradecido! Vendo-o atento e em guarda, lembrei-me de uma lenda sobre a ida do nosso pai Oxalá a uma realidade do nosso Divino Criador Olorum, ainda desconhecida dos Sagrados Orixás quando eles saíram da morada interior e foram morar na morada exterior, onde iniciaram a construção dos mundos.

— Como é que é, meu senhor?!!

— Venha, sente-se ao meu lado e ouça! Não proceda como nosso pai Ogum procedeu naquela vez em que ele acompanhou nosso pai Oxalá, está bem?

— Não está não, meu senhor. O meu senhor Ogum nunca procede de forma errada.

— Eu não disse que ele procedeu de forma errada. Apenas disse para não proceder como ele! Você está procedendo errado em vigiar tudo à nossa volta?

— Não senhor!

— Pois é isso, guardião! Venha, sente-se ao meu lado e relaxe sua vigilância senão deixará de ouvir uma bela lenda, que relata um importante evento ocorrido no início dos tempos e que envolve nossos amados pais Oxalá e Ogum.

— Como o senhor fala deles assim, sem formalidades? Creio que está faltando com o respeito devido a eles, meu senhor.

— Não estou faltando em nada, guardião. Inclusive, sua afirmação me lembra outra lenda, que envolve nossas amadas mães Oxum e Iemanjá, sabe.

— Não sei não, meu senhor. Sou só um guardião, não um contador ou ouvidor de lendas profanas sobre os Sagrados Orixás. Eles já foram muito profanados, sabia?

— Sim, eu sabia, guardião. Várias das lendas que circulam por aí, de boca em boca, não condizem com as verdades sobre eles. Inclusive a que diz que nosso amado pai Xangô teve três esposas, que são nossas amadas mães Obá, Oxum e Iansã!

— Essa lenda não é verdadeira, meu senhor!

— Nisso concordamos, não?

— Concordamos sim, meu senhor.

— Pois é, nosso pai Xangô teve tantas esposas que, creio eu, não nomearam todas para não melindrarem outros pais Orixás que só tiveram algumas. E olhe que, segundo o Orixá Exu, o mais bem informado mas, o mais indiscreto de todos os seres que já conheci, o número de suas amantes é ainda maior, sabe?

— Valei-me, meu pai Ogum! Estou diante de um blasfemador e não posso executá-lo porque recebi ordens de protegê-lo! — exclamou o guardião, muito aflito com as palavras do velho Babalaô.

— Velho Babalaô, eu quero ouvir suas lendas! — gritou o pequeno gênio, sentado no galho de uma árvore próxima.

— Geniozinho querido! Aproxime-se, meu pequenino!

— O senhor irá contar essas lendas sobre os Sagrados Orixás?

— Se você quiser ouvir!

— Não tenho nada melhor nesse momento que o ouvir, vovô! Posso chamá-lo assim, de meu vovô espiritual?

— Claro, meu pequenino! Você não sabe o quanto me alegra ter sido adotado por você como seu avô espiritual.

— E eu me alegro por ter sido aceito pelo senhor como seu neto gênio. Mas...

— Mas..., o que, meu netinho gênio?

— Mas... e quanto aos meus irmãozinhos ainda sem um vovô espiritual?

— Seus irmãozinhos? Quantos você tem e onde eles estão?

— Nós estamos aqui, vovô! — gritaram milhares de pequenos gênios, surgindo do nada e cercando o velho Babalaô que exclamou:

Meu Pai, vendo esses Teus amados filhos gênios, lembrei-me de mais uma lenda envolvendo Exu Mirim e nossas amadas mães Orixás!
– O senhor já nos adotou, vovô?
– É claro que sim, meus queridos netinhos gênios!
E aquele grupo de pequenos gênios fez uma algazarra danada, de tão felizes que ficaram por finalmente terem um vovô espiritual.
A alegria daqueles geniozinhos era tanta que muitos outros seres da natureza se aproximaram. E quando souberam a razão de tanta alegria, com os olhinhos tristes e lacrimejantes, ficaram a olhar para o velho Babalaô. Este, vendo-os tão tristes por não terem um vovô espiritual, exclamou:
– Está bem, chega de lágrimas ou de tristezas! Eu adoto todos vocês como meus netinhos!
Houve uma explosão de alegria entre todos aqueles seres da natureza, que não conseguiram conter-se de tão felizes que ficaram por, finalmente, terem um vovô espiritual.
Pequenos gênios, pequenas fadas, pequenos elementais e até pequenas Ninfas, todos envoltos pela alegria abraçaram e beijaram o velho Babalaô, envolvendo-o numa intensa aura de amor, carinho e ternura.
A Ninfa da lagoa surgiu e, vendo tanta alegria e a razão dela, também ficou triste e com os olhos a lacrimejar. O velho Babalaô perguntou-lhe:
– Você também está querendo me adotar como seu avô, Ninfa da lagoa?
– Se o senhor me adotar como sua filha Ninfa das águas, sentirei-me tão feliz como a mais feliz das Ninfas, meu pai!
– Essa não! Se bem conheço o mistério das Ninfas, ao adotá-la como filha terei tantas netinhas que nunca saberei quantas serão!
– Isso o incomoda, papai espiritual? – perguntou-lhe a Ninfa, abraçando-o e encostando a cabeça no ombro do velho Babalaô.
– Não, minha filha Ninfa. Sinto-me honrado, sabe?
– Eu é que me sinto honrada por tê-lo como meu pai espiritual, meu amado papai! – exclamou a Ninfa mãe, que a seguir começou a soluçar convulsivamente, deixando correr grossos filetes de lágrimas dos seus olhos, muito brilhantes naquele momento.
E, como que por encanto, daquela lagoa começaram a sair tantas Ninfas, ainda pequenas, já infantes e mocinhas, que era impossível saber quantas eram. E todas choravam de alegria por terem, finalmente, um vovô espiritual.
Não demorou muito para as lágrimas cessarem e um imenso coro de Ninfas começarem a cantar melodias tão ternas e amorosas ao vovô delas, que não só o velho Babalaô derramou lágrimas, como até aquele austero guardião chorou, de tão lindas que eram as melodias cantadas por elas.
O tempo pareceu não passar ali, naquele local onde um dos mistérios da vida estava se mostrando em todo o seu esplendor.
Mas chegou um momento em que a Ninfa mãe falou ao velho Babalaô:
– Papai, é hora de recolher toda a minha hereditariedade dentro dos meus domínios e de fechar todos os portais de acesso a eles.

— É sim, minha filha. A hora grande, em que todas as esferas negativas abrem seus portais de comunicações, está chegando. Que o nosso Divino Criador Olorum o abençoe mais uma vez!

— Já me sinto abençoada por Ele mais uma vez, papai. Dê-me, o senhor também a sua bênção!

— Em nome Dele, eu te abençoo, minha querida e amada filha! Agora recolha a sua hereditariedade, está bem?

— Sinto ter de deixar o aconchego dos seus braços, papai.

— Eu também. Mas é preciso, não?

— É sim. Até outra visita sua, meu querido e amado papai espiritual!

— Até lá, minha filha!

Assim que a Ninfa mãe recolheu-se, todas as suas filhas a acompanharam. E o velho Babalaô abençoou todos os outros seres da natureza e ordenou-lhes que se recolhessem em seus domínios.

Pouco depois, já a sós com o guardião, ele perguntou:

— Por que correm lágrimas dos seus olhos, irmão-guardião?

— Eu jamais vi algo assim, meu senhor. Como esses seres da natureza o amam!

— É, eles me amam muito e muito eu os amo e amarei por todo o sempre como meus amados filhos naturais. Vamos?

— Eu jamais vi tanta manifestação de amor e afeição. Estes seres da natureza só querem ter alguém espiritualizado para amar e que os retribua com amor. Meu senhor, preciso caminhar um pouco antes de voltar à cidadela, senão meus irmãos-guardiões me verão derramando lágrimas, sabe?

— Sei sim. Incomoda o fato de derramar lágrimas pelo que presenciou aqui?

— Incomoda-me muito, meu senhor. Um guardião não pode ter seus olhos turvados em momento algum, mesmo que seja por lágrimas de satisfação, derramadas por presenciar o esplendor da vida.

— Entendo-o, pois você foi ensinado a agir como tem agido.

— É, eu fui ensinado a agir assim, meu senhor.

— Eu creio que este seu modo de agir tem a ver com uma lenda que relata as palavras do nosso Divino Criador Olorum, ditas no momento da partida dos Sagrados Orixás ao nosso amado pai Ogum. Você quer ouvi-la?

— Eu não estarei infringindo nenhuma norma do mistério guardião que me rege?

— Não estará porque, segundo essa lenda, o momento ideal para alguém dirigir-se a Ogum é no ponto da meia-noite, quando Ogum está de ronda.

— Conte-me essa, e todas as lendas que achar que devo ouvir, velho Babalaô, que eu gostaria de ter como meu pai espiritual.

— Eu também gostaria de tê-lo como meu filho espiritual, guardião dos mistérios do nosso pai Ogum.

— O senhor está me aceitando como seu filho espiritual?

— Eu já o adotei como tal, meu filho!

O guardião, tão austero, ajoelhou diante do velho Babalaô e pediu:

— Meu amado pai, abençoe-me nesse momento único de minha existência!

— Que mais uma vez você seja abençoado, meu filho. Agora, levante-se e dê-me um forte abraço!

Aquele guardião de Ogum levantou-se e abraçou o velho Babalaô, que também o abraçou, não com força, mas sim com amor, carinho e ternura.

E o guardião, ao sentir-se envolto por um manto de amor, carinho e ternura, explodiu num pranto sentido, em que as lágrimas correram soltas, pois ele não se preocupou em ocultá-las ou contê-las.

Só depois de um bom tempo, ambos pararam de chorar. Então, o velho Babalaô convidou-o:

— Meu filho amado, vamos caminhar um pouco por esta estrada?

— Ela, como todos os caminhos, é perigosa nesta hora da noite, meu pai.

— Meu filho, não há caminhos perigosos. Apenas existem caminhantes incompreendidos ou que ignoram a razão de estarem caminhando nas sombras da noite, sabe?

— Não sei não, papai. É meu dever zelar pela sua segurança, sabe?

— Sei sim. Mas eu quero caminhar um pouco por esta estrada, meu filho.

— Se eu deixar que algo aconteça ao senhor, serei punido com rigor pelo meu superior.

— Se eu, como seu pai, disser-lhe que não deve temer que algo me aconteça, você me leva para caminhar por esta aprazível estrada?

— Se o senhor disser isso, então eu o levo, meu Pai.

— Então eu já lhe disse. Além do mais, você não conhece a lenda do Oxalá, que revela a razão dele só poder ser cultuado dentro dos templos e de só poder ser oferendado sob a luz do sol, certo?

— Eu não a conheço, meu pai. Mas eu gostaria de conhecê-la.

— Você também não conhece a lenda que revela o porquê do nosso irmão, o Orixá Exu, não poder viver dentro da casa de Oxalá?

— Li algo sobre isso quando vivi no plano material, sabe?

— É, sei sim o que diz esta lenda. Mas ela é só um ocultamento da verdadeira razão de Exu não poder viver dentro da casa de Oxalá.

— Eu achava que ela era falsa, meu pai.

— Nenhuma lenda é falsa, meu filho. Apenas as que circulam por aí, no plano material, são lendas ocultadoras dos mitos da criação. Saiba que os mitos da criação são os acontecimentos divinos que marcaram profundamente a consciência coletiva que abarca toda a morada exterior do nosso Divino Criador Olorum. Esses eventos são vivências dos Sagrados Orixás que se tornaram leis e procedimentos de tudo e de todos na morada exterior ou mundo manifestado do nosso Divino Criador Olorum. Cada um desses eventos, tanto os acontecimentos no tempo em que o tempo ainda não existia, como os que aconteceram depois, quando tudo começou a deixar registros, veem sendo descritos como mitos da criação divina ou como lendas, que são fatos atribuídos aos Sagrados Orixás, lendas sintetizadoras da ação dos heróis nacionais fundadores das nações e organizadores dos povos. Uma lenda pode ser lida e entendida por todos. Já um mito, só quem o ler com os olhos da razão entenderá e extrairá o ensinamentos que o ensinam como retornar à morada interior do nosso Divino Criador Olorum sem ter que deixar de viver na sua morada exterior.

Afinal, o dever e o destino de todos os seres é o de retornarem à morada interior sem deixar de viver na morada exterior Dele, tornando-se em si a sua morada interior.

— Por que tem de ser desta forma, meu pai?

— Bom, só assim, o que está fora será internalizado e o que está dentro será exteriorizado. Há uma lenda sobre isso, meu filho!

— Meu pai, por que meu mistério guardião diz que estamos parados na hora grande, ainda que estejamos caminhando já faz um bom tempo?

— Você, creio eu, também não conhece a lenda que revela o que aconteceu com o tempo depois que nosso amado pai Oxalá tornou-se guardião dos mistérios de nossa amada mãe Logunã, a Mãe do Tempo, certo?

— Não só não a conheço, como também nunca ouvi alguém citar esse nome ou que essa mãe Orixá é a Mãe do Tempo.

— São tantas as lendas que você desconhece, não é mesmo?

— É sim, meu pai. Eu já estou muito curioso em ouvi-lo, sabe?

— Sei sim, meu filho.

— O senhor já citou tantas lendas que acredito que, se ouvi-las, meu entendimento será expandido.

— Toda expansão do entendimento implica em aumento dos campos de ação e de responsabilidades porque, significa conscientização, meu filho. Também há uma lenda sobre isto, sabe?

— Entendo-o, meu pai. Conte-me a lenda que relata o que aconteceu durante a ida dos nossos pais Oxalá e Ogum a uma das muitas realidades do nosso Divino Criador Olorum, por favor!

— Bom, se você quer mesmo ouvi-la, então eu a contarei.

— Eu também quero ouvir todas as outras lendas que o senhor citou, sabe?

— Eu vou contá-las. Mas primeiro vou contar-lhe como os Sagrados Orixás foram gerados pelo nosso Divino Criador Olorum.

# Lenda do Nascimento das Mães Geradoras da Vida

Conta uma lenda, que Olorum, o nosso Divino Criador, vivia em si mesmo e tudo o que gerava, gerava em si e para si, e tudo vivia em Olorum e nada existia fora dele.

Como Olorum não parava de gerar um só instante, ele era geração o tempo todo.

Como tudo estava nele, nada era indissociado dele, e sua divindade estava em tudo e em todos.

Mas em dado momento, Olorum começou a se individualizar em tudo e em todos que nele viviam, pois eram partes do todo por ele formado.

Ao se individualizar, primeiro nas suas faculdades geracionistas, foram tantas as individualizações que elas povoaram a sua morada interior.

Como cada individualização sua deu origem a um poder gerador, ele, para diferenciá-las, deu-lhes o nome de matrizes geradoras, pois cada uma delas geraria sempre as mesmas coisas.

Como entes, cada uma dessas matrizes gerava continuamente e tudo o que gerava passava a fazer parte dele mas, como individualizações, elas passaram a reter em si tudo o que geravam.

Então ele pensou, e no seu pensar criou para cada uma de suas matrizes geradoras uma realidade só dela, ainda que todas continuassem dentro dele, no entanto cada uma tornou-se uma de suas realidades, nas quais Olorum continuou a gerar.

Os nomes nas matrizes geradoras são tantos que não vamos nomear todas senão, a lista de nomes nunca terminaria, pois até as matrizes geradoras continuaram a ser geradas por Olorum continuamente.

Então, porque a lista de matrizes geradoras é infinita, aqui daremos o nome de algumas para que se tenha uma noção adequada do que está sendo revelado:

- Matriz Geradora do Amor
- Matriz Geradora da Fé
- Matriz Geradora da Harmonia
- Matriz Geradora da Beleza

- Matriz Geradora da Vida
- Matriz Geradora das Flores
- Matriz Geradora dos Cães
- Matriz Geradora dos Gatos
- Matriz Geradora dos Pássaros
- Matriz Geradora das Sementes
- Matriz Geradora da Ordem
- Matriz Geradora das Direções
- Matriz Geradora do Equilíbrio
- Matriz Geradora da Razão
- Matriz Geradora da Compreensão
- Matriz Geradora da Tolerância
- Matriz Geradora da Abundância
- Matriz Geradora do Perdão
- Matriz Geradora da Fraternidade
- Matriz Geradora da Perseverança
- Matriz Geradora da União
- Matriz Geradora da Riqueza
- Matriz Geradora da Prosperidade
- Matriz Geradora da Paciência
- Matriz Geradora da Resignação
- Matriz Geradora da Concórdia
- Matriz Geradora das Formas
- Matriz Geradora da Religiosidade
- Matriz Geradora da Renovação
- Matriz Geradora da Multiplicação
- Matriz Geradora dos Frutos
- Matriz Geradora dos Mamíferos
- Matriz Geradora dos Répteis
- Matriz Geradora dos Aracnídeos
- Matriz Geradora dos Peixes
- Matriz Geradora da Água
- Matriz Geradora do Ar
- Matriz Geradora da Terra
- Matriz Geradora do Fogo
- Matriz Geradora do Éter
- Matriz Geradora das Energias
- Matriz Geradora das Vibrações
- Matriz Geradora das Cores
- Matriz Geradora das Luzes
- Matriz Geradora das Conchas
- Matriz Geradora dos Mantos
- Matriz Geradora dos Minérios
- Etc.

Enfim, para cada coisa que existe por si no plano material, há uma matriz geradora divina, indissociada de Olorum, mas individualizada por ele para que em si mesma, cada matriz seja uma de suas realidades.

Saibam que esse plano material é só uma das realidades de Olorum, criada por ele para que nela todas as outras realidades estejam representadas e tenham nela um ponto de contato ou de repulsão entre si, unindo-as ou separando-as.

Quando Olorum individualizou suas matrizes geradoras e tornou-as realidades em si mesmas que abrigariam o que gerariam, também tornou--as meios abrigadores de tudo o que dali em diante ele gerasse nelas.

Assim, essas matrizes geradoras seriam em si as suas gerações e as realidades ou meios abrigadores de tudo o que gerassem.

Ali, naquele instante único da criação estava acontecendo algo que mudaria tudo dali em diante, pois surgiram tantas matrizes com suas realidades, que Olorum pensou em dotá-las de recursos para que todas as criaturas geradas por ele, e que nele viviam, pudessem ser enviadas ao interior das realidades que elas eram em si mesmas, e nelas passassem a viver, individualizando-se e assumindo feições próprias.

Cada coisa teria de ter uma feição só sua e que a distinguisse entre si quando dentro de uma das suas realidades, assim como deveria ser diferente de tudo que vivesse em outras realidades.

E ali, naquele momento único, Olorum pensou e criou a matriz modeladora das formas e com ela começou a modelar, a dar forma a tudo.

E essa sua matriz modeladora teria de estar dentro das outras matrizes para que tudo o que fosse gerado tivesse uma forma só sua que, por meio de suas feições e aparências pudessem ser distinguidas de todas as outras, em quase tudo iguais, mas diferenciadas.

– E ali surgiram as espécies!

Olorum mais uma vez pensou, e nesse seu pensar criou para cada uma das suas matrizes um centro gestador muito parecido com úteros, pois dentro deles tudo adquiria um modelo, uma forma e uma feição só sua que o diferenciaria de sua espécie.

Mas, como cada matriz gerava muitas coisas ao mesmo tempo e que se tornavam as coisas existentes nas realidades que os abrigavam, ele acrescentou à matriz modeladora o seu mistério maior, que é o que gera tudo ao mesmo tempo para que nada seja gerado em excesso ou a menos, criando desequilíbrio na sua criação.

E sua matriz modeladora, ao receber dele esse seu mistério, passou a modelar tudo ao mesmo tempo dentro da matriz realidade que a recebera.

Como as coisas que seriam geradas eram diferentes entre si e teriam formas, feições e tamanhos diferentes, ele pensou em algo que dotou cada matriz modeladora de muitos "compartimentos" internos, pois assim, cada coisa criada por Ele seria gerada dentro dela não influenciaria as outras ou por elas seria influenciada.

Então, aquela matriz modeladora original passou a conter tantos compartimentos modeladores em si mesma, que se tornou capaz de modelar tudo o que as matrizes geradoras precisassem gerar ao mesmo tempo para se manterem em total equilíbrio enquanto realidades em si mesmas.

Como a matriz modeladora original instalada no interior das matrizes geradoras possuía um só portal de acesso, ele pensou um portal para cada coisa a ser modelada e dotou-a de tantos portais de acesso quantas seriam as coisas a serem modeladas no interior dela que, por sua vez, estava instalada no interior de cada uma das matrizes geradoras tornadas realidades em si mesmas por Ele.

Ali, naquele momento, Olorum havia criado o mistério das formas, modelos, feições e aparências; o dos compartimentos modeladores e o das passagens individuais.

E Olorum determinou em mais um pensar seu que cada coisa gerada também tivesse em si mesma esses mistérios.

Então, ele observou como as coisas começaram a ser geradas e aprovou o que pensara, e tornou Lei na criação interior que tudo o que fosse gerado no interior de suas matrizes, também se tornassem matrizes individualizadas e tivessem em si uma matriz modeladora e formatadora só sua que, ao que viesse a gerar, gerasse com a sua forma e aparência mas que, nessa sua geração, cada coisa gerada tivesse em si o diferenciador que a individualizasse de todas as outras gerações anteriores ou posteriores.

No seu pensar, ficou determinado que mesmo entre as coisas de uma mesma espécie não haveria duas iguais em tudo, ainda que fossem na sua maior parte, e se assemelhassem.

– Ali, aquele momento único da criação o Divino Criador Olorum criava os códigos genéticos das espécies, códigos esses que preservariam os de uma mesma espécie, ainda que entre eles sempre houvesse um diferenciador que os individualizasse.

Olorum, no seu pensar criador individualizou tudo e todos e a cada uma de suas matrizes geradoras ele deu uma forma, e ainda que todas se assemelhassem, nenhuma era exatamente igual às demais, cujo número é infinito, como tudo mais nele o é.

Com o tempo, essas matrizes geradoras passaram a ser chamadas de Mães Geradoras enquanto ele passou a ser chamado de Pai Criador.

E nelas Olorum começou a criar e gerar os Sagrados Orixás, cada um deles unigênito pois cada um foi gerado em uma dessas suas matrizes geradoras.

Olorum não gerou dois Orixás na mesma matriz e assim cada um tornou-se único na criação, sendo que Olorum é o ponto onde todos se encontram, pois provieram de matrizes e realidades diferenciadas.

Mas aí, já é outra lenda, que contaremos a seguir.

# A Criação e Geração dos Orixás – O Nascimento de Exu

Olorum, que cria e gera o tempo todo, havia individualizado as faculdades geradoras de suas criações. E, após feito isto, continuou a gerar nelas, só que, daí em diante, o que cada matriz gerava ficava dentro da realidade que ela era em si mesma.

E, ainda que todas estivessem em Olorum, as suas gerações já não se integravam ao todo indiferenciado que ele é em si, mas sim, passaram a ser as partes do todo, que é ele em si mesmo.

O que cada uma de suas matrizes gerava permanecia nelas, sendo que o que estava sendo gerado em uma, não sabia do que estava ou havia sido gerado em outra.

Cada uma expandia-se cada vez mais no interior de Olorum, mas sem se tocarem, porque cada uma das matrizes geradoras era uma realidade dentro dele, o senhor de todas as realidades.

Olorum, que tanto vê por fora quanto por dentro quando contempla algo, contemplou-se e viu-se pleno internamente, mas não se viu por fora.

Então ele pensou, e no seu pensar gerou uma matriz que imediatamente começou a gerar o seu exterior.

Mas, como tudo estava no seu interior, no exterior de Olorum formou-se o vazio, gerado pela matriz pensada por ele. E ela recebeu o nome de Matriz Geradora do Vazio.

Mas, mais tarde passou a ser chamada de Mãe Geradora do Vazio e de senhora do vazio existente no exterior de Olorum.

Só que, como ela só gerava o vazio, ainda que fosse a matriz que o gerava, ela começou a sentir-se vazia. E não adiantou Olorum comunicar-lhe que havia pensado em ocupar o vazio gerado por ele com o que estava gerando nas outras matrizes, pois ela insistia que o vazio era seu e que ele deveria criar algo que o preenchesse.

Olorum pensou, pensou e pensou!

E no seu pensar, pensou uma solução, não só para a sua matriz geradora do vazio à sua volta, como para todas as outras, sobrecarregadas em suas realidades, que não paravam de se expandir no interior dele.

Então, Olorum pensou para a sua matriz geradora do vazio uma geração única, mas que a preencheria totalmente.

E Olorum depositou em sua mátria modeladora o seu pensamento, que logo gerou um ser único na criação, ser esse que a preencheu parcialmente e que, aqui na Terra é chamado de Orixá Exu!

O Orixá Exu é fruto do desejo de sua matriz, geradora do vazio, tornar-se plena em si mesma e da vontade de Olorum de torná-la geradora de algo mais que o vazio.

Exu tem em sua ascendência divina Olorum, que é a plenitude em si, e a matriz geradora do vazio, que é a ausência dele no seu lado de fora.

E assim, daí em diante, sempre que Olorum contemplava a si mesmo, via no seu interior tudo o que todas as suas matrizes haviam gerado e via no seu exterior o vazio infinito, ocupado por Exu que, por ter sido gerado na matriz modeladora da matriz geradora do vazio, ora se sentia pleno e ora se sentia vazio.

Quando Exu se sentia pleno, gargalhava alegre e alegrava Olorum. Mas quando se sentia vazio, recolhia-se ao âmago de sua matriz geradora e lamentava a solidão em que vivia, incomodando Olorum com seus lamentos, pois era unigênito e não tinha ninguém com quem compartilhar suas alegrias ou suas tristezas.

Olorum pensou uma solução para o problema de Exu e, no âmago da sua matriz geradora do vazio, gerou uma forma oposta em tudo a ele, mas que o completaria em tudo e o tornaria pleno em si mesmo quando se recolhesse ao âmago da matriz que o havia gerado.

E assim foi gerada uma companheira para alegrar Exu quando ele se recolhesse ao âmago da matriz que o gerara. E essa sua companheira tornou-se a moradora do interior da matriz geradora do vazio.

Mas, quando Exu deslocava-se feliz no vazio infinito, ela ficava triste com a ausência dele e chorava de tristeza e lamentava de ter como companheiro alguém que ficava alegre e feliz quando saía e que se sentia solitário quando retornava.

Ela só se entristecia e chorava quando ele saía, pois alegrava-se e transbordava de felicidade quando ele retornava para o interior da matriz que o havia gerado.

E ela, nesse seu transbordar de alegria e felicidade, não deixava Exu sentir-se solitário, pois não o largava um só instante, falando e sorrindo feliz o tempo todo.

Só que Exu só se alegrava e gargalhava feliz quando saía do interior da matriz que o gerava, criando o primeiro paradoxo na criação do Divino Criador Olorum.

Não que Exu não gostasse da companhia dela que, com sua alegria e felicidade, anulava a sua solidão.

Olorum a havia pensado para ela preencher a solidão dele. Mas quando ele começava a dar sinais de que estava com saudade da imensidão infinita do vazio, ela começava a entristecer-se e a soluçar.

E não adiantava Exu dizer que só ia dar uma voltinha pelo vazio e que logo estaria de volta, pois nada a alegrava novamente.

Ele virava-lhe as costas e mergulhava no vazio, esquecendo-a e voltando a gargalhar feliz.

Olorum, se de um lado ficava feliz ao ouvir as gargalhadas alegres de seu filho Exu, por outro ficava triste por causa da tristeza da sua filha que habita no âmago da sua matriz geradora do vazio. Que problema!

Olorum pensou, pensou e pensou. E no seu pensar criou uma solução que iria influenciar tudo dali em diante. Era algo drástico e que colocaria um fim à tristeza daquela sua filha unigênita, pois ela era a única que ele gerara no âmago da sua matriz geradora do vazio no seu lado de fora.

O fato é que, quando Exu retornou e a viu alegre e feliz, desejou multiplicar-se nela e ela desejou multiplicá-lo em sua matriz modeladora e geradora.

E o que Olorum havia pensado realizou-se! E antes de ele voltar a sentir saudades da liberdade do vazio, ela gerara, ainda pequenino, uma réplica dele, que o chamou de papai assim que balbuciou as primeiras sílabas. E também a chamou de mamãe.

Estava formada a primeira família no imenso vazio do lado de fora de Olorum.

Então ela dividia sua alegria e felicidade com Exu e com seu filhinho que, ao contrário dele, vivia grudado nela não lhe deixando muito tempo para vivenciar sua alegria e felicidade com seu companheiro. Quando ela deixou de lado o filhinho para repetir o que havia sido tão agradável, aí foi a vez de o pequenino chorar e berrar que queria o colo da sua mamãe. E só se aquietou quando ela voltou até onde o havia deixado e alegrou-o e tornou-o feliz com seus carinhos maternos.

Exu, vendo aquela criança chamar para si toda a atenção da sua companheira, começou a sentir saudades da imensidão do vazio.

Então, viu que ela já não se entristecera tanto com sua partida, que, em vez de chorar, só soluçou de tristeza.

Mas o pequenino, vendo o seu pai partir e sumir no vazio, começou a chorar e a chamá-lo de volta, fazendo sua mamãe desdobrar-se para alegrá-lo, enquanto dizia-lhe que Exu logo voltaria para o âmago da matriz geradora do vazio, que é onde vive a família dele.

Exu voltou para o vazio infinito e, longe da sua família, sentiu-se livre e gargalhou feliz.

Mas, chegou um momento em que começou a sentir saudades da sua companheira e do pequenino que deixara nos braços dela. Então voltou para o âmago da matriz do vazio, feliz e alegre porque sentia saudades dela e do filhinho.

Só que, ao chegar, em vez de encontrar sua companheira sorridente, alegre e rindo de felicidade com a sua volta, a encontrou com um novo filhinho nos braços enquanto o outro, já mais crescido, procurava chamar sua atenção, pois estava enciumado porque a sua mãe voltara parte da atenção ao seu irmãozinho mais novo.

Ela, em vez de abraçá-lo toda feliz e contente, começou a reclamar de sua ausência, e de que tinha de cuidar sozinha de dois filhos, que não a largavam um só instante, não dando-lhe descanso.

Foram tantas reclamações, que Exu nem teve como sentir-se triste e solitário pois, só para deixar de ouvir as reclamações dela, pegou o filhinho mais novo em um braço e o mais velho em outro e foi dar uma volta com eles, só voltando depois de um bom tempo e com os dois já adormecidos.

Ela, ao ficar sozinha, voltou a ficar triste e a chorar, tanto porque sentia saudade de Exu quanto dos dois filhinhos. Mas, ao vê-lo e aos filhinhos, alegrou-se por completo e sorriu alegre e feliz.

Como os pequeninos se cansaram de tanto que brincaram com Exu no vazio infinito, continuaram a dormir, e ela pode tê-lo só para si por algum tempo.

E dali em diante, ainda que vivesse feliz no vazio infinito, no âmago da sua matriz geradora ele nunca mais sentiu-se solitário e triste, pois sua família, cada vez mais numerosa, não o deixou um só instante solitário... ou em paz!

Então Olorum sorriu feliz e pensou: "Eis aí o modelo de família que ocupará o meu lado de fora, que alegrará meus olhos sempre que eu me contemplar!"

# A Geração de Oxalá

Já revelamos como se deu a geração de Exu, mas, como Olorum ao gerar algo em uma de suas matrizes, gera esse mesmo algo em todas as outras, se na sua matriz geradora do vazio Exu havia sido gerado, nas outras, outros Orixás também haviam sido.

E Olorum gerou na sua matriz geradora das matrizes geradoras um Orixá que aqui na Terra, quando surgiu o seu culto, ele recebeu o nome de Oxalá.

Exu havia sido gerado na matriz geradora do vazio e Oxalá havia sido gerado no âmago da matriz geradora de matrizes.

Dois Orixás opostos em muitos aspectos, pois, se Exu reinava feliz no vazio à volta de Olorum; Oxalá, ao ser gerado no âmago da matriz geradora de matrizes, havia sido gerado no âmago da plenitude pois, de certa forma, sua matriz geradora gerava tudo.

E, por ter tudo à sua volta, pois vivia no centro gerador da plenitude existente no interior de Olorum, Oxalá sentia-se pleno em todos os sentidos e vivia feliz e contente no âmago da matriz que o havia gerado.

Oxalá, de onde se encontrava, contemplava a plenitude existente em Olorum e sorria feliz e contente, e esse seu sorriso alegrava Olorum, que não se cansava de contemplá-lo, sempre contente e feliz!

Mas, como os outros Orixás começavam a sair do âmago de suas matrizes geradoras e deslocarem-se pelo todo existente em Olorum, este ordenou a Oxalá que também saísse para conhecer seus irmãos e suas irmãs, todos gerados no seu pensar quando ele quis animar o vazio existente no seu lado de fora.

Oxalá sempre respondia que estava contente e feliz ali mesmo, e que gostaria de permanecer dentro de sua matriz geradora por toda a eternidade.

– Mas você tem muitos irmãos e muitas irmãs, cada um deles unigênitos, pois cada um foi o único gerado por mim nas suas matrizes geradoras, Oxalá! Saia de sua matriz geradora e venha conhecê-los, meu filho!

– Papai, diga a eles para virem até aqui, que aí todos eles me conhecerão e a todos conhecerei!

– Meu filho, você precisa sair de dentro do âmago dessa sua matriz geradora, sabe?

– Não sei não, papai. Aqui me sinto pleno, contente e feliz!
– Eu sei que você se sente assim, pois eu o gerei na matriz que pensei para que ela gerasse em meu âmago a plenitude. Mas há um problema, meu filho.
– Que problema é esse, papai?
– Filho amado, tudo o que as matrizes geradoras geram, deve sair para fora delas e deve passar a viver e existir nos seus exteriores. Esse é o princípio da existência delas em meu lado de dentro ou meu lado interior, sabe?
– Já estou sabendo, papai. O que acontecerá se eu não sair?
– Você amadurecerá e tornar-se-á prisioneiro do âmago da matriz que o gerou. E envelhecerá e ficará paralisado, perdendo toda a sua capacidade de mover-se.
– Como é que é?!?! Eu me tornarei um paralítico? É isso, papai?
– Sim, é isso, meu filho amado. Agora, saia já daí e venha se juntar aos seus irmãos e suas irmãs, todos já fora de suas matrizes geradoras!
– Está bem, papai. Sairei!

E Oxalá contemplou mais uma vez o interior ou âmago da matriz que o gerara, a matriz geradora da plenitude em Olorum!

Então, deparou-se com a sua primeira dificuldade: como sair do interior da sua matriz geradora, se todas as outras matrizes também haviam saído dela e interpunham-se até o espaço onde, muito distante, ele via os outros Orixás, já fora de suas matrizes geradoras, e cada um vivendo na realidade que ela era em si mesma?

Então Oxalá perguntou a Olorum:
– Papai, como faço para sair, se todas as outras matrizes estão em volta e interligadas ao âmago dessa que me gerou?
– Pense, meu filho. Pense, que você saberá como sair do âmago dela para alcançar o seu exterior que é uma realidade em si mesma.
– Farei isso, papai!

Oxalá pôs-se a pensar. E no seu pensar ele se fechou em si mesmo.

Oxalá pensou, pensou e pensou! E tanto Oxalá pensou, que se tornou um pensar em si mesmo; seu pensar tornou-se pensamento puro e sua mente alcançou o âmago de Olorum, que é pensamento puro e puro pensar.

No seu pensar, Oxalá transcendeu a si mesmo, à matriz geradora de matrizes que o gerara e alcançou o âmago de Olorum, o seu pai e seu criador que o criara no seu pensar e o gerara em sua matriz geradora da plenitude, que era ele em si mesmo. No âmago do pensamento de Olorum, pensou, pensou e pensou. E tanto pensou que se tornou o pensamento de Olorum e ambos passaram a pensar juntos e os dois pensares tornaram-se um só pensamento.

E Olorum pensava por meio de Oxalá e este pensava em Olorum.

O filho unigênito retornava ao âmago de seu pai por meio do ato de pensar. E ali Oxalá permaneceu por um longo tempo, até que pensou isso:

"Eu sou fruto do pensamento! Eu sou o próprio ato de pensar! Eu sou o pensamento puro que, em si mesmo gera tantas alternativas que não há uma alternativa que não possa ser pensada.

– No âmago do meu pai, eu sou o meu pai, e o meu pai realiza-se em mim, pois todo filho é fruto do seu pai.

– Pai e filho são a mesma coisa, ainda que o filho tenha sido criado no pensar do seu pai, este está por inteiro nele, pois traz em si o pensamento que o criou. O meu pai está por inteiro em mim e eu sou parte indissociada do meu pai. Em mim, o meu pai é Oxalá mas, no meu pai, eu sou Olorum!... meu pai!!!"

Então Olorum, com Oxalá de volta ao pensar que o gerara, falou:

– Meu filho, esta é a verdade suprema, fruto do meu pensamento! Quando todos atinarem com ela, ninguém se sentirá fora de mim porque eu estou em cada uma das coisas que eu pensei e gerei. Elas estão em mim e eu estou em todas elas, amado filho pensador!

Oxalá, que era só pensamento, falou ao seu pai Olorum:

– Papai, cada um de nós, os seus filhos Orixás, somos uma de suas partes, não?

– São sim, meu filho.

– Todos nós o trazemos por inteiro e o exteriorizamos por meio de um dos seus aspectos, não?

– Vocês me exteriorizam sim, meu filho.

– O senhor está em nós, e nós somos parte do senhor, não?

– É isso mesmo, meu filho.

– Eu sou o seu pensamento, meu pai?

– Não, meu filho. Você é fruto do meu pensamento. Mas, por ser fruto do meu pensamento, toda vez que você pensar, estará pensando por meu intermédio, estarei me manifestando no seu pensamento e exteriorizando-me por meio do seu ato de pensar.

– Eu o entendo e entendo-o por mim, meu pai e meu criador!

– Eu sei que sim, meu filho amado. Você também é fruto do meu entendimento.

– O que mais eu sou, meu pai?

– Você é parte de mim, e eu sou você por inteiro, porque você é o fruto do meu pensar.

– Papai, é bom estar de volta. Aqui, sinto em meu âmago a plenitude que antes, na matriz que me gerou, eu sentia em minha volta.

– Eu sei que está se sentindo assim, meu filho.

– Por que isso, meu pai?

– Pense, meu filho!

E Oxalá, no âmago do pensamento de Olorum, pensou, pensou e pensou na razão de sentir em seu âmago a plenitude que antes sentia em sua volta.

E chegou um momento em que Oxalá, que era pensamento puro, pensou:

– Meu pai, só sentimos a plenitude interior, quando estamos por inteiro no senhor e deixamos de ser uma de suas partes e tornamo-nos o senhor por inteiro. É isso, meu pai?

– É isso sim, meu filho, amado. A plenitude exterior, todos a alcançarão como fruto do próprio esforço em construí-la em sua volta. Mas a plenitude interior, só em mim será alcançada.

– Por que isso é assim, meu pai?

– Pense, Oxalá!

E mais uma vez Oxalá pensou, pensou e pensou. E tanto Oxalá pensou, que chegou um momento que falou:

– Meu amado pai, o senhor me criou no seu pensamento. Então, no seu pensamento eu sou pleno, pois o senhor me pensou na sua plenitude. Mas o senhor me gerou na matriz geradora que gera a plenitude no seu interior e, para ser gerado, eu me desloquei do seu pensamento e fui me alojar no âmago dessa sua matriz que, ainda que não esteja fora do senhor, no entanto é um meio onde os seus pensamento frutificam. É isso, meu pai?

– É isso sim, Oxalá. Tudo é fruto do meu pensamento. E eu, como pensamento, só me realizo se o que eu pensar vier a se frutificar na matriz correspondente a cada coisa que eu penso.

– Eu entendo, meu pai.

– Eu sei que entende, meu filho. Afinal, eu o gerei no meu entendimento de só eu me frutificando em você, como um fruto meu me frutificaria gerando em sua volta a plenitude que só em meu âmago existe como um estado permanente.

E Oxalá, como pensamento puro e indissociado do pensamento de Olorum, pensou, pensou e pensou. E tanto pensou e falou com Olorum, que chegou um momento que amadureceu na plenitude existente no âmago dele que sentiu aquela plenitude.

Então, sentindo-se plenitude pura e pura plenitude, Oxalá falou a Olorum:

– Meu pai, vou sair do âmago da matriz onde o senhor me gerou e vou passar a viver na realidade em volta dela, que é ela em si mesma, meu pai!

– Por que você quer fazer isso, meu filho?

– Eu entendi que, mesmo tendo-o por inteiro em mim e eu sendo parte do senhor, só me realizarei como plenitude se exteriorizar de mim mesmo essa plenitude existente aqui no seu âmago.

– Por que você quer exteriorizá-la de si mesmo, meu filho?

– Meu pai, se cada pensamento seu é gerado em uma matriz geradora diferente, então só há uma que gera a plenitude, não é mesmo?

– É isso mesmo, Oxalá.

– Então os meus irmãos e as minhas irmãs, Orixás ainda que tenham sido pensados pelo senhor e gerados em matrizes que, no que

geram são plenas em si mesmas, não geram a plenitude, que só é gerada na matriz que me gerou... e Oxalá calou-se.
– Conclua seu pensamento, meu filho!
– Bom... eu deduzi que os meus irmãos e as minhas irmãs são plenos no aspecto em que são o senhor em si mesmos. Mas não o serão em todos eles se eu não manifestar essa sua plenitude a partir da realidade que existe no exterior da matriz onde fui gerado, realidade esta que contém todas as outras, pois todas as outras matrizes-realidades foram geradas por ela.
Na verdade, todas as outras realidades estão dentro da realidade que a matriz geradora da plenitude é em si mesma. E, se eu não ocupar com minha presença essa realidade à volta dela, as outras que estão dentro dela sentirão falta da plenitude que manifesto, pois essa plenitude é o senhor em mim, e se realizando por mim.
– É isto, meu filho amado! Agora retorne à matriz que o gerou e, a partir dela, ocupe a sua realidade, que contém em si mas, como suas partes de si, todas as outras realidades que a tornam plena em si mesma.
– Assim farei, meu pai. Peço sua licença para recolher-me à realidade que o senhor gerou para mim.
– Você tem a minha licença, meu filho primogênito e unigênito.
– Por que sou seu primogênito-unigênito, meu pai?
– Porque antes de eu gerar todos os seus irmãos e as suas irmãs, eu o gerei na matriz geradora de matrizes. Como eu poderia gerar os seus irmãos e as suas irmãs se antes eu não o tivesse gerado? Você é o modelo original de todos eles, meu filho!
– Meu pai...
– Eu sei, meu filho. Em você eu estou por inteiro em todos os meus aspectos. Mas neles, eu estou por inteiro nos aspectos que eles manifestam. Em um eu estou por inteiro nos aspectos que ele me realiza. Em outro eu estou nos aspectos que esse outro me realiza. Mas só em você, por ter sido gerado na matriz geradora de matrizes, eu estou por inteiro e em todos os meus aspectos. Em você eu me realizo por inteiro e em todos os meus aspectos o tempo todo, Oxalá! Você é o modelo da plenitude existente em mim, plenitude esta que deverá ser conquistada por todos, se quiserem me sentir por inteiro em seus âmagos! Você terá ascendência sobre todos eles, pois, além de ser o meu primogênito-unigênito, é o modelo para todos eles... e será o modelador deles.
– Assim disse o meu pai, assim eu sou!
– Agora volte para o âmago da matriz onde o gerei, e seja o que pensei que fosse.
E Oxalá retornou para o âmago da matriz geradora das outras matrizes e contemplou seu interior pela última vez, deixando-a em seguida. E só conseguiu sair para a realidade à volta dela, após passar pelo interior de todas as outras matrizes que, assim que ele entrava no âmago delas, começavam a se sentir plenas em si mesmas e tudo faziam para retê-lo em

seus interiores... e só o liberavam depois dele consolá-las e prometer-lhes que tudo faria para tornar plenas em si mesmas todas as suas gerações.

E cada uma delas imantou Oxalá com a sua qualidade original.

– Da matriz geradora da piedade, Oxalá recebeu a sua qualidade e tornou-se gerador do perdão e irradiador da piedade.

– Da matriz geradora da misericórdia, Oxalá recebeu a sua qualidade e tornou-se gerador e irradiador da misericórdia.

– Da matriz geradora da compaixão, Oxalá recebeu a sua qualidade e tornou-se gerador e irradiador da compaixão.

E foram tantas as qualidades originais absorvidas por Oxalá que, quando finalmente ele chegou à sua realidade original, já era o mais piedoso, fraterno, amoroso, compreensivo, tolerante, paciente, perseverante, resignado, humilde, quieto, pensativo, reflexivo, animador, etc., etc., etc., de todos os Orixás.

Como todas as realidades eram as matrizes em si mesmas, da sua realidade Oxalá contemplou todas as existentes no interior de Olorum e, admirado com a sua grandeza e grandiosidade interior, caiu de joelhos e começou a soluçar.

E os soluços de Oxalá, que eram da admiração, alegria e contentamento, atraíram a atenção de todos os outros Orixás, cada um vivendo dentro da sua realidade.

Um a um, todos se voltaram na direção dos soluços e viram que havia mais alguém além deles. E todos se dirigiram para onde estava Oxalá e, ao vê-lo de joelhos e soluçando de tanta admiração, alegria e contentamento, foram se ajoelhando em volta dele, também soluçando admirados, alegres e contentes por descobrirem que não estavam sozinhos no interior de Olorum.

Oxum, a mais arguta das filhas de Olorum, atinou entre soluços de admiração, alegria e contentamento que Oxalá era Olorum manifestado como Orixá e aí, já aos prantos, atirou-se de bruços aos pés dele e saudou-o:

– Epa, Babá! Dê-me a sua bênção, meu pai!

Oxalá, vendo-a estirada na sua frente e com a cabeça encostada nos seus joelhos, e repetindo sua saudação sem parar, cruzou as costas dela e, após tocar com as mãos em seu ombros, ordenou-lhe:

– Levante-se e me dê o seu abraço, filha do nosso pai e minha irmã mais nova Oxum!

Oxum levantou-se respeitosamente e de joelhos e aos prantos, pediu-lhe:

– Babá, abrace-me o senhor primeiro para eu poder sentir como é bom ser abraçada pelo primogênito-unigênito do nosso pai e nosso Divino Criador Olorum! Eu quero eternizar em meu ser imortal o seu abraço, meu irmão mais velho e meu pai exteriorizado, que se exteriorizou para tirar do meu íntimo a sensação de vazio que vibrava nele.

Oxalá abraçou Oxum com tanto amor, mas com tanto amor que outro amor igual ao que ele vibrava por ela, jamais Oxum encontrou. E quando ele a apertou contra seu peito largo e forte, ela se sentiu tão confortada, mas tão confortada, que do seu peito jorrou uma poderosa luz rosada que encantou a todos os Orixás ali reunidos à volta de Oxalá.

E a luz rosa de Oxum envolveu a todos que, admirados com a beleza da sua luz interior, todos emitiram essa saudação.

– Or, aiê, ieô, Oxum! Vinde a mim o seu amor, minha mãezinha!

Quando Oxum abraçou Oxalá e fundiu o seu amor ao dele, houve uma explosão luminosa que a todos alcançou e a todos imantou com sua vibração de amor.

Oxum, mergulhada em um êxtase indescritível, pois por meio de Oxalá abraçava Olorum, fez ele soluçar alto de tão contente e feliz que se sentia. E até hoje, quando uma filha de Oxum o abraça, ele sacode o tórax. Em silêncio, está soluçando de alegria e contentamento pois, ao abraçar suas filhas, é como se ele tornasse a abraçá-la.

Quanto tempo durou aquele abraço do Orixá primogênito de Olorum com a sua filha gerada na sua matriz geradora do amor incondicional, ninguém sabe dizer, porque o fator tempo inexiste no interior dele.

Mas, segundo Exu, o mais bem informado dos Orixás, mas o mais indiscreto de todos, Oxum amadureceu todo o seu amor nos braços de Oxalá, que a tem na conta de sua filha-irmã ou irmã-filha e ele sente um certo ciúme por ela.

Foi Exu quem disse, sabem? Se bem que sempre que Oxum fica contrariada com algo ou alguém, só Oxalá consegue descontraí-la e alegrá-la.

O fato é que foi na realidade da matriz geradora da plenitude que todos os Orixás se encontraram, souberam da existência de outros, conheceram-se e às realidades em que viviam.

A realidade de Oxalá é a única que permite que todos os Orixás se encontrem e conversem entre si sem saírem de fato de dentro das suas realidades, pois entre as deles não há contato, já que são isoladas entre si.

E até hoje, quando um Orixá quer transmitir algo a outro ou a todos os outros, ele vai à realidade de Oxalá, que desde aquele primeiro encontro tornou-se o local que todos se reúnem.

Após todos os Orixás se abraçarem, se conhecerem e se reconhecerem como unigênitos, criou-se entre eles um sentimento único de irmandade pois, se haviam sido gerados em matrizes diferentes, cada um era em si mesmo um dos aspectos ou qualidades de Olorum, o Divino Criador de tudo e de todos.

Também é por tudo o que relata a lenda do nascimento de Oxalá que, nos templos de Umbanda, ele é colocado no ápice deles.

Oxalá é o único Orixá por meio do qual o Divino Criador Olorum manifesta-se integralmente e em todos os seus aspectos pois, nos outros Orixás, ele se manifesta no seu aspecto que eles são em si.

# Lenda da Ida de Oxalá e Ogum a uma das Muitas Realidades do Nosso Divino Criador Olorum

Conta uma lenda que certa vez, quando o tempo mal havia começado a existir e registrar os eventos que Oxalá, (o Orixá que carrega os modelos dos mundos, tanto o dos já criados pelos Orixás quanto os de todos os que ainda haveriam ou haverão de ser criados por eles), convidou seu irmão Ogum para ir com ele a uma outra realidade do Divino Criador Olorum. Essa lenda começa assim:

— Irmão Ogum, você quer ir comigo até uma outra realidade aberta há pouco para nós pelo nosso Divino Criador Olorum?

— Irmão Oxalá, seus convites sempre têm um propósito para nossas vidas e nossos destinos. Qual é este de agora com este convite?

— Ogum, você só saberá que propósito é este quando ele já for uma realidade em sua vida e seu destino, que é o de vigiar tudo na morada exterior do nosso pai e nosso Divino Criador Olorum!

— Eu tenho que vigiar todas as realidades já abertas e confiadas à minha vigilância e guarda, meu irmão Oxalá. Não posso abandoná-las à própria sorte!

— Você esqueceu-se que, se eu me ausentar dessa nossa realidade nada fluirá e tudo ficará como está até eu voltar, quando tudo voltará a fluir?

— Ogum nunca se esquece de nada, meu irmão Oxalá.

— Então por que não me acompanha?

— Eu não aprovo essas suas idas a outras realidades, quando tudo aqui para e nada flui. E ainda mais agora, nesse momento da criação, quando tudo está fluindo tão rapidamente, facilitando a nossa tarefa de ocuparmos totalmente a morada exterior do nosso Divino Criador Olorum!

— Talvez você tenha se esquecido de que sou guardião dos mistérios do Tempo e que possuo a chave que abre os portais atemporais que ligam uma realidade a outra sem interferir na cronologia delas, e também, que quem sair por uma delas retorna no mesmo instante que partiu.

— Também não me esqueci disso, meu irmão Oxalá. Você bem sabe que Ogum de tudo se lembra e de nada se esquece. Talvez você pense que esqueço de algo por causa desse fator que você gera e que faz com que seus filhos naturalizados vivam se esquecendo de certas coisas.

— É, deve ser por causa desse fator esquecedor que gero para imantar o mental deles e fazê-los esquecerem-se de como é a morada interior do nosso pai Olorum e do que vivenciaram dentro dela, sabe!

— Sei sim, irmão Oxalá. Se não fosse esse seu fator, eles ficariam incomodados pelas diferenças existentes entre as moradas interior e exterior.

— Isso é bom, não?

— É bom sim. Mas, depois de imantados pelo seu fator esquecedor, eles vivem se esquecendo até de coisas importantes existentes aqui na morada exterior, irmão Oxalá! — exclamou Ogum, meio irritado com esse comportamento dos seres naturalizados agregados às muitas realidades já então existentes, ainda que esse evento tenha se passado no início dos tempos, quando o tempo mal havia começado a registrar os eventos. E Ogum falou:

— Então, se é bom para eles se esquecerem do que viveram antes, não é bom se esquecerem de coisas importantes relacionadas ao meio onde atualmente vivem, certo?

— Isso é certo, meu irmão. Mas não faz parte das atribuições de Ogum fazer os seres naturalizados se lembrarem de certas coisas já esquecidas ou de relembrarem do que não devem se esquecer? Afinal, você gera o fator lembrador, certo?

— É certo que gero esse fator que faz com que todos nunca se esqueçam do que devem manter bem vivo em suas memórias imortais.

— Você já observou que formamos um par por causa desses nossos fatores opostos complementares?

— Sim, eu já observei isso várias vezes mas... você esqueceu, não?

— Eu não havia me esquecido disso. Só estava testando sua memória para ver se você havia esquecido ao menos isso, sabe.

— Não sei não. Já estou começando a crer que você justifica seus esquecimentos dizendo que estava me provando, sabe?

— Você já está começando a crer nisso?

— Estou sim.

— Bom, se Ogum começa a crer em algo, então esse algo é o que Ogum está começando a crer, não? — perguntou-lhe Oxalá, entristecendo-se com a constatação de Ogum quanto ao seu corriqueiro esquecimento. Então Ogum, vendo-o triste, lembrou-lhe:

— Meu irmão Oxalá, desculpe-me por tê-lo lembrado do seu rotineiro esquecimento. Anote que, uma vez ao menos, Ogum esqueceu-se de que, se você não se esquecesse de certas coisas, não teria como perdoar os seres naturalizados que incorrem em faltas graves perante a Lei, mas que se corrigem após serem perdoados por você. Afinal, se não fosse você viver perdoando-os, como eles retomariam suas evoluções na morada exterior do nosso divino pai Olorum?

— Você aprova o perdão que concedo a eles?

— Eu aprovo, meu irmão Oxalá. Se você gera em si o fator perdoador, eu só gero o fator relevador que, se me faz relevar certas faltas, não me induz a perdoá-las, mas sim, a observar com mais atenção ainda os seres que incorrem em faltas.

— Relevar não é perdoar, não é mesmo?

— Não é não, irmão Oxalá. Você está certo ao ser como é, e Ogum aprova esse seu modo de ser, pois ele abranda na morada exterior uma parte do rigor de Ogum.

— Bom, se Ogum aprova esse meu modo de ser porque só assim o rigor de Ogum é abrandado, então não tenho por que ficar triste!

— Não tem mesmo, meu irmão Oxalá.

Oxalá voltou a sorrir feliz e perguntou a Ogum:

— E então, você vem ou não comigo nessa minha visita a outra realidade do nosso Divino Criador Olorum?

— Bom, já que você vai mesmo e por aqui nada acontecerá ou fluirá até que volte, então vou usar do tempo que você gastará nela para reconhecê-la, sabe?

— Já estou sabendo que o tempo que Oxalá gasta para visitar uma outra realidade do nosso pai Olorum, Ogum usa-o para reconhecê-la, certo?

— Certo, irmão Oxalá. Ogum usa de todo o tempo gasto para reconhecer tudo e todos, sujeitos aos fatores do tempo ou não.

— Também já estou sabendo que nada se torna conhecido, se antes não for reconhecido por Ogum!

Oxalá avisou Obaluaiê que iria usar uma chave do Tempo para abrir uma passagem atemporal que ligaria a realidade de Olorum onde vivem os Orixás com uma outra realidade, ainda não conhecida deles.

— Por quanto tempo você a quer aberta, irmão Oxalá? – perguntou-lhe Obaluaiê.

— Eu a quero aberta permanentemente, meu irmão. Quero que você a eternize, está bem?

— Para mim, está. Afinal, se Oxalá quer que algo se eternize, é porque esse algo se eternizará na vida e no destino de alguém, não é irmão Ogum?

— Ogum reconhece que é assim, meu irmão Obaluaiê.

— Se Ogum reconhece essa passagem como algo eterno na vida e no destino de alguém, então use sua chave do Tempo para abri-la, que ela não se fechará nunca mais, Oxalá!

No instante seguinte, Oxalá usou de uma de suas chaves atemporais e uma passagem entre duas realidades foi aberta, interligando-as de tal forma que a cronologia de uma não influía a da outra. Obaluaiê assumiu-a e Ogum começou a guardá-la dali em diante.

Quando eles a atravessaram, algo ainda desconhecido deles mostrou-se em toda a sua grandeza divina: era um outro universo regido por outras divindades geradas por Olorum, o Divino Criador!

– Que maravilha! – exclamou Oxalá.

– Que horror é este, meu pai? – perguntou Ogum.

– Você não reconhece este universo, irmão Ogum?

– Estou começando a fazer um levantamento dele. Logo tudo estará reconhecido por mim, meu irmão. Mas... o que você achou de maravilhoso por aqui, se só vejo caos e desolação?

– Você não vê, Ogum?

– Por enquanto, só reconheci caos e desolação. Olhe para os seres que habitam essa realidade do nosso Pai!!!

– É, eles estão um pouco perdidos e desolados. Mas olhe o infinito campo a ser ordenado e vivificado, meu irmão! Ele não é divino mesmo?

– Bom, como foi nosso Divino Criador quem o criou, então reconheço como divina essa realidade. – concordou Ogum.

– Então estamos de acordo que é uma realidade divina e maravilhosa, mas que está caótica e desolada e que nosso pai e nosso Divino Criador Olorum quer que você ordene-a e que eu vivifique-a, certo?

– Quando Oxalá diz algo, ele está expressando uma vontade de Olorum, e vira Lei da criação assim que é dito. Logo, isso é certo, meu irmão!

– Ordene tudo e todos para que eu possa vivificar só o que estiver ordenado e em acordo com as leis exteriores da criação.

Ogum irradiou-se todo e projetou ao infinito sua vibração ordenadora do caos. No instante seguinte, nada mais estava fora do seu lugar.

Oxalá olhou aquela realidade e exclamou:

– Só Ogum ordena o caos num piscar de olhos. E ordena de tal forma que nada ou ninguém fica fora do seu lugar!

E Oxalá, vendo tudo ordenado, irradiou ao infinito sua vibração vivificadora, vivificando tudo e todos em um único lampejo, que clareou tudo e todos o que tinham de viver às claras. Ogum então falou:

– Só Oxalá vivifica em um lampejo tudo e todos que precisam ser vivificados!

– Ogum, arregimente todas as divindades responsáveis por essa realidade do nosso Divino Criador Olorum para eu saber o que a tornou caótica e desolada! – determinou Oxalá a Ogum, ao que este respondeu:

– Quando Oxalá determina algo a Ogum, sua determinação é uma ordem de Olorum a ser cumprida imediatamente por todos os seres alcançados por ela.

— Se Ogum reconheceu que as determinações de Oxalá são ordens de Olorum a serem cumpridas por todos os seres alcançados por elas, então que Ogum torne-as leis na morada exterior do nosso Pai, está bem?

— Ogum já tornou suas determinações em leis a serem respeitadas e cumpridas, meu irmão determinador dos eventos mais marcantes da morada exterior do nosso pai Olorum. Aí estão todas as divindades regentes dessa realidade do nosso pai, meu irmão Oxalá!

De fato, no momento em que falou isso, Ogum arregimentou por seus graus hierárquicos todas as divindades regentes daquela realidade do nosso Divino Criador Olorum, que era todo um outro universo em si mesmo.

Então Oxalá, após contemplar todas aquelas divindades, todas silenciosas e postadas respeitosamente diante dele e de Ogum, determinou:

— Irmãs divinas, relatem-me vossas dificuldades para que eu reflita e encontre uma solução para elas, está bem?

— Se assim Oxalá determina, assim faremos, irmão divino! — exclamou a divindade regente daquele universo.

— Antes, deixem-me assentar, pois o peso dos modelos dos mundos que carrego comigo me deixou exausto.

— Assente-se aqui, ao meu lado, meu senhor! — falou a divindade regente daquela realidade nova do Divino Criador Olorum.

Oxalá assentou-se ao lado dele que, rapidamente, pegou as mãos dele e não as soltou mais. Ele então falou:

— Irmão Ogum, assente-se também!

Assim que Oxalá convidou Ogum a também assentar-se, todas aquelas outras divindades femininas ofereceram um lugar ao lado delas para ele. Mas Ogum respondeu:

— Não vou me assentar, meu irmão!

— Por que não?

— Bom, certa vez, quando o tempo ainda não existia, Ogum ordenou que, quando Oxalá se assentar para descansar um pouco por causa do imenso peso dos modelos dos mundos que carrega, Ogum estará de ronda, atento e vigilante para que nada saia do seu lugar e para que ninguém desvie do seu caminho.

— Ogum, meu irmão! Essa sua ordem, que se tornou Lei no seu mistério, só é válida lá na nossa realidade original. Aqui é uma outra realidade e novas leis poderão ser estabelecidas para o seu mistério, sabe?

— Sei sim. Mas Ogum é conservador e prefere uma só Lei para todas as realidades, meu irmão Oxalá.

— Irmão Ogum, esse fator conservador que você gera em si o tempo todo e irradia para toda a criação sob seu amparo divino ainda irá deixá-lo sem alternativas na guarda de realidades diferentes, sabe.

— Ogum não gera o fator alternador, meu irmão. Logo, em Ogum não há alternativas! Tudo é como é, e ponto final.

— Eu acho que você devia ir até nossa irmã Logunã e pedir para ela solucionar essa sua falta de alternativas, sabe.

— Não sei não, Oxalá. Aquele fator alternador dela não me agrada nem um pouco.

— Pois eu creio que se você tiver como alternar sua eterna vigilância com um pouco de relaxamento e descontração você mesmo abrandará o rigor com que conduz suas atribuições na criação. Pense nisso, está bem?

— Quem gera o fator pensador é você, irmão Oxalá. Ogum gera um fator parecido, mas que não é igual a ele.

— Que fator é esse?

— É o fator rastreador, Oxalá. Ogum rastreia tudo e todos e sabe de tudo sobre todos sem ter de ficar refletindo ou pensando sobre algo ou alguém. Ao rastrear algo, assim que Ogum descobre onde aconteceu o desvio ou o desvirtuamento, Ogum os corrige e tudo fica bem ordenado novamente.

— O fator descobridor de Ogum o ajuda a descobrir as causas, e o fator ordenador anula logo em seguida a elas e aos seus efeitos nocivos, sabe?

— Já estou sabendo. Mas, assim mesmo, convido-o a assentar. Se não quiser fazê-lo ao lado de algumas dessas nossas irmãs divinas, então assente-se ao meu lado, meu irmão Ogum!

— Agradeço-o, mas prefiro ficar aqui mesmo, de pé e vigiando esta nova realidade do nosso Divino Criador Olorum.

— Bom, você é quem sabe o que é melhor para Ogum, não?

— Sei sim, Oxalá!

E Oxalá voltou sua atenção para aquela regente divina, ouvindo com atenção seu relato das dificuldades que havia encontrado quando Olorum ordenou-lhe que reunisse toda a sua hereditariedade feminina e fosse assumir e viver naquela realidade nova criada por Ele, e que faz parte de sua infinita morada exterior.

— Por que esta realidade estava tão caótica e desolada quando aqui chegamos?

— Ela não era assim quando a ocupamos, meu senhor Oxalá. O caos começou quando toda a minha hereditariedade divina começou a receber sucessivas ondas vivas de seres espirituais gerados pelo nosso Divino Criador Olorum, e que deveriam ser naturalizados por nós nessa nossa realidade divina, sabe?

— Ainda não estou sabendo, minha amada irmã divina.

— Bom, após ondas e mais ondas vivas, e com tantas filhas naturais amadurecendo rapidamente e sem pares masculinos para acolhê-las, o caos foi se estabelecendo. Então, para minorar as necessidades de nossas filhas naturais, concordei com a oferta de Exu em providenciar pares para elas.

— E esses pares as deixaram nessa desolação, não?

— O que aconteceu é que os seres enviados por Exu, vindos de uma outra realidade do nosso Divino Criador Olorum, geram o fator desolador. Desde então o caos tornou-se uma realidade e a desolação tomou conta de tudo e de todos. E de nada adiantou a devolução daqueles seres desoladores à realidade deles, porque a desolação já havia tomado conta de tudo e de todos, inclusive de nós, as regentes divinas dessa realidade do nosso Divino Criador Olorum.

— Para cá só vêm ondas vivas divinas formadas por seres femininos, que deverão ser naturalizados aqui?

— Foi o que eu disse, meu amável senhor.

— Vou pensar sobre suas dificuldades, minha amada irmã divina. Tenho certeza de que encontrarei uma solução para a sua dificuldade. Afinal, se nosso Divino Criador Olorum ordenou-me que viesse ajudá-las na resolução dela, é por que trago em mim o fator resolucionador, certo?

— Se o meu senhor Oxalá me diz que isto é resolucionável, então será! — exclamou aquela mãe Orixá cujo nome não foi revelado ao plano humano da criação. Ela conta entre as mães Orixás não reveladas, e por isto não é conhecida com um nome yorubano e não possui lendas ou mitos que possam ser transmitidos de boca em boca.

Oxalá recolheu-se em si mesmo e começou a pensar. Ogum, imediatamente ajoelhou-se e ordenou que todas aquelas mães divinas também se ajoelhassem pois, explicou-lhes que, enquanto Oxalá pensa, todos se ajoelham e ficam aguardando que ele saia do seu recolhimento pois, quando sair, já emitirá a solução que se tornará Lei na morada exterior de Olorum.

Todas aquelas mães divinas regentes daquela nova realidade do Divino Criador Olorum ajoelharam-se e ficaram no aguardo.

Oxalá pensou, pensou e pensou! E tanto pensou que encontrou uma solução para a dificuldade delas. Então sorriu satisfeito e saiu do seu recolhimento com um sorriso nos lábios, fato esse que encantou a todas aquelas mães divinas que não o haviam conhecido antes porque o Divino Criador Olorum as pensou e tornou-as realidade depois da partida dele e de muitos outros Orixás para a sua morada exterior.

Ainda sorrindo satisfeito, e com todas elas encantadas pela alegria que o sorriso dele lhes causava, ele pediu:

— Querida irmã divina, deixe-me ver sua concha da vida!

— Eu tenho de mostrá-la, meu encantador senhor?

— Vê-la e compreendê-la faz parte da solução, sabe?

— Já estou sabendo, meu senhor. Eis a minha concha da vida. Saiba que as das minhas filhas divinas são idênticas à minha.

— Isto facilitará a solução, pois a das suas filhas também são réplicas dessa sua concha, não?

— São sim, meu senhor.

— A solução é eu abrir uma alternativa para essa sua concha para que, por meio dela, o nosso Divino Criador envie a esta realidade seres masculinos que aqui se naturalizarão e formarão pares com suas filhas naturalizadas na irradiação do seu mistério divino.

— Esta solução me agrada, meu senhor.

— Sinto que agrada muito, pois vejo que sua concha abriu-se toda para que eu a examine total e profundamente.

— Por que o senhor não assume a guarda dos mistérios dessa minha concha da vida? Assim eu posso revelar-lhe todos os mistérios e mecanismos geradores dela. Fato esse que facilitará o seu total e profundo exame solucionador das nossas dificuldades, certo?

— Você gera o fator facilitador, minha irmã divina?

— Gero sim. Mas também gero o fator arranjador, o fator entabulador, o fator ajeitador, o fator..., e aquela mãe divina revelou a Oxalá todos os fatores que gerava em si e de si. No total, ela gerava trezentos e trinta e três fatores, muito deles ainda desconhecidos de Oxalá porque aquela mãe Orixá havia sido pensada por Olorum após a partida dele... e de Ogum que, ao ouvir o nome dos fatores gerados por ela, reconheceu entre eles alguns que facilitariam em muitos aspectos a sua função de vigiar tudo e todos na morada exterior de Olorum.

— Então, se for do seu agrado e para a sua satisfação, eu aceito a função de guardião divino dessa sua concha viva da vida, minha amada irmã divina.

Ela, muito comovida com a generosidade de Oxalá, levou ambas as mãos dele até seus lábios rosados e as beijou, gratificada.

Oxalá, já conhecendo todos os seus fatores, emitiu a sentença tão aguardada, e disse:

— A solução é o nosso Divino Criador Olorum enviar uma onda viva divina formada só por seres machos a cada sete ondas vivas de seres fêmeas a serem naturalizados.

— Esta é a sentença divina que já se tornou Lei nessa realidade da morada exterior do nosso Divino Criador Olorum? — perguntou-lhe aquela divindade.

— É sim, minha amada irmã. Ela solucionará todas as vossas dificuldades. Agora, abra para mim a sua concha geradora, pois vou introduzir nela uma de minhas chaves, que tem o poder de alterar os mecanismo internos dela e torná-la apta a exteriorizar uma onda viva divina masculina a cada sete ondas vivas femininas.

— Por que o meu amado senhor não pensou uma solução que trouxesse ondas mistas ou uma onda masculina para cada onda feminina?

— Logo haveria uma sobrecarga masculina em seus domínios na criação, minha amada irmã e senhora da vida nessa realidade.

— São tão poderosos geradores assim esses seres masculinos que aqui serão naturalizados?

— Será preciso, no mínimo, sete de suas filhas naturalizadas para consumirem tudo o que eles geram, sabe!

— Já estou sabendo, meu poderoso senhor Oxalá! — exclamou aquela mãe Orixá não revelada até hoje à dimensão dos espíritos, muito feliz, contente e encantada com a solução pensada por Oxalá. Então, ela pediu-lhe:

— Meu amado senhor, introduza logo sua chave alteradora dos mecanismos geradores dessa minha concha da vida, pois sinto que o Divino Criador Olorum quer exteriorizar por meio dela toda uma onda viva de seres masculinos que trarão em si parte dos seus incontáveis fatores!

Assim que Oxalá introduziu sua chave alteradora de mecanismos divinos das conchas da vida, aquela concha fechou-se em torno dela e foi toda remodelada pelo fator remodelador gerado por ele e que estava sendo irradiado dentro dela.

Quando Oxalá retirou sua chave de dentro daquela concha, sorriu satisfeito, pois ela mantinha sua forma anterior no seu todo, mas havia adquirido algo novo e facilmente visível que o agradou muito.

Ela, vendo-o satisfeito com as alterações ocorridas em sua concha da vida, pediu:

— Meu senhor, altere os mecanismos geradores de todas as minhas filhas que formam minha hereditariedade divina, por favor!

— A minha senhora está confiando-me a guarda dos mistérios das conchas da vida de suas filhas divinas?

— Já lhe concedi, meu senhor. Veja como elas estão ansiosas para receberem essa sua chave que alterará os mecanismos geradores das suas conchas da vida!

— Bom, como são muitas as suas filhas divinas, então vou recorrer a um dos recursos do meu mistério alterador para alterar as conchas da vida de todas elas de uma vez só, minha senhora.

— Faça como achar melhor, desde que as deixe tão satisfeitas quanto eu fiquei, meu senhor Oxalá!.

— Disso, não tenha duvidas! Oxalá tanto proporciona no individual quanto no coletivo deixando todos satisfeitos, minha senhora — exclamou Ogum, meio triste com o que ela havia concedido a ele: a honra de guardar os mistérios geradores de todas as conchas da vida daquela realidade divina do Divino Criador Olorum.

Oxalá, vendo Ogum triste por não ter recebido a honra de guardar os mistérios de ao menos uma só daquelas conchas da vida tão atraentes, falou--lhe:

— Ogum, meu irmão, jamais recuse um convite de Oxalá para se assentar e relaxar um pouco, sabe?

— Já estou sabendo, meu generoso irmão. Acho que perdi a oportunidade de ter nessa realidade uma concha da vida que exteriorizaria os seres espirituais oguns que são gerados pelo nosso pai Olorum e

só podem ser trazidos para a sua morada exterior por intermédio de conchas da vida cujos mistérios estejam sob minha guarda.
– É isto mesmo que aconteceu. Mas... como sou esquecedor de certas coisas e perdoo facilmente os que recusam meus convites para se assentarem ao meu lado, já me esqueci de sua recusa ao meu convite e perdoo-o, está bem?
– Está sim, meu generoso irmão Oxalá.
– Ogum, como junto com o meu perdão sempre concedo os meios dos seres se redimirem, então convido-o novamente a se assentar à esquerda dessa mãe divina regente dessa realidade do nosso Divino Criador... e relaxar um pouco, sabe?!
– Já estou sabendo, meu irmão, que sempre concede uma segunda oportunidade a quem erra por excesso de zelo em suas atribuições.
– É, concedo sim, pois gero em mim o fator concededor.
– Se não entendi errado o que me disseram alguns dos nossos irmãos e irmãs divinos, uma segunda oportunidade concedida por Oxalá costuma ser mais abrangente que a primeira. Oxalá é o único Orixá que pune recompensando e recompensa punindo.
– Então, vai se assentar ou não à esquerda dessa nossa irmã divina?
– Não só vou me assentar e relaxar, como peço-lhe que emita a sentença de minha punição por ter recusado um convite seu, meu irmão Oxalá.

Ogum assentou-se e logo ouviu a sentença de Oxalá que, assim que foi pronunciada, tornou-se Lei da criação naquela nova realidade do Divino Criador Olorum. A sentença foi esta:
– Todas as ondas vivas trazem entre seus membros um ser naturalmente divino que, assim que teve sua divindade interior exteriorizada, assume a condição de condutor natural da evolução de todos os membros da sua onda viva. E porque assim foi e sempre será na morada exterior do nosso Divino Criador Olorum, Ogum fica responsabilizado a formar um par divino-natural com todas as filhas naturalmente divinas dessas mães da vida regentes dos muitos domínios existentes nessa realidade.

Ogum formará par tanto com as que já foram naturalizadas quanto com as que haverão de ser enviadas para essa realidade.
– E quanto aos seres machos naturalmente divinos que virão com as ondas vivas masculinas? O que Oxalá determina para eles, já que as fêmeas que poderiam formar pares com eles estão obrigadas pela sua sentença a formarem pares naturais-divinos com Ogum? – perguntou aquela mãe Orixá regente daquela realidade.
– Bom, como eles são seres naturalizados, nada mais justo que formem par com as suas filhas divinas, pois eles trarão em si algumas de minhas chaves, sabe.
– Já estou sabendo, meu senhor! – exclamou ela, muito feliz – Como eles trarão algumas chaves, nada mais justo que eles, por serem

naturalmente divinos, usem-nas para abrir as conchas da vida de minhas filhas divinas naturalizadas, não as deformando ou desvirtuando-as.

— Bom, já que tudo por aqui está solucionado e reordenado, vou me retirar para meu domínio divino, minha senhora! — exclamou Oxalá, levantando-se e despedindo-se de todas aquelas mães e de Ogum, que teria de permanecer mais um pouco ali e só se retiraria assim que tivesse estabelecido ligações com todas as filhas naturalmente divinas daquela Mãe da Vida, regente de toda uma nova realidade, que é um universo em si mesma.

As filhas naturais dela não esperaram por um segundo convite de Oxalá para se assentarem ao lado de Ogum, com o qual formariam pares naturais-divinos. E, assim que viram a chave dele, satisfeitas e felizes com o formato dela, imediatamente abriram suas conchas vivas da vida e pediram-lhe:

— Senhor Ogum, introduza logo essa sua chave viva e divina em nossas conchas naturais divinizando-as e fertilizando-as com seu poderoso fator fertilizador, por favor!

Ogum, que havia aprendido que um convite justo não deve ser recusado, não esperou um segundo convite daquelas encantadoras mães naturais da vida, possuidoras de conchas vivas naturais tão belas e atraentes quanto as de suas mães divinas.

E, segundo revelou Exu, o Orixá mais bem informado, mas também o mais indiscreto de todos os seres da criação, se não fosse a existência daquele portal atemporal aberto por Oxalá quando da primeira ida deles àquele nova realidade, (já não tão nova) do nosso Divino Criador Olorum, Ogum não teria um só minuto de folga, de tantas solicitações que recebe daquelas atraentes e encantadoras filhas da Mãe geradora divina naturalizada naquela realidade, para que vá até elas e introduza em suas conchas a sua poderosa chave fertilizadora.

Ainda, segundo Exu, certa vez Oxalá reencontrou Ogum, muito atarefado junto àquelas mães naturais da vida, e falou-lhe:

— Irmão Ogum, acho que fui muito rigoroso com você ao puni-lo recompensando-o e recompensá-lo punindo-o, sabe!

— Não sei não, irmão Oxalá. O que sei é que Oxalá só emite sentenças justas e justas são suas punições recompensatórias e suas recompensas punitivas.

Oxalá contemplou atentamente uma daquelas filhas naturais daquela mãe divina e falou a Ogum:

— Bom, caso você ache-a injusta, eu a retirarei, está bem?

— Esqueça essa sua sentença dada para mim, meu generoso irmão. Só um ser tolo ou um ser mal informado sobre as sentenças de Oxalá as vê como punição e reclama delas ou mesmo, por terem sido sentenciados por ele.

– Bom, se é isso que você acha de minhas sentenças, penso que é melhor esquecer-me dessa que emiti para você, não?
– Se Oxalá pensa que deve esquecer-se dela, Ogum tem certeza de que Oxalá já não se lembra mais dela.
– Então, que assim seja, meu irmão Ogum!
– Assim será, meu irmão Oxalá! – respondeu-lhe Ogum, dando a seguir uma gostosa e descontraída risada de satisfação com a eternização daquela sentença emitida por Oxalá quando ele recusou o convite para assentar-se e descontrair-se um pouco.
– E, fim dessa lenda, irmão-guardião! – exclamou o velho Babalaô, dando uma gostosa gargalhada.
O guardião voltou seus olhos na direção da lagoa, que já havia ficado para trás há um bom tempo e, meio triste, falou:
– Velho e sábio Babalaô, acho que não atinei com a razão do seu convite para assentar-me e descontrair-me um pouco, não é mesmo?
– É assim mesmo, irmão-guardião. Por que será que aquelas minhas jovens e encantadoras filhas Ninfas o olhavam insistentemente e quando os seus olhos cruzavam com os delas elas lhe sorriam?
– Essa não!!!
– Essa sim, guardião de mistérios mais preocupado com o mistério que o rege do que com os mistérios que deve guardar! – exclamou o velho Babalaô, dando outra gostosa gargalhada.
– Qual será a minha sentença, caso eu volte ao amanhecer àquela lagoa e ofereça meus serviços de guardião àquela Mãe Ninfa?
– Ontem, com certeza você formaria par só com as filhas dela que o agradassem. Mas amanhã, com absoluta certeza, ou você assume a guarda de todas e com todas forma par, ou não será aceito como confiável por ela, sabe!
– Já estou sabendo, meu senhor Babalaô. Tornar-me guardião do mistério de todas elas, e com todas formar um par não é uma tarefa fácil, creio eu.
– Mas, não fazer isso será algo inesquecível e que o atormentará por muito tempo ou talvez para sempre, não?
– Também creio que assim será, caso eu não volte àquela lagoa.
Bom, vamos à outra das lendas que você quer ouvir?

# Lenda das Idades dos Orixás

Nós vemos alguns Orixás, quando se manifestam em seus filhos, mostrarem-se velhos, outros se mostrarem maduros e outros se mostrarem novos.

Esse é um mistério e tanto pois, se todos são divindades, então deveriam se manifestar da mesma forma, não é mesmo?

Mas esse mistério nos é esclarecido por meio de uma belíssima lenda. Vamos a ela!

Conta uma lenda que quando Olorum decidiu atender às reclamações da sua matriz geradora do vazio e gerou no seu interior o Orixá Exu, também gerou em cada uma das suas outras matrizes seres unigênitos ou únicos gerados, pois outros iguais ele nunca mais gerou.

Então, se todos foram gerados por ele ao mesmo tempo, todos têm a mesma idade, certo?

Mas, por que uns se mostram velhos e outros novos durante suas manifestações por meio da incorporação em seus filhos e filhas médiuns?

Uma fonte bem informada, mas que deseja permanecer anônima revelou-nos isto:

– Quando Olorum gerou os Sagrados Orixás, todos foram gerados ao mesmo tempo. Só que alguns, assim que foram gerados, saíram de suas matrizes geradoras e ocuparam seus lugares nas realidades à volta delas.

À medida que saíram, em função do tempo que haviam permanecido dentro das suas matrizes geradoras, adquiriram aparências de jovens ou já adultos e maduros.

Portanto, se no interior de Olorum o tempo não conta, dentro de suas matrizes geradoras este fator presente e regula a geração das coisas criadas por ele.

– Oxóssi, Ogum e Exu saíram ao mesmo tempo e por isso são tidos como irmãos, ainda que tenham sido gerados em matrizes diferentes e tenham muito pouco de semelhança entre si.

Iansã e Euá saíram quase ao mesmo tempo.

Oxum saiu antes delas e ao mesmo tempo que Oxumaré.

Os gêmeos Ibeji foram gerados na matriz geradora de coisas pares e saíram de mãos dadas, sendo difícil até para os outros Orixás distinguir quem era um e quem era outro.

Iemanjá e Obá saíram do interior de suas matrizes geradoras ao mesmo tempo e, porque as matrizes que as geraram estão lado a lado e a de Iemanjá é aquática e a de Obá é telúrica, então é uma tendência natural nelas a aproximação para se completarem.

Iemanjá enquanto divindade da água, procura se apoiar na terra. E Obá, divindade da Terra procura a água para se manter unida e fértil no seu gerativismo.

Omolu, por ter sido gerado na matriz geradora telúrica masculina, é tido como irmão de Obá, mas a matriz que o gerou é ladeada pela que gerou Iansã, que é eólica e pela que gerou Logunã, que é temporizadora.

Por isso Omolu ora tende para Iansã, ora tende para Logunã e, com isso, ora está às voltas com os eguns e ora está no Tempo.

Xangô e Oro Iná foram gerados dentro das matrizes geradoras das energias ígneas masculina e feminina.

Só que a matriz ígnea que gerou Xangô fica entre as que geraram Iansã e Oxum e fica logo depois da que gerou Obá.

Já a matriz ígnea que gerou Oro Iná fica entre as que geraram Ogum e um Orixá cujo nome nunca foi revelado, e fica logo à frente da que gerou Oxalá.

Nanã Buruquê, foi gerada em uma matriz mista aquática-telurica que fica atrás da que gerou Logunã. Só que Nanã só saiu de sua matriz quando Oxalá entrou dentro dela e a convenceu a sair para ocupar a realidade que ela era em si mesma.

Como Oxalá já havia saído de sua matriz e entrado na primeira do lado direito da sua, Nanã é considerada mais velha, ainda que ele seja o primeiro Orixá gerado por Olorum.

Nanã é tida como a mais velha das Yabás ou mães Orixás justamente porque foi a última a sair do interior da sua matriz geradora. E, porque sua matriz é a geradora das eras, maturidade é o que não falta em Nanã Buruquê.

Quanto ao Orixá, cuja hereditariedade individual se manifesta como Exu Mirim, sem que Exu seja, ele é irrequieto e assim que Olorum o gerou já saiu para a realidade que a sua matriz geradora é em si mesma, e mostra-se como um menino traquinas.

Revela-nos a nossa fonte secreta que Exu Mirim, por pressa em sair, não só não cresceu como não amadureceu e não teve tempo de desenvolver todo o seu potencial como ser-mistério. Então ele vive rondando Nanã e Iemanjá, respectivamente as geradoras divinas da maturidade e da geratividade na morada exterior de Olorum. Ele age assim para receber delas suas irradiações amadurecedoras das coisas geradas por ele.

Uma outra fonte nada secreta, e que é Exu, nos revelou que seu homônimo mirim, só porque foi desdenhado e enxotado por Pombagira, que o chamou de moleque enxerido e sem educação quando começou a olhar curioso para a concha dela e começou a sentir o desejo de multiplicar-se nela, preparou-lhe uma vingança que é o tormento dela desde o tempo em que o tempo ainda não contava, pois não haviam sido enviados para a morada exterior de Olorum.

A seguir, vamos relatar o que o nada discreto Exu nos revelou!

# Lenda da Chave de Exu Mirim

Sempre que os Orixás se reuniam, Exu Mirim, como toda criança traquinas, curiosa e indiscreta, ficava fuçando para descobrir os mistérios alheios. E quando descobriu que Pombagira gerava em seus seios os mais inebriantes néctares, começou a assediá-la para que ela lhe desse de mamar um néctar que o inebriasse e o fizesse esquecer-se de que, por pressa em sair, não amadurecera o suficiente para ter certa parte do seu corpo bem desenvolvida, como ela é nos outros Orixás.

Pombagira, ao saber do grande desejo oculto de Exu Mirim, gargalhou tanto que até chamou a atenção de todos os outros Orixás que, curiosos, foram saber qual a razão de tantas gargalhadas.

Quando perguntada, Pombagira foi logo revelando que Exu Mirim sentia-se inferior aos outros Orixás porque tinha um (...) pequenino, e queria que ela gerasse em seus seios um néctar que o inebriasse e o fizesse esquecer-se daquela sua deficiência em relação a eles.

Uns e outros aconselharam-no a deixar de se sentir inferior, pois tamanho não é documento e o mais importante é fazer um bom uso ao que se tem, sabem?

Mas a humilhação de Exu Mirim foi tanta que ele se recolheu à realidade, que é sua concha geradora, e ninguém mais o viu nas reuniões coletivas.

Sempre que alguém perguntava por ele, Pombagira gargalhava até não mais poder, enquanto balançava seus seios misteriosos geradores de néctares inebriantes.

Orunmilá, preocupado com o desaparecimento dele, enviou seu pássaro mensageiro até a realidade de Exu Mirim para avisá-lo que gostaria de falar com ele.

Só após a terceira ida do pássaro mensageiro é que ele decidiu ir até o Orixá da adivinhação, mas só com a condição de que Orunmilá lhe revelasse como solucionar o seu complexo e uma forma de dar o troco a Pombagira pela humilhação que ela o fez passar.

— Como você quer lhe dar esse troço, Exu Mirim? — perguntou-lhe Orunmilá, quando já estavam a sós.

— Babá adivinhador, terá de ser um troco que a faça desejar me dar de mamar em seu seio e que ela olhe com tanto desejo para o que usou para me humilhar, que não só perca a vontade de gargalhar como não consiga controlar o desejo de possuí-lo!

— O que você me pede é difícil, Exu Mirim!

— Babá adivinhador, pode ser difícil, mas não é impossível. Só assim voltarei a sair de dentro da minha realidade, sabe?

— Já estou sabendo, Exu Mirim.

— Então, mãos aos búzios, Babá adivinhador! — exclamou Exu Mirim, voltando a se alegrar com a possibilidade de resolver seu problema e de dar um troco inesquecível a Pombagira.

Orunmilá consultou seus búzios inúmeras vezes até que as respostas começaram a aparecer. Então vaticinou:

— Exu Mirim, você terá de procurar a matriz geradora do crescimento e, depois de encontrá-la, precisará convencê-la a abrir em seu mistério uma matriz particular só para você, sabe?

— Qual o preço a ser pago, Babá adivinhador? — perguntou Exu Mirim preocupado, mas reto e direto na sua fala, que é o contrário de seu homônimo adulto que só fala de forma torta e indireta.

— Isso, só ela poderá lhe dizer, Exu Mirim.

— Está certo, Babá adivinhador. Eu pagarei o preço que ela exigir.

— Cuidado, pois poderá ser um preço muito alto, sabe?

— Já estou sabendo que o preço será muito alto, Babá adivinhador! Mas, e quanto ao troco inesquecível a Pombagira?

— Bom, aí já é complicado, sabe?

— Não sei não, Babá. Mas não tem problema porque eu gero o fator complicador e o que eu desejo é complicar a vida de Pombagira, sabe?

— Já estou sabendo que você gera o fator complicador... e o preço a essa resposta que tanto quer, é você nunca mais complicar minhas adivinhações, pois acabei de descobrir que era você que o fazia sempre que estava por perto quando eu fazia minhas jogadas.

— Não posso pagar esse preço, Babá adivinhador!

— Por que não?

— Bom, até onde eu sei, o nosso pai comum, que é Olorum, criou-me justamente para eu complicar as coisas e obrigar os outros seres criados por ele a desenvolver o raciocínio e encontrar soluções para todos os problemas que surgirem sempre que as coisas lhes escaparem do controle. Só assim eles amadurecerão, Babá!

— Então não vou dar a resposta que você tanto quer, Exu Mirim! — exclamou Orunmilá, contrariado.

Exu Mirim, vendo-o contrariado, tratou logo de acalmá-lo, pois, com Orunmilá contrariado, ninguém consegue saber de mais nada sobre coisa alguma. E foi logo propondo-lhe uma boa saída para os dois.

– O que você tem em mente, Exu Mirim? – perguntou Orunmilá, já menos contrariado.

– O negócio é o seguinte, sabe?

– Não sei de negócio nenhum. O que é que você tem em mente e chamou de negócio?

– Bom, negócio é uma troca, sabe?

– Isso eu já sei, pois vivo negociando com seu homônimo adulto que é mais complicado que seu fator complicador.

– Bom, se ele é mais complicado que o meu fator é porque ele quis me envolver em um negócio em que ele ficava com todos os ganhos e eu ficava com todas as perdas.

– Então você lhe deu o troco e o complicou todo, não?

– Foi isso mesmo que aconteceu, Babá. Isso é uma lição para que ninguém queira se aproveitar de mim só porque sou pequeno, sabe?

– Já estou sabendo que Exu Mirim aceita ficar com as perdas, se também ficar com os ganhos!

– É claro, Babá! Afinal, se meu homônimo adulto gera o fator perdedor, eu gero o fator ganhador, sabe?

– Acabei de saber que só tenho a ganhar se aceitar o negócio proposto por você, não?

– Com certeza, Babá adivinhador. Ninguém perde por negociar com Exu Mirim, sabe?

– Já estou sabendo que não é preciso ser adivinhador para saber que ou negociamos com Exu Mirim ou vamos nos complicar tanto, que iremos à falência, certo?

– É isso mesmo, Babá! Bastará o senhor despachar-me, que levarei meu fator complicador para fora da sua realidade, e suas viradas de mão com os seus búzios não serão complicadas, sabe?

– Negócio fechado, Exu Mirim! – exclamou Orunmilá, dissipando sua contrariedade, pois é o Orixá que gera o fator contrariador.

– Então revele logo o que tenho de fazer para dar o troco a Pombagira e que atormentará a vida dela, fazendo com que pare de gargalhar na minha frente e também que sinta vontade de me dar de mamar os seus melhores e mais inebriantes néctares gerados nos seus misteriosos seios.

– Bom, eu consultei tanto os búzios que descobri que a parte dela, oposta a sua que ela usou para humilhá-lo e divertir-se à custa do seu complexo de inferioridade, é abismal, sabe?

– Já estou sabendo que aquela abertura dela não tem fundo, Orunmilá. Mas, e aí?

– Bom, se não tem fundo por ser abismal, ela tem um mistério e tanto, sabe?

– Não sei não, Babá. Revele logo pois essa nossa proximidade está começando a complicar suas revelações!

Então Orunmilá revelou a Exu Mirim o mistério da parte do corpo de Pombagira e que era oposta à que nele ela usara para humilhá-lo e divertir-se a suas custas.

De posse das informações que precisava, Exu Mirim foi em busca da matriz geradora do crescimento.

Agora, conseguir que ela concordasse em gerar em seu âmago uma submatriz capaz de fazer crescer só a parte do corpo que ele queria, aí foi uma árdua e dificílima negociação, pois, além de querê-la maior, ainda tinha que atender a certas especificações descobertas por Orunmilá.

O preço a ser pago por Exu Mirim não foi baixo não! Mas, ao aceitar pagá-lo sem nunca reclamar, alegrou tanto aquela matriz geradora do crescimento que ela lhe concedeu a guarda de alguns dos seus mais ocultos mistérios, que ninguém sabe até hoje quais são, pois, ao contrário do seu homônimo adulto, Exu Mirim é mais que discreto: é discretíssimo!

E, de tão discreto que Exu Mirim é, não há uma só mãe Orixá que não tenha nele uma confiança a toda prova, chegando a revelar-lhe coisas que nem aos seus pares masculinos elas revelam.

Então, quando Exu Mirim saiu da realidade que a matriz geradora do crescimento é em si, e voltou a comparecer aos encontros coletivos dos Orixás na realidade regida por Oxalá, qual não foi a surpresa deles ao ver que a parte do seu corpo infantil usada por Pombagira para humilhá-lo e escrachá-lo mostrava-se maduríssima e tinha em si algo indefinido que fazia com que a curiosidade fosse geral.

Como Orunmilá havia prometido silêncio total, ninguém soube o que acontecera durante seu sumiço, e só estamos revelando o que houve porque o próprio Orixá Exu Mirim revelou-nos, acontecido antes do início dos tempos, que só começaria depois da saída dos Orixás para a morada exterior do Divino Criador Olorum.

Mas o fato é que Pombagira, sempre curiosa, vendo Exu Mirim de costas, não viu a transformação ocorrida e começou a gargalhar e a escrachá-lo. Tranquilamente, ele se virou para ela e calou a gargalhada dela de imediato, fazendo-a engolir em seco, pois o que ela tanto havia procurado em todos os outros Orixás masculinos, justamente Exu Mirim exibia despudoradamente diante dos seus olhos, arregalados de espanto.

E, para surpresa geral, os exuberantes seios dela começaram a gerar todos os mais inebriantes néctares e a jorrá-los em abundância.

Então Exu Mirim piscou-lhe um dos seus olhos e deu a mais gostosa e sarcástica gargalhada já ouvida desde então por todos os Orixás.

De tão atormentada que ficou, ela foi obrigada a recolher-se à sua realidade, onde extravasou seu incontido desejo por aquela parte do corpo dele que ela usara para humilhá-lo e escrachá-lo diante de todos os outros Orixás.

## Lenda da Chave de Exu Mirim

Outra coisa que os Orixás presentes naquele encontro notaram é que Exu Mirim carregava algo na mão, mas que ainda não era do conhecimento de nenhum deles: uma chave!

Oxalá perguntou-lhe:

— Meu irmão pequenino, mas nem tanto, o que é isto em sua mão?

— Babá modelador, é a chave dos segredos da matriz geradora dos abismos, sabe?

— Não sei não, Exu Mirim. Como você a conseguiu?

— É um segredo, Babá modelador. E, se eu revelar-lhe como a consegui, ele deixará de ser um segredo e serei chamado de inconfidente, sabe?

— Já estou sabendo que você nunca nos revelará como se tornou guardião da chave dos mistérios mais ocultos da matriz geradora dos abismos, certo?

— Certíssimo, Babá! Foi o que eu disse, não?

— É, foi sim, Exu Mirim. E isso tem a ver com a reação desequilibrada de Pombagira a essa parte do seu corpo infantil, não?

— Como eu já disse, é um segredo, sabe?

— Já estou sabendo que Exu Mirim é um segredo atrás de outro segredo... atrás de outro segredo... atrás de tantos segredos que, ou todos o tratam com todo o respeito merecido, pois és um dos mistérios do nosso pai e criador Olorum, ou o que vimos acontecer com Pombagira não será nada com o que você poderá aprontar com quem o desrespeitar, não é mesmo?

— Babá modelador, o que o senhor diz é aceito como modelo para todos e torna-se um verdadeiro código, não?

— É o que tem acontecido, Exu Mirim...

— O senhor acabou de codificar o que acontecerá com quem me faltar com o respeito só porque saí primeiro da matriz que me gerou, e que o senhor e ninguém mais sabe qual e como é pois passou por dentro dela quando saiu de dentro da matriz que o gerou, certo?

— Isso é verdade. Eu passei por dentro da sua matriz geradora e conheço a realidade que ela é em si mesmo.

— Quero que o senhor saiba agora que, assim como eu nunca revelei onde fica a realidade em que vivo e qual é a matriz que me gerou, me vingarei exemplarmente de quem o fizer, sabe?

— Já estou sabendo que ninguém nunca saberá pela minha boca onde fica a sua realidade e qual foi a matriz na qual nosso pai e criador Olorum o gerou. Satisfeito, Exu Mirim?

— Muito, Babá modelador. Só por esse seu segredo prometo-lhe que nunca terás complicação alguma na sua realidade, sabe?

— Oxalá agradece Exu Mirim por deixar livre do seu fator complicador a realidade regida por mim. Que isso seja registrado e que ninguém jamais se esqueça do que prometeu Exu Mirim e do agradecimento de Oxalá por ter recebido tal promessa.

– Ogum já registrou tudo o que foi dito aqui, Babá! – exclamou Ogum, o firmador das leis na morada interior de Olorum, pois gera em si o fator firmador.

E Exu Mirim, ao contrário do seu homônimo adulto, desde então tem sido o mais discreto dos Orixás e tem sido um túmulo de segredos e mais segredos... que só lhe são revelados porque todos sabem que ele não revelará nenhum mesmo!

Quanto a nós, ele só nos revelou uma das muitas lendas a seu respeito senão ficaria de fora desse nosso livro, pois não seria nós que revelaríamos algo sobre ele para não atrair para nós uma vingança exemplar e inesquecível, certo?

Mas, o que devemos deduzir dessa lenda é que, quando as coisas estão muito complicadas e sentimo-nos no fundo do abismo, se é que abismo tem fundo, devemos despachar para Exu Mirim pois, segundo ele, esse negócio de estar no abismo é com ele mesmo, e, de como sair dele, só mesmo ele sabe, sabem?

Quanto ao tormento da Pombagira e de como Exu Mirim concedeu-lhe agô, bom, aí é outra lenda que ele diz que não revela de forma alguma, senão o pouco tempo que lhe restou livre desde que aceitou pagar o preço exigido pela matriz geradora do crescimento será consumido pelas solicitações das outras matrizes geradoras, que não resistirão ao desejo de possuir o secretíssimo mistério existente naquela parte do seu corpo, usada por Pombagira para escrachá-lo e humilhá-lo diante dos outros Orixás.

Até onde sabemos, Oxaguiã é o único Orixá que, por meios diferentes e por conta própria, conseguiu da matriz geradora dos abismos a posse de um dos seus mistérios e que se tornou guardião regulador de alguns dos misteriosos mistérios da Pombagira.

Mas, também é uma outra lenda, sabem?

– Quanto à matriz que o gerou, isto é um segredo!

*Oferenda para despachar Exu Mirim e afastar as complicações da nossa vida*

7 velas bicolores (vermelha e preta)
1 garrafa de pinga
1 vidro de mel
1 pedaço de pano, metade vermelho e metade preto
1 tigela com fígado bovino cortado em cubos e frito no azeite de dendê
1 cebola cortada em cubos e frita no dendê

Misturar o fígado e a cebola dentro da tigela e cobrir com uma camada fina de farinha de mandioca

7 copos, nos quais deverão ser misturados o mel e a pinga.
7 charutinhos finos
1 brinquedo

Despachar tudo isso em algum lugar elevado e em campo aberto.

# Lenda da Geração de Pombagira

Olorum havia pensado um ser para ocupar o vazio, que era a realidade que a sua matriz geradora é em si mesmo. E isso, já relatamos na lenda da geração de Exu.

Esse pensar de Olorum tanto gerou Exu como todos os outros Orixás conhecidos por nós atualmente e os que só iremos conhecer quando sairmos da nossa realidade humana, que é a realidade da matriz geradora do humanismo, que é ela em si mesma.

E, porque o tempo inexiste no interior de Olorum, mesmo que nesse instante ele gerasse um novo Orixá e o exteriorizasse no seu mundo manifestado ou na sua morada exterior, ainda assim ele teria a mesma idade de todos os outros e o seu único diferenciador seria o do tempo que ele permanecesse no interior ou no âmago da matriz que o gerasse.

E isso, já explicamos na lenda sobre a geração de Exu Mirim, certo? Bom, o fato é que Olorum quando pensa, pensa tudo, também pensou isso:

– Como tudo o que penso se tornará real e terá uma finalidade, vou pensar um ser, um Orixá que seja gerado na minha matriz geradora do fator estimulador, fator esse que, ao estimular os seres gerados por mim, despertará neles o desejo de se unirem, de se auxiliarem, de realizarem-se como seres, etc., etc., etc.!

E Olorum pensou um ser que reunisse em si vários fatores e os gerasse e os irradiasse por meio dos seus sentidos, que deveriam mostrar-se como partes de um todo em si mesmo e, se visto por inteiro, atrairia os olhares de admiração por sua beleza e harmonia mas, se visto por partes, seria visto como fontes de prazer e passariam a ser desejados.

Isso serviria para que, de parte em parte, os desejos levassem os seres ao todo, pois assim que um desejo cumprisse sua função – no sentido em que o ser se realizasse –, amadureceria e se voltaria para Ele, que é o todo a ser reproduzido em si por todos os seres que viesse a criar.

Esse pensamento de Olorum, que expressava o seu desejo de se ver reproduzido nos seres que criaria dali em diante, teria consequências importantíssimas, e a principal seria a da multiplicação dos seres criados por ele, pois trariam em si esse seu pensamento que também havia pensado em se ver reproduzido nas suas realidades e nas coisas que as formavam.

Como Olorum sempre estava em tudo o que criava e gerava, os seres também teriam a capacidade de criar e gerar, e criariam e gerariam coisas ao seu redor, nas quais estariam presentes. Ali já estavam presentes a criatividade ou artes e o geracionismo ou procriação.

Mas, para os seres ativarem o que teriam em si em estado potencial, essa sua potencialidade precisaria de um ativador poderoso e que, quando acionado, seria um desencadeador da potencialidade existente em cada um dos aspectos individuais que cada um dos sentidos contém em si.

Na criatividade, ora seria ativado o aspecto criativo do pensamento, ora seria o da fala e ora o da criação das coisas indispensáveis à manutenção do equilíbrio nos meios onde estivessem vivendo, etc.

Então, Olorum criou Pombagira na sua matriz geradora do fator estimulador, também conhecida como matriz geradora dos desejos.

Não por coincidência, pois ela não existe na criação, eis que Pombagira saiu de sua matriz geradora no mesmo instante que Exu e mais alguns outros Orixás.

Enquanto ela ficou recolhida na realidade da sua matriz geradora, que era ela em si mesma, não houve problema algum, pois o fator estimulador gerado por ela se espalhava na sua realidade, já hipersaturada desse e de outros fatores.

Mas, quando ela se reuniu com os outros Orixás na realidade de Oxalá, fatos incompreendidos por eles começaram a acontecer, pois Pombagira gerava e irradiava tanto do seu fator estimulador que os Orixás ali presentes começaram a desejar, cada um, um desejo.

Oxalá começou a sentir o desejo de pensar, e ali, naquele primeiro encontro deles, ele pensou, pensou e pensou tudo e todos.

Ogum começou a desejar ordenar, e ordenou tudo e a todos.
Xangô começou a desejar equilibrar, e equilibrou tudo e todos.
Iansã começou a desejar direcionar, e direcionou tudo e todos.
Exu começou a desejar vitalizar, e vitalizou tudo e todos.
Nanã começou a desejar racionalizar, e racionalizou tudo e todos.
Oxum começou a desejar agregar, e agregou tudo e todos.
Iemanjá começou a desejar gerar, e começou a gerar tudo e todos.
Obaluaiê começou a desejar transmutar, e transmutou tudo e todos.
Omolu começou a desejar estabilizar, e estabilizou tudo e todos.
Oxumaré começou a desejar colorir, e coloriu tudo e todos.
Oro Iná começou a desejar energizar, e energizou tudo e todos.
Exu Mirim começou a desejar ocultar, e complicou tudo e todos!

Lenda da Geração de Pombagira

Todos os outros Orixás ali presentes começaram a desejar se realizar como mistérios de Olorum, mesmo que seus nomes nunca tivessem sido revelados na teogonia ou humanização nigeriana.

E todos reconheceram que Pombagira era tão importante para eles como para tudo mais que Olorum havia criado e gerado em suas matrizes geradoras.

Então Pombagira reconheceu-se poderosa e deu uma sonora e escrachada gargalhada, sentindo-se a mais importante entre os Orixás criados por Olorum, desgostando a todos, inclusive ao próprio Olorum, que pensou, criou e gerou nela uma dependência atroz dos fatores gerados pelos seus irmãos Orixás.

O pensar punidor de Olorum foi tão rigoroso que todos o ouviram e caíram de joelhos quando falou a todos em geral e a cada um deles em particular, e disse isso de forma peremptória:

– Eu os pensei, criei e gerei para individualizar em cada um de vocês os aspectos e qualidades que me tornam o que sou: Olodumarê, o Senhor dos destinos. A cada um de vocês e a tudo mais que pensei, criei e gerei, dei um destino e todo aquele que fugir ao seu destino, deixando de cumprir sua destinação, começará a se sentir vazio e mergulhado em um abismo sem fim, que estará o tempo todo sob seus pés, bem debaixo de cada um e de tudo o que gerei. Portanto, que nenhum se sinta mais ou menos importante que os outros ou mesmo a um só dos outros, pois eu os pensei, criei e gerei para serem destino e destinação de tudo mais que haverei de pensar, criar e gerar, porque em mim o pensar, o criar e o gerar são contínuos, eterno e infinito! E só aqueles que viverem seus destinos e cumprirem suas destinações na minha criação continuarão eternos e infinitos em si mesmos como mistérios manifestadores dos meus aspectos e qualidades. Já aqueles que não viverem os seus destinos e não realizarem as suas destinações não serão sustentados por minhas razões e, tanto perderão seus destinos, como receberão como destinação funções totalmente oposta, às quais realizarão dentro do abismo que há bem debaixo dos seus pés e que os tragarão assim que perderem o direito de viverem seus destinos e de vivenciarem suas destinações. E, porque tudo o que penso eu crio e já gero como uma realidade em si, eis que cada um já conhece a sentença que o aguarda caso se negue a viver o seu destino e a realizar sua destinação, então o abismo já é uma realidade bem abaixo de cada um de vocês... e de tudo mais que já pensei, criei e gerei ou haverei de fazê-lo de agora em diante. Mesmo nas realidades que regem, pois são elas em si mesmas, já há um abismo bem abaixo delas, que estará vazio até que alguém ou algo renuncie ao seu destino e deixe de cumprir rigorosamente sua destinação. Não há algo ou alguém mais ou menos importante no que já pensei ou pensarei, já criei ou criarei, já gerei ou gerarei, pois cada um e cada coisa traz em si um destino e uma destinação e é uma parte de mim, que sou todas as partes por inteiro. Assim pensei, criei, gerei e tornei realidade esse meu pensamento, assim será, assim já é!

E Olorum não falou mais aos seus amados filhos e filhas Orixás que, curvados e com as testas encostadas no solo, responderam em uníssono:

– Assim disse o nosso pai e nosso criador Olorum, assim será, assim já é!

Então Olorum ordenou-lhes:

– Levantem-se e cumpram seus destinos, minhas destinações!

E dali em diante nenhum Orixá sentiu-se mais importante que qualquer outro na criação de Olorum, ainda que, de vez em quando, alguns dos seus filhos e filhas espirituais afundem nos abismos existentes bem debaixo dos seus pés sempre que se afastam dos seus destinos e deixam de vivenciar suas destinações e cumprirem suas funções.

Segundo Pombagira, que foi gerada na matriz geradora de estímulos, os abismos podem ser infinitos em si mesmos mas, desde a emissão dessa sentença fatal, eles já acolheram a tantos, que não há abismo vazio. E até há uns que, de tão cheios, estão transbordando seres sem destino ou destinação na criação.

E, entre uma gargalhada escrachada e outra, ela diz isto:

– Só de pensar que eu, num momento de vaidade, levei nosso Divino Criador Olorum a criar essa sentença fatal, já me envaideço toda! Há, há, há! – então ela requebra os seus tentadores quadris e balança freneticamente seus misteriosos seios, lembrando a todos que, caso fujam dos seus destinos, afundarão no abismo existente entre as suas pernas e provarão os mais amargos néctares gerados nos seus seios.

Segundo Exu, o mais bem informado, mas o mais indiscreto dos Orixás, o abismo não está debaixo dos pés, mas sim entre as pernas de Pombagira, logo bem debaixo daquilo que vocês sabem o que é, para que ela nunca se esqueça de que não há uma parte mais importante que as outras, e que todas têm suas destinações específicas porque, não por acaso, ela gera seu fator estimulador justamente no interior daquela parte, que vocês sabem qual é, e que é um mistério em si dentro de um mistério maior conhecido na Umbanda como mistério Pombagira, Orixá gerador do fator estimulador que faz com que todos comecem a desejar se realizar como mistério do nosso Divino Criador Olorum.

Já Exu Mirim que deixou escapar uma inconfidência ou emitiu uma afirmação – sei lá – revelou-nos:

– O nosso Divino Criador, ao colocar o abismo de Pombagira entre suas pernas e quase colado àquela parte que vocês sabem qual é, com certeza quis sinalizar para todos que o abismo começa bem ali, entre as belas colunas da luxúria e bem diante da fonte dos mais tentadores prazeres. É por isso que Pombagira requebra-se toda, vaidosa e tentadora.

Ela sabe que, caso alguém mergulhe, em todos os sentidos, naquela sua atraente fonte de prazeres, antes terá se lançado no abismo, que é o meio de se chegar a ela... suicidando-se!

Não sabemos ao certo se Exu Mirim emitiu uma inconfidência, fez uma afirmação ou lançou um alerta aos tolos e aos incautos, mas nós, como bons entendedores, esperamos nunca esquecer nenhuma dessas três alternativas, que são avisos de alerta para todos.

Mas, o fato é que, por causa da dependência atroz de Pombagira pelos fatores dos outros Orixás, ela se tornou escrava de sua vaidade e quanto mais vaidosa ela fica, mais ela se torna dependente deles... obrigando-a a barganhar com desvantagens os seus incontáveis mistérios, que eles usam em benefício da criação infinita do Divino Criador Olorum.

Exu, que aceita ser chamado de tudo sem problema algum, menos de bobo ou vaidoso, tratou logo de disfarçar o orgulho que sentia por se descobrir o mais viril entre os Orixás masculinos e, assim que viu o que aconteceu a Pombagira, foi logo dizendo a todos:

– Eu gero o fator virilizador mas não me envaideço nem um pouco, sabem?

– Sabemos sim! – exclamaram os outros Orixás em uníssono, percebendo que o que ele vibrava era orgulho e uma certa superioridade.

– Até acho que essa minha poderosa virilidade irá me causar um certo desconforto, constrangimento e confusão. – justificou-se ele, tentando ocultar seu orgulho. Mas não deu certo.

E tudo porque Xangô, o sentenciador oficial de Olorum, falou: Exu emitiu sua sentença... e eu assino embaixo, isto é, já assinei!

– Essa não, Xangô! – exclamou Exu, muito preocupado.

– Essa sim, Exu! – redarguiu Xangô, que encerrou o assunto de forma peremptória dizendo:

– O que um Orixá diz tem o poder de autorrealizar-se assim que for dito!

Todos se calaram, e cada um se recolheu à sua realidade para meditar e refletir sobre o que havia acontecido de fato naquela reunião histórica entre eles assim que se encontraram pela primeira vez na realidade de Oxalá, que é a única onde todos podem se reunir.

# Lenda da Geração de Oxum

Oxum, como todos os Orixás, foi gerada no mesmo instante, pois Olorum ao criar algo, o cria em todas as suas matrizes geradoras e em todas as suas realidades, que são elas em si mesmas.

Só que a mesma coisa, se gerada em uma matriz, tem uma função, um destino, uma destinação, uma forma, uma aparência, uma natureza, um modo de ser, etc., só seu. E com Oxum não foi diferente, porque ela foi gerada na matriz geradora da prosperidade na morada interior de Olorum.

Oxum gera em si a prosperidade, herdada de sua matriz geradora e quando se reuniu aos outros Orixás e recebeu o fator estimulador de Pombagira, começou a gerar e irradiar o fator prosperador, tornando tudo e todos muito prósperos.

Como o fator prosperador é formado pela união de muitos outros fatores, entre os quais citamos os fatores gestador, concebedor, atrator, agregador, enlaçador, unidor, fusionador, envolvedor, abastador, enriquecedor, embelezador, enfeitador, orlador, volteador, excitador, argutizador, encantador, etc., eis que não houve um Orixá que não ficou encantado com sua delicadeza e atributos naturais.

Como Pombagira gerava, e ainda gera os fatores enciumador e envaidecedor, ao sentir inveja dela, pois também gera o fator invejador, vibrou uma poderosa carga fatoral de inveja por Oxum que, ao recebê-la de uma só vez, acabou internalizando-a inconscientemente e tornou-se possuidora de um certo ciúme de si mesma e do que lhe é devido ou é sua atribuição.

Ela traz essa carga desde então, desde o início, enfrenta algumas dificuldades por apegar-se demais às coisas. Mas isso já é outra lenda!

O fato é que encantou a todos os Orixás com sua delicadeza e modo de ser e tornou-se ali, naquele primeiro encontro, o protótipo da companheira de jornada desejada por todos os Orixás masculinos, e isso já lhe causou tantos problemas desde então, que é melhor nem tocarmos nesse assunto.

E só não tem sido pior porque, como ela gera o fator velador, cobriu seus encantos e formosura com sete véus ocultadores dos seus mistérios só para deixar de ser cortejada por eles e para não despertar ciúmes nos Orixás femininos.

Mas, pouco tem ajudado tanto recato e ocultamento, porque quanto mais recatada e oculta, mais curiosidade desperta. Inclusive, algumas lendas sobre ela não lhe são fiéis e até há algumas que são totalmente falsas.

Há uma que está incompleta ou foi distorcida por quem a contou pois, Exu, de fato, conseguiu que ela tirasse cada um dos sete véus enquanto ele tirava cada uma de suas capas de fato. Quando ela tirou o seu último véu e ele sua última capa, Exu viu-se todo descoberto enquanto ela, por baixo deles, estava coberta pelo manto ocultador de Exu Mirim, que havia concedido a posse desse seu mistério a ela em troca de certas flexibilidades concedidas a ele, pois quem gera o fator flexibilizador é essa nossa amada e querida mãe Orixá.

Exu Mirim fora direto ao negociar com Oxum e saiu-se bem após ter sido induzido por Pombagira a complicar algumas coisas na realidade regida por Omolu, que reagiu e endureceu com seu fator endurecedor o motivo de sua maioridade precoce. Mas isso também já é outra lenda.

O fato é que Exu, ao ver-se todo descoberto, enquanto Oxum estava coberta pelo manto ocultador de Exu Mirim, não gostou nem um pouco e só após a concessão de vários dos seus mais encobertos mistérios a ela é que conseguiu fazer com que recolhesse o fator flexibilizador que tornara muito flexível o motivo de orgulho dele e que sempre mostrava um ar de superioridade.

Exu se meteu numa encrenca e tanto quando, ao ver que não seria daquela vez que a iludiria, lançou uma imprecação, já que gera o fator imprecador, ao vê-la oculta contra o mistério do manto ocultador de Exu Mirim. E isto sem contar com a reatividade natural do homônimo infantil dele, que o complicou tanto que, se não fosse a intervenção de Ogum, até hoje Exu estaria complicado, já que encrencado ele sempre esteve e estará, pois gera o fator encrencador.

Mas até hoje, quando Exu adulto vê Exu Mirim chegar vai logo avisando:

– Aí vem complicação!

Exu Mirim dá sua risada marota e responde:

– Sai da frente, encrenca, pois a complicação chegou!

Aparentemente são inamistosos, mas alguns Orixás já lançaram a hipótese de que devem ter algum acordo secreto, pois quando Exu adulto encrenca tudo, eis que sempre surge Exu Mirim para complicar o que já estava encrencado!

O ditado popular que diz que um é a fome e outro é a vontade de comer se aplica como uma luva a esses dois Orixás que, apesar de serem como são, são muito queridos por todos os outros, pois, como disse certa vez um Orixá não revelado, e que gera o fator ponderador, só haveria monotonia se não existisse Exu e Exu Mirim para encrencarem e complicarem as coisas que Olorum criou.

Inclusive, se não existisse esse Orixá ponderador, e que não tem um nome humano nigeriano, com certeza esses dois homônimos já teriam recebido alguma sentença de Xangô ou alguma penalização de Ogum que os teriam excluído da morada exterior de Olorum e os confinado no vazio absoluto ou no vácuo desintegrador.

Observem que até agora comentamos pouco sobre Oxum e falamos de vários outros no capítulo dedicado a ela.

Mas isso é assim mesmo, sabem?

Afinal, se fôssemos comentar muitas coisas sobre ela, iríamos revelar-lhes coisas que, se nem o mais indiscreto dos Orixás tem coragem de revelar, nós é que não o faremos, certo?

Bom, retomando a lenda da geração de Oxum o fato é que quando foi gerada, Olorum concretizou nela o seu pensamento que idealizava e delinearia um ser que fosse responsável pela concentração e geração em si de uma série de fatores que teriam a função de unir, ligar, atrair, idealizar, envolver, encantar, enlaçar, realçar, ressaltar, fundir, atar, embelezar, enlevar e agregar toda a sua criação tornando-a um todo em si mesma, ainda que fosse formada de muitas partes.

Olorum pensou em um Orixá que tivesse em si esse aspecto e no seu pensar criou Oxum, cuja essência do seu pensamento, ainda abstrato, ele depositou na sua matriz geradora da prosperidade.

Então, Oxum foi gerada com os propósitos acima e muitos outros que não citamos. E, como cada propósito de Olorum torna-se um fator capaz de influenciar no seu sentido a tudo e a todos, eis que ela é fruto de uma vontade dele de ver todas as partes unidas em torno de si, formando um conjunto interdependente, coeso e unificado, ainda que cada coisa ou ser fosse individualizado.

Quando Olorum contemplou-a enquanto era gestada, pensou isto para ela:

"No meu exterior, você gestará em si o que no meu pensar eu quiser acrescentar nas minhas infinitas realidades, minha causa!"

E, como todos os propósitos dele são frutos do seu pensamento e tornam-se fatores que, assim que são manifestados começam a ter vida própria e imediatamente entram em ação, eis que Oxum foi gerada com o propósito de gestar, e rege sobre a gestação na sua morada exterior, que é o mundo manifestado.

Mas, naquele tempo, quando o tempo ainda não existia, pois em Olorum passado, presente e futuro não existem, Oxum eternizou em si esse pensamento e é capaz de gestar, em si e de si tudo o que falta aos meios ou às realidades infinitas criadas por ele continuamente.

# Lenda da Geração de Oxum

Nós chamamos essas realidades de Olorum, de dimensões da vida, pois elas existem para abrigar os seres, as criaturas e as espécies pensadas por ele, o nosso Divino Criador Olorum.

Então Oxum, por ser em si a gestação, já nasceu como uma gestadora das vontades de Olorum com suas infinitas realidades ou dimensões da vida, que é ele em si mesmo.

E Oxum, ainda dentro de sua matriz geradora ouviu Olorum pensar:

"Só por meio do amor serão geradas as coisas que serão incorporadas às minhas realidades; serão eternizadas e passarão a fazer parte da vida, que sou eu em mim mesmo. Eis o meu propósito para você, filha do meu amor divino!"

E esse pensamento de Olorum tornou-se nela o propósito de sua existência como ser divino, como Orixá!

Oxum, ainda em gestação, adquiriu poderes dos quais ela ainda não tinha noção, mas que a tornariam fundamental quando os Orixás viessem a ser exteriorizados por Olorum para que ocupassem e concretizassem a sua morada exterior.

Aquele pensar de Olorum para Oxum dotou-a de um poder único: o de ter em si todas as matrizes geradoras existentes nele, o nosso Divino Criador Olorum.

Como cada matriz é uma gestadora dos pensamentos dele, que quando pensa algo esse algo, se instala em todas ao mesmo tempo e é gerado segundo a finalidade de cada uma delas na criação, então tudo o que Olorum tem pensado e gestado em Oxum desde então, após ser gestado no mistério dela, passa a existir em todas as realidades da vida, que é ele em si mesmo.

Ainda que cada coisa gestada, por ser gestada em matrizes diferentes ao mesmo tempo e destinaram-se a realidades diferentes mostrem-se com nuanças ou aparências diferentes, no entanto todas são análogas e realizam as mesmas funções em meios diferentes da vida entre si, pois destinam-se a diferentes formas de vida.

Então, Oxum tornou-se a guardiã de todas as matrizes gestadoras e até hoje é tida por todos como a Orixá responsável pela gestação na morada exterior de Olorum, que é o mundo manifestado.

## Geração de Obá

Obá foi gerada na matriz geradora do conhecimento e não há nada que ela não saiba ou não possa resolver.

Em encrencas e complicações é só oferendá-la com respeito e reverencia que, caso sejam merecedores, logo tudo estará resolvido.

Mas, por ser em si o próprio conhecimento, eis que ela também é de poucas palavras, calada mesmo!

Inclusive, demorou para os outros Orixás descobrirem qual o maior mistério dela e quais os fatores que ela herdou de sua matriz geradora.

Quando foi inquirida por Ogum sobre o porquê de não ter se revelado logo, ela se limitou a responder:

– O conhecimento é algo que se adquire com dedicação, afinco, segurança, objetividade, paciência, inteligência, concentração e estudo, muito estudo!

– Estudo, muito estudo? – perguntou-lhe Oxalá, olhando-a com curiosidade.

– Foi o que acabei de dizer, Babá modelador! – exclamou ela, olhando-o de forma compenetrada.

– Entendi, querida e amada irmã Obá! – exclamou Oxalá.

– Tenho certeza de que sim, Babá modelador. Sabedoria é que não lhe falta em nenhum dos seus sentidos!

O pouco que podemos comentar é que ela gera o fator fertilizador-telúrico feminino e tanto fertiliza terrificando quanto terrifica fertilizando.

Sim, o fator fertilizador-telúrico feminino dela explica a lenda nigeriana que a descreve como esposa de Ogum, pois ele gera a parte masculina do fator fertilizador-semeador.

Foi a união do fator Obá com o de Ogum que tanto gerou a lenda dela como esposa dele, como a história que o descreve como agricultor que ensinou os humanos a retirarem da terra grandes colheitas.

Exu tentou iludi-la mas, por causa do seu fator dedutor, ela deduziu que ele estava com segundas intenções e o que ele queria realmente era a posse de algum ou de vários dos seus mistérios e os seus fatores correspondentes. Então ela lhe lançou uma charada que não foi resolvida por ele.

A charada lançada por ela foi esta:

— Exu, o que fica para traz quando anda para a frente e quanto mais avança mais vai ficando para traz e maior se torna?

Como Exu não soube resolver essa charada, não só não obteve o que desejava como foi punido por Ogum, que o penalizou com a perda do direito de argui-la diretamente, só podendo fazê-lo por meio de um outro Orixá.

Como Ogum havia penalizado Exu, eis que Obá lançou-lhe esta charada:

— Ogum, o que é que quanto mais retrocede mais antigo se mostra, e quanto mais avança mais recente é visto?

— É o tempo, Obá! — respondeu-lhe Ogum.

— Como você sabia a resposta certa?

— Obá, eu gero em mim o fator respondedor. Ogum responde por tudo, a tudo e a todos, sabe?

— Já estou sabendo. — E lançou-lhe uma outra charada:

— O que é que, quanto mais velha mais nova é e quanto mais nova mais velha é?

— São as eras, Obá! A primeira das eras é vista como a mais velha ou a mais antiga, no entanto é a mais nova. E a última das eras é vista como a mais nova ou recente e, no entanto, é a mais velha.

— Ogum, o que é que, quanto mais novo é mais lembrado, e quanto mais velho é mais esquecido?

— São os acontecimentos, Obá!

Obá, vendo que Ogum tinha respostas certas para tudo, nunca mais lhe lançou suas charadas. E saibam que aqui só mostramos algumas fáceis!

Só que Ogum, daí em diante, não teve mais sossego, pois todos ficaram sabendo que ele gerava o fator respondedor e queriam respostas para tudo. E chegou um momento em que ele optou por conceder sua posse a tudo e a todos, senão não faria outra coisa em sua vida. E daí em diante começou a vigorar essa Lei:

— Cada um responde pelos seus atos, palavras e pensamentos, pois todos poderão responder a todas as questões que lhes forem formuladas. Agora, quanto às respostas, que as acerte quem as souber. E os que não souberem, que estudem e aprendam com Obá, porque ela gera em si os fatores estudador, aprendedor e conhecedor, entre tantos outros ligados ao raciocínio. Inclusive, o fator raciocinador tem nela a geradora da sua parte feminina positiva.

— Como é que é?!! — perguntaram todos os Orixás ali reunidos, que acabavam de descobrir que havia fatores puros só do seu gerador, e havia fatores compostos, compartilhados por vários Orixás.

— É o que eu disse! — exclamou Ogum, que tinha na ponta da língua respostas para todos, já que as perguntas é Obá quem as formula, pois tanto gera o fator perguntador quanto o formulador.

— Pergunte quem quiser, responda quem souber! — exclamou Obá, encerrando a conversa... e os nossos comentários sobre ela, certo? Ou não?

# Lenda de Obá, a Senhora dos Fatores Concentrador, Fixador e Condensador

Conta uma das lendas dos Orixás que, após Olodumarê enviá-los ao seu mundo exterior, à sua morada externa, foram muitas as dificuldades encontradas por eles no vazio absoluto, então existente, e o único meio que encontraram para realizar seus trabalhos de construção do Universo e ocupar seus domínios foi compartilhando seus fatores, com uns doando os seus e recebendo os dos outros.

Ora era a dificuldade de se comunicarem, ora de se locomoverem, de direcionarem, etc.

Mas, uma das maiores foi a seguinte: eles irradiavam seus fatores, mas nada criavam, pois, se eram criadores de "coisas", assim que criavam algo em um local do vazio, esse algo começava a se dissipar, espalhando-se no vazio.

Não havia jeito: criavam, criavam e criavam! E tudo se dissipava no vazio.

Cansados de criar mundos e vê-los se dissiparem no instante seguinte, todos se voltaram para Orunmilá, o Orixá das revelações, que logo descobriu a causa: era a falta dos fatores concentrador, fixador e condensador!

Mas outra dificuldade surgiu: quem os possuía?

Todos os presentes nessa reunião revisaram seus fatores e não os encontraram.

– O que fazer sem eles? – perguntou um dos Orixás ali reunidos.

– Nada! – respondeu Oxum, senhora do fator agregador. – Eu agrego o que vocês geram, mas no instante seguinte tudo se desagrega e se dissipa!

Então, depois de muito pensar e discutir, resolveram enviar o pássaro mensageiro de Oxalá até Olodumarê, solicitando seu auxílio para levar adiante suas missões de construção e concretização dos mundos na sua morada exterior.

E o pássaro mensageiro de Oxalá foi até Olodumarê, só retornando muito depois, com a mensagem:

– Procurem no vazio a minha filha geradora do fator que usei para criá-lo. Ela irá ajudá-los a encontrar minha outra filha que vive atrás do vazio e é a única que poderá ajudá-los a concretizar os mundos que formarão a minha morada exterior!

E cada um dos Orixás partiu em uma direção, à procura da irmã que havia gerado o vazio, para que ela lhes revelasse onde encontrar a outra filha de Olodumarê que gerava o fator que os ajudaria na concretização dos mundos na morada exterior dele.

E, quando um Orixá, que faz parte do grupo dos não revelados, encontrou a senhora do fator gerador do vazio absoluto, por mais que argumentasse com ela, não a convencia a revelar-lhe o local onde se encontrava a filha de Olodumarê que poderia partilhar com eles o fator que daria permanência aos mundos gerados.

Esse Orixá não revelado foi até Oxalá e pediu-lhe que enviasse seu pássaro mensageiro até onde estavam os outros para que voltassem a se reunir a fim de encontrarem um meio de demover aquela senhora do vazio absoluto que estava ocultando a outra filha de Olodumarê, que poderia ajudá-los na obra de concretização dos mundos na sua morada exterior. O último a chegar ao local do encontro foi Oxalá, que vinha em passos lentos porque carregava todos os modelos dos mundos a serem criados.

Alguns Orixás mais ágeis até se ofereceram para carregá-los, pois assim chegariam mais rápido no local onde ela se encontrava. Mas, quando tentaram erguê-los para colocá-los nos ombros, nem sequer conseguiram movê-los do solo, pois o peso dos modelos dos mundos era tanto que só Oxalá podia carregá-los.

E todos os Orixás curvaram-se diante de Oxalá e reverenciaram-no por sua imensa força, que lhe permitia carregar todos os modelos dos mundos.

Só um Orixá muito forte conseguiria tal proeza divina. E Oxalá era esse Orixá!

E, um a um, os Orixás prometeram a Oxalá que o ajudariam na sua árdua tarefa de carregar o peso dos modelos.

Ogum disse naquele momento:

– Oxalá é o rei dos mundos!

E todos os Orixás, ali presentes, responderam:

– Salve Oxalá, o rei dos mundos, o mais forte dos Orixás!

E todos prometeram a Oxalá que, após solucionarem aquela dificuldade com o vazio, não mais o chamariam até seus domínios para não o cansar ainda mais na sua árdua tarefa de carregar os modelos.

Sim, Oxalá vivia indo até cada um deles para dar-lhes os modelos dos mundos. E vivia se cansando com tantas solicitações de modelos que, após serem dados aos outros Orixás, logo se dissipavam.

Então, de comum acordo, todos aceitaram que dali em diante iriam até Oxalá caso quisessem ou precisassem de um modelo novo ou de um novo modelo. Ficou acertado entre todos eles que só quem fosse até Oxalá teria seus modelos originais dissipados remodelados ou dele obteriam um novo modelo para ocupar um lugar ainda vazio na morada exterior de Olodumarê.

Também acordaram que Oxalá seria em si um ponto de encontro para eles, que sempre se reuniriam à volta dele para deliberar sobre o destino dos mundos exteriores concretizados na morada exterior de Olodumarê.

Até hoje, quem quiser se encontrar com todos os Orixás de uma só vez, basta achegar-se a Oxalá, pois estarão todos reunidos ao redor dele.

Todos os Orixás ali reunidos viram Oxalá sorrir pela primeira vez desde que havia recebido de Olodumarê a incumbência de carregar sozinho os modelos dos mundos a serem criados na sua morada exterior.

E a alegria de todos aqueles Orixás, felizes por verem Oxalá sorrir, foi tanta, que começaram a cantar e a dançar em volta dele.

E assim, até hoje, só quando estão ao redor de Oxalá, todos os Orixás dançam e cantam ao mesmo tempo sem que os campos de um atrapalhem ou interfiram os dos outros.

Então, todos os Orixás ali presentes acordaram que só na presença de Oxalá poderiam cantar e dançar à vontade, pois o canto e a dança de um não incomodaria os outros. Cantar e dançar para Oxalá é expressar a alegria que todos sentem ao vê-lo sorrir de felicidade!

E infeliz seria quem disso não soubesse ou isso não fizesse, pois o sorriso de Oxalá emana a alegria de se viver na morada exterior de Olodumarê, criada justamente para que cada coisa e cada ser tivesse o seu próprio domínio, e de posse dele pudesse irradiar o seu fator livremente.

E Oxalá se alegrou tanto que, em vez de caminhar com passos firmes e duros, também começou a dançar, enquanto caminhava ao encontro da Senhora do Vazio Absoluto. Todos os Orixás ali presentes, já sem pressa de chegar até ela, seguiram Oxalá, dançando e cantando, alegres e felizes por verem que enquanto todos cantam e dançam em volta dele, ele caminha dançando e dança caminhando, indicando a todos o caminho a seguir e o ritmo a ser imposto às suas caminhadas.

Oxalá recebeu mais um título de todos os Orixás ali presentes: o de senhor do ritmo dos passos que cada um deve dar se quiser chegar a algum lugar ou até alguém.

E Oxalá, o senhor do ritmo dos passos, feliz por receber esse título inesperado, retribuiu determinando, naquele momento, que só chegariam aos Orixás quem cantasse e dançasse nos seus ritmos e passos criadores.

Os Orixás ali reunidos concordaram com Oxalá e determinaram que só entraria em seus domínios quem viesse até eles cantando e dançando no ritmo dos seus passos.

Também determinaram, naquele momento especial da criação exterior, que quem não procedesse assim não entraria em seus domínios e não receberia das mãos deles os seus fatores puros e realizadores de obras na morada exterior de Olodumarê.

É por isso que nos cultos tradicionais africanos e na Umbanda os médiuns abrem seus trabalhos espirituais cantando e dançando para os Orixás.

Orixás ali presentes também determinaram que só cantando e dançando para eles os habitantes da morada exterior de Olodumarê teriam seus pedidos e clamores atendidos e realizados em suas vidas interiores. Já os pedidos e clamores enviados sem cantos e danças só se realizariam em suas vidas exteriores.

E assim tem sido até hoje!

Então, com Oxalá à frente, todos os Orixás chegaram até a Senhora do Vazio Absoluto. Os Orixás masculinos cantavam e dançavam à esquerda de Oxalá enquanto os Orixás femininos faziam isso à direita dele.

E, por isso, até hoje, quando os filhos dos Orixás se reúnem para louvá-los, as mulheres ficam à direita e os homens ficam à esquerda de quem está conduzindo a louvação.

Só dois Orixás não seguiam aquela regra: Exu dançava em volta dos Orixás femininos, e Pombagira dançava em volta dos Orixás masculinos.

Assim, até hoje os Orixás masculinos carregam Pombagira, e os Orixás femininos carregam Exu. Mas essa é outra lenda da criação dos mundos na morada exterior de Olodumarê que contaremos em outra hora.

Mas, podemos garantir-lhes que nem o mais sábio dos iniciados que já possa ter vivido ou que ainda vive entre vocês, sabe essa lenda ou ensinou isso aos seus filhos-de-fé: – todo médium que tem na sua frente um Orixá masculino deve assentar sua Pombagira Rainha na sua tronqueira, como dona dela. E que quem tem na sua frente um Orixá feminino deve assentar o seu Exu Rei na sua tronqueira, como dono dela.

Com todos os Orixás ali, na sua frente, cantando e dançando atrás de Oxalá, alegres e felizes, a dona do vazio absoluto se contagiou com tanta alegria e felicidade e perguntou a ele o que desejava saber ou o que queria dela.

Oxalá disse que queria saber onde encontrar a filha de Olodumarê que possuía o fator que concentraria, condensaria e fixaria na morada exterior os mundos que eram criados pelos Orixás, mas que se desagregavam e se dissipavam assim que eram criados.

E aquela senhora do vazio, que era em si o vazio absoluto, respondeu:

– Eu não revelarei onde a encontrar.

– Por que não, se estamos cumprindo ordens do nosso pai, o Divino Criador Olodumarê?

– Ora, se eu lhe revelar onde ela está, logo deixarei de existir, pois vocês me ocuparão com mundos e mais mundos, não restando mais nada de mim, a poderosa Senhora do Vazio Absoluto!

– Mas nós só poderemos realizar o que nos foi ordenado, se você nos revelar onde está a nossa irmã geradora dos fatores que dão permanência às nossas criações, Senhora do Vazio!

– Eu não quero deixar de existir e ponto final em nossa conversa, Orixá cujo sorriso de alegria quase me encantou e me fez revelar onde ela se encontra.

Oxalá ensimesmou-se e começou a pensar em uma solução para aquela dificuldade inesperada.

E todos os Orixás ali presentes, com exceção de Exu e Pombagira, curvaram-se e recolheram-se em si mesmos pois, quando Oxalá recolhe-se em si, tudo para e todos se recolhem e ficam aguardando a pronúncia da solução que, assim que é falada torna-se Lei e autorrealiza-se na criação e na vida dos seres, sejam eles seres divinos, seres naturais, seres espirituais, espécies inanimadas, criaturas, etc.

E Oxalá, ensimesmado, pensou, pensou e pensou! E tanto pensou soluções quanto as descartou, pois nenhuma delas o satisfazia e o fazia voltar a sorrir.

Como naquela época o tempo ainda não existia na morada exterior de Olodumarê, pois ele ainda não o havia exteriorizado, não podemos dizer quanto tempo Oxalá pensou numa solução para aquele problema inesperado.

Mas que durou muito tempo esse pensar de Oxalá, isso é certo!

Quando, finalmente, Oxalá pensou em algo que o agradou e o fez sorrir, saindo do seu recolhimento em si mesmo, todos os Orixás ali presentes voltaram os seus olhos na direção dele, ansiosos por ouvir seu pronuncionamento, que dali em diante se tornaria Lei na morada exterior de Olodumarê, o nosso Divino Criador.

E Oxalá pronunciou essa Lei da criação exterior de Olodumarê:

– Senhora do Vazio, alegre-se novamente, porque a solução que pensei para que continue a existir é que cada Orixá exteriorizado pelo nosso Senhor e Divino Criador Olodumarê gerará em seus domínios um lado pleno e outro vazio.

No lado pleno viverão os seres plenos e tudo mais que se sentir pleno na morada exterior do nosso pai Olodumarê. No lado vazio viverão todos os seres vazios e tudo mais que se sentir vazio na morada exterior do nosso pai Olodumarê. O lado pleno chamará faixa luminosa da criação e o lado vazio, faixa escura da criação.

Haverá uma faixa neutra entre elas, separando-as, e que terá a função de ser transitória, pois, para ela serão atraídos todos os seres e tudo mais que começar a se sentir vazio, mesmo estando na faixa plena, e todos e tudo que, mesmo vivendo na faixa vazia começar a vibrar o desejo de se tornar pleno na morada exterior do Divino Criador Olodumarê. O seu domínio, Senhora do Vazio que é o vazio absoluto, será compartilhado com todos nós, e cada um assumirá uma parte dele e cada uma dessas partes chamar-se-á polo negativo do Orixá que a assumir. E, para ele, só irão os seres e tudo mais que se esvair e se tornar vazio em si mesmo. Assim, com eles vazios em si mesmos, não será incomodada com a presença deles em seus domínios. Eles apenas começarão a incomodá-la quando se lembrarem que só deixarão de ser vazios quando retornarem à faixa plena e nela tornarem-se plenos em Olodumarê. E, porque Exu e Pombagira não se recolheram em si mesmos enquanto eu pensava, eles serão os responsáveis pela vigilância dos seres e de tudo mais que começarem a vibrar no íntimo do vazio ou manifestarem o desejo de se tornar plenos. E os que estiverem se esvaindo serão atraídos para a faixa neutra por Exu e Pombagira, assim como farão com aqueles em que começar a vibrar o desejo de se tornar plenos e estiverem retidos no vazio.

Ali, naquele tempo quando o tempo ainda não existia, Exu e Pombagira receberam de Oxalá a função de vigias dos polos vazios dos Orixás (hoje não tão vazios, de tantos seres vazios que já foram enviados a eles desde então. Mas, isso é outra lenda que contaremos em outra hora, certo?)

E a senhora do fator que esvazia tudo e todos e cria o vazio absoluto sentiu-se satisfeita e revelou a Oxalá onde encontraria Obá, a filha de Olodumarê que é a dona dos fatores concentrador, fixador e condensador.

Um a um, todos os Orixás ali presentes se despediram daquela filha de Olodumarê que gerava o vazio e foram até onde estava Obá: atrás da Senhora do Vazio!

Sim, é isso mesmo! Obá havia descoberto como atravessar o vazio, ou melhor, como sair dele e contemplá-lo por inteiro. Quando os Orixás a encontraram, viram nela a seriedade e a majestosidade dos seres que transcendem o vazio existente na morada exterior de Olodumarê.

E todos a aclamaram como a senhora do conhecimento das verdades divinas.

Ali, com ela, todos aprenderam como, ao sair da morada interior de Olodumarê, chegar a outro dos seus mistérios: a sua morada interior tanto está no centro da sua morada exterior como está nela toda, sem realmente estar nela.

Assim, já dentro desse outro mistério de Olodumarê, cada um dos Orixás ali presentes assentou-se e, já de posse dos fatores concentrador, condensador e fixador de Obá, deram início à construção dos mundos estáveis. Só Exu e Pombagira não atravessaram o vazio para chegar até Obá, porque descobriram outro mistério de Olodumarê dentro do vazio e preferiram assentar-se nele, pois o acharam mais vantajoso para cumprir as ordens dadas a eles por Oxalá.

E assim, desde aquele tempo quando o tempo ainda não existia, Exu e Pombagira realizam suas funções divinas assentados nos domínios de um mistério de Olodumarê que só existe no vazio absoluto. É a partir desse mistério que Exu e Pombagira realizam suas funções na criação desde então. Esse mistério do vazio é tão poderoso (segundo Exu, que revelou num momento de indiscrição) que nele cabe tudo o que todos os Orixás conseguem gerar e ainda sobra vazio infinitamente.

Por essa conquista de Exu, ele recebeu dos outros Orixás o título de "a boca insaciável", capaz de devorar tudo e todos, inclusive mundos!

Então, Exu e Pombagira, que não compartilharam esse mistério com mais ninguém, exigiram a primazia nos ebós: ou eles eram oferendados primeiro, ou devorariam os ebós dados a todos os outros Orixás. E assim, desde aquele tempo em que o Tempo ainda não existia, nenhum Orixá recebe sua oferenda se, antes deles, Exu e Pombagira não tiverem sido oferendados.

É certo que, já naquele tempo em que o Tempo ainda não existia, as negociações com Exu acerca dessa sua exigência demoraram e ficou conhecido como o acordo dos ebós.

Mas, no final, todos se sentiam satisfeitos. Exu e Pombagira teriam primazia nas oferendas, mas, após terem sido oferendados, não mais interfeririam no andamento das coisas pertinentes a cada um dos Orixás ali presentes e tudo o que engolissem na ausência deles, quando em suas presenças, a eles tudo devolveriam e nada pediriam em troca.

Alguns dos Orixás ali presentes acham, até hoje, que Exu usou de muita astúcia e esperteza nessa negociação já que, se engoliria tudo, então teria que engolir o que lhe agradava e o que não lhe agradava. E seria só uma questão de tempo para devolver tudo. Outros, até hoje, ainda acreditam que foi uma ótima negociação, pois a tudo Exu engoliria de qualquer forma, já que sua boca era (e ainda é) insaciável. Então, o melhor era ele ser obrigado a lhes devolver o que era pertinente assim que lhe fosse solicitado.

As negociações envolveram muitas coisas, e uma delas exigiu que Exu e Pombagira devolvessem aos seres tudo o que lhes tivessem tirado se fossem devidamente oferendados.

Não vamos relatar aqui tudo o que foi acertado naquela árdua e demorada negociação, pois foram tantos acordos que é melhor deixá-los para outra lenda, já que esta é a de Obá, que arrancou de Exu a maior das concessões possíveis: Exu e Pombagira, após serem oferendados, posicionariam-se à esquerda de todos os Orixás e nunca mais passariam ou dançariam na frente ou em volta deles.

Mas Exu só aceitou tal exigência de Obá porque ela lhe revelou que conhecia como entrar no mistério possuído por ele sem sair daquele onde ela havia se assentado após atravessar o vazio absoluto.

Isso enfureceu Exu, mas ele acabou concordando desde que ela não revelasse tal coisa a nenhum outro Orixá. Obá concordou com essa exigência e não a revelou a nenhum dos Orixás ali presentes, mas, no decorrer dos tempos, quando o tempo começou a existir, ela revelou a outros seres que não os Orixás como entrar no mistério do vazio possuído por Exu e por Pombagira. E, a partir dessa inconfidência (ou revelação) de Obá a outros seres, os Orixás descobriram como entrar no poderoso mistério do vazio absoluto possuído integralmente por Exu e retirar do domínio dele somente o que lhes é pertinente ou lhes agrada, sem terem de receber de volta o que não lhes é pertinente ou lhes desagrada.

Exu, sempre que Obá sai do seu domínio e incorpora em suas filhas para dançar entre os humanos e receber homenagens e oferendas, cobra dela sua inconfidência. E ela, para não ouvir as reclamações dele, tapa com a mão o ouvido esquerdo.

É por isso que ela, ao dançar incorporada em suas filhas humanas, leva a mão esquerda ao ouvido esquerdo e o mantém tapado só para não ouvir as reclamações de Exu!

# A Geração de Oxóssi e de Omolu

Oxóssi foi gerado por Olorum na sua matriz geradora da fartura e, como ele não ficou muito tempo dentro dela, sua aparência é a de um jovem ágil e expedito, tanto no raciocínio quanto nos movimentos.

Ele, por gerar os fatores supridor e fornecedor, entre muitos outros, ainda na morada interior de Olorum, sempre supria as realidades dos demais Orixás com o que nelas faltava.

É ágil e expedito, pois vagareza e acomodação não o agradam nem um pouco.

Oxalá, sabendo como ele era, nomeou-o Orixá responsável pela identificação e exploração das novas realidades que eram geradas por Olorum, que não para de gerá-las.

Oxóssi é um genuíno "batedor", aquele que vai na frente fazendo o levantamento de todo campo a ser atravessado e apontando o melhor caminho, os perigos possíveis, etc.

Por ser ágil e expedito, conquistou rapidamente a simpatia de todos os outros Orixás, especialmente a de Iemanjá, que vivia (e ainda vive) recorrendo a ele para quase tudo o que precisa em sua realidade.

Tanto isso é verdade, que ele é o único Orixá que pode entrar a hora que quiser na realidade regida por ela e nunca sai molhado, pois aprendeu com ela como entrar nas águas sem se molhar e como caminhar dentro delas sem afundar.

Dentro das águas todos nadam enquanto Oxóssi anda!

Inclusive, segundo o mais bem informado dos Orixás, Exu, Oxóssi leva para Iemanjá uma planta aquática toda vez que entra em sua realidade, deixando-a cada vez mais verdejante.

Mas isso ele faz sempre que entra em alguma realidade e, segundo Exu, o hábito dos humanos de presentearem a quem visitar foi herdado de Oxóssi, que jamais chegou diante de uma mãe Orixá sem uma flor, um fruto ou uma planta ornamental.

# A Geração de Oxóssi e de Omolu

Também nos revela esse informadíssimo Orixá que existem algumas realidades vegetais que, de tão densas, só mesmo Oxóssi para não se perder dentro delas, pois é dotado de um sentido de direção ímpar, e jamais se perde, tanto em vegetações ralas quanto em matas fechadíssimas.

Inclusive, e aí creia quem quiser, ele nos revelou que Oxóssi recolhe-se no centro das matas virgens porque, no âmago gerador delas vivem as Ninfas dos vegetais, que são mais belas que as mais belas flores, e que se abrem, ou melhor, abrem os braços esfuziantes quando ele as visita, envolvem-no com seus encantos e só o soltam quando ele conta para elas como tudo está indo e o que há de novo na morada exterior de Olorum.

Não sabemos se essa informação procede ou não, pois ninguém consegue acompanhar ou seguir os rastros de Oxóssi, de tão ágil que ele é em seus deslocamentos. Mas, que há alguma coisa que o agrada no meio das "matas virgens", disso ninguém duvida.

Só que, sempre que alguém toca no assunto, (e esse alguém vocês sabem quem é, não?) ele alega estar com pressa ou já atrasado para algum trabalho e deixa esse alguém com a boca cheia de água de tanta curiosidade.

Exu, até hoje, não se conforma de não conseguir chegar ao centro das realidades vegetais e de não extrair uma só palavra sobre o assunto desse Orixá caçador e supridor das necessidades alheias.

Inclusive, por puro despeito, certa vez Exu fez um comentário maldoso sobre Oxóssi quando todos os Orixás estavam reunidos, e isso causou uma reação de Ogum, fatal para o motivo do seu orgulho:

– Eu acho que sei em quais e onde ficam localizadas as matas virgens e fechadas que Oxóssi vive se metendo e depois que entra demora um tempão desbravando-as, só saindo depois que já não são mais nem virgens e nem fechadas!

Ogum, que não aceita a "achologia" como ciência, pois é inexata e também porque gera o fator captador e captou um segundo sentido no comentário dele, emitiu uma penalidade fatal que tanto satisfez Oxóssi como afastou Exu de perto do centro das matas virgens:

– Exu, eu captei um segundo sentido no seu comentário e já que as palavras de um Orixá não devem apresentar um segundo sentido, Ogum o penaliza com a proibição de Exu de entrar no centro de toda e qualquer mata virgem, inclusive nas que aludiu no sentido oculto do seu comentário. E, caso a desobedeça, que o afiado facão de Oxóssi corte na raiz o motivo do seu desmesurado orgulho!

– Assim disse Ogum, assim sentencia Xangô! – exclamou Xangô, também irritado com tão maldoso comentário.

– Que a penalidade de Ogum e a sentença de Xangô se tornem Lei na morada exterior do nosso Divino Criador Olorum – afirmou Oxalá.

– Essa não, Babá! Tudo o que o facão de Oxóssi corta pela raiz nunca mais brota!

— Melhor assim, Exu! Eu já ando meio cansado de ouvir reclamações de que onde você entra com esse seu desmesurado orgulho, ao sair, deixa tudo escancarado, sabe?

— Babá, é por causa do fator escancarador que eu gero, sabe?

— Sei sim. E, por saber que é por causa desse seu fator escancarador que você danifica os portais de acesso a realidades ainda virgens e fechadas, pois não consegue fechá-las ao sair, é que tornei Lei a penalidade de Ogum e a sentença de Xangô. Que essa Lei seja autoaplicável, Exu!

— Eu me ferrei com um inocente comentário, Babá!

— Não há comentário inocente, Exu.

— Então todos os comentários são culpados, Babá?

— Nem são inocentes, nem são culpados. O que acontece é que todo comentário é pensado e é fruto da mente de quem o emite. Logo, que cada um seja responsável pelo que comentar.

O fato é que Oxóssi é o guardião dos mistérios das matas virgens e só quando elas já estão totalmente formadas e começam a frutificar é que ele as libera para que colham delas seus mais saborosos frutos.

Mas entre tantas atribuições importantes, Oxóssi tem uma que nunca deve ser esquecida: só Olorum é infinito em todos os sentidos! Quanto aos Orixás, todos são infinitos dentro das realidades regidas por eles porque nelas, eles são elas em si mesmas.

E Oxóssi é o responsável pela expansão das realidades geradas por Olorum!

Agora, quanto aos seres espirituais, aí a coisa é diferente, pois, se temos uma realidade e um destino só nosso, nossa destinação é vivermos o nosso destino e nos realizarmos como individualizações dentro da realidade de um, de outro ou de vários Orixás ao mesmo tempo.

Como temos um limite para realizarmos nosso destino, o responsável pela expansão dos nossos campos de ação é Oxóssi, pois ele gera o fator expansor e expande os nossos limites sempre que nós os alcançamos. Com seu fator supridor, ele supre nossas necessidades. E quando algo já não nos é útil, aí entra em ação o Orixá que suprime os campos já saturados ou dispensados pelos seres, que já não são mais usados.

Como quem gera o fator suprimidor é o Orixá Omolu, a proximidade por complementaridade entre ambos é natural.

Como expansor, Oxóssi atua abrindo novos campos para os seres, campos esses ainda virgens e inexplorados e que será desbravado pelo seu dono e ninguém mais. Omolu atua no final da exploração, quando já foi todo esgotado em suas possibilidades e tornou-se estéril, recolhendo-o à sua realidade que é contratora dos campos abandonados.

Por mais estranho que pareça, Oxóssi e Omolu estão nos dois extremos de uma mesma coisa.

Oxóssi está no seu início e Omolu no seu fim.

Dizem algumas fontes confiáveis que a realidade de Omolu, ainda que todas sejam infinitas, é a maior de todas, pois, dentro dela estão alojados todos os campos abandonados pelos seres espirituais, campos estes que Omolu usa para alojar os seres, cujos sentidos foram desvirtuados e tiveram de ser suprimidos das realidades onde viviam.

Também, segundo essas fontes, entre todas as realidades, a de Omolu é a mais habitada, pois é nela que são recolhidos os seres que perderam o direito de vivenciar seus destinos em razão de terem desvirtuado suas funções na criação.

Uma fonte que prefere ficar anônima nos revelou que Ogum aprendeu a organizar seus exércitos com Omolu, pois este, de tão rigoroso que é, pediu a Ogum que organizasse os campos e todos os seres dentro da realidade regida por ele já que tantos campos e seres inúteis e estéreis juntos estavam tornando-a caótica.

Ogum perguntou como Omolu gostaria que fossem ordenados e organizados e quando ouviu-o e realizou sua ação, tudo ficou tão bem distribuído, tudo tão bem enfileirado, que adotou tal organização para os seus exércitos de auxiliares ordenadores dos seres e dos meios onde vivem. Omolu concedeu a Ogum a posse do seu fator enfileirador e dali em diante tudo ficou mais fácil para Ogum, cujos exércitos são organizados por colunas ou fileiras de soldados.

Quando está em colunas, Ogum usa do fator coluneador de Oxalá para formá-las, pois quem gera esse fator é o Orixá modelador da criação na morada exterior de Olorum.

Inclusive, Oxalá é o regente do mistério das mil colunas sustentadoras da morada exterior de Olorum e, conta uma lenda que, certa vez, quando Pombagira usava exessivamente e de maneira desvirtuada as suas duas colunas sustentadoras da luxúria, Oxalá solicitou a Omolu a posse do seu fator encurvador para dar uma lição inesquecível nela, que se salvou de tê-las encurvadas para sempre, porque Omolu argumentou com Oxalá que não ficaria bem para ele, que gera o fator retificador, começar a gerar o fator encurvador só para dar uma lição nela.

— O que você sugere então, meu irmão Omolu?

— Oxalá, conceda-me a execução dessa lição inesquecível que ela nunca mais ostentará de forma desairosa aquelas suas duas colunas da luxuria na frente dos Orixás masculinos, certo?

— O que você pensou para dar-lhe essa lição, meu irmão?

— Logo você saberá, está bem?

— Está sim. Só não demore em lhe aplicar, certo?

— Assim você quer, assim será, meu irmão Oxalá!

E eis que logo após essa conversa entre eles, Pombagira, não tendo nada para fazer dentro de sua realidade, entrou na de Exu, pois gera o fator entrador, só para se divertir à custa dele, pois ele vive encrencado ou criando novas encrencas até quando não está fazendo nada.

E, quando ela recolheu o seu manto e deixou à mostra suas duas tentadoras colunas da luxúria, eis que elas começaram a se encurvar e o encurvamento chegou a um ponto que a sua desejada fonte de inebriantes prazeres encostou no solo, fato que não só a incomodou muito como o deixou em uma posição que fez Exu gargalhar a não mais poder. E quando ele conseguiu conter um pouco suas gargalhadas, exclamou:

– Pombagira, você parece uma aranha! Há, há, há... com essa sua nova posição todo o embaixo vai ter uma visão privilegiada da sua fonte de prazeres incontáveis, sabe?

As gargalhadas de Exu eram tão altas que ele atraiu a atenção dos outros Orixás. Não teve quem não se admirasse com a posição de Pombagira, e Exu Mirim foi logo perguntando:

– Pombagira, como é que você conseguiu ficar nessa posição que, a meu ver, vai facilitar certas ações suas? Por acaso você gera o fator contorcionador?

– Como é que é, Exu moleque?

– Pera aí, pera aí e pera aí, tia mal-educada! Retire o que disse ou vou virá-la do avesso, sabe?

– Essa não, Exu Mirim! Você gera o fator "avessador"? – perguntou-lhe seu homônimo adulto.

– Foi o que eu disse, não foi?

– É, foi sim. Mas você está nervoso com ela, não comigo, certo?

– Sim, é certo. Mas quando fico nervoso, porque gero o fator enervador, não distingo muito bem a quem devo dar uma lição inesquecível, sabe?

– Agora já sei... Exu Mirim, quando fica enervado, atinge a todos indistintamente – falou Ogum que também disse isso: – Exu Mirim, Ogum já anotou que o fator enervador precisa ser reordenado e remodelado, senão você atingirá inocentes quando ficar nervoso.

– Ogum já anotou isso?

– E já reordenou seu fator. Agora só falta Oxalá remodelá-lo – confirmou Ogum.

– A remodelação já foi concluída, Ogum! – exclamou Oxalá, ainda impressionado com a lição dada em Pombagira por Omolu e seu fator encurvador.

Pombagira, vendo que a conversa tomara outro rumo e ninguém mais se preocupava com o seu estado, ralhou, pois gera o fator ralhador:

– Escutem todos vocês! Ninguém vai me ajudar a voltar à minha posição natural, não?

– Basta você cobrir suas duas colunas da luxúria, não muito atraentes dessa forma, que voltará, Pombagira – falou Omolu, que só deu uma passadinha para ver como ela ficara.

– Só isso, Tatá Omolu?

– Só mesmo, sabe?

– Já estou sabendo que vou ter de ocultar o que tenho de mais atraente se quiser voltar à minha posição natural. – confirmou ela, cobrindo novamente suas tentadoras colunas da luxúria, e assim que as cobriu com seu manto, voltou à sua posição natural. E foi logo perguntando:
– Quem fez isso comigo, Tatá Omolu?
– Eu fiz, Pombagira. Algum problema?
– Não, não! – negou ela de pronto, que emendou com uma outra pergunta: – Mas, por que Tatá?
– Bom, você vinha exibindo de forma despudorada as suas duas colunas da luxúria e sua inesgotável fonte de prazeres diante dos Orixás e isso despertou essa reação, sabe?
– Não sei não. O que sei é que é um direito natural meu eu exibir o que me pertence, sabe?
– O mistério das mil colunas foi confiado pela matriz geradora dele ao nosso irmão Oxalá, que desaprovou o uso ostensivo que você vinha dando às suas duas colunas da luxúria, que, quando você as afasta, deixa muito exposta essa sua fonte inesgotável de prazeres. Como a fonte é sua, mas as colunas são regidas por ele, caso você queira exibi--la, ficará com elas encurvadas. É isso aí, e ponto final!
Pombagira, que sabia que não adiantava argumentar com Omolu, pois sempre que alguém tentava argumentar ele começava a irradiar seu fator paralisador e acabava com as argumentações, voltou-se para Oxalá e falou:
– Babá modelador, essa punição contraria as funções do mistério dessa minha fonte inesgotável de prazeres, sabe?
– Não sei não. Quais são as funções dela?
– Bem, uma delas é estimular certas funções nos seres.
– Correto.
– Outra, é a de despertar o desejo nos seres machos para que procriem, unindo-se aos seres fêmeas.
– Também é correto.
– O meu fator estimulador é gerado em um dos compartimentos dela, que é uma réplica da matriz que me gerou. E é por ela que eu o irradio, sabe?
– Isso também é correto.
– Então, por que a punição que me privou do único meio que possuo para exercer minhas funções?
– Foi por seu exibicionismo exacerbado, Pombagira. Você vinha usando seus atributos naturais para conseguir se impor e desequilibrar seus interlocutores, pois com isso extraía vantagens em suas negociações. Ou não era isso que você vinha fazendo?
Como ela sabia que negar algo verdadeiro implicaria em ser recolhida ao interior da sua matriz geradora e não sair mais, concordou que era isso que vinha fazendo.

— Então a punição foi correta, pois, caso você não seja solicitada a descobrir suas duas colunas da luxúria e expor de forma ostensiva essa sua fonte inesgotável de prazeres inebriantes, assim que as descobrir voltará a ter suas colunas arqueadas, sabe?

— Já estou sabendo... tenho que me recolher e descobrir uma alternativa a essa punição que não será suspensa, não é mesmo?

— Não será mesmo! – confirmou Oxalá.

— Bom, já que é assim, vou me recolher à minha realidade. Com vossa licença! Exu, com vossa licença!

— Eu não dou licença alguma! – exclamou Exu Mirim, ainda com o cenho franzido e muito nervoso.

— Por que não, meu pequenino? – perguntou ela, toda insinuante.

— Não adianta me agradar, Pombagira. Você chamou-me de Exu moleque e ainda não resolvemos o que fazer com essa sua forma desrespeitosa de se dirigir a mim.

— Não temos que resolver nada. Ogum até reordenou e Oxalá remodelou esse seu fator, sabe? Ou você já se esqueceu disso?

— Não me esqueci não.

— Então não discutirei com um, digo com você, certo?

— Certíssimo. Eu também vou me recolher à minha realidade. Procure-me nela caso descubra que posso ser útil em alguma coisa! He, he, he... – falou Exu Mirim, que se cobriu com seu manto ocultador e sumiu da vista de todos.

Ela também cobriu-se e desapareceu. Mas todos ouviram seu grito de horror e a exclamação:

— Essa não! Estou às avessas! Aquele moleque travesso me virou do avesso!

Logo ela retornou para o local dentro da realidade de Exu, onde ainda se encontravam alguns Orixás e voltou à sua forma natural.

Então recolheu-se à sua realidade e percebeu que, assim que entrou nela virou-se do avesso. Saiu mais uma vez e voltou ao normal.

— Não tem jeito, Pombagira! – exclamou Exu – A vontade de um Orixá tem o poder de realização em si mesmo e autorrealiza-se, sabe?

— Agora sim, aquele moleque me complicou de vez! Não posso voltar à minha realidade, senão me viro do avesso!

— Essa é uma complicação e tanto, sabe? – falou Ogum, que ofereceu-lhe exílio temporário na realidade regida por ele.

— Mas aí você me verá do avesso... e às avessas, Ogum!

— É melhor ser vista do avesso e às avessas por Ogum do que se recolher à sua realidade, que, por ser você por inteira, também será virada do avesso e todos a verão, pois o que o exterior dela agora oculta, ficará exposto, sabe?

— Já estou sabendo... não se deve brigar ou desrespeitar aquele moleque travesso.

— Cada vez que você o chama de moleque só piora suas contas pendentes com ele, Pombagira. Creio que o melhor a ser feito é procurá-lo para um acordo.
— Isso nunca, Ogum!
— Bom, então até outro encontro, Pombagira.
— Espere aí, Ogum! Você não me ofereceu exílio na sua realidade?
— Pensei que você havia recusado minha oferta.
— Pombagira não recusa nenhuma oferta, Ogum!
— Por que não?
— Bom, qualquer oferta é melhor que nada, sabe?
— Não sei não. Nem tudo o que nos é oferecido deve ser aceito.
— Uma oferta, pode parecer dispensável em determinada situação. Mas, logo mais adiante, pode ser a única alternativa que nos resta.
— Sábias palavras, Pombagira! Creio que o fator avessador já está surtindo efeito, porque você está dialogando de forma aceitável com Ogum.
— Essa não! Pombagira às avessas torna-se aceitável!!!
— Essa sim! Siga-me, pois creio que você não causará problema algum, durante o seu exílio dentro da realidade regida por mim.

Ela seguiu Ogum e, de fato, ficou virada pelo avesso e foi vista às avessas por Ogum que (e isso, segundo Exu, o mais bem informado, mas o mais indiscreto dos Orixás) se encantou, pois dali em diante Ogum só olha para ela às avessas, só para vê-la pelo avesso... ou só olha pelo avesso para vê-la às avessas, sei lá!

Mas, o fato é que ninguém sabe o porquê, ou se sabem não dizem, de Exu Mirim começou a ser penalizado rigorosamente por Ogum e só recebeu um abrandamento nas suas penalizações quando aceitou a sugestão de Oxalá e iniciou uma das mais complicadas negociações que já travou com ela.

Seu homônimo adulto diz, mordazmente, que um adendo especial exigido por ele a obrigou dali em diante a só entrar nos domínios de Ogum virada pelo avesso e às avessas, pois queria agradar esse Orixá, que raramente abranda suas penalizações.

Se isso é verdade ou não, aí já é outra lenda. Mas, de fato, algum tempo depois, Ogum abrandou algumas das mais rigorosas penalizações impostas a Exu Mirim e ele pode movimentar-se à vontade nas realidades alheias, complicando tudo o que flui sem complicação alguma.

Como é Pombagira pelo avesso e às avessas, ninguém além de Ogum e Exu Mirim sabem. Mas esse homônimo infantil de Exu nos revela algo que, se nada revela, pelo menos dá asas a nossa imaginação:

— Pombagira, pelo avesso e às avessas, é como toda mulher gostaria de ser e é a mulher que todo homem gostaria de ter como companheira de jornada evolutiva, sabem!

Mas, com Exu Mirim as coisas são assim mesmo. Ele nada revela e deixa que a imaginação de cada um responda por ele.

– De fato, a criação na morada exterior de Olorum seria bem monótona se não existissem Exu, Exu Mirim e Pombagira.

Mas, como estamos comentando o nascimento de Oxóssi e de Omolu, o fato é que esse Orixá regente dos campos estéreis tem uma função muito importante na criação, pois, por ter sido gerado na matriz polinizadora de Olorum, gera de si o fator polinizador, e algo até agora inimaginado por todos, é atribuição exclusiva dele: a polinização das flores! Sim, o pólen só existe nas flores porque Omolu e seu fator deram uma contribuição decisiva à mãe Orixá cuja realidade é coalhada de todos os tipos de flores. Não é por acaso que os túmulos são enfeitados com flores ou plantas floridas, certo? E, se comentamos no mesmo capítulo os nascimentos de Oxóssi e de Omolu é porque sabemos por uma fonte confiável e informadíssima que esses dois Orixás amados têm mais em comum que nossa imaginação possa conceber ou imaginar.

O fato é que Omolu só teve humanizado o seu aspecto positivo medicinal ou curador e o seu aspecto negativo provocador de algumas doenças.

Mas, a verdadeira função desse Orixá amado não foi dita e nós estamos apenas revelando a matriz geradora onde Olorum o gerou.

E, por ele ter sido gerado na matriz polinizadora de Olorum e trazer esse fator como herança genética de sua mãe divina, tudo o que se transforma em pó é por causa do seu fator polinizador. Inclusive, na teogonia yorubana ou nigeriana, Omolu não é associado aos cemitérios e sim à medicina.

Mas, na Umbanda, para não dizerem que copiamos o Candomblé, ele foi associado aos cemitérios até porque, na nossa religião, o Cristianismo tem uma participação acentuada e, "se do pó viemos e ao pó voltaremos", nada mais acertado, pois o fator polinizador reduz tudo a pó, certo?

As coisas podem não estar visíveis, até que sejam vistas pelo ângulo certo. Mas, de posse da chave interpretativa, aí tudo assume sentido, não é mesmo?

# Lenda de Omolu

Conta uma belíssima lenda sobre Omolu que ele, sempre que ia visitar seu irmão Oxóssi, que mora no centro da mata virgem, demorava muito para chegar na morada do rei das matas, pois, assim que via uma flor, logo estava diante dela, imantando-a com seu fator polinizador, tornando-a fértil e possibilitando que ela frutificasse ou gerasse as sementes que multiplicariam sua espécie.

E, quando chegava à morada de Oxóssi, eis que presenteava o Orixá rei das matas com alguma nova espécie de flor ou de fruto.

Oxóssi, que tem um respeito muito grande por Omolu e o ama muito, recebia-o com alegria incontida e ficava maravilhado com seus presentes, sempre diferentes dos anteriores.

Os gêmeos Ibeji certa vez estavam passeando em um bosque e não perceberam que haviam se embrenhado nas matas virgens e inexploradas de uma realidade ainda não aberta na morada exterior de Olorum.

A mãe deles, que é uma mãe Orixá, cujo nome nunca foi revelado na teogonia nigeriana ou em qualquer outra, ficou desesperada e pediu ajuda a Oxóssi e a Ogum para encontrar seus filhos gêmeos.

Oxóssi, num relance, percorreu todas as matas de todas as realidades colocadas sob sua guarda e regência e não os encontrou.

Ogum, num piscar de olhos, percorreu todos os caminhos, fossem eles retos ou tortuosos, à direita ou à esquerda, acima ou abaixo, à frente ou atrás e falou:

– Querida irmã, seus filhos amados não se perderam em nenhum dos caminhos.

Ela, aos prantos, pediu ajuda a Exu, e este, em instantes, percorreu todos os desvios e logo falou:

– Irmã, mãe dos gêmeos, seus filhos não entraram em nenhum dos desvios existentes às margens dos caminhos evolutivos!

Mas, como Exu nunca dá uma má notícia sem aventar uma possibilidade ainda pior, eis que falou:

– Irmã mãe dos gêmeos, e se os seus filhos foram engolidos por algum animal de grande porte?

— Como é que é?!! — perguntou ela, assustadíssima com essa hipótese aventada por Exu.

— Não sei se foram. Mas acho plausível, sabe?

— Já estou sabendo, Exu.

E, pelo sim pelo não, ela convocou todos os Orixás, que revistaram todos os animais predadores de outras espécies em suas realidades e não os encontraram na barriga de nenhum.

Oxum revistou a barriga de todos os peixes de água doce e Iemanjá, todas as espécies existentes nos mares, e nada de encontrarem os gêmeos Ibeji.

A mãe deles, depois de todas as buscas, desesperada, já ia clamar a Olorum que a recolhesse à sua matriz geradora e a envolvesse no sono eterno, porque não conseguiria suportar a perda dos seus filhos amados, quando Omolu, com sua voz rouca, pediu:

— Irmã, mãe dos gêmeos, não faça isto, pois ainda não esgotei os campos sob a minha guarda!

— Como não, meu irmão Omolu? Você não disse que eles não estão presos em nenhum dos campos sob sua guarda?

— Eu me referia aos campos estéreis, abandonados pelos seus antigos ocupantes. Mas os campos a que me referi agora, são os da nossa amada mãe geradora das flores, sabem?

— Não sabemos não! — exclamaram todos os Orixás, ali reunidos por causa do sumiço repentino dos gêmeos.

— Pois é, eu fui nomeado por ela como o Orixá guardião dos mistérios das suas flores!

— Como é que é?!! — perguntaram todos os mesmo tempo, espantadíssimos com o que Omolu, o temido Orixá da varíola, revelava.

— É como eu disse que é, oras!

— Como isso é possível, Tatá Omolu? — perguntou-lhe Ogum, respeitosamente.

— Bem, quando ainda vivíamos na morada interior do nosso pai e Divino Criador Olorum, a filha dele gerada na sua matriz geradora de flores, não sei pela boca de quem, ficou sabendo que eu havia sido gerado na matriz geradora de pós, pois ela é polinizadora.

Quando Omolu falou "não sei pela boca de quem", olhou significativamente para Exu, que se esquivou rapidamente dizendo:

— Nem pense nisso, Tatá Omolu! Eu não tenho nada a ver com essa revelação, ou melhor, com essa inconfidência!

— Não sei não, Exu! Mas quando eu descobrir quem revelou isso sobre mim, vou dar-lhe uma lição inesquecível! Vou reduzi-lo a pó e espalhar seus restos mortais por todas as realidades já criadas pelo nosso pai Olorum, só para que não fiquem duas partículas juntas.

Exu engoliu seco com tal ameaça que, dita por Omolu, é mortífera e falou:

— Pode pedir a Ogum que recorra ao seu fator comprovador para que não paire nenhuma dúvida sobre minha inocência nesse caso.
— Exu está dizendo a verdade, Tatá Omolu! — confirmou Ogum. — Inclusive, eu já comprovei quem foi e peço-lhe respeitosamente que retire, recolha e anule essa ameaça proferida há pouco.
— Por que eu devo retirá-la, Ogum, meu irmão?
— É para o seu próprio bem, sabe?
— Já estou sabendo que eu disse algo que se voltará contra mim, não?
— Foi o que eu disse, meu irmão Omolu.
— Já retirei, recolhi e anulei uma ameaça que eu não deveria ter proferido, e a enterrei no âmago do meu mistério encovador.
— Assim é melhor. Agora, continue a nos revelar como você conseguiu a guarda dos mistérios das flores, gerados na matriz geradora delas, está bem?
— Se para Ogum está bem, para Omolu também está. Portanto, ao receber o convite dela, fui visitar o interior, o âmago da matriz que a gerara e, já dentro dela, comecei a gerar e a irradiar de forma incontrolável o meu fator polinizador. Por quanto tempo gerei e irradiei de forma incontrolável esse meu fator, não posso dizer. Mas, quando consegui retomar o controle, eis que aquela matriz gerava, gerava e gerava. E tanto gerava que emitia realidades e mais realidades, todas muito floridas. E, se não havia uma mais ou menos bela que as outras, é porque todas eram belíssimas, encantadoras mesmo!

Como Omolu calou-se porque sua voz rouca ficara embargada, Exu Mirim, como toda criança curiosa, pediu-lhe:
— Não para não, Tatá Omolu!
— Dê um tempo para ele, homônimo infantil! — ralhou-lhe Exu adulto. - Você não está vendo que essa é uma revelação única e, por estar sendo feita por Tatá Omolu, com certeza será a única também?
— É, trate de calar a boca, moleque travesso! — exclamou Pombagira, complicando-se novamente com Exu Mirim que foi logo dizendo-lhe:
— Agora você me deve mais uma posição aranha, Pombagira!
— Não lhe devo nada, Exu impertinente!
— Não deve, é? Onde será que está a bela rosa que enfeitava os seus cabelos envolventes?
— Háaa! Eu ainda descobrirei um jeito de colocá-lo no seu devido lugar, seu traquinas complicador da minha vida atribulada!
— Até que consiga, você me pagará todas as ofensas com a sua posição aranha ou...
— Ou o quê? — perguntou ela, irritada.
— Ou nunca mais verá ou verão as suas tentadoras colunas da luxúria, pois acabei de ocultá-las.
— Essa não!!! Você não fez isso, fez?
— Fiz sim. E elas só voltarão a ser visíveis quando você começar a me pagar todas as posições que me deve.

– Já estou sabendo que brigar com crianças faz a gente perder mais que a cabeça, não é mesmo?

– Foi o que eu disse, Pombagira! He, he, he...

– Calem-se ou saiam daqui para resolverem suas discórdias! – ordenou-lhes Ogum.

Eles se calaram. Mas antes que Omolu voltasse a falar, Exu Mirim emitiu um agudo grito de dor e falou:

– Ela me deu um beliscão, sabem?

Ogum, após olhar para uma das mãos dela e vê-la sem o polegar e o indicador, falou:

– Sei sim que ela lhe deu um beliscão, Exu Mirim. Agora, saiam daqui ou...

Ambos, ao verem Ogum fechar a sua mão direita ao redor do cabo de sua espada ordenadora dos procedimentos, desapareceram sem deixar rastros.

Então Omolu continuou:

– Ainda conheci a realidade à volta da matriz geradora de flores, que é ela e si mesma e me surpreendi porque podia ouvir as flores conversarem entre si, sabem?

– Não sabemos não! – exclamaram em uníssono todos os Orixás ali reunidos. E Oxum foi logo perguntando:

– Tatá Omolu, como é a língua usada pelas flores?

– Não sei, querida e amada irmã Oxum. O que sei é que falo com elas silenciosamente.

– É por isso que o senhor passa horas e horas diante delas quando vai me visitar na minha morada no centro da mata virgem? – perguntou-lhe Oxóssi.

– É porque fico conversando com elas, meu irmão Oxóssi. Mas também polinizo-as e torno-as mais produtivas, sabe?

– Já estou sabendo, Tatá Omolu. Se outras razões eu não tivesse para respeitá-lo e amá-lo muito, só esta já me seria suficiente. Mas, como outras tão importantes há, muito mais eu o respeitarei e amarei pois acabei de saber que o proporcionador da abundância e da beleza das realidades vegetais cujas guardas foram confiadas a mim provém do senhor. Muito obrigado, meu pai!

– Atotô, meu pai Omolu! – saudaram todos os Orixás ali reunidos, que se ajoelharam diante dele e pediram-lhe a bênção, só voltando a se levantar quando ele, tanto os abençoou como os presenteou com as mais belas flores já vistas na morada exterior de Olorum, se bem que não há uma flor menos bela que qualquer uma das outras.

– Bom, vou perguntar às flores se elas sabem o que aconteceu com os gêmeos Ibeji. Logo estarei de volta, está bem?

– Se para você está bem, para mim também está, meu mais sofrido e mais injustiçado irmão! – confirmou-lhe a mãe dos gêmeos Ibeji, que são Orixás infantis, crianças mesmo, tal como o é Exu Mirim. Só que este foi gerado em uma matriz mais à esquerda da de Exu e eles foram gerados na concha da vida da mãe deles, à direita dos Orixás cujos nomes foram revelados.

# Lenda de Omolu

O fato é que, pouco depois, Omolu retornou com os gêmeos nos braços e eles traziam em suas delicadas mãozinhas vários ramalhetes de flores, os quais foram distribuindo-os aos Orixás ali presentes. E quando acabaram os que haviam trazido, Omolu cochichou algo no ouvido deles e um maço de novos ramalhetes surgiu entre seus bracinhos, dando para presentear a todos e ainda sobrar um nas mãos de cada um para presentearem a mãe deles, que não conseguia conter a alegria de tê-los de volta, sãos e muito bem.

Omolu, vendo tudo bem, falou:

– Bom, já vou recolher-me à minha realidade, sabem?

– Não sabemos não, Tatá Omolu! – exclamaram em uníssono os Orixás ali reunidos. E Oxum mais uma vez falou primeiro, mas por todos, ao pedir-lhe:

– Tatá Omolu, ensine-nos a falar com as flores, pai amado que oculta por traz do seu rigor um dos maiores mistérios, que é o de falar e de ser amado pelas flores!

– Bom, sabem como é que é isso, não?

– Ainda não. Mas temos certeza de que, com o senhor ensinando-nos, logo saberemos, não é mesmo?

– É sim, pois Omolu tanto ensina pelo amor como pela dor. Melhor aprenderem por meio do amor pelas flores, certo?

– Certíssimo, Tatá Omolu! – responderam todos.

Bom, só por essa lenda de Omolu vocês já podem ter uma ideia da importância desse pai Orixá na criação divina, não é mesmo?

Agora, imaginem como os umbandistas não o amariam se soubessem o nome de cada um dos outros fatores que ele gera de si e irradia para tudo e todos o tempo todo, não?

Mas, voltando às matas de Oxóssi, o fato é que Omolu tem uma importância fundamental, porque sem a polinização não haveria a geração de frutas e sementes.

E mais uma vez é confirmada nossa codificação dos Orixás, por meio dos sete sentidos, em que Omolu é classificado como Trono da geração que forma par com Iemanjá, a mãe geradora.

Saibam que, nas matas, Oxóssi é o Orixá guardião dos vegetais. Ossaim rege sobre as folhas; Exu sobre as raízes; uma mãe Orixá, cujo nome não foi revelado, rege sobre os frutos; outra mãe não revelada rege sobre as flores; Omolu rege sobre os pólens; Oxalá rege sobre as sementes; Oxumaré rege sobre as cores, etc.

Então, nas matas de Oxóssi estão presentes todos os Orixás conhecidos e os desconhecidos.

Saibam que, se destacarmos as frutas, as folhas, as flores, os troncos, as raízes, os galhos, as cascas, etc., em cada uma das partes também os encontraremos.

## A Geração de Iemanjá

Olorum tem uma matriz geradora onde gera a vida em seu sentido mais amplo, pois nela são geradas todas as formas de vida.

Dentro dessa matriz existem tantos "compartimentos" geradores de formas de vida quanto possamos imaginar, e ainda assim não chegamos à milionésima parte da sua capacidade de gerar formas de vida.

Nossas mais bem informadas fontes revelam que até o plasma divino que deu origem aos Orixás foi gerado nela, fato esse que tem confundido um pouco os intérpretes dos Orixás pois, como Iemanjá foi gerada por Olorum nessa matriz, então é atribuída a ela a maternidade dos outros Orixás.

Mas o assunto é mais complexo do que parece ser e preferimos não elucubrar sobre algo que escapa à nossa imaginação e entendimento sobre o nosso Divino Criador Olorum.

A verdade, segundo todas as fontes, é que Iemanjá foi gerada na matriz geradora da vida... e ponto final.

Bom, de posse dessa informação confiabilíssima, Iemanjá é um Orixá que traz em si tantos mistérios que é melhor nem tentar quantificá-los, porque a vida tem tantos mistérios em si que seu número é infinito.

O que importa é que todos saibam que, se a vida é gerada nessa matriz geradora e Iemanjá é a mãe Orixá gerada nela, então, em certo sentido, a lenda que lhe atribui a maternidade de diversos Orixás não está errada, pois eles, mesmo sendo seres divinos, são uma das muitas formas que a vida tem para fluir. Só que neles ela flui de forma divina, não é mesmo?

Então, ela é de direito a mãe de todos, ainda que não o seja de fato, pois, na realidade, quem é a mãe de todos eles, que são vidas, é a matriz geradora de "vidas".

Mas, como todas as matrizes são suas realidades em si mesmas e a que a gerou é em si a realidade da vida, então Iemanjá, que a rege, é de fato a mãe da vida. Ou não?

Bem, como o assunto é muito complexo e envolve elaboradíssimos conceitos teogônicos e metafísicos, então o melhor é simplificarmos as coisas para que possam entender a importância de Iemanjá na criação ou na morada exterior de Olorum, certo?

Inclusive, o homônimo nigeriano de Édipo, e que é Orungã, não resistiu ao desejo de possuir Iemanjá, fato esse que, na lenda nigeriana, levou-a a fugir dele e durante a fuga acabou sofrendo um acidente que abriu seus fartos seios, que... etc., etc., etc., sabem?

Mas Exu, o mais bem informado dos Orixás, ainda que seja o mais indiscreto, revela-nos que as coisas têm outra versão, tão intrigante quanto essa. E isso, segundo Exu, criou a mais humana das ciências, ainda que ela seja a mais inexata de todas, pois é a "achologia", e todos os que a adotaram e nela se formaram são chamados de "achólogos".

Bem, vamos ver no próximo capítulo o que esse achólogo-mor tem a nos revelar.

# Lenda de Iemanjá, Orungã e Xangô

Conta uma lenda que durante o período que antecedeu a saída dos Orixás, e após eles terem recebido de Olorum a determinação de visitar todas as suas matrizes geradoras para receber delas partes dos seus mistérios, os quais integrariam aos seus e os manifestariam como funções na morada exterior dele, muitas coisas aconteceram, mas não podem ser reveladas de forma direta.

Então, usando de palavras alegóricas, descreveremos a obsessão de Orungã por Iemanjá.

O fato é que Orungã, desavisadamente, entrou em uma matriz que tinha (e ainda tem) a função de gerar o fator esterilizador. E quando sua regente ofereceu-lhe a posse do seu mistério ele aceitou, pois ela lhe disse que ele teria a função de tornar estéril tudo o que estivesse se reproduzindo em excesso ou fora de controle.

Ele aceitou possuir aquele mistério e tornou-se o seu guardião, sem imaginar que o primeiro a ficar estéril seria ele, pois quando o assumiu, por razões que não conhecemos, foi se alojar nos seus órgãos genitais.

Exu acha que conhece essas razões e aventa com a hipótese de Orungã ter sentido uma certa, ou incerta, atração por essa regente divina e, em especial, por certas partes do corpo dela que, de fato e segundo quem já a viu, são de uma atratividade incomum e que despertam até certos instintos já adormecidos ou deixados de lado em nossa eterna jornada evolutiva.

Por ele estar com o pensamento voltado para essas "partes" na transmissão do mistério dela para ele, eis que a transmissão ocorreu justamente por meio dela e alojou-se na parte oposta-complementar que ele possui, pois é um ser divino de natureza masculina. E, nessa parte ele se tornou estéril, ainda que não tenha percebido, porque tinha a mente e os olhos voltados para aquelas partes, que em si formam um todo e são em si os portais da vida.

Bem, o fato é que, após a saída dos Orixás para ocuparem a morada exterior de Olorum, ele se descobriu estéril e começou a procurar uma solução para o seu problema.

Aconselhado por alguém, que ninguém sabe quem é, mas que acham que foi Exu, Orungã começou a entrar com muita frequência na realidade regida por Iemanjá, pois havia descoberto que ela trazia, ocultos pelo seu portal da vida, todos os outros portais, que é por onde a vida exterioriza-se após ter sido gerada no interior das matrizes.

E entre as matrizes, Iemanjá herdou de sua matriz a geradora da fertilidade.

Orungã desdobrava-se para agradar Iemanjá, tida por todos os Orixás como a mãe da vida na morada exterior de Olorum, pois na morada interior quem era (e ainda é) é a matriz que a gera.

O tempo ia passando e nada de Iemanjá oferecer-lhe o que ele tanto desejava, que era tornar-se fértil novamente.

Então, certo dia, quando ela se banhava despreocupada por acreditar-se só em sua realidade, eis que surge Orungã, que havia entrado nela sem pedir licença para tanto, julgando-se com esse direito só porque havia ajudado-a na acomodação de alguns problemas.

Sim, é isso mesmo! Iemanjá não resolve ou soluciona problemas porque não gera os fatores resolvedores ou solucionadores. Mas, por ela gerar o fator acomodador, então ela os acomoda de tal forma que, mesmo continuando a existir, as pessoas têm condições de levarem suas vidas adiante até que encontrem em si ou por si próprias a solução ou a resolução deles.

Mas isso já é outra lenda.

O fato é que, falou em acomodar as coisas, isso é com Iemanjá, Orixá responsável pela geração de tantas coisas, sendo que muitas são antagônicas entre si. E, como são antagônicas ou mesmo opostas, o jeito é ir acomodando tudo da melhor forma possível, certo?

Até existe uma lenda que relata como Iemanjá ensinou Oxum a acomodar dentro de sua conchinha da vida, belíssima e encantadora, mas pequena, coisas enormes que nela deveriam ser geradas. O problema daí em diante para Oxum não foi esse, pois daí em diante tudo passou a ser bem acomodado. Mas sim, o problema foi como tirar de dentro dela coisas enormes.

Orunmilá, consultado por Oxum, sugeriu-lhe dotar sua minúscula concha de um mecanismo que lhe permitisse abri-la de lado a lado, e com isso feito, dali em diante já não eram as coisas que saíam de sua concha, mas sim, ela abria e as deixava de fora.

Ogum do Tempo, o mais engenhoso dos Orixás, foi quem desenvolveu todo o projeto desse mecanismo, que foi adotado como modelo padrão por Oxum, que o adaptou às vargens onde são gestadas as sementes, sabem?

Vocês não sabiam que Oxum rege sobre as vargens? Não sabiam mesmo?

Como há coisas sobre os Orixás que vocês ainda não sabem, não é mesmo?

Bom, retomando o fio da meada, digo, do problema de Orungã, Iemanjá ficou revoltada por aquela invasão indesejada, pois, para ela, certas invasões são desejadas, sabem?

Não sabem quais são as invasões desejadas por ela? Que coisa, hein?

Saibam que quem gera o fator invasor é Iemanjá, que vive invadindo domínios alheios com suas águas, certo? Sim, as águas dela costumam subir, transbordar, derramarem-se, etc., e tudo porque ela as gera em abundância e, por não ter como acomodá-las, pois esse sim é um problema insolúvel, então ela recorre ao seu fator invasor e invade as realidades alheias, alagando tudo.

Esse problema de Iemanjá, que de vez em quando deixa tudo e todos ilhados, já causou tantos problemas para os outros Orixás que a única solução foi uma reunião de todos eles que não conseguiram solucionar o problema com as excessivas águas dela, mas o acomodaram daí em diante.

Se não fosse essa reunião, que gerou as mais variadas soluções, a Terra não seria como é, com montanhas, vales, lagos, montes, ravinas, etc.! Bom, mas isso também é outra lenda, certo?

O fato é que, para Iemanjá, uma invasão indesejada é um caso sério e, por estar descoberta, isso gerou uma reação por parte dela que começou a inundar tudo, pois ela se desmanchou em água.

O que a lenda tradicional cita é que Orungã possuiu Iemanjá à força, não é mesmo?

Mas, a verdade seja dita, ele não sabia que ela estava descoberta de seu manto d'água e, ao vê-la sair correndo, correu atrás dela tentando se explicar e em busca do que ele tanto desejava. E, ao vê-la derramar-se toda de tão envergonhada que ela ficou por ter sido vista toda descoberta, Orungã recolheu-se à sua realidade, que é a do firmamento, fundiu-se a ele e tornou-se ele em si mesmo, não voltando a ser visto mais, senão como o firmamento nas noites estreladas.

A versão corrente foi contada por Pombagira que, ao ver Orungã correndo atrás de Iemanjá e ouvi-lo gritando que só desejava dela o mistério da sua fertilidade, pensou que ele desejava possuí-la à força.

Os fatos, se vistos só parcialmente, não são relatados corretamente e suas versões não condizem com ele. Mas, paciência, certo?

Afinal, ele sabia que estava estéril e, principalmente, impotente. E não seria alguém nesse estado que iria tentar um ato violento nesse sentido, não é mesmo?

Mas disso, todos sabiam, inclusive Pombagira, que vivia dando suas gargalhadas escrachadas quando o via por perto.

Orungã transformou-se no firmamento, e até hoje, estéril e impotente, continua a contemplar as águas, à espera de que Iemanjá devolva-lhe a fertilidade, perdida quando possuiu um mistério por meio da cabeça errada... digo, do sentido errado, certo?

Mas, retrocedendo um pouco nessa lenda, o fato é que Orungã havia consultado Orunmilá e este havia revelado-lhe que Iemanjá poderia devolver-lhe a fertilidade perdida, desde que ele a recuperasse pelo sentido que a havia perdido.

Ele, antes de ir falar com ela e expor seu problema e o desejo de ter de volta sua fertilidade, como guardião da realidade que é o firmamento, vazio até então porque tudo o que ele pensava para ocupá-lo não vingava quando depositava nas conchas da vida das mães geradoras o que havia pensado, foi falar com Exu que, rapidamente, lhe concedeu a posse do seu fator e Orungã ficou muito viril.

Depois, aconselhado por Exu, foi falar com Ogum e este concedeu-lhe a posse do seu fator potencializador, e Orungã, já viril e potente, pensou: "Agora sim, estou pronto para receber de volta a fertilidade perdida quando cometi um erro ao olhar para onde não devia, quando possuí o mistério esterilizador de tudo o que entra em desequilíbrio geracionista!"

Como ele tinha liberdade de entrar na realidade regida por Iemanjá e até de dirigir-se a ela, pensou: "Bom, agora é só ir até mamãe Iemanjá e pedir-lhe que me devolva o mistério perdido quando errei. Tenho certeza de que ela não me negará algo tão simples para ela mas tão fundamental para mim, que tenho um firmamento infinito para ser ocupado! Ela entenderá o meu pedido!"

E, sem comunicar-lhe que ia entrar em sua realidade, eis que ele entrou justamente no momento em que ela havia retirado o seu manto vivo e removido aquela cobertura escamosa com a qual cobria-se da cintura para baixo. Ela só fazia isso quando ia até os limites do seu domínio, que é o mar, com os estuários ou desembocaduras dos rios. Como Orungã chegou desavisadamente onde ela estava, Iemanjá, vendo-se toda descoberta e toda exposta, tal como uma vestal, sentiu-se envergonhada e desrespeitada e desequilibrou-se toda. Furiosa e envergonhada, em vez de submergir, correu para a margem do estuário e embrenhou-se no bosque, fugindo dele.

Orungã saiu correndo atrás dela e gritando-lhe que ela não devia reagir daquele jeito, pois ele só queria de volta a sua fertilidade e nada mais.

E, quando ela caiu e ele conseguiu alcançá-la, assim que ele fez menção de tomá-la nos braços para levá-la de volta ao mar, pois a viu exaurida por estar fora do seu domínio, eis que ela se desmanchou em água e escorreu ribanceira abaixo, indo parar em uma depressão do terreno. Mas, como água viva, continuou a avolumar e logo estava transbordando e fazendo surgir ali um curso d'água caudaloso que logo se transformou em um rio.

Como Pombagira não sabia do começo daquele drama e só vira ele com aquilo muito potente e viril, e ainda por cima correndo atrás de Iemanjá, que estava descoberta e sem a parte escamosa com a qual se cobria da cintura para baixo, convocou no mesmo instante uma reunião de todos os Orixás em sua realidade.

Como uma convocação geral feita de forma peremptória é obedecida de imediato por todos, no mesmo instante todos se descobriram e ela foi falando esbaforida:

– Acabei de ver Orungã perseguindo Iemanjá para possuí-la à força!
– Como é que é?!!! – perguntaram todos os Orixás ao mesmo tempo.

E Ogum ordenou:
– Pombagira, explique-se imediatamente!
– Ogum, eu acabei de ver Orungã com aquilo, que você sabe o que é, muito potente e viril. E ele perseguia Iemanjá, que estava nua, pois estava descoberta e sem a parte escamosa com que se cobre da cintura para baixo, sabem?
– Não sabemos não! – responderam todos ao mesmo tempo.
– Façam algo antes que ele consiga alcançá-la e... fazer aquilo, que vocês sabem o que é! – exclamou ela, apavorada com o que vira.
– É inadmissível! Isso é típico dos seres humanos, não de um Orixá! – exclamou Xangô, já soltando raios para todos os lados.
– Algo assim jamais aconteceu entre nós! – exclamou Iansã, desencadeando tempestades assustadoras.
– Se eu soubesse que ele cometeria essa infração gravíssima, não teria concedido a posse do meu fator virilizador! – exclamou Exu, muito irritado e escurecendo tudo à sua volta.
– E eu não teria concedido a ele a posse do meu fator potencializador. E logo Orungã, que era tão respeitador das leis que nos regem! – exclamou Ogum, armando-se todo para sair à procura de Orungã e executar sua função de guardião dos procedimentos.
– Você já localizou em que realidade eles se encontram nesse momento, Ogum? – perguntou-lhe Oxalá, muito triste e preocupado.
– Já o localizei com meu fator rastreador, Babá. Eles estão na realidade humana da vida.
– Essa não!!! – exclamaram os outros Orixás, muito preocupados.
– Vamos intervir enquanto há tempo para impedirmos uma tragédia! – exclamou Pombagira, muito aflita. Vamos, meus irmãos!
– Nós somos impedidos de entrar juntos e de uma só vez na dimensão humana da vida. Ou vocês já se esqueceram disso? – perguntou-lhes Oxalá.

– É, não podemos cometer um erro para consertar outro. E, se entrarmos todos de uma só vez na dimensão humana da vida e ainda mais assim, alterados, o que não acontecerá nela, certo?
– É isso mesmo. Só um irá socorrer Iemanjá e punir Orungã. De quem é a vez de entrar na realidade humana da vida? – perguntou Ogum.
– É a minha, meu irmão – falou Xangô, já partindo em auxílio de Iemanjá. E no instante seguinte ele já surgia bem diante de onde estavam Orungã e Iemanjá. E ainda assistiu a ela derramar-se toda e escorrer ribanceira abaixo. Então, desesperado e vendo Orungã ajoelhado e tentando recolher a água-viva que escorria, aos gritos perguntou:
– Orungã, o que você acabou de fazer, meu irmão, que desonrou a todos nós?
– Xangô, meu irmão! Execute-me com teu machado da justiça, pois nossa mãe Iemanjá desmanchou-se em água por causa da minha precipitação! Execute-me, Xangô!
– Eu não vou executá-lo, vou levá-lo preso para que seja julgado pelo que fez.
– Eu errei e assumo minha culpa, senhor da justiça. Execute sua função, meu irmão! Iemanjá foi embora por minha culpa! Olorum, meu pai, puna-me porque não procedi como suas normas determinam e ofendi sua filha que é minha mãe Iemanjá! Minha amada mãe-peixe se esvaiu em si mesma porque errei, meu pai! Puna-me imediatamente!

Xangô, aflito por ver Iemanjá, já como água-viva se avolumando, transbordando e correndo para o terreno mais baixo, e sem saber o que fazer com Orungã, que batia no peito com toda força enquanto chorava e clamava por sua punição, pensou:
– Vou fazer brotar uma cadeia de montanhas à frente e assim bloqueio a fuga de Iemanjá para o mar pois, se isso acontecer, ela se fundirá nas águas do mar e se tornará ele em si mesma!

Foi o que ele fez, e logo mais à frente, surgiu, com o estrondo de um cataclisma, uma cadeia de montanhas, bloqueando a passagem da água-viva, que era Iemanjá em si mesma.

Vendo que a havia contido, voltou sua atenção para Orungã e ainda pôde ouvi-lo dizer estas palavras:
– Meu pai Olorum, como individualização de um dos seus mistérios, eu não devia ter cometido o erro que acarretou essa reação e posterior aqualização de sua filha Iemanjá, que eu tinha na conta de minha mãe! Perdoe-me, meu pai! Agora eu me diluirei e me fundirei à minha realidade, de onde espero nunca mais sair, tão grande é a vergonha e o remorso que estou sentindo!

Xangô ainda tentou impedi-lo de diluir-se e fundir-se ao firmamento, mas só conseguiu gritar em desespero essas palavras:

— Orungã, espere um pouco, meu irmão!

E mais não disse, pois viu Orungã diluir-se em uma névoa e espalhar-se no firmamento, enchendo-o de nebulosas.

Para desespero de Xangô, quando ele voltou seus olhos para o imenso lago onde Iemanjá estava contida, viu que ela já estava se derramando e rolando em direção ao mar.

Desesperado, brandia seu machado contra uma pedra existente no alto da elevação e dela saíam raios e mais raios, mas projetavam-se a distancia e caíam, explodindo tudo em volta.

Foi um caos a reação de Xangô a tão grande tragédia! Dois Orixás haviam se diluído e fundido-se às suas realidades, que eram eles em si mesmos.

Xangô só se acalmou um pouco quando o pássaro mensageiro pousou em seu ombro e, com o bico encostado em sua orelha, falou:

— Oxalá ordenou-lhe que retorne imediatamente, senhor dos raios da Justiça Divina!

Xangô retornou desolado e, aos prantos, falou:

— Babá, eu cheguei tarde e só assisti à diluição de dois irmãos nossos que se fundiram às suas realidades, que são eles em si mesmos!

— Então você não ficou sabendo o que aconteceu de fato?

— Não, Babá. Eu cheguei no instante em que Orungã a alcançou e já ia abaixando-se para subjugá-la.

— Então ele não chegou a possuí-la? — perguntou-lhe Ogum.

— Não, meu irmão. Ele não chegou a tocar nela.

— Menos mal! Ainda será possível reparar parte da tragédia — falou Oxalá.

Exu, muito pensativo para quem ele é, falou:

— Puxa, Iemanjá era boa de pernas, não?

— Era sim. Jamais vi pernas como as dela. —respondeu Exu Mirim, apertando a cabeça com as mãos.

— As minhas pernas são as mais lindas que existem! — exclamou Pombagira, enciumada com a observação de Exu Mirim.

— Como é que é?!?! — perguntaram exclamativamente todos os outros Orixás, estupefatos com aquela conversa descabida diante da tragédia ocorrida.

— Foi o que eu disse! — exclamou Pombagira, fazendo menção de mostrar suas pernas, só não o fazendo porque lembrou-se a tempo que, se o fizesse na frente deles, ficaria com elas arqueadas.

— Expliquem-se os três, e imediatamente! — ordenou Ogum, sacando sua espada e levantando-a ameaçadoramente.

Exu, alheio a tudo, limitou-se a olhar para Ogum e tornou a voltar seus olhos para a realidade humana, à procura de Iemanjá, Orixá que ele tinha, e ainda tem, na conta de sua mãe. Ogum chamou-o à razão e ordenou-lhe:

— Exu, explique imediatamente o que acabou de falar.

– Ogum, já não chega a culpa que estou sentindo por ter concedido a Orungã a posse do meu fator virilizador?
– Não chega não. Explique sua fala!
– Você também tem parte da culpa por essa tragédia, Ogum! Portanto, recolha imediatamente sua ira ou não me responsabilizarei pelo que vier a acontecer quando eu reagir à sua espada. No meu direito, sou indestrutível, sabe?
– Sei sim. Mas você fez uma observação afrontosa que ou você se explica ou serei obrigado a executá-lo!
Oxalá, vendo outra tragédia em vias de ser consumada, falou:
– Eu ordeno que todos fiquem quietos e não façam nada do qual nos arrependeremos. Ogum, guarde a sua espada imediatamente!
– Babá...
– Eu estou ordenando, Ogum!
Como, quando Oxalá ordena tudo para na criação e todos os Orixás ajoelham-se à espera do que ele determinará, eis que ele perguntou a Exu:
– O que foi que você disse que gerou essa reação de Ogum?
– Babá, eu só disse para mim mesmo que Iemanjá era boa de pernas, não?
– O que você insinuou com essa observação sobre as pernas dela?
– Eu não insinuei nada, Babá. Eu só falei que ela era boa de pernas... Foi só um comentário, sabe?
– Não sei não. Explique esse seu comentário, está bem?
– Se para o senhor estiver bem, então para mim também está, Babá. O senhor sabe disso, não?
– O que eu sei, Exu?
– Que, se está bem para o senhor, para mim também está, oras!
Oxalá passou as mãos sobre a cabeça, sobre o rosto e, por fim, já não tão calmo, ordenou:
– Explique-se, Exu.
– O que é preciso explicar, se concordei com o senhor que se para...
Oxalá atalhou-o e ordenou-lhe:
– Exu, explique o seu comentário sobre as pernas de Iemanjá!
– Babá, eu não fiz comentário algum sobre as pernas dela, sabe?
– Não sei não. Eu ouvi muito bem o que você disse, certo?
– Certo, Babá. Mas eu não fiz comentário algum sobre as pernas dela, sabe?
– Como não, se eu ouvi você fazê-lo?
– Babá, com todo o respeito, mas eu não fiz comentário algum. Com todo o respeito, mas o senhor está enganado.
– Não sei não. Você falou alto e claro que Iemanjá era boa de pernas!
– Isso eu disse sim. E acho que até o senhor iria achá-la boa de pernas...

– Exu, cale-se ou irá chamar para si uma penalidade severíssima, sabe?
– Não sei não, Babá, ou será que Exu não tem o direito de dizer o que pensa?
– Exu tem o direito de dizer o que pensa. Mas, para tudo há um limite.
– Onde foi que ultrapassei meu limite se eu só falei que Iemanjá era boa de pernas? Até Exu Mirim, que a conhecia melhor que eu, concordou. Ou você não concordou, Exu Mirim?
– Concordei sim, Exu adulto. E reafirmo que jamais vi pernas como as dela!
– Vocês dois estão esgotando minha paciência, sabem?
– Não sabemos não, Babá! Explique-se ou chamarei a Lei para julgar essa sua falta de paciência. Só porque eu disse o que penso e... pensando bem, jamais ela teria escapado de Orungã se não fosse boa de pernas mesmo, sabe? – falou Exu adulto, secundado por Exu Mirim, que confirmou.
– É isso mesmo, Exu adulto! Pelo menos em alguma coisa estamos de acordo, sabe?
– É, sei sim, Exu Mirim – concordou Exu adulto, que ainda falou:
– Que pena ela não ter entrado na minha realidade em vez de ter entrado na de Pombagira que, até pode ter as pernas mais lindas que já vi, mas não são páreo para as de Iemanjá, não é mesmo?
– É sim! – concordou Exu Mirim. Pombagira é boa em requebros, mas, falou em correr ou nadar, aí ela não é páreo para ninguém, não é mesmo?
– Nisso também concordamos. Acho que há mais coisas que concordamos, não?
– Tenho certeza de que há. Só não sei onde elas estão escondidas, sabe?
– É, sei sim. Mas é que todo mundo oculta tudo de todos, sabe?
– É, eu sei. Você já viu como Iansã também é boa de pernas?
– Nem me fale! Qual será o mistério que ela oculta em suas pernas?
– Não sei não. E olhe que descobrir coisas ocultas é comigo mesmo, sabe?
– Já estou sabendo. Por acaso você descobriu o que Oxum oculta em suas pernas?
– Isso foi fácil, sabe?
– Não sei não. Como ela consegue aquele andar tão suave, quase faceiro?
– É porque ela gera o fator...
– Do que vocês estão falando? – perguntou Oxalá, prestes a explodir com o que ouvia.
– Das pernas das nossas irmãs, oras! Ou não podemos falar sobre elas? – perguntou Exu, começando a se irritar. – E tem mais, Babá! Eu chamo a Lei para julgar se tenho o direito de falar o que penso ou não, certo?
– Certo, Exu. Pode chamar a Lei! – ordenou Oxalá.

Exu então falou:

— Ogum, senhor da Lei na morada exterior do nosso pai e Divino Criador Olorum, eu chamo a Lei para julgar se tenho o direito de falar o que penso.

— Exu tem o direito de falar o que pensa – concordou Ogum.

— Então, eu estava certo ao dizer: puxa, como Iemanjá era boa de pernas?

— Aí a Lei precisa de um esclarecimento.

— Que esclarecimento, se tenho o direito de dizer o que penso?

— O que você quis dizer quando falou que Iemanjá era boa de pernas?".

— Bom, se ela não fosse, Orungã a teria alcançado. Ainda mais que ele estava com excesso de virilidade e potência, sabe?

— Já estou sabendo que o "ser boa de pernas", para você, significa que ela corria bem. É isso, Exu?

— É isso sim, Ogum. O que há de errado em dizer o que pensei, e que, a meu ver, salvou-a de ter sido possuída à força por Orungã?

— Não há nada de errado no que você disse, Exu.

— Viu só como estava certo ao dizer o que pensei, Babá?

— Ogum, porque a Lei foi condescendente com Exu? – perguntou Oxalá.

— Bem, o fato é que, enquanto Lei, detectei que Exu, ao dizer que Iemanjá era boa de pernas, só estava se referindo à agilidade dela na corrida alucinada para fugir de Orungã. A Lei, quando ativada em mim, é imparcial e justa. E não foi detectado nenhum sentido dúbio na fala de Exu.

— E quanto aos comentários posteriores feitos por Exu Mirim e por Pombagira?

— Também não detectei nenhum sentido dúbio ou maledicente, pois ele já vira ela nadar e era aos movimentos dela na água que ele se referia.

— E quanto ao comentário feito por Pombagira?

— Ela, tal como todos nós, entendeu os comentários deles de outro modo, sabe?

— Já estou sabendo... e nem vou perguntar sobre o que falaram sobre as pernas das outras senhoras Orixás.

— Nem é preciso, pois referiam à forma ágil de Iansã dançar e à forma graciosa de Oxum andar. Foi só isso, Babá.

— Ainda bem que tudo não passou de um mal-entendido, Ogum.

— É, ainda bem. E pensar que, se não fosse por sua intervenção, uma nova tragédia poderia ter ocorrido!

— Do que vocês estão falando? – perguntou Exu Mirim, com as mãos apertando desesperadamente a cabeça. – Você sabe do que eles estão falando, Exu adulto?

— Nem imagino, Exu Mirim. O que sei é que insistem em não nos deixar sofrer em paz, sabe?

— É, sei sim. Sem Iemanjá para nos alegrar com seu sorriso materno, acho que vou me diluir e fundir-me à minha realidade, que é eu em mim mesmo, sabe?

— Sei sim. Eu também estou pensando em fazer isso, sabe?

— Já estou sabendo que você está se sentindo tão culpado quanto eu, Exu adulto.

— Onde você entrou nessa encrenca para sentir-se culpado, Exu Mirim?

— Bom, Orungã pediu-me o mistério do meu manto ocultador, pois ia até Iemanjá para conseguir de volta sua fertilidade e não queria que ela visse aquilo, que você sabe o que é, e naquele estado, que você também sabe como é. Ele queria o mistério do meu manto para ocultá-lo, sabe?

— Já estou sabendo que você negou-se a ajudá-lo.

— Pois é! Eu ainda ri do estado em que aquilo, que você sabe o que é, estava, e não lhe dei um pedaço do meu manto ocultador.

— Se sei! Puxa, como eu sei como é estar naquele estado. É, sei sim. Nada disso deveria ter acontecido!

— É, mas aconteceu, Exu adulto. Bom, foi um prazer conhecê-lo melhor, sabe?

— Sei sim, Exu Mirim. Saiba que já não o acho um moleque metido a besta.

— É, eu já não o acho um grandão entrão e mal-educado.

— É, acho que devíamos ter nos conhecido em outras condições, sabe?

— Sei sim. Mas, assim mesmo, foi bom tê-lo conhecido melhor antes de fundir-me à minha realidade, Exu adulto. Até nunca mais!

— Até, Exu Mirim. Também vou fundir-me ao vazio, pois sem Iemanjá para alegrar-me com seu sorriso materno e carinhoso que preenchia parte do meu vazio, só me resta fundir-me ao vazio e tornar-me ele por inteiro.

— Exu adulto, só de pensar que nunca mais terei ela para consolar-me por eu ser como sou, eu sinto vontade de retornar ao âmago da minha matriz geradora e adormecer nela para sempre, sabe?

— Você é um sortudo, Exu Mirim. Eu, nem isso posso fazer, sabe?

— Não sei não. Por que você não pode voltar ao âmago da matriz que o gerou e adormecer no sono eterno?

— Lá eu não adormeceria nunca, sabe?

— Eu já lhe disse que não sei. Portanto, trate de dizer logo o porquê de nem isso poder fazer.

— Ah!, deixa pra lá! Bom, até nunca mais, Exu Mirim.

— Até, Exu adulto! – exclamou Exu Mirim, muito emocionado e apertando com muita força nas mãos a sua cabeça.

— Esperem aí mesmo vocês dois! – ralhou Pombagira.

— O que foi? Você também não quer deixar que soframos em paz?

— Iemanjá também era uma mãe para mim. Mas vocês vão largar todas as suas encrencas e complicações só para mim?

— Pode pegá-las para você! — responderam os dois em uníssono.
— Sem Iemanjá por perto a morada exterior do nosso Divino Criador perdeu todo o seu encanto — concluiu Exu Mirim.

— Por que, se tudo mais aí continua, moleque travesso? — perguntou Pombagira, provocando-o para ver se ele reagia e saía daquele estado depressivo.

— Sem Iemanjá para lembrar-me que eu, mesmo sendo como sou, não sou um órfão abandonado pela sorte, não vejo razões para ficar por aqui.

— Moleque travesso, há outras mães Orixás.

— É, mas elas serão comigo como são as madrastas, sabe?

— Não sei não. Como são as madrastas?

— Bom, elas, em vez de corrigirem os pequenos pelo amor, corrigem-nos pela dor. E dor, já me basta a que carrego em mim por ser como sou.

— Moleque travesso, se eu tivesse o conhecido antes, talvez eu não teria sido tão madrasta com você, sabe?

— Sei sim. E o mesmo digo eu sobre você, Pombagira. Até nunca mais!

— Ate nunca mais, Exu Mirim. Acho que também vou fundir-me à realidade do abismo, que é eu em mim mesma, sabe?

— Não sei não. Por que você começou a desejar seu fim, se há pouco você não queria isso?

— Bom, eu me lembrei de que Iemanjá tomou minha dor quando um humano desbocado chamou-me de filha da ... daquilo que você sabe quem é, pois é humana, não?

— É, eu sei quem ela é.

— Pois é, Iemanjá consolou-me e até me assumiu como sua filha para confortar-me e acalmar meu íntimo, totalmente abismado com tal ofensa.

— É, outra igual a Iemanjá não há, não é mesmo?

— Não há mesmo. Com a cabeça recostada em seus seios, eu pranteei a dor de ser como sou, e ela, toda mãe, consolou-me e até disse-me que gostava de mim justamente porque sou como sou: autêntica!

— Você pode ser tudo, só não é como certas humanas, que são o que lhe atribuíram, mas nós sabemos muito bem que são só aparências, não é mesmo?

— São sim, Exu Mirim. Como são! Eu que o diga!

— Nem me fale!

— Bom, até nunca mais, Exu Mirim. Desculpe-me por tê-lo chamado tantas vezes de moleque travesso.

— Estará desculpada se desculpar-me por tê-la feito ficar naquela posição de aranha por tantas vezes.

— Está desculpado, está bem?

— Para mim está. Até nunca mais, Pombagira!

— Até nunca mais, meu amigo Exu adulto!
— Até, Exu Mirim.
— Esperem um momento vocês três! — ordenou-lhes Oxalá — A tragédia que nos reuniu ainda não foi esclarecida. Só darei licença de se retirarem após tudo ser esclarecido, sabem?
— Não sabemos não, Babá — responderam os três em uníssono. — Por que o senhor teima em não nos deixar sofrer em paz? — perguntou-lhe Exu.
— Eu creio que um grande mal entendido causou toda essa tragédia. E, se o que está me ocorrendo for confirmado, teremos Iemanjá de volta e intacta.
— Como o senhor fará isso, Babá? — perguntou-lhe Exu Mirim, animando-se um pouco, mas ainda sem soltar as mãos da cabeça, a qual apertava desesperado pelo desaparecimento de Iemanjá.
— Aguardem um pouco, está bem?
— Se, para o senhor está bem, para nós também está, Babá! — exclamou Exu, tornando um pouco menos densa a escuridão que o envolvia. E isso era sinal de que vislumbrava uma reparação de parte da tragédia. Oxalá chamou Oxaguiã e falou-lhe:
— Meu filho, vá chamar sua mãe Logunã, pois quero que ela reverta o tempo até o momento que toda essa tragédia teve início.
— Farei isso, papai!
Logo Oxaguiã voltou e falou:
— Meu pai Oxalá, ela não aceitou o seu pedido.
— Pois então vá mais uma vez até ela e diga-lhe que Oxalá determinou que ela venha até aqui e faça o que quero que faça!
— Sim senhor, meu pai.
Pouco depois, Logunã aparecia acompanhada de Oxaguiã, que vinha logo atrás dela.
— Meu pai Oxalá, o que determinou que eu faça? Caso se confirme que Orungã queria fazer aquilo que o senhor sabe o que é, irá acarretar seu recolhimento definitivo e eterno à sua realidade, que é o senhor em si mesmo, sabe?
— Sei sim, Logunã.
— Então, por que não deixa as coisas como estão e espera que tudo se resolva no tempo e com o tempo?
— Há coisas que nós, os Orixás, temos de fazer enquanto é tempo. Logo, abra para nós o seu mistério revertedor para que vejamos o que de fato levou a essa tragédia.
— Se insiste, não me resta outra solução. Mas lembre-se de que, caso tudo se confirme, aí todos nós nos sentiremos órfãos de mãe... e de pai também, fazendo-nos sofrer ainda mais.
— Eu confio na minha dedução, Logunã!
— Está certo, meu pai. Vou ativar meu mistério revertedor!
Logunã ativou seu mistério revertedor e logo todos viam os fatos verdadeiros: Orungã só desejara, realmente, readquirir sua fertilidade para povoar o firmamento com suas criações mentais, até então estéreis.

Em momento algum lhe ocorrera fazer com Iemanjá aquilo, que vocês sabem o que é. E só entrou na realidade dela sem pedir licença porque ela a havia dado a ele uma chave de acesso permanente, de tanto que ele já havia ajudado na resolução de suas dificuldades.
– Que tragédia! – exclamaram todos os Orixás ali reunidos. E Xangô comentou:
– Orungã, após ter assustado Iemanjá por estar com aquilo do jeito que vocês viram que estava, tentou alcançá-la e levá-la de volta para a sua realidade. E só não conseguiu alcançá-la justamente porque estava com aquilo daquele jeito que vocês viram.
– É, foi isso mesmo que aconteceu. Que tragédia! – exclamou Ogum, cobrindo o rosto com as mãos.
Oxalá então falou:
– Eu vou usar de um mistério só meu e vou tentar trazê-los de volta!
– Faça isso, Babá, prometo não criar encrenca alguma até tudo voltar a ser como era antes dessa tragédia. – falou Exu.
– Eu prometo não complicar nada e ninguém até tudo voltar a ser como era antes dessa tragédia, Babá! – falou Exu Mirim.
– Eu prometo não criar intriga alguma entre ninguém até tudo voltar a ser como era antes dessa tragédia. – falou Pombagira.
Oxalá, usando de um mistério só seu, conseguiu chegar até Iemanjá, ainda que ela estivesse fundida à sua realidade.
Após explicar-lhe tudo o que acontecera, ainda precisou argumentar muito até convencê-la de que, ou voltava à sua forma antiga, ou causaria diluição em massa dos outros Orixás, que já estavam prontos para deixarem à própria sorte o destino de todas as realidades sob suas guardas.
– Eles não podem fazer isto, Oxalá! – exclamou ela, ao ouvi-lo dizer que iriam deixar os seres sob suas guardas sem suas proteções divinas individuais.
– Por que eles não podem, Iemanjá?
– Todos os seres dependem da vigilância contínua dos Orixás, Oxalá!
– Então como ficarão os seres que vivem nas realidades confiadas a você pelo nosso pai e Divino Criador Olorum? Eles dependem tanto de você quanto os seres que vivem nas nossas realidades dependem de nós.
– Bem...
– Então está decidido! Eu a ajudo a retornar.
Pouco depois Iemanjá, ajudada por Oxalá, retornava à sua condição anterior. E quando surgiu diante dos outros Orixás, todos estavam ajoelhados à espera de sua volta e foi uma alegria geral!
Mas, com Orungã, Oxalá não obteve sucesso porque ele se recusou terminantemente a retornar ao seu estado anterior em razão do remorso que sentia por ter ofendido e desrespeitado Iemanjá.
Com o passar do tempo, no firmamento, que é Orungã e si mesmo, começaram a acontecer poderosas explosões e a surgirem berçários de

estrelas. Era Iemanjá devolvendo-lhe sua fertilidade, perdida quando desviou seus olhos e atenção para onde não devia, pois estava recebendo a posse de um mistério.

Esta é a lenda completa de Iemanjá e Orungã. Quanto às lendas parciais, diga-se a bem da verdade, em que tanto ele quanto Xangô ficam meio mal, ou seja, como vilões, bem, elas são frutos da visão de dois seres encarnados que só viram parte do que acabamos de relatar.

No caso de Orungã, um habitante da região onde Iemanjá se liquefez só viu os dois por um instante e viu ela correndo nua e desesperada e ele correndo atrás dela, com aquilo do jeito que vocês já sabem. E pensou que ele queria possuí-la à força, quando ele só queria levá-la de volta para o mar.

Como esse observador estava em um dos lados da elevação, viu o que viu e não viu Xangô no outro lado dela.

Quanto ao outro observador, como estava no outro lado da elevação, só viu Iemanjá cair no topo dela e se liquefazer e viu Xangô fazer surgir uma cadeia de montanhas para impedir que ela escorresse para o mar e se fundisse a ele.

Ambos tiveram a impressão de que Orungã e Xangô queriam possuir Iemanjá... e surgiram duas lendas, parciais, sobre algo que foi verdadeiro e aconteceu exatamente como acabamos de relatar, sem acrescentarmos ou retirarmos uma só palavra.

No final, tudo voltou à paz tradicional no Orun, a morada dos Sagrados Orixás.

# O Nascimento de Oxumaré e Dansã

Oxumaré foi gerado por Olorum na sua matriz geradora de cores e ele herdou de sua mãe divina uma infinidade de fatores, entre os quais citamos dois de importância fundamental para o futuro quando Olorum decidiu ocupar o exterior ou o lado de fora de sua morada – fator diluidor e fator renovador, além do coloridor, é claro!

Oxumaré, assim que foi gerado no âmago gerador de sua matriz, começou a colori-la toda. Mas, como ainda era muito criança e o que conseguiu foi rebocá-la toda com sua infinita variedade de cores, eis que ela o reteve até ele amadurecer e adquirir pleno domínio sobre seus fatores.

Então, ele tingia tudo por dentro dela, mas, como ela não aprovava sua "pintura", obrigava-o a diluí-la toda e a renová-la com novas cores.

Quantas vezes ele "pintou" tudo, diluiu e renovou sua pintura interna ninguém sabe dizer. Mas ela só o deixou sair quando ele já era um moço formoso e dotado de um senso artístico que combinava as cores sem agredir a apuradíssima visão multicolorida de sua mãe divina, que é a matriz geradora de cores.

Antes de ele sair, ela ainda recomendou: "Meu filho amado, sua função na criação será importantíssima, pois sem o seu mistério tudo será menos belo aos olhos do teu pai, o Divino Criador Olorum"!

Oxumaré, ao sair do interior de sua matriz geradora, viu-se entre muitas outras matrizes geradoras que, vendo-o irradiar cores e mais cores, voltaram-se para ele e começaram a clamar-lhe que desse cores a elas.

Sem saber como reagir diante de tão repentino clamor, ele retornou ao âmago de sua matriz geradora e pediu-lhe uma orientação porque não sabia como proceder. Ela então falou:

– Meu filho, seu criador e seu pai Olorum dotou-o da onisciência para que você soubesse por todo o sempre distinguir as cores a partir dos sentimentos. Você deve captar o sentimento, o que cada coisa ou o que cada um estiver vibrando para poder colori-lo corretamente. Procedas assim e nunca algo ou alguém exibirá uma cor que não seja natural,

pois ela será manifestada a partir do sentimento que esse algo ou esse alguém estiver vibrando em seu íntimo e irradiando à sua volta.
— Assim procederei, minha mãe divina e minha matriz geradora!
Oxumaré tornou a sair do âmago dela e se deparou com todas as outras matrizes voltadas para ele e à espera de que ele as colorisse. Então, ele falou:
— Amadas mães divinas e matrizes originais do meu pai e nosso Divino Criador Olorum, vocês são tantas que, ou eu dou-lhes cores de uma só vez ou jamais sairei daqui!
— Então faça isso, Oxumaré! Faça isso, filho de Olorum e da matriz geradora das cores!
— Eu ainda não sei como fazer algo assim. Lembrem-se de que acabei de sair do âmago da matriz que me gerou!
— Isso é fácil, Oxumaré! — exclamou a matriz geradora do conhecimento.
— Isso é fácil?
— Foi o que eu disse, sabe?
— Ainda não sei. Mas, se a senhora matriz do conhecimento diz que é fácil, só preciso aprender como fazê-lo, certo?
— Foi o que eu disse! Aprenda e será tão fácil, que tudo se colorirá naturalmente daí em diante. Afinal, o Divino Criador Olorum não iria dotá-lo com o mistério das cores se não tivesse em si mesmo o mistério de fazê-las fluir naturalmente a partir da tua própria vontade que, na verdade, é a vontade Dele manifestando-se por meio de você.
— Entendo! Vou me recolher para descobrir em mim qual é o meio que tenho para fazer com que as cores fluam naturalmente a partir dos sentimentos.
— O autoconhecimento é um dos caminhos que nos levam ao mistério que somos em nós mesmos, Oxumaré. Afirmou-lhe a matriz geradora da sabedoria.
— No mistério que somos em nós mesmos, quando o conhecemos, nele tornamos-nos oniscientes. E tudo o que não estiver em perfeito equilíbrio e sintonia vibratória com ele é detectado e identificado por nós, Oxumaré. — afirmou-lhe a matriz geradora da onisciência.
— Então, o que não estiver em sintonia com o seu mistério estará fora de sua frequência vibratória e será visto como alterado, porque não estará na sua frequência original! — exclamou a matriz geradora do conhecimento.
— Entendi! — exclamou ele feliz porque já havia descoberto o mistério que trazia em si, pois era ele em si mesmo.
Oxumaré era em si, o mistério das frequências vibratórias ou o mistério do comprimento das ondas, ondas essas que emitem o que estamos sentindo.
As ondas são outro mistério. Mas o comprimento delas era o mistério dele e as cores, herdadas de sua matriz geradora, fluía em diferen-

tes comprimentos de ondas, formando um amplo espectro colorido ou frequencial.
 Então ele perguntou:
 – Matriz geradora do conhecimento, quem é em si o mistério vibracional?
 – Você deve perguntar à matriz geradora das vibrações, Oxumaré. Ela está com um problema de difícil solução porque quem Olorum gerou no âmago dela para que seja em si o Orixá guardião das vibrações divinas, ainda não saiu.
 – Se quem é em si o mistério das vibrações ainda não saiu do seu âmago gerador, então é por isso que eu tinha de pintar e pintar, até que cheguei a uma cor que agradou o senso de equilíbrio de minha mãe divina e minha matriz geradora!
 – É isso mesmo, Oxumaré. Você o traz em si, pois é em si o mistério das frequências vibratórias. Mas sem que existam ainda as vibrações, como fazer fluir o seu mistério, não é mesmo?
 – Essa não! Se quem é em si as vibrações não sair do âmago de sua matriz geradora, o meu mistério das frequências não terá como se realizar enquanto mistério e aí, em vez de ele fluir naturalmente colorindo tudo e todos a partir dos seus sentimentos, então terei de colorir as coisas a partir dos seus exteriores!
 – É isso! Ou quem é em si as vibrações sai de sua matriz geradora, ou você será só um pintor, sabe?
 – Já estou sabendo que vou passar o restante da minha existência pintando o exterior das coisas se quiser tê-las belas e agradáveis aos olhos do meu Pai e nosso Divino Criador Olorum! – exclamou ele triste. Fato esse que fez com que seu espectro multicolorido se tornasse cinzento, sem cor alguma.
 – Há uma solução, Oxumaré! – exclamou a matriz geradora da onisciência.
 – Qual é ela? – perguntou ele, animando-se um pouco e fazendo com que certas cores reluzissem na realidade à volta dele, que era ele em si mesmo.
 – Vá até a matriz geradora das vibrações e convença quem foi gerado nela a sair do seu âmago gerador, oras!
 – Está certo. Vou ver o que consigo com a matriz geradora das vibrações do nosso Divino Criador Olorum.
 Logo depois, Oxumaré estava diante dela para encontrar uma solução para o seu problema, que era o de ser em si as frequências ou os comprimentos das ondas, mas que não tinha à sua disposição as vibrações para frequenciá-las!

# Lenda de Oxumaré e Iansã

Diante da matriz geradora das vibrações Oxumaré ajoelhou-se, saudou-a e pediu-lhe licença para entrar no seu âmago gerador para convencer quem nela havia sido gerado a sair.

— Se você entrar assim, sem ter como solucionar o problema de minha filha, que é problema meu também, você absorverá minhas vibrações e ficará como ela está: paralisado!

— Essa não!

— Essa sim, Oxumaré. Eu não posso permitir que minha filha saia do meu mistério gerador de vibrações emitindo-as em todas as direções de forma incontrolável.

— Por quê?

— Bom, é porque falta a ela um fator que cadencia suas emissões, sabe?

— Já estou sabendo... que não há acaso nas coisas que me trouxeram até aqui.

— Se não há acaso, então você gera o fator cadenciador, certo?

— Mais ou menos, sabe?

— Não sei não. Para os Orixás não há acaso ou mais ou menos, Oxumaré, explique-se!

— Bom, é que eu, ao vir para cá, colori uma matriz geradora e ela insistiu que eu recebesse como recompensa a posse de um dos seus fatores, que é justamente o cadenciador.

— Ótimo! Agora você pode entrar no meu interior e encontrar minha filha geradora de vibrações, pois poderá cadenciar minhas emissões e não ficará paralisado por elas.

Oxumaré entrou e sentiu um poderoso fluxo vibratório envolvê-lo todo, paralisando o seu corpo. E, após tê-lo absorvido, ativou seu fator cadenciador, cuja função é impor ritmo às vibrações cadenciando-as e estabelecendo uma frequência específica para cada uma delas.

Seus três fatores, o ritmador, o cadenciador e frequenciador, agindo de forma coordenada, foram impondo um ritmo cadenciado às emissões de vibrações daquela matriz geradora até que ele retomou o controle dos seus movimentos e, movendo-se como em uma dança cujos passos cadenciados impunham o ritmo do pulsar dela, foi entrando em seu interior.

Sempre avançando ou recuando com os mesmos passos e movimentos do corpo, dos braços e das mãos, ele conseguiu chegar ao seu âmago gerador, vendo-se diante da filha de Olorum gerada ali para que, quando dela saísse, fosse a Orixá responsável pela emissão de vibrações para tudo e para todos.

Iansã, trêmula e incapaz de se mover de forma ritmada e cadenciada, encantou-se com os passos dele e com os movimentos de seu corpo. E tão forte foi seu encantamento, que até hoje, quando Oxumaré dança ao incorpor em seus filhos, Iansã deixa tudo o que está fazendo e volta sua atenção para ele e, sem sair de onde está, dança com ele, pois entre todos os Orixás é a única que consegue acompanhar seus passos.

Oxumaré, vendo-a encantada com a sua dança ritmada e cadenciada, começou a dançar ao redor dela irradiando em fluxos coloridos seus três fatores. E algum tempo depois, ela começou a mover seu corpo, timidamente a princípio. Mas logo ela se soltou toda e, auxiliada por ele, estabeleceu seu próprio ritmo, sua cadência e sua frequência vibracional.

Ali, no âmago da matriz geradora de vibrações, Oxumaré e Iansã dançaram, dançaram e dançaram! E tanto dançaram, que amadureceram e tornaram-se formosos, muito formosos. E só saíram porque Olorum ordenou-lhes que saíssem para irem se juntar aos seus outros filhos, gerados em outras matrizes. Olorum disse:

– Meus filhos Oxumaré e Iansã, vocês formam um par muito importante, porque a vocês confiei as funções de movimentarem de forma ritmada e cadenciada tudo e todos na minha criação. Vamos, saiam do âmago gerador da minha matriz geradora de vibrações e levem aos meus outros filhos o movimento, o ritmo e a cadência de suas emissões energéticas.

– Assim ordena nosso pai e nosso Divino Criador, assim faremos, pai amado! – responderam os dois em uníssono.

– Iansã, com seus fatores dará movimento e direcionamento a tudo e a todos. E você, Oxumaré, dará ritmo, cadência e frequência a tudo e a todos.

– Assim ordena o nosso pai, assim faremos! – responderam os dois, em uníssono.

E assim, dançando suas danças, eles foram se juntar aos outros Orixás, que logo começaram a se movimentar com passos e movimentos direcionados, cadenciados, ritmados e cada um tinha a sua frequência vibracional estabelecida, fato esse que lhe permitiu desempenharem suas funções divinas daí em diante.

E até hoje, quando um Orixá incorpora e dança sua dança, não há quem não volte seus olhos para ele e se encante com seus movimentos cadenciados, ritmados e direcionados.

E quem aprender a dança deles e dançá-las corretamente será muito beneficiado, pois, ao repetir seus passos, seus movimentos, seus ritmos e cadências entrará na vibração deles e elas os purificarão, energizarão e abrirão seus campos vibratórios, diluindo tudo o que houver de negativo à volta, renovando-se.

Sim, porque Oxumaré também gera em si e de si os fatores diluidores de negativismos e renovadores dos fatores pessoais.

Juntos, Oxumaré e Iansã são movimento e direção, ritmo e cadência, indicando a tudo e a todos como realizar suas funções na criação.

As artes têm entre seus patronos divinos Oxumaré e Iansã e tanto os pintores quanto os bailarinos agora já sabem de quem provêm seus dons maravilhosos e excepcionais, que tornam tudo mais agradável e mais belo na morada exterior de Olorum.

E, para surpresa e alegria de Oxumaré, ele viu os mais elevados sentimentos aflorarem em todos os Orixás de forma cadenciada e ritmada, tornando todos muito coloridos e luminosos.

Estava resolvido o problema surgido com a falta de movimento e direção, fornecidos a ele por Iansã, que já havia recebido dele a cadência e o ritmo.

Dizem algumas fontes bem informadas que a dança de Iansã e Oxumaré (quando dançam juntos) é tão encantador que Olorum, que é ritmo, cadência, movimento e direção, dança sua dança criadora por meio deles.

Como essas nossas fontes são confiabilíssimas, não temos por que questioná-las, certo?

## Lenda da Saída de Iansã

Há uma lenda (não contada antes) que diz que todos os Orixás, quando receberam a ordem de Olodumarê para deixar sua morada interior (centro gerador) e habitarem sua morada exterior (mundo manifestado), assim que saíram se depararam com inúmeras dificuldades, pois, se na morada de Olodumarê podiam movimentar-se livremente, no exterior dela todos se sentiam pesados e seus movimentos eram tão lentos que seus fatores não fluíam e eles não conseguiam irradiá-los para onde queriam, pois, se os projetavam, eles formavam um caos à volta deles.

Então começaram a retornar à morada interior de Olodumarê para reclamar dessa dificuldade, entre tantas outras que haviam encontrado, para exercer suas funções divinas de senhores portadores dos fatores criadores dele, o Divino Criador!

Mas, assim que saíram da morada interior de Olodumarê, faltou-lhes tanto o movimento quanto as direções; eles não só tinham dificuldade para se mover, como não encontravam o caminho certo para voltar até a morada dele.

– Ogum gerava caminhos e mais caminhos para que pudessem voltar à morada de Olodumarê, mas faltava-lhe o fator direcionador de Iansã e seus caminhos conduziam a todos os lugares do mundo manifestado, mas nenhum deles conduzia à morada de Olodumarê.

– Oxumaré tentava dar cores a esses caminhos, mas elas não fluíam e à volta dele se criou um caos multicolorido.

– Exu criou animais e mais animais, mandando-os encontrar a morada de Olodumarê, mas mesmo os de faro apuradíssimo não conseguiam rastrear o caminho trilhado por eles perdiam-se no caos estabelecido no mundo exterior.

– Omolu, vendo toda aquela confusão e a dificuldade para retornarem à morada interior de Olodumarê, parou todo o mundo manifestado com seu fator paralisador.

– Oxalá parou de modelar mundos e seres para habitá-los, pois todos ficavam amontoados à sua volta porque não só não tinham movimentos, como ele não podia enviar cada mundo e seus habitantes para os devidos lugares, já que lhe faltava o movimento.

– Xangô criava seus raios (fator das irradiações) mas, ao lançá-los, gerava outro caos, pois, por falta de movimento e direcionamento, não só eles não iam para os confins do mundo exterior, iluminando-o, como não sabiam a maneira de chegar à morada de Olodumarê.

– Oxóssi atirava suas flechas, mas elas ficavam paradas no meio do caos. Elas não encontravam seus alvos, pois faltava o fator direcionador que as conduziria até eles.

E assim, todos os Orixás manifestados (ou designados por Olodumarê para administrar sua morada exterior) começaram a clamar--lhe que os ajudasse a encontrar o caminho certo que os conduziriam de volta à sua morada interior, de onde regeriam os muitos aspectos da criação com seus fatores.

Mas os seus clamores não fluíam e se perdiam no caos à volta deles, pois não só não tinham movimento, não saindo de suas bocas e permanecendo em suas mentes, como, quando saíam, fluíam vagarosamente, mas sem rumo (sem direção).

Olodumarê, não recebendo notícias do paradeiro dos Orixás e do que estavam fazendo na sua morada exterior que, se antes era vazia agora era caótica, com fatores e mais fatores se misturando ou se anulando, enviou seu pássaro mensageiro até Orunmilá para que este lhe revelasse o que estava se passando.

Mas até Orunmilá não conseguiu responder, porque também já se encontrava no mundo exterior, para onde levou o fator das revelações que revelaria tudo a todos, e sua voz não saía de sua boca. E quando jogou os seus búzios, estes também nada revelaram, porque não tinham movimento ou direção e suas jogadas se perdiam.

Assim, quando o pássaro mensageiro soube o que estava acontecendo e quis retornar até Olodumarê para comunicar-lhe, não conseguiu voltar, porque os movimentos de suas asas eram tão lentos que não podia voar. E, além dessa dificuldade, outra surgiu para ele, o pássaro mensageiro não sabia que direção tomar para voltar à morada interior de Olodumarê.

Olodumarê, vendo que nem o seu pássaro mensageiro voltava da sua morada exterior (o mundo manifestado) e vendo que até o caos estabelecido nele já não se movia por causa do fator paralisador de Omolu, chamou até seu trono o Orixá responsável pelo fator refletor, fator que reflete o mundo interior, a morada de Olodumarê, para o seu exterior (o mundo manifestado) e reflete o mundo exterior para o mundo interior (mundo imanifesto).

E o Orixá refletor responsável por esse fator de Olodumarê ativou seu mistério, e Olodumarê começou a ver todo o seu mundo ou morada exterior, e todos os Orixás passaram a vê-lo também.

# Lenda da Saída de Iansã

Mas Olodumarê não ouvia o clamor dos Orixás no seu exterior porque lhes faltava o movimento e seus clamores não saíam pelas suas bocas. E quando saíam, dirigiam para todos os lugares, menos para Olodumarê, pois lhes faltava o direcionamento.

Os Orixás não viam Olodumarê. Mas este, vendo-os, mas não sendo ouvido por eles, pois tudo na sua morada exterior estava paralisado, contemplou cada um deles no espelho da vida e da alma do seu Orixá refletor e viu que as dificuldades deles eram muitas para se adaptar e se assentar nela, de onde emanariam seus fatores, criando o mundo manifestado.

Então, Olodumarê dotou seu Orixá refletor de nove fatores específicos e enviou-o em auxílio aos Orixás exteriorizados.

Os nove fatores são estes:

1º Fator: movimentador (fator das vibrações).

2º Fator: direcionador (fator das direções).

3º Fator: separador (fator que separa um fator dos outros).

4º Fator: controlador (fator que controla a emissão de fatores pelos outros Orixás).

5º Fator: espelhador (fator que reflete tudo o que é pensado).

6º Fator: sonorizador (fator que torna audível todos os pensamentos e sentimentos).

7º Fator: vibracionista (fator que faz a tudo e a todos vibrarem).

8º Fator: espalhador (fator que espalha por todo o mundo manifestado os fatores dos outros Orixás).

9º Fator: combinador (fator que combina os fatores dos outros Orixás na proporção certa, evitando o caos).

Olodumarê, após criar nove novos fatores em seu Orixá refletor, enviou-o à sua morada exterior em auxílio aos outros Orixás.

E então, toda esplendorosa, surgiu no mundo exterior Iansã (Iyá Mesan ou Iyá Avesan), que refletia toda a beleza da morada interior de Olodumarê aos Orixás manifestados.

Mas, se isso ela fazia por ser o Orixá refletor dos dois mundos (o interior e o exterior), ela também refletia toda a feiura do mundo exterior, mergulhado no caos.

Ela refletia a angústia e a aflição dos outros Orixás por não conseguirem se movimentar e não poderem direcionar seus fatores em benefício da criação exterior de Olodumarê.

A tudo ela refletia enquanto se movimentava por toda a criação na sua dança frenética, durante a qual espargia para tudo e todos os seus nove fatores.

E os outros Orixás, vendo Iansã dançar sem parar e espargir seus fatores que lhes davam movimento, direção, separava os fatores, etc., começaram a dançar atrás dela, cada um a seu modo.

E assim, cada um foi dançando com movimentos e passos vibrantes, e começaram a espargir (emanar) seus fatores de forma controlada, dando forma ao caos.

E os mundos começaram a tomar formas as mais diversas possíveis, refletindo em cada uma delas a beleza e a harmonia da morada interior de Olodumarê, que passaram a existir também na sua morada exterior.

Dos olhos de Iansã, como se fossem dois espelhos, saíam raios que iluminavam os olhos dos outros Orixás, que também passaram a refletir por eles o mundo interior (a morada interior de Olodumarê).

E onde os Orixás pousavam seus olhos enquanto dançavam, ele ali começava a ser refletido, e os seres ficavam encantados pela beleza e harmonia da morada interior d'Ele e começavam a desejar retornar para ele imediatamente, pois, mesmo vendo a beleza e a harmonia do mundo manifestado e tendo nele tudo do que precisavam, ainda assim desejavam retornar, porque sabiam que esse mundo exterior é só um reflexo do mundo interior, onde Olodumarê reside.

E nesse tempo, quando o Tempo ainda não existia, surgiram os seres encantados, os que por meio da dança dos Orixás começam a desejar retornar à morada interior do Divino Criador Olodumarê.

Iansã, vendo esse desejo refletido nos olhos dos filhos de Olodumarê, gerado no seu exterior, chamou para si o dever de reconduzi-los à morada interior e passou a ser chamada de senhora dos Eguns (dos espíritos) pelos outros Orixás. E Iansã criou a dança dos Eguns e deu a um dos seus nove filhos (seus nove fatores) o nome de Egungun (a alma dos espíritos), em cujos olhos (espelhos) são refletidos todos os pensamentos.

E na sua dança (o axexe) outro filho de Iansã, portador do fator separador, dança atrás de Egungun e vai separando os Eguns verdadeiramente encantados pela beleza e harmonia da morada interior de Olodumarê dos que, fascinados pela ilusão de encontrar no mundo interior o que não viram no mundo exterior, só querem fugir dele sem ainda estarem refletindo nos seus olhos a beleza e a harmonia existentes na morada interior de Olodumarê.

A estes, Iansã reservou-lhes o vazio, no qual morada alguma existe, para que eles reflitam em si mesmos a ausência da beleza e da harmonia existentes na morada de Olodumarê. Assim, vendo a si mesmos, eles se horrorizam com sua feiura e desordem interior e começam a desejar retornar ao mundo exterior (reencarnar) para que possam encontrar-se nele e descobrir-se refletores dele para os seus semelhantes, tornando-se, cada um, um caminho de volta ao interior do nosso Divino Criador Olodumarê.

E os outros Orixás, vendo a dificuldade dos Eguns em retornar à morada interior de Olodumarê e lembrando-se de que Iansã, dançando e dançando, devolveu-lhes os movimentos e o senso de direção que lhes permitiu assumir suas funções no mundo manifestado, compadeceram-se do sofrimento e das dificuldades deles e concederam-lhes o direito de, com suas danças sagradas, começar a vislumbrar o mundo interior e descobrir por si e em si mesmos a existência dele. Também prometeram ensinar-lhes como se separar do mundo exterior sem sair dele e espelhando Olodumarê cada vez mais em seus olhos, pensamentos, ações, movimentos e palavras, chegarem até Ele por um caminho luminoso, belo e harmônico.

E todos se comprometeram diante de Iansã a ajudá-la nessa tarefa árdua de reconduzir todos os Eguns à morada interior de Olodumarê.

Ogum prometeu abrir quantos caminhos fossem necessários para eles. Inclusive, assumiu o compromisso de abrir um caminho para cada um. Com essa promessa de Ogum, cada Egum passou a ter um caminho próprio para que chegasse por conta própria à morada interior de Olodumarê.

– Omolu prometeu acolher em seus domínios todos os Eguns, para facilitar a árdua tarefa de Iansã, pois ali, nos domínios dele, ela separaria mais facilmente os encantados dos desencantados. E assim os Eguns passaram a ter uma morada coletiva mas transitória, que são os cemitérios.

– Obaluaiê, que é o dono do fator que abre passagens entre os mundos, prometeu abrir uma passagem para cada Egum que queira retornar para o mundo interior onde reside Olodumarê. E assim surgiram as portas, as porteiras e os portais pelos quais os Eguns podem retornar para Olodumarê. Mas, para não atrapalhar a árdua tarefa de Iansã de separar os encantados dos desencantados, aos primeiros ele criou portas, porteiras e portais luminosos e aos segundos ele os criou escuros.

– Exu, com seu fator confundidor, prometeu ajudá-la na sua árdua tarefa confundindo os Eguns desencantados, fazendo parecerem luminosas as passagens escuras. E assim surgiram os enganos.

– Pombagira prometeu a Iansã que tentaria todos os Eguns que, assim, tentados pelas coisas ilusórias do mundo exterior, voltariam-se mais rapidamente para o mundo interior existente neles mesmos e desencantariam-se das tentações que os afastam mais e mais da morada interior de Olodumarê. E assim surgiram os desejos!

– Oxumaré prometeu a Iansã que, com seu fator das cores, daria uma cor específica e luminosa a cada um dos Eguns já encantados e não daria cor alguma aos desencantados, facilitando a separação deles. E assim surgiram as cores dos Eguns encantados e a ausência de cores nos desencantados.

– Oxóssi, que é o Orixá supridor de alimentos para os que vivem na morada exterior de Olodumarê, prometeu a Iansã que supriria todas as necessidades alimentares da alma dos encantados e não deixaria faltar o mínimo indispensável aos desencantados para que eles sobrevivam até descobrir em si mesmos o caminho, a porta e a cor luminosa que os conduzem ao mundo interior, onde reside Olodumarê. E assim surgiu o autoconhecimento e a conscientização.

Xangô prometeu a Iansã usar o seu fator energizador para dar força a todos os encantados, pois assim retornariam mais rapidamente ao mundo interior. E também prometeu que tiraria toda a energia dos que, totalmente voltados para o mundo exterior, afastariam-se mais e mais do caminho luminoso que os reconduz à morada interior, onde reside Olodumarê.

Oxalá, senhor do fator das formas, prometeu a Iansã dar formas belíssimas e luminosas aos encantados e dar formas horrorosas e sombrias aos desencantados, facilitando a separação deles em sua árdua tarefa de reconduzir os encantados pela beleza e harmonia existentes na morada interior, onde reside Olodumarê. E assim surgiram as formas encantadoras e luminosas e as feias e horrorosas.

– Oxum, senhora do fator conceptivo, prometeu a Iansã que a ajudaria em sua árdua tarefa tornando produtivos e afortunados os encantados e tornando estéreis e desafortunados os desencantados. E assim surgiram a riqueza e a pobreza no mundo exterior.

E, um a um, todos os Orixás, agradecidos a Iansã por ela lhes ter dado os fatores indispensáveis para que eles pudessem criar o mundo exterior a partir do caos estabelecido, prometeram ajudá-la na sua árdua tarefa de reconduzir os Eguns de volta à morada interior, onde reside Olodumarê, e que está localizada no íntimo de todos nós, sejamos espíritos ou Orixás. Morada esta que pode ser visualizada em nós mesmos e que podemos refletir pelos nossos olhos, os espelhos da nossa alma!

– Iansã é movimento e direção e, porque seu fator é o das vibrações que coloca tudo em movimento, ela também compartilhou-o com os outros Orixás e cada um deles criou a sua faixa vibratória, por meio da qual flui seu fator, sem que um interfira na ação de outros.

Assim entendido, então temos fatores mineral, vegetal, animal e o vibracional, de Iansã.

Portanto, quando você for consagrar seus objetos, saiba que irá imantá-los com o fator vibracional dela, a senhora dos ventos, dos raios e do trovão, fenômenos da natureza. Mas também estará imantando-os no Mistério Guardião do Tempo.

Falemos um pouco do tempo: o tempo existe como fator cronológico e como registrador de eventos. Ele é como esta folha de papel na qual escrevemos o que pensamos, sabemos e aprendemos; se não, essas coisas não serão registradas e não se tornarão acessíveis a outras pessoas.

Logo, tempo é sinônimo de registro.

# Lenda das Negociações e Cobranças entre Exu e Exu Mirim

O fato é que os fatores que citamos, Oxumaré e Iansã já se mostram indispensabilíssimos para nós. Mas, se isso não bastasse, eles ainda geram em si e de si tantos outros fatores que listá-los aqui seria impossível.

Iansã gera o fator raiador cuja vibração torna tudo raiado, em zigue-zague. E, se você não sabia, fique sabendo que uma de suas mais poderosas danças criadoras é a cujos passos vão fazendo um zigue-zague, pois, quando ela dança, tudo à sua volta fica raiado e sobrecarrega-se energeticamente de tal forma que começa a explodir.

Diz o mais bem informado, mas o mais indiscreto dos Orixás, e que é Exu, que Xangô, ao vê-la dançar essa sua dança em ziguezague, ficou tão encantado por ela que até perdeu a cabeça, sabem?

Mas há um pouco de exagero no Orixá criador da mais humana das ciências, que é a achologia, porque, até onde sabemos, Xangô sempre manteve a cabeça no lugar, certo?

A não ser que Exu, inventor de mais algumas ciências muito humanas, não se referisse à cabeça que entendemos como cabeça e se referisse a alguma outra coisa que ele também chama de cabeça, sabem?

Afinal, Exu tem duas cabeças. Só que ele traz um mistério que quando mostra uma, oculta a outra. Ou será que quando uma funciona a outra deixa de funcionar?

Bom, sei lá! Isso é com Exu, sabem?

Afinal, ele é o mais bem informado dos Orixás, ainda que o mais indiscreto, pois, num momento que quis dar uma de sabichão em cima de Exu Mirim sobre o mistério das cabeças, este se saiu com esta:

– Meu homônimo adulto, esse negócio de cabeças é com você, que é muito cabeçudo, sabe?

— Não sei não, Exu Mirim! Explique-se! — exclamou irritado com a afirmação dele, que foi logo consertando e revelou:

— Não se irrite, velho! Eu não entendo muito de cabeças porque meu passatempo predileto é o estudo das bocas e dos seus movimentos e mistérios, sabe?

— É, já estou sabendo que você anda estudando um jeito de se apossar do meu mistério das mil bocas, certo?

— Errado, Exu adulto! As bocas que eu ando observando e estudando são outras e não tem nada a ver com esse seu mistério insaciável, se bem que, se não errei em minhas observações, algumas até que se parecem com as do seu mistério, ainda que não tenham nada a ver, pois têm funções totalmente opostas, sabe?

— Acho que já estou sabendo a que bocas você se refere, Exu Mirim!

— Exu adulto, se você acha que já sabe a que bocas eu me referi, saiba que tenho certeza de que você já sabe.

— Foi o que eu disse, Exu Mirim. Mas... conta aí para o seu homônimo adulto o que você andou aprendendo com suas observações, certo?

— Errado, Exu adulto! Você bem sabe que, por causa do meu fator ocultador, eu oculto tudo. E muito mais ao que descubro!

— Assim não dá, Exu Mirim!

— Por que não?

— Oras, eu revelo tudo o que descubro e você não revela nada? Como é que ficamos, se você faz segredo de tudo?

— Exu adulto, há coisas que descobrimos mas que não devemos revelar nem que passem por cima do nosso cadáver ou nos virem do avesso, sabe?

— Já estou sabendo que, pelos meus métodos usais, não vou arrancar nada dessa sua boca fechada, não é mesmo?

— Foi o que eu disse, Exu adulto!

— Então como é que terei acesso às suas acuradas observações e às suas secretíssimas descobertas?

— Eu descobri que você tem um mistério ocultíssimo...

— Nem vem com essa conversa, Exu Mirim! Nem tente obter o mistério que você, com suas espionagens andou descobrindo que possuo, pois ele não está em negociação.

— Você está me chamando de espião?

— Estou sim. Eu acho que deveríamos criar aqui no Orun uma Lei igual à que os humanos criaram lá na Terra para punir os espiões. Você deveria ser fuzilado, Exu Mirim! — exclamou Exu adulto, irritadíssimo com as espionagens de seu homônomo infantil.

— Pode se acalmar, Exu adulto! Pode acalmar-se porque não gero o fator espionador e sim, gero o fator bisbilhotador, certo?

Exu Mirim não espiona ninguém! Apenas bisbilhota um pouco, sabe? – falou Exu Mirim, embirrando-se todo, pois também gera o fator embirrador. E, segundo algumas fontes bem informadas, Exu Mirim embirrado é sinônimo de uma série de coisas desagradáveis para quem o embirrou.

– Essa não, Exu Mirim! – exclamou Exu adulto, contemporizando, ainda que estivesse prestes a explodir por dentro, pois a bisbilhotice dele o havia levado à descoberta de mais um dos seus mistérios secretíssimos.

– Essa sim, Exu adulto! Você disse que eu deveria ser fuzilado. Você já viu como ficam os corpos daqueles humanos que são fuzilados?

– É, ficam numa posição desagradável de se ver, pois caem de qualquer jeito, não é mesmo?

– É sim. Mas não é da posição que ficam que estou falando. O que eu disse é que ficam mortinhos, sabe?

– É, isso também acontece, não é mesmo?

– Acontece sim. E você aventou a possibilidade de eu ser morto, não é?

– Nem pense nisso, Exu Mirim! Nem pense! O que eu disse é que não concordo em ser espionado, digo, bisbilhotado, em meus mistérios, certo?

– Não foi isso que ouvi você dizer, Exu adulto.

– Não liga para o que eu disse! Foi por causa de uma ciência também humana, mas não exata que criei, sabe?

– Não sei não. Que ciência é essa que você criou, Exu adulto?

– A ciência da força de expressão. Você ainda não a estudou?

– Pressinto que não gostarei de estudá-la.

– Pois é, sabe! Essa ciência da força de expressão, criada por mim (falou Exu, todo vaidoso) tem o poder de, ao se dizer uma coisa, expressar outra... inexpressável.

– Já estou sabendo que você, ao dizer que eu deveria ser fuzilado estava dizendo que eu deveria ser enforcado. Ou não é isso que fazem com alguns espiões lá na dimensão material? Ou será que eu deveria ser eletrocutado...

– Não é nada disso, homônimo infantil! Eu só achei que deveria suprimir esse seu fator bisbilhotador, sabe?

– E não é a mesma coisa? Eu, sem o meu fator bisbilhotador ficaria de tal forma apatizado que iria me suicidar, sabe?

– Já estou sabendo. Mas, suicidar-se não é a mesma coisa que ser fuzilado, certo?

– Para mim, só muda a mão que comete o crime, pois o suicida se autofuzila, não é mesmo?

– É, acho que é a mesma coisa. Mas que é diferente, isso é! Ou você não concorda que há uma diferença entre um fuzilamento e um suicídio?

– A diferença é no método usado porque, no final, alguém morre, não?

– Sim, acho que sim. – concordou Exu.

– Então, como ficamos homônimo adulto?

– Como ficamos no quê?

– Oras, quanto a esse seu mistério que, a meu ver, é muito bom, sabe?

— Não sei não.
— Como não, se ele é seu?
— Espere aí, Exu Mirim! Primeiro, eu não sei a qual dos meus mistérios você andou bisbilhotando. E, em segundo lugar, quem disse que vou lhe conceder a posse dele?
— Você não vai?
— Não vou aonde?
— Ora, conceder-me a posse desse seu mistério.
— E você acha que vou lhe conceder a posse dele sem receber algo equivalente em troca?
— Por que você sempre quer algo em troca do que deveria conceder graciosamente?
— Espere aí! Esse negócio de graciosidade é com Oxum. Não vem não!
— Não foi a isso, a essa graciosidade de Oxum, a que aludi.
— Não?
— Não mesmo, Exu adulto.
— Então você está se servindo da minha ciência, certo?
— Estou?
— Está sim. Ou você não quis dizer de graça, Exu Mirim?
— É, foi o que eu quis dizer.
— Viu só como minha ciência já é usada até por você?
— Acho que é essa nossa proximidade, sabe?
— Não sei não. Explique-se, Exu Mirim!
— Você não gera o fator contagiador?
— Eu não. Quem o gera é o Orixá feminino inominado, que você sabe quem é, e que é muito atraente, certo?
— É, ela e muito atraente, não é mesmo?
— Se é! Puxa, acho que você anda se metendo demais nos domínios dela e está se contagiando com muita facilidade, sabe?
— Não sei não. Será que é isso?
— Quem sabe? Como é que você começou a se interessar pela observação secreta do mistério das bocas, que não são bocas, tal como minha outra cabeça que não é outra cabeça?
— Essa não, Exu adulto! Você quer saber de um mistério dessa magnitude com essa conversa fiada de que fui contagiado pelo fator contagiador gerado por aquela senhora Orixá, que você sabe quem é, ainda que seja inominada?
— Nem pensar, Exu Mirim! Afinal, esse negócio de fiado não é comigo. Só atuo se for pago antecipadamente, sabe?
— Sei sim. Como sei, Exu adulto! Orunmilá que o diga, não é mesmo?
— Não traga Orunmilá para nossa conversa, pois com ele eu firmei um acordo. Meu negócio com ele é um acordo que satisfaz a ambos, sabe?

– Já estou sabendo que desse vosso acordo Exu Mirim ficou de fora mais uma vez, certo?

– Foi só um acordo entre as partes. Só isso, sabe?

– É, sei sim. E mais uma vez você me ferrou, porque você recebe os ebós e eu não ganho nada, ainda que o fator segredador seja gerado por mim.

– Onde você deveria ter entrado nesse acordo-negócio entre Orunmilá e eu?

– Bom, você pode entrar com a boca e ele com as revelações. Mas esse negócio de revelar segredos é comigo também, sabe?

– Já estou sabendo que, ou você começa a participar no nosso negócio ou você ocultará os segredos e Orunmilá não conseguirá revelar mais nada pelas minhas mil bocas, certo?

– Foi o que eu disse, Exu adulto!

– Você vai complicar muito as revelações de Orunmilá?

– Não só elas! Você também começará a falar às avessas, para aprenderem a não me deixar de fora dos seus negócios-acordos só porque sou mirim, sabem?

– Já estou sabendo que, ou você se associa ao nosso negócio-acordo ou ele vai funcionar contra nós Exu Mirim. Você está complicando tudo, pois seu interesse era em um dos meus mistérios, que nem sei qual é de tantos que trago em mim, mas que você andou bisbilhotando e que lhe interessou porque deve servir muito bem no que você andou descobrindo sobre o mistério das bocas, que não são bocas e sim aquilo que sabemos muito bem o que é.

– Isto, foi você quem disse, certo?

– Não é isso, Exu Mirim?

– Se você disse que é, então deve ser, sabe?

– Esse negócio de que deve ou não deve não é comigo. Exu não deve nada, e além do mais, quem gera o fator devedor é aquele outro Orixá inominado, mas que você conhece muito bem porque vive endividado e, por não cumprir seus compromissos em dia, vive fugindo dos cobradores dele, certo?

– Exu adulto, você está chamando Exu Mirim de caloteiro?

– Nem pense uma coisa dessas! Só disse que você se atrasa um pouco no cumprimento dos seus compromissos.

– Bom, é porque gero o fator atrasador. Mas que cumpro os meus compromissos, isso eu faço!

– É, mas não sem dar dores de cabeça àquele Orixá inominado, que você sabe quem é, e aos oficiais de justiça dele.

– Eu não sou culpado de gerar o fator atrasador, Exu adulto. Foi o nosso pai e nosso Divino Criador quem me dotou desse mistério, certo?

– É certo. Mas eu acho que ele o dotou do fator atrasador para que você entrasse na vida dos apressados que, na pressa, não veem que estão deixando suas encrencas para trás e estão indo céleres ao encontro de outras, mais complicadas, piores e de mais difícil solução. Eu acho que você tem usado em benefício próprio esse seu fator, sabe?

– Já estou sabendo que Exu adulto é mais um dos cobradores desse Orixá inominado, mas que ambos conhecemos muito bem, certo?

– Isto é certo, mas ...

– Espere aí! Você me chamou para uma conversa só para me dizer que agora é mais um a cobrar-me pontualidade nos meus compromissos?

– Foi o que eu disse, Exu Mirim!

– Não dá para relevar algumas cobranças, Exu adulto?

– Nem pense nisso! Quem gera o fator relevador é Oxalá e você sabe disso tanto quanto eu, certo, Exu Mirim?

– Por que você não obtém com Oxalá a posse do fator relevador?

– Só farei isso se você obter de Ogum o fator adiantador, certo?

– Isso não daria certo, Exu adulto!

– Por que não?

– Ora, quem atrasa não adianta e quem adianta não atrasa. Há coisas que são incompatíveis, sabe?

– Foi o que eu disse, Exu Mirim. Se obtive com Ogum a posse do fator cobrador, então não posso possuir com Oxalá o fator relevador pois, quem cobra não releva e quem releva não cobra. Certo?

– É, isto é certo, Exu adulto.

– Então como é que ficamos, Exu Mirim?

– Como é que ficamos sobre o que, se já falamos sobre muitas coisas?

– Eu estou falando sobre os seus deveres, ou débitos, sei lá!

– Espere aí! Você está falando sobre meus deveres ou sobre os meus débitos?

– Não são a mesma coisa?

– Não são não! Deveres são o que temos de realizar. Já débito, eles são meios que obtemos para realizarmos o que nem sempre deveríamos realizar, sabe?

– Não sei não. O que você insinuou com esse "sabe?" dito entre dentes?

– Você já não se lembra de que me pediu emprestado um pedaço do meu manto ocultador para ocultar-se enquanto realizava uns "trabalhos-forçados" na dimensão humana da vida?

– Essa não, Exu Mirim! Você está me cobrando a devolução de um mísero pedacinho do seu manto ocultador? É isso?!?

– Espere aí! Você disse "mísero pedacinho"? Eu ouvi direito, Exu adulto? Você chamou meu manto ocultador de "mísero"?

– Não é nada disso, Exu Mirim! Foi só força de expressão, sabe?

– Não sei não. Além da achologia, agora você vem com essa sua ciência dúbia, que é a da "força de expressão" para justificar suas falas errôneas e inaceitáveis a um Orixá. Explique-se, Exu adulto!

– Não se embirre pois eu me explico.
– Então faça-o ou ...
– Nem me fale, Exu Mirim! Não me fale o que você está pensando em fazer!
– Está certo. Mas saiba que se sua explicação não me convencer vou...
– Não diga o que você tem em mente Exu Mirim. Não diga!
– O que você tem a propor para eu não dizer o que farei caso sua explicação não me satisfaça e não me convença?
– O que acha de eu adiar certas cobranças já em avançado atraso?
– Bom, acho que isso cala a minha boca, Exu adulto!
– Puxa, calar a boca de Exu Mirim embirrado é mais caro do que o que íamos cobrar dele. Como é complicado cobrar algo de você, não?
– É sim. Sempre que um daqueles oficiais de justiça daquele Orixá inominado, que você sabe quem é, vem cobrar-me algo, eu descubro tantas falhas neles que eles sempre adiam as cobranças, sabe?
– Já estou sabendo que cobrar algo de Exu Mirim é endividar-se todo, não é mesmo?
– Foi o que eu disse, Exu adulto.
– Então estou ferrado!
– Por quê?
– Bom, é que aceitei uma pilha toda de cobranças contra você pensando que, só de mostrá-las, você me cederia mais um pedacinho do seu mato ocultador, sabe!
– Não sei não. Agora você já me deve duas explicações.
– Não, não! Só devo uma!
– Você deve uma por ter chamado um pedaço do meu manto ocultador de "mísero". A outra é porque pressinto que você perdeu o pedaço que lhe dei, certo?
– Você pressentiu errado, Exu Mirim!
– Como, se você não o tem mais?
– Bom, eu não o perdi, sabe?
– Não sei não. Explique o sumiço do pedaço do meu manto ou...
– Espere! Eu fui dando um pedacinho aqui, outro ali... até que ele acabou. Foi só isso que fiz!
– E fez tudo isso sem me consultar?
– Você faria o mesmo se se deparasse com as encrencas que me surgiram desde que entrei na dimensão humana para fazer cobranças de débitos em nome do Orixá inominado, que você sabe quem é, e que não está dando conta de cobrar sozinho todos os débitos dos humanos, sabe?
– O que você foi cobrar deles?
– Bom, era quanto ao mau uso daquela outra cabeça, mas que não é cabeça, sabe?

— Sei. Só não sei como podem ter dado mau uso a algo limitado a só umas poucas funções.

— É que eles a têm enfiado onde não devem e aí é que surgem as cobranças, pois se ela tem poucas funções, no entanto, tem criado tantas encrencas que acho que é um caso insolúvel.

— Essa não!!!

— Essa sim, Exu Mirim. Eu fui cortando retalhos daquele pedaço do seu manto ocultador para as fêmeas humanas cobrirem aquilo que parece uma boca, mas que sabemos que não é, sabe?

— Já estou sabendo que foi Exu quem inventou as roupas íntimas das humanas encarnadas. Como você foi fazer uma coisa dessas?

— Bom, eu achei que se elas cobrissem certas partes o problema seria resolvido!

— Como, se você só ocultou certas partes?

— Bom, se o pedaço de manto ocultador que você me deu não fosse tão pequeno, eu as teria ocultado por completo.

— Você só complicou mais as coisas, Exu adulto!

— Como?

— Bom, você não sabe que os geradores naturais do fator descobridor são os humanos?

— Eu não. Quem lhe disse isso?

— Ninguém. Eu descobri isso observando-os e vi que tudo o que está oculto desperta neles um interesse incomum.

— Então é por isso que depois que usei os pedacinhos do seu manto para ocultar certas partes das humanas, os humanos não tiram mais os olhos deles. E eu que pensei que eles queriam descobrir o mistério do seu manto! Essa não!!!

— Essa sim, Exu adulto, eles não estão nem um pouco interessados em meu manto. O que eles querem é descobrir o que está sendo ocultado por ele. Isso sim!

— Estou ferrado!

— Disso não tenho dúvidas, Exu.

— Que coisa! Os humanos são mais complicados que Exu Mirim, sabe?

— Sei sim.

— Como é que é?!!

— É o que eu disse, Exu.

— O que foi que você disse?

— Eu disse que os humanos são mais complicados que eu porque eles geram em si e de si os fatores opostos-opostos, ou seja, os opostos entre si.

— Você está dizendo que os humanos tanto geram os fatores atrasador e o adiantador; o relevador e o cobrador, e assim por diante?

— Foi o que eu disse, não foi?

— É, foi sim.

— Que encrenca, não?

– É, os humanos tanto são encrencados quanto encrenqueiros. Exu Mirim, agora eu entendi porque alguns humanos, que parecem muito evoluídos em um momento, em outro se mostram os mais atrasados dos espíritos criados pelo nosso pai e Divino Criador Olorum.

– Nem me fale dos humanos, Exu adulto! Numa hora estão me pedindo que ajude alguém e daí a pouco desentendem-se, e o que ajudou ou o que foi ajudado logo está me pedindo para complicar a vida do outro, sabe?

– Sei sim. Como sei, Exu Mirim! Eles não se decidem se querem só ajudar ou só encrencar a vida dos seus semelhantes. Como são indecisos os humanos, não?

– Exu adulto, você, que sabe das coisas, por acaso sabe se os humanos foram gerados na matriz geradora das indecisões?

– Eu não sei não. Pensando bem, eu nunca ouvi alguém dizer que existe essa matriz geradora, sabe?

– Sei sim. Eu já observei todas as matrizes geradoras e não vi nenhuma gerar indecisões.

– Será que os humanos são frutos de alguma matriz geradora que não deu certo e o nosso pai Olorum diluiu-a para que ela não encrencasse ou complicasse o restante da criação?

– Quem saberá?

– É, quem saberá, não é mesmo?

– Eu sei! – exclamou uma voz já conhecida deles.

– Pombagira! – exclamaram os dois ao mesmo tempo. – Será que não temos mais privacidade por aqui no Orun? – perguntou Exu adulto, contrariado com a intromissão da mais intrometida das Orixás, porque gera o fator intrometedor em si e de si.

– É, conversa a dois ainda dá para manter segredo. Agora, a três já é um diálogo público – falou Exu Mirim, já se levantando para cair fora, digo, para recolher-se à sua realidade.

– Eu também tenho umas cobranças para fazer. Outra hora concluímos nossos negócios, Exu Mirim. Até mais!

– É, em outra hora, Exu adulto. Até lá!

– Esperem aí os dois! Vocês não vão deixar-me falando sozinha, vão?

– Eu já falei demais por hoje, Pombagira – falou Exu Mirim. – E, além do mais, descobri que quando você fala pela sua boca que é boca, você também fala pela sua outra boca, mas que não é uma boca e sim, só se parece com uma porque também tem lábios, sabe?

– Como é que é?!? – perguntaram em uníssono centenas de vozes, todas conhecidas deles.

– Essa não, Exu Mirim! – exclamou Exu adulto, estupefato com o fato de todos estarem ouvindo às escondidas o que eles falavam.

– Essa sim – falou Pombagira, dando a seguir uma de suas gargalhadas gostosas, mas escrachadas. Exu adulto então falou para Exu Mirim:

— Meu homônimo infantil, eu acho que você, por passar muito tempo na realidade daquela Orixá, cujo nome é irrevelável, acabou adquirindo o fator contagiador e está manifestando-o por meio de sua irradiação bisbilhotadora dos outros e contagiou todo mundo por aqui, sabe?

— Já estou sabendo, Exu adulto. Será que há cura para esse fator contagiador?

— Não sei não. Quem gera o fator curador é o Tatá Omolu. Por que você não vai falar com ele?

— Você quer o meu fim, Exu adulto?

— Por que você acha que quero o seu fim?

— Bom, até onde sei, ele tem um acordo com aquela senhora geradora do fator contagiador, sabe?

— Sei sim. Isso é publico e notório. Então não vejo perigo algum até aí.

— É, mas se ele souber como eu me contagiei, aí a coisa vai ficar preta para o meu lado, sabe?

— Por acaso...

— Nem pense em dizer em público o que lhe ocorreu, Exu adulto! Nem pense!

— É por isso que você está tão interessado em possuir o mistério das minhas duas cabeças?

— É por isso também, sabe?

— Não sei não. O que ainda não sei?

— Bom, você quer saber mesmo?

— Eu insisto, pois gero o fator insistidor, Exu Mirim.

— Isso eu não sabia, Exu adulto.

— Eu nunca havia revelado isso! Como você ou alguém mais haveria de saber?

— Bom, já que você insiste, então não tem outro jeito, tem?

— Não tem não. Explique-se, Exu Mirim!

— Bem, como Pombagira, ao falar, fala pelas suas duas bocas, sendo que uma não é boca, no entanto fala as mesmas coisas ainda que a verdadeira faça-o por meio do som e a outra faça-o pelas vibrações, então eu pensei que, possuindo o seu mistério das duas cabeças, sendo que uma é e a outra não é, porque é aquilo que vocês sabem o que é, aí eu calaria a boca dela, pois taparia a outra com aquela sua cabeça, que não é uma cabeça, sabe?

— Que complicado, Exu Mirim!

— Parece complicado porque eu, por gerar o fator complicador, também complico minhas ações.

— Isso eu já sei. Agora, onde entra a minha segunda cabeça?

— Bom, é porque, observando esse seu mistério, descobri que o que você pensa com a cabeça que é cabeça, você faz com a que não é, mas sim é aquilo que todos sabemos o que é.

— Como é que é??? – exclamaram todos, inclusive Exu, em uníssono.

— É o que eu acabei de dizer, Exu adulto.
— Essa não, Exu Mirim! Isso nem eu sabia, sabe?
— Pois é, nada como ser bisbilhoteiro para saber das coisas, não?
— Nem me fale. Ou melhor, não fale mais nada, Exu Mirim!
— Por quê?
— Já pensou se você começa a revelar o que andou descobrindo sobre as bocas que, ainda que se pareçam com bocas, pois até bigodes possuem, no entanto não são bocas de verdade?
— Nem ouse, Exu Mirim! – exclamaram iradas uma porção de vozes bem conhecidas dele e de todos.
— É, se você falar sobre o que sua bisbilhotice descobriu, você terá de falar o que andou descobrindo sobre todas as outras cabeças que não são cabeças, certo? – falou Pombagira, muito exigente, pois gera em si o fator exigidor.
— Nem pense em tal coisa, Exu Mirim! – falaram outras vozes masculinas, também muito bem conhecida dele que, assustado, pediu:
— Tatá Omolu, coloque-me em quarentena, pois estou contagiado por vários fatores indesejáveis, sabe?
— Sei sim. Considere-se em quarentena indefinida na minha vibração isoladora, pois eu gero em mim o fator isolador.
— É o meu fim, Exu adulto! – exclamou ele, abaixando a cabeça, muito triste.
— Eu sei. A minha pilha de cobranças é formada só por reclamações dos outros Orixás porque você andava bisbilhotando mistérios muito ocultos, sabe?
— Já estou sabendo que por aqui, bisbilhotar é um perigo fatal.
— Foi o que eu disse, Exu Mirim! Há, há, há! – gargalhou Exu adulto, sumindo no vazio, que é sua morada, pois gera em si o fator esvaziador.

# Lenda da Geração de Nanã Buruquê, Obaluaiê e Omolu

Olorum tem uma matriz geradora que é conhecida como matriz geradora das eras.

Essa sua matriz tem por função gerar os ciclos da vida para que cada coisa possa ser identificada pela sua aparência externa, que reflete a sua idade.

Também, só pelo amadurecimento as coisas alcançam equilíbrio e estabilidade.

O fato é que, quando da geração dos Orixás, em sua matriz geradora das eras Olorum gerou uma Orixá encantadora, de tão simpática que era (e ainda é), ele conversou, conversou e conversou com ela.

E, como conversar com Nanã é algo agradável, gostoso e esclarecedor, eis que quando ela saiu do interior da sua matriz geradora já estava anciã e caminhou com passos lentos e seu corpo já era meio arqueado.

Como ela saiu no mesmo instante que Oxalá, todos a consideram sua irmã unigênita ou única gerada no mesmo instante que ele.

E, porque os dois chegaram juntos ao ponto de encontro dos Orixás, muitos até os viram como um casal de anciões muito simpáticos.

Mas, nós já revelamos que todos os Orixás foram gerados em um único e mesmo instante, não? E que o único diferenciador é o momento em que cada um saiu do interior de sua matriz geradora.

A saída do interior delas é que faz com que alguns se mostrem ou sejam vistos como velhos e outros se mostrem jovens.

Inclusive, revela-nos uma fonte confiável que Olorum, naquele instante, gerou tantos Orixás que o número deles é infinito. Mas a maioria continua incógnita, pois ao saírem de suas matrizes geradoras fundiram-se às realidades à volta delas, que são elas em si mesmas.

E, se alguns desses Orixás já foram requisitados por outros gerando a pluralidade de Oguns, Xangôs, Oxuns, Oxóssis, etc., a maioria não foi requisitada e continua nas suas realidades originais, todas elas desconhecidas de nós.

# Lenda da Geração de Nanã Buruquê, Obaluaiê e Omolu

O que sabemos nesse campo dos Orixás é muito pouco e limita-se às informações colhidas aqui e ali em relatos meio truncados, porque ninguém quis revelar tudo o que sabe.

Mas, as poucas informações colhidas são de fontes confiáveis e nos dão uma ideia da grandeza criadora de Olorum.

Inclusive, deduzimos que cada Orixá, se masculino, ele tem um par feminino igual em todos os aspectos. E vice-versa, se o Orixá for feminino.

Dizem inclusive que o Orixá manifestado é a divindade e o não manifestado é a realidade regida por ele.

São tantas informações ditas em "off" que o melhor é aguardarmos até que sejam tornadas públicas e ratificadas no Orun, senão poderemos incorrer em alguma penalidade imposta aos indiscretos.

Afinal, certas informações são apenas para nos colocar no caminho certo das revelações.

Mas o fato concreto é que Nanã gera o fator amadurecedor e é impossível não amadurecer quando estamos próximos dela ou sob sua irradiação. Além do mais, porque ela gera o fator decantador de coisas negativas, também desaparece o nosso negativismo e começamos a nos sentir melhores, menos emotivos e mais racionais.

A gama de fatores gerados e irradiados por ela é tão grande que até hoje ninguém conseguiu conhecer todos os seus mistérios e suas funções na criação.

Uma das coisas que sabemos é que, na procriação, ela rege o útero enquanto Iemanjá rege com a placenta e Oxum entra com o "líquido aminiótico".

Também sabemos que a pera é a sua fruta símbolo e tudo o que tem forma parecida também lhe pertence.

Alguém muito bem informado nos revelou que Logunã, a Senhora do Tempo gerada na matriz geradora dos ciclos e ritmos da criação foi gerada por Olorum em um dos mistérios de Nanã. Se isso se confirmar, então se explica o grande poder de Nanã sobre o Tempo.

Esse seu poder é tão grande que ela consegue fazer o tempo retroceder ou consegue fazer com que os seres retrocedam no tempo e retomem suas evoluções retas a partir do momento em que se desviaram.

Inclusive, outras fontes fidedignas informaram-nos que Oxumaré e Omolu também foram gerados por Olorum em outros dos mistérios dela e que o fator cadenciador dele foi herdado dela, assim como o fator paralisador dos ciclos e ritmos de Omolu também.

Enfim, são tantas as informações que nos chegaram que o melhor é não elocubrar e passar direto para uma lenda que nos revela muitas coisas.

# Lenda de Nanã Buruquê

Nanã Buruquê, Orixá que simboliza a maturidade, a consciência e a razão, é uma mãe divina com poucas informações na literatura umbandista. Poucos escreveram alguma coisa sobre ela e seu campo de ação na vida dos seres, das criaturas e na criação.

Ela é muito associada a Oxum por ser oferendada nos lagos ou mangues mas, fora isso, o que mais os umbandistas sabem sobre ela e seu campo de ações e atuações? Muito pouco, não é mesmo?

Então vamos expandir um pouco mais o conhecimento sobre Nanã para que vocês possam recorrer a ela mais vezes e usar em seu benefício os seus divinos poderes.

1º – Nanã é Orixá bielemental (aquática-telúrica), ou seja, seu fator tanto se fixa e se concentra na água quanto na terra.

2º – Na água, fixa-se e flui de forma ativa e, na terra, fixa-se e flui de maneira passiva.

3º – Ela é o Orixá feminino cujas características mais se assemelham com as de Obaluaiê.

4º – Ela forma a irradiação evolucionista com ele, que é uma das sete linhas de Umbanda.

5º – Tal como Obaluaiê, Nanã é curadora e deve ser evocada para curar doenças.

6º – No corpo humano, sua vibração curadora fixa-se na linfa, nos pulmões, no fígado, no pâncreas e no cérebro.

7º – No assentamento de Nanã, sempre deve haver um vaso ou jarro bojudo, com o gargalo estreito, (uma moringa) cheio de água e no fundo dele precisa ser colocado um pouco de areia branca colhida do leito de um rio ou lago.

8º – Devem colocar sete folhas de hortelã dentro da moringa sempre que trocar a água dela (a cada 7, 14 ou 21 dias).

9º – A sua moringa deve ser coberta com um pano branco ou florido.

10º – A água da moringa só deve ser jogada fora, se for derramada diretamente sobre o solo arenoso (terra), ou então, deve ser guardada e devolvida em um rio ou lago.

11º – Na Umbanda, quem a manifesta nas linhas de trabalho são as senhoras Pretas-Velhas.

12º – Trabalhos de descarrego na sua força podem ser feitos à volta de moitas de bananeiras, de preferência nas de bananas "nanicas". Também podem ser feitos com uma bacia cheia de água colocada no centro do terreiro, no tempo ou dentro da casa das pessoas. A bacia deve ser circulada com sete velas lilases acesas ou com quatro velas brancas acesas em cruz, e dentro da água da bacia precisa ser colocado um punhado de folhas de hortelã. É um descarrego tão poderoso como o de Obaluaiê, feito com pipocas. Para despachar a água, siga a indicação da 10ª explicação sobre ela.

13º – O melhor banho na força de Nanã deve conter folhas de hortelã e pétalas de crisântemos roxos e uma "colher de café" de açúcar.

14º – Trabalhos feitos com Eguns, com Egungun ou Yamins são cortados colocando-se no tempo em uma bacia com água coberta com um pano branco e sobre ele pétalas de crisântemo roxo, e em cima de tudo duas folhas de bananeira em forma de cruz.

Não há trabalhos com Eguns, com Egungun ou Yamins que não sejam cortados na força de Nanã no tempo.

Conta uma lenda que quando o tempo ainda não existia, Olodumarê gerou o Tempo em Nanã, fazendo surgir Logunã, o Orixá feminino que gera em si e de si o fator temporizador (fator do Tempo).

Com isso, Nanã é o único Orixá que tem domínio total sobre o tempo e tanto faz ele girar para a frente, fazendo o ser evoluir, como girar para trás, fazendo o ser regredir.

Conta outra lenda que Oxumaré, ao dançar para Nanã, ganhou dela o seu fator renovador (o seu fator que regenera e renova tudo o que envelheceu), pois enquanto ele dançava sua dança sagrada para ela, ela se esqueceu um pouco de zelar pelo Tempo para que ele não se alterasse em função da impulsividade de sua filha Logunã e começou a renovar-se e remoçar tanto que chegou um momento que era uma mocinha feliz e encantadora, extasiada com a dança sagrada de Oxumaré, o único Orixá que consegue encantar e descontrair a racionalíssima Nanã Buruquê e que pode dançar na frente dela.

Já a sua filha Logunã, que gera o fator temporizador, é a única que pode dançar na frente de Oxalá, pois sua dança o encanta de tal forma que ele começa a gerar novas formas durante a dança sagrada dela.

Essa é outra lenda que, segundo o Orixá mais bem informado e o mais indiscreto, conta que foi durante uma das danças sagradas de Logunã para Oxalá que ele modelou e gerou o seu "estado de espírito" e fez surgir Oxaguiã, o filho do Tempo e das Formas.

Oxaguiã é o resultado de um desejo de Oxalá de poder dançar com Logunã a sua agitadíssima dança sagrada.

Como ele carregava todos os modelos dos mundos e não podia acompanhar os passos dela, pensou e modelou Oxaguiã e projetou-o no Tempo para que, por intermédio dele, seu "estado de espírito" pudesse dançar com ela.

E até hoje, desde o tempo em que o Tempo começou a existir, Oxaguiã é o único Orixá que consegue acompanhar Logunã em sua dança sagrada sem ficar zonzo ou perder o rumo no meio do Tempo.

Diz também esse Orixá, muito bem informado, mas muito indiscreto, que Oxaguiã é o único Orixá que pode entrar e sair do Tempo sempre que quiser, assim como é o único que, mesmo que vivesse entrando e saindo dele, jamais se cansaria, pois é fruto de um desejo de Oxalá de acompanhar Logunã na sua dança sagrada.

Também diz esse Orixá que Oxaguiã é o único Orixá que Logunã permite que dance tanto na sua frente como às suas costas, local proibido para todos os outros, pois quem dança atrás dela, se não acompanhar seus passos, é absorvido pela parte de trás da concha do Tempo que ela carrega, agita e faz vibrar intensamente enquanto dança.

Todos os outros Orixás só dançam na frente de Logunã. Isso, segundo esse Orixá muito bem informado, mas pouco discreto, certo?

Mas tudo isso são lendas que contaremos em outra hora!

O fato concreto é que não se firma ou se assenta Logunã sem uma poronga (cabaça) com água dentro (a moringa vegetal de Nanã) amarrada em um bambu (a cana de Oxaguiã), cujo fator ele concedeu a Iansã quando esta dançou para ele para ensinar-lhe a sua dança sagrada, que também é outra lenda, pois Iansã é a única que consegue fazer com que Oxaguiã deixe o Tempo e volte-se para o que existe na Terra.

São tantas lendas!

Bem, o fato é que, na Umbanda, pouco se sabe sobre Nanã Buruquê. Mas o que todos devem saber é que é uma mãe Orixá amorosa, paciente, compreensiva e poderosa, pois tem poder sobre o Tempo e, se a explicássemos por meio das suas lendas, diríamos que o Divino Criador Olodumarê é gerou o Tempo na concha da vida dela e fez surgir Logunã, filha de Olorum, do Senhor do Tempo e da Senhora das Eras (Nanã).

Nanã representa as eras e não se adentra o seu centro-consagratório se não for curvado, mantendo-se assim enquanto durar suas três consagrações:

1ª – No tempo: pois não se consagra nada a Nanã Buruquê, se primeiro não consagrá-la no tempo.

2ª – Na água: pois a água doce (rios caudalosos e lagos) é onde mais se concentram seus fatores.

3ª – Na terra úmida: pois é seu fator umidificador que dá à terra a capacidade de tornar-se fértil.

Diz outra lenda, também contada por Exu, esse Orixá bem informado, mas muito indiscreto, que quando da partida dos Orixás femininos para a morada exterior de Olodumarê, este presenteou cada uma delas com uma concha da vida, com a qual gerariam os meios para os seres espirituais viverem. Só que essa é outra lenda, certo?

Mas, se dentro da morada interior de Olodumarê se mostravam úmidas e férteis, assim que saíram perceberam que suas conchas da vida se ressecaram totalmente e tornaram-se estéreis, não gerando nada mais além de secura e esterilidade.

Com exceção de Nanã, cuja concha da vida continuava úmida e fértil!

E todas as outras mães Orixás exteriorizadas, sem poderem gerar nada, apesar de possuírem poderosos fatores criadores, voltaram-se para ela e quiseram saber qual era o mistério que fazia com que sua concha da vida se mantivesse úmida e fértil tornando-se ainda mais exuberante e poderosa quando saiu da morada interior e entrou na morada exterior de Olodumarê.

Então, ao saberem que era por causa do seu fator umidificador, todas, aflitas por ver suas conchas secas e estéreis, clamaram a Nanã que partilhasse com elas esse seu fator, indispensável à realização de suas funções na morada exterior de Olodumarê.

Nanã explicou-lhes que sua concha tinha na parte de trás uma moringa cheia de água que gerava este fator, que se parecia com a água gerada por Iemanjá, mas que era limbosa, igual ao sumo do tronco das bananeiras, então só existentes na morada interior de Olodumarê. E que mantinha sua concha úmida, fértil, exuberante e tão atraente que todos os Orixás masculinos estavam recorrendo a ela para gerar suas criações que concretizariam a morada exterior de Olodumarê, tornando-a habitável pelos seres espirituais.

Conta a lenda que Nanã só concordou em compartilhar o mistério de sua moringa com as outras mães Orixás depois que elas aceitaram partilhar todos os seus fatores com ela, tornando-se assim a única Orixá feminina que possui em si os fatores de todas as outras mães Orixás geradoras das coisas existentes na morada exterior de Olodumarê.

Essa lenda conta ainda que, assim que elas viram como ficaram úmidas, férteis e exuberantes, as suas conchas da vida ficaram tão felizes que concederam a Nanã o título de "senhora regente do mistério do fator das conchas da vida".

Mas, segundo outra lenda, também contada por esse Orixá muito bem informado, mas indiscreto, se as conchas da vida delas estavam úmidas, atraentes, férteis, exuberantes e encantadoras porque haviam acoplado à parte de trás delas moringas geradoras do fator umidificador, no entanto, porque haviam secado, já não se abriam e fechavam como antes, pois haviam perdido a elasticidade de outrora.

E foi uma encrenca e tanto conseguirem de Pombagira o fator elasticizador que as tornaria elásticas, abrindo-se e fechando-se sem se desgastar ou se deformar.

As negociações foram longas e árduas, mas, no final, tudo deu certo, e suas conchas só se abriam para absorver os fatores criadores dos Orixás masculinos, fechando-se logo em seguida para só tornar a se abrir quando já haviam gerado integralmente as coisas que ocupariam o vazio à volta da morada interior de Olodumarê, para que pudessem pôr para fora o que haviam gerado.

Diz essa lenda que Pombagira só consentiu em compartilhar seu fator elasticizador quando Oxalá sugeriu-lhe modelar na sua concha da vida os modelos de todas as outras conchas exteriorizadas quando os Orixás saíram para o vazio então existente à volta da morada interior de Olodumarê.

Com isso, Pombagira é a única que possui uma concha da vida que tem todas as outras embutidas em seu bojo e também é a única que pode ser aberta com qualquer tipo de chave abridora de conchas, pois todas as chaves existentes na morada exterior de Olodumarê servem nela.

Se a posse de todas as conchas proporcionou a Pombagira um imenso poder de gerar, também a tornou escrava de sua concha, que pode ser aberta por todas as chaves exteriorizadas por Olodumarê, chaves dadas a todos os seres machos que Ele gera e exterioriza. E todos, quando não encontram a sua concha correspondente para derramar no interior dela seu fator, logo vão até Pombagira, introduzem sua chave e derramam dentro dela seu fator gerador.

Conta a lenda que a concha de Pombagira só não se tornou um caos gerador porque ela, além de gerar em sua concha o fator elasticizador, também gera o fator esterilizador, que a torna estéril e incapaz de gerar algo além do fator excitador.

Mas aí já é outra lenda, que também revela qual é o único Orixá que gera o fator vitalizador, o único que dá vida e geratividade à exuberante, atraente, fascinadora, excitadora, elástica, mas estéril, concha da vida de Pombagira.

Enfim, são muitas lendas ainda não contadas desde que Olodumarê enviou seus filhos e suas filhas Orixás à sua morada exterior.

# Lenda da Geração de Omolu e sua Ida para os Domínios de Iemanjá

Conta uma lenda que Olorum, enquanto conversava com sua mais simpática filha, detectou nela o desejo de ter para si um filho que lhe fizesse companhia e que tivesse em si a personalidade do seu pai.

Como todo desejo justo é realizado por Ele, eis que em um dos mistérios dela Olorum depositou seu pensamento e logo surgia Omolu, um menino alegre, mas muito racional. Um verdadeiro menino superdotado para a sua idade.

Esse seu gênio, e por causa dele gerar em si o fator curador, levou-o a entrar logo cedo em contato com temidíssimas matrizes geradoras, evitadas por todos os Orixás.

O único Orixá que não as temia era Obaluaiê, que gerava (e ainda gera) o fator transmutador, pois transmuta todos os outros fatores segundo sua vontade e suas necessidades. E quando um fator negativo o contagia, ele o transmuta, positiva e o incorpora aos seus recursos fatoriais.

Inclusive, segundo uma informadíssima fonte, Obaluaiê foi gerado por Olorum na sua matriz geradora dos contágios.

Essa matriz contagioadora era evitada por todos os Orixás e vivia muito solitária até que o jovem e destemido pesquisador Omolu conheceu-a e interessou-se pelos seus contagiantes mistérios.

Conversa vai, conversa vem, ela, muito solitária, convidou-o a entrar em seu âmago gerador para melhor pesquisá-la e estudar seus fatores.

Omolu, todo animado com a perspectiva de grandes descobertas, aceitou seu convite e entrou no seu âmago gerador, iniciando acuradíssimos estudos.

O tempo foi passando e o jovem e genial Omolu não parava de descobrir fatores e mais fatores, aos quais ele catalogava e classificava como deveriam ser utilizados pelos outros Orixás.

Omolu era tido pelos outros (e ainda é) Orixás como um gênio da medicina fatoral. Inclusive, os deuses gregos e egípcios da Medicina são humanizações de aspectos do mistério curador de Omolu.

Estava Omolu pesquisando um fator contagiador, quando algo saiu ou escapou-lhe do controle (ainda que outras fontes digam que ele não tomou as devidas precauções por estar meio estressado de tanto pesquisar) e ele foi contagiado pelas radiações do fator secador e começou a secar, ou melhor, a emagrecer, chegando a ficar em estado cadavérico.

Preocupada com o seu avançado estado de secura, a matriz geradora dos contágios ordenou ao seu filho Obaluaiê que avisasse Nanã sobre a doença do seu filho Omolu.

Nanã pegou-o nos braços e foi consultar Orunmilá a fim de descobrir como curar seu filho. E eis que o adivinho divino, após algum tempo consultando suas fontes, digo, seus búzios, emitiu esse oráculo:

– Omolu secou e só a salinidade emitida pelas águas de Iemanjá poderá amenizar sua doença!

Nanã, desesperada, foi até os domínios de Iemanjá e, com o filho cadavérico nos braços, pediu:

– Minha irmã mãe da vida, salve o meu filho Omolu antes que ele se transforme em um esqueleto!

Iemanjá, que gostava muito de Omolu, assim como gosta muito de todos os seres estudiosos e pesquisadores dos mistérios da vida, pegou-o em seus braços e acolheu-o como seu filho, pois só assim ela poderia transmitir-lhe alguns dos seus fatores, que o curariam.

Algum tempo depois, já restabelecido, Omolu já não tão jovem, voltou a circular pelas muitas realidades de Olorum.

Mas, caso se afastasse muito da realidade de Iemanjá, eis que ele começava a secar e encadaverificar-se.

Certa vez, porque havia se distanciado demais e demorou para retornar à realidade dela, ele era um esqueleto puro quando chegou à beira-mar.

E dali em diante ele não pode se afastar muito dos domínios de Iemanjá, senão volta a ficar como uma caveira.

Iemanjá, vendo-o cabisbaixo e abatido por ter se tornado tão dependente da salinidade das suas águas, para alegrá-lo e dar-lhe ocupações que o fizessem esquecer de sua doença, começou a confiar-lhe funções e mais funções que, dali em diante, o mantiveram ocupado zelando pela faixa de terras litorâneas.

Ainda que Omolu seja o Orixá guardião do campo-santo, cuja regência pertence a Obaluaiê, é à beira-mar que ele mais vive por causa do fator que o contagiou e que o seca de tal forma que ele fica como um esqueleto.

Inclusive, segundo algumas fontes fidedignas, em uma oferenda para Omolu não deve faltar água em hipótese alguma, pois ele, ao absorvê-la, traz de volta o seu aspecto pesquisador de cura para todas as doenças que afloram e não há doenças que ele não cure, caso a pessoa que oferendá-lo seja merecedora.

Quanto a Obaluaiê, foi gerado por Olorum em sua matriz geradora dos contágios ou de fatores contagiadores e gera de si o fator transmutador, cuja posse concedeu a Nanã em troca da posse do fator decantador gerado por ela naturalmente.

Como Obaluaiê saiu de sua matriz geradora no mesmo instante que Oxalá e Nanã, ele também é tido por todos os outros Orixás como um dos "mais velhos".

Algumas fontes afirmam que Nanã é irmã de Obaluaiê mas, segundo fontes fidedignas, a verdadeira irmã dele está fundida à realidade original regida por ele, assim como o verdadeiro irmão de Nanã está fundido à realidade original regida por ela.

Essas lendas sobre os Orixás são assim mesmo: quanto mais escrevemos sobre eles, mais lendas ainda não escritas começam a se revelar. Inclusive, que Obaluaiê e Omolu não são os mesmos, mas que têm muito em comum, pois a matriz geradora dos contágios adotou-o muito antes de Iemanjá como mais um dos seus contagiantes filhos.

Iemanjá que o diga o quanto Omolu é contagiante, sabem?

– Não sabem?

– Bom, isso é assunto para outras lendas, certo?

# Lenda do Mistério das Cruzes

Conta uma outra lenda que esse gesto de cruzar o solo ou a si mesmo só foi adotado pelos cristãos quando um "padre" romano, atiçado pela curiosidade, perguntou a um serviçal de sua igreja o porquê de ele cruzar o solo antes de entrar nela para limpá-la ... e o mesmo fazia ao sair dela.

O serviçal, um negro já idoso que havia sido libertado pelo seu amo romano quando já não podia carregar os seus pesados sacos de pedras ornamentais, e que andava arqueado por causa de sua coluna vertebral ter se curvado de tanto peso que ele havia carregado desde jovem, ajoelhou-se, cruzou o solo diante dos pés do padre romano e aí falou:

— Agora já posso lhe contar o significado do sinal da cruz, querido padre!

— Por que, só após cruzar o solo diante dos meus pés, você pode revelar-me o significado do sinal da cruz, meu negro velho?

— É porque eu vou falar de um gesto sagrado, meu amo. Só após cruzarmos o solo diante de alguém e pedirmos licença ao seu lado sagrado, esse lado se abre para ouvir o que temos a dizer.

— Se você não cruzar o solo diante dos meus pés, o seu lado sagrado não fala com o meu? É isso, meu negro velho e cansado?

— É isso sim, meu amo. Tudo o que falamos, ou falamos para o lado profano ou para o lado sagrado dos outros com quem conversamos! Como o senhor quer saber o significado do sinal da cruz usado por nós, os negros trazidos desde a África para trabalharmos como escravos aqui em Roma, e porque ele é um sinal sagrado, seu significado só pode ser revelado ao lado oculto e sagrado de seu espírito. Por isso eu cruzei o solo diante dos seus pés, pedi ao meu pai Obaluaiê que abrisse uma passagem entre os lados ocultos e sagrados dos nossos espíritos, senão o senhor não entenderia o significado e a importância dos cruzamentos... e das passagens.

O padre romano, ouvindo as palavras sensatas daquele preto, já velho e cansado de tanto carregar os fardos de pedras ornamentais com as quais eles, os romanos, enfeitavam as fachadas e os jardins de suas mansões, sentiu que não estava diante de uma pessoa comum, mas sim diante de um sábio amadurecido no tempo e no trabalho árduo de carregar fardos alheios.

Então o padre romano convidou o preto, velho e cansado, a acompanhá-lo até sua sala particular localizada atrás da sacristia.

Já dentro dela, o padre sentou-se na sua cadeira de encosto alto e confortável e indicou um banquinho de madeira para que aquele preto velho se sentasse e lhe contasse o significado do sinal da cruz.

O velho negro, antes de se sentar, cruzou o banquinho e isso também despertou a curiosidade do empertigado padre romano, sentado em sua cadeira mais parecida com um Trono, de tão trabalhada que ela era.

– Por que você cruzou esse banquinho antes de se assentar nele, meu preto velho?

– Meu senhor, eu só tenho essa bengala para apoiar meu corpo arqueado de tanto carregar os fardos de pedras para os senhores romanos. Então, se vou me sentar um pouco, eu cruzei esse banquinho e pedi licença ao meu pai Obaluaiê para assentar-me no lado sagrado dele. Só assim o peso dos fardos que já carreguei não me incomodará e poderei falar mais à vontade, pois, se nos assentamos no lado sagrado das coisas, deixamos de sentir os "pesos" do lado profano de nossa vida.

O padre romano, de uma inteligência e raciocínio incomuns, mais uma vez viu que não estava diante de uma pessoa comum e sim, que estava diante de um sábio que, ainda que não falasse bem o latim (a língua falada pelos romanos daquele tempo), falava coisa que nem os mais sábios dos romanos conheciam.

O velho preto, após se assentar, apoiou a mão esquerda no cabo da sua bengala e com a direita estralou os dedos no ar por quatro vezes, em cruz, e aquilo intrigou o padre romano, que lhe perguntou:

– Meu velho preto, por que você estralou os dedos quatro vezes, cruzando o ar?

– Meu senhor, eu cruzei o ar, pedindo ao meu pai Obaluaiê que abrisse uma passagem nele para que minhas palavras cheguem até os seus ouvidos pelo lado sagrado dele, senão elas não chegarão ao lado sagrado de seu espírito e não entenderás o real significado delas quando eu lhe revelar um dos mistérios do meu pai.

– Então tudo tem dois lados, meu preto velho, arqueado e cansado de tanto carregar os fardos de pedras alheias?

– Tem sim, meu senhor.

– Por que você, agora, já sentado e bem acomodado, fala mais baixo que antes, quando estava apoiado sobre sua bengala?

– Meu senhor, quando nos assentamos no lado sagrado das coisas, aquietamos nosso espírito e só falamos em voz baixa para não incomodarmos o lado sagrado delas.

– Entendo, meu velho – murmurou o padre romano, curvando-se para melhor ouvir as palavras daquele preto velho.

– Conte-me o significado do sinal da cruz!

E o preto velho começou a falar, falar e falar. E tanto falou sobre o mistério do cruzamento, que aquele padre (que era o chefe da igreja de Roma naquele tempo, quando os papas ainda não eram chamados de papa) começou a entender o significado sagrado do sinal da cruz e começou a pensar em como adaptá-lo e aplicá-lo aos cristãos de então.

Como era um mistério do povo daquele preto, já velho e cansado de tanto carregar fardos de pedras ornamentais alheias, então pôs sua mente arguta e agilíssima para raciocinar.

E o padre romano pensou, pensou e pensou! E tanto pensou, que criou a lenda dos três reis magos, na qual um era negro, em homenagem ao sábio preto velho que, falando-lhe desse seu lado sagrado e interior, havia lhe aberto a existência do lado sagrado das coisas; o da existência de passagens entre esses dois lados, etc.

Enquanto ouvia e sua mente pensava, a cada revelação do preto, já velho e cansado, seus olhos enchiam-se de lágrimas e mais e mais ele se achegava, chegando um momento em que ele se assentou no solo à frente do preto velho para melhor ouvi-lo, pois não queria perder nenhuma das palavras dele.

E aquele padre, que era o chefe de todos os padres romanos, diariamente ouvia por horas e horas o preto velho, cansado e curvado de tanto carregar fardos alheios. E depois que o dispensava, recolhia-se à sua biblioteca e começava a escrever os mistérios que lhe haviam sido revelados.

Aos poucos, estava reescrevendo o Cristianismo e dando-lhe fundamentos sagrados.

Escreveu a lenda dos três Reis Magos, na qual um dos magos era um negro muito sábio.

Mudou o formato da cruz em X na qual Cristo havia sido crucificado e deu a ela a sua forma atual, que é uma coluna vertical e um travessão horizontal.

Também determinou que em todos os túmulos cristãos deveria haver uma cruz, que é o sinal da passagem de um plano para o outro, segundo aquele preto velho.

Criou a figura de Lázaro, cheio de chagas, para adaptar Obaluaiê o Orixá da varíola, ao Cristianismo.

Na verdade, ele criou o sincretismo cristão, e dali em diante muitos outros "padres de todos os padres", uma espécie de papas, começaram a adaptar os mistérios de muitos povos ao Cristianismo, fundamentando a crença dos muitos seguidores de então da doutrina humanista criada por Jesus. E criaram concílios para oficializá-los e torná-los dogmas.

Poderíamos falar de muitos dos mistérios alheios que os padres romanos adaptaram ao Cristianismo. Mas agora vamos falar somente dos significados do mistério da cruz e dos cruzamentos, ensinados àquele padre por um preto velho.

# Lenda do Mistério das Cruzes 161

O ato de fazer o sinal da cruz em si mesmo tem esses significados:

a) Abre o nosso lado sagrado ou interior para, ao rezarmos, nos dirigirmos às divindades e a Deus por meio do lado sagrado ou interno da criação. Essa é a forma da oração silenciosa ou feita em voz baixa. Afinal, quando estamos no lado sagrado e interno dele, não precisamos gritar ou falar alto para sermos ouvidos. Só fala alto ou grita para se fazer ouvir quem se encontra do lado de fora ou profano da criação. Esses são os excluídos ou os que não conhecem os mistérios ocultos da criação e só sabem se dirigir a Deus de forma profana, aos gritos e clamores altíssimos.

b) Ao fazermos o sinal da cruz diante das divindades, estamos abrindo o nosso lado sagrado para que não se percam as vibrações divinas que elas nos enviam quando nos aproximamos e ficamos diante delas em postura de respeito e reverência.

c) Ao fazermos o sinal da cruz diante de uma situação perigosa ou de algo sobrenatural è terrível, estamos fechando as passagens de acesso ao nosso lado interior, evitando que eles entrem em nós e instalem-se em nosso espírito e em nossa vida.

d) Ao cruzarmos o ar, ou abrimos uma passagem nele para que, por meio dela, o nosso lado sagrado envie suas vibrações ao lado sagrado da pessoa à nossa frente, ou ao local que estamos abençoando.

e) Ao cruzarmos o solo diante dos pés de alguém, abrimos uma passagem para o lado sagrado dela.

f) Ao cruzarmos uma pessoa, abrimos uma passagem nela para que seu lado sagrado exteriorize-se diante dela e passe a protegê-la.

g) Ao cruzarmos um objeto, abrimos uma passagem para o interior oculto e sagrado dele para que ele, por meio desse lado, seja um portal sagrado que tanto absorverá vibrações negativas como irradiará vibrações positivas.

h) Ao cruzarmos o solo de um santuário, estamos abrindo uma passagem para entrarmos nele por meio do seu lado sagrado e oculto, pois se entrarmos sem cruzá-lo na entrada, estaremos entrando nele pelo seu lado profano e exterior.

i) Ao cruzarmos algo (uma pessoa, o solo, o ar, etc.), devemos dizer estas palavras: "Eu saúdo o seu alto, o seu embaixo, a sua direita e a sua esquerda e peço-lhe em nome do meu pai Obaluaiê que abra o seu lado sagrado para mim".

Outras coisas aquele ex-escravo dos romanos de então ensinou àquele padre de todos os padres, que era altivo e empertigado, mas que gostava de sentar-se no solo diante daquele sábio preto, já velho e muito cansado de tanto carregar os sacos de pedras ornamentais que enfeitavam muitas das mansões existentes na Roma daquele tempo.

Era um tempo que os políticos politiqueiros romanos estavam de olho no numeroso grupo de seguidores do Cristianismo e esmeravam-se em conceder aos seus bispos e pastores (digo, padres) certas vantagens em troca dos votos deles que os elegeriam.

Também era um tempo em que era moda aqueles bispos e pastores (digo, padres), colocarem nos púlpitos pessoas que davam fortes testemunhos, ainda que falsos ou inventados na hora, para enganar os trouxas já existentes naquele tempo, tanto na plebe como nas classes mais abastadas.

A coisa estava indo bem, mas havia espaço para melhorar mais ainda a situação da Igreja Romana daqueles tempos. Alguns padres, versados no grego, apossaram-se do termo "católico" que significava "universal" e universalizaram suas práticas de mercadores da fé.

Como estavam se apossando de mistérios alheios um atrás do outro e começaram a ser chamados de plagiadores, então fizeram um acordo com um imperador muito esperto, mas que estava com seus cofres desfalcados, à beira da bancarrota (digo, deposição), que consistia em acabar com as outras religiões.

No acordo, o imperador ficava com os bens delas (tesouros acumulados em séculos, propriedades agrárias e imóveis bem localizados) e os padres de então ficariam com todos os que se convertessem e começassem a pagar um dízimo estipulado por eles.

O acordo era vantajoso para ambos os lados envolvidos e aqueles padres de então, para provar ao imperador suas boas intenções, até o elegeram chefe geral da hierarquia, criada recentemente por eles, desde que editasse um decreto sacramentando a questão dos dízimos cobrados por eles.

Outra exigência daquele pastores (digo, padres) de então foi a de estarem isentos na declaração dos bens das suas igrejas.

Também exigiram primazia na concessão de arautos (as televisões de então), pois sabiam que estariam com uma vantagem imensa em relação aos seus concorrentes religiosos.

O acordo foi selado e sacramentado e aí foi um salve-se quem puder no seio das outras religiões. E não foram poucos os que rapidinho renunciaram à antiga forma de professar suas fezes (digo, fé, no singular, mesmo!), pois viram como a grana corria à solta para as mãos (digo, cofres) daqueles padres, porque eles eram muito criativos e a cada dia tinham um culto específico para cada um dos males universais, comuns a todos os povos, épocas e pessoas.

Aqueles pastores (digo, padres) de então estavam com tudo: a grana que arrecadavam, parte reinvestiam criando novos pontos de arrecadação (digo, novas igrejas) e parte usavam em benefício próprio, comprando mansões e carrões (digo, carruagens) que exibiam com ares de triunfo, alegando que era a sua conversão ao Cristianismo que os havia tornado prósperos e bem-sucedidos na vida.

Criaram uma tal de teologia da prosperidade para justificar seus enriquecimentos rápidos, e à custa da exploração da ingenuidade dos seus seguidores de então, que lhe davam dízimos e mais dízimos e ainda sorriam felizes com suas novas fezes (digo, fé no singular).

Tudo isso aconteceu no curto espaço de uns vinte e poucos anos e começou depois da segunda metade do século IV d.C.

Por incrível que pareça, aquele preto velho, muito cansado de tanto carregar sacos de pedras alheias, viveu tempo suficiente para ver tudo isso acontecer.

E tudo o que aquele padre de todos os padres havia lhe dito que faria com tudo o que tinha aprendido com ele, aconteceu ao contrário.

O tal pastor (digo, padre), já auto-eleito bispo, usou o que havia aprendido com ele, mas segundo seus interesses de então, (digo, daquela época).

Batizava com uma caríssima água trazida direto do rio Jordão, (mas que seus asseclas colhiam na calada da noite das torneiras da Sabesp (digo, das bicas da adutora pública).

Vendiam um tal de óleo santo feito de azeitonas colhidas dos pés de oliva existentes no Monte das Oliveiras (mas um assecla foi visto vendendo a um "reciclador" barricas de um óleo que, de azeitonas, só tinha o cheiro).

E isso, sem falar nas réplicas miniaturizadas da Arca da Aliança feita de papiro; nas réplicas das trombetas de Jericó; em um tal de sal grosso vindo direto do Mar Morto, mas que algumas testemunhas ocultas juraram que era sal grosso de um fabricante de sal para churrasco.

Foram tantas as coisas que aquele velho preto cansado e curvado havia ensinado àquele jovem e empertigado pastor (digo, padre) e que ele não só não usou em benefício dos outros como os usou em benefício próprio, que o preto já velho, muito velho, falou para si mesmo:

"Perdoa-me, meu pai Obaluaiê, mas eu não revelei àquele padre o que acontece com quem inverte os seus mistérios ou os usa em benefício próprio: que eles, ao desencarnarem, têm seus espíritos transformados em horrendas cobras negras!"

Obaluaiê, ao ouvir o último lamento daquele preto-velho, curvado de tanto carregar sacos de pedras alheias e cansado e desiludido por ensinar o bem e ver seus ouvintes inverterem tudo o que ouviam em benefício próprio, acolheu em seus braços o espírito curvado dele, endireitou-o, acariciou-lhe o rosto e falou-lhe bem baixinho no ouvido:

— Meu filho, alegre-se, pois ele só andará na terra o tempo necessário para tirar dos cultos dos Orixás os que não aprenderam a se curvar diante dos Senhores dos Mistérios, mas que se acham no direito de se servirem deles. Mas, assim que ele fizer isso, deixará essa terra e voltará a rastejar nas sombras das trevas mais profundas, que é de onde ele veio para recolher de volta para elas os espíritos que Jesus trouxe consigo após sua descida às trevas.

Bem que eu alertei o jovem e amoroso Jesus sobre o perigo de usar do meu Mistério da Cruz para abrir passagens nas trevas humanas! Afinal, quem abre passagens nas trevas com meu mistério da cruz, liberta o que nele existe, não é mesmo, meu velho e sábio preto?

– É sim, meu divino pai Obaluaiê!

# Lenda da Chave de Obaluaiê

Obaluaiê é conhecido na Umbanda como o Orixá do cemitério e da cura das doenças. Além disso, nada mais se sabe ou se ensina, e isso é muito pouco para o Orixá que gera em si e de si fatores importantíssimos para a estabilidade e a evolução de tudo o que vive na morada exterior de Olodumarê.

Os fatores formadores do seu poderoso fator mais conhecido são o estabilizador, o transmutador, o evolucionista e o regenerador.

Conta uma lenda sobre Obaluaiê que no tempo – quando o tempo ainda não existia, mas que os Orixás estavam dando início à criação dos mundos na morada exterior de Olodumarê – muito eles criavam, mas nada adquiria estabilidade. E mesmo que uma criação não saísse a contento do seu criador, não havia como alterá-la, porque o fator transformador de Exu modificava tudo de forma confusa e desordenada, só piorando as suas criações, que se tornavam caóticas e degeneradas.

Só as coisas criadas por Obaluaiê adquiriram estabilidade e transmutavam-se, evoluindo segundo suas funções na criação.

As mães Orixás não queriam se aproximar dele, porque sua chave abridora das conchas da vida era a mais grossa de todas e temiam ter suas conchas abertas de forma irreversível, não voltando a se fechar mais.

Só Nanã Buruquê, sua companheira inseparável, não temia ter sua concha aberta pela chave de Obaluaiê, e sorria enigmática quando inquirida sobre o porquê de suas criações serem sempre estáveis. E não havia como fazê-la revelar seu segredo, até porque não faz parte da natureza dela revelar os mistérios alheios.

O tempo, no tempo em que ainda não havia Tempo na morada exterior de Olodumarê, foi passando e só as criações de Obaluaiê e as gerações de Nanã tinham a estabilidade necessária para cumprir suas funções no mundo manifestado.

Mesmo Exu, que era bem informado, mas muito indiscreto, recusava-se a comentar qualquer coisa sobre Obaluaiê, pois, de todos os Orixás, o único que ele não fica na frente em hipótese alguma é Obaluaiê.

Na verdade, Exu nunca revela nada ou sobre Obaluaiê. Nunca mesmo!

E todas as mães Orixás chegavam a certa distância dele, observavam sua chave, olhavam o tamanho dela e a estreita abertura de suas formosas conchas da vida. Mas logo se afastavam, temendo pedir-lhe para abri-las com sua chave e derramar dentro delas o seu fator estabilizador, o único que daria estabilidade às suas gerações.

Então, elas instigavam os Orixás masculinos a conseguir dele o fator estabilizador para que suas criações adquirissem estabilidade. Mas todos se recusavam, pois temiam que, ao adquirirem tal fator, suas chaves também ficassem como a dele, que, de tão grossa e pesada, obrigava-o a curvar-se quando caminhava.

E nenhum deles queria perder seus passos ágeis e leves por ter de carregar uma chave grossa e pesada ou mesmo de vir a adquirir junto o fator contagiador que pipocava em todo o corpo dele, deixando-o marcado.

Oxóssi ofereceu a elas o seu fator expansor, com o qual poderiam expandir o tamanho e a abertura de suas conchas, mas um problema pior se apresentou: como devolver-lhes seus tamanhos naturais sem o fator oposto, que é contrator e faz com que tudo que se expandiu se contraia e volte à forma original?

Mesmo o Tempo ainda não existindo na morada exterior de Olodumarê, muito tempo havia se passado sem que ninguém se animasse a aproximar-se de Obaluaiê e pedir que compartilhasse o seu fator estabilizador, o único a dar estabilidade às criações e às gerações.

Oxum, inconformada com aquele caos, foi até Oxalá, que andava curvado por carregar todos os modelos das coisas da morada exterior de Olodumarê, e vendo em sua mão esquerda um molho com todas as chaves exteriorizadas por Olodumarê, inclusive a de Obaluaiê, perguntou-lhe como fazer para adquirir o fator estabilizador dele, o único que tornaria as criações e as gerações deles estáveis.

– Só tendo suas conchas abertas pela chave dele poderão adquirir o fator estabilizador, minha filha! – respondeu ele, o guardião dos mistérios de todas as chaves exteriorizadas por Olodumarê.

– Mas assim, tendo nossas conchas abertas por aquela chave grossa, elas ficarão de tal forma que perderão a elasticidade e não se fecharão mais!

– Não tema, minha filha! – exclamou Oxalá – A chave dele abre uma concha ao máximo quando é introduzida nela, mas, quando ele a retira, fecha-a de tal forma que até fica parecendo que ainda não foi aberta nenhuma vez.

– Então esse é o segredo de Nanã Buruquê?

– É sim, mas não diga a ela que você o conhece, está bem?

– Agora entendo por que ela não ostenta ou mostra sua concha para ninguém! Nós pensávamos que era porque estava totalmente aberta ou deformada, meu pai!

– Obaluaiê é o senhor do fator das passagens, minha filha. Ele é o único que abre tudo o que se fechou ou fecha tudo o que se abriu demais.
– Entendo, meu pai! – exclamou Oxum, enigmática.

Ela se retirou e anunciou a todos os Orixás que iria pedir a Obaluaiê que compartilhasse com ela seu fator estabilizador, causando certo incômodo, pois de todas as conchas da vida a dela era a menor, ainda que fosse a mais bonita.

E lá foi ela, resoluta, até Obaluaiê, que não se negou a compartilhar com ela o seu poderoso fator estabilizador das criações e das gerações exteriores no mundo manifestado.

Ele, que vivia isolado de todos os outros Orixás por causa do seu fator contagiador, nunca havia visto outra concha da vida além da de Nanã. E, ao ver nas mãos delicadas de Oxum a sua pequenina, encantadora e belíssima concha da vida, foi logo lhe oferecendo seu fator estabilizador das gerações.

Mas ela, ágil no raciocínio como só ela consegue ser, pois gera o fator agilizador, quis saber quais eram os outros fatores que ele gerava.

– Por que você quer saber quais são os fatores que formam o meu Axé?
– Bom, eu acredito que o senhor tenha outros que possa compartilhar comigo. Então, quero saber quais são, meu senhor das passagens!
– Só lhe revelarei meus outros fatores se você me ceder sempre a sua concha da vida para nela serem geradas as minhas criações que a concha da vida de Nanã não consegue gerar.

Oxum refletiu muito antes de aceitar essa exigência dele. Então decidiu exigir dele que sua concha fosse imantada pelo seu fator que abria o que estava fechado e fechava o que estava aberto.

– Assim, imantada com esse meu fator, sua concha se abrirá até o extremo da criação ou se fechará de tal forma, que nenhuma chave entrará em sua fechadura. E você poderá graduá-la segundo sua vontade!
– É isso mesmo que eu quero para a minha concha da vida, a menor de todas, ainda que seja a mais bonita. Ela é tão pequena que só umas poucas chaves, também pequenas, a abrem.

Obaluaiê, vendo-a triste por possuir uma concha da vida belíssima, mas pequena, entendeu seu pedido e aceitou imantá-la com seu fator, dotando Oxum com o poder de abrir ou fechar sua encantadora concha segundo a própria vontade.

Após imantá-la, Obaluaiê viu-a abrir-se de tal forma que sua chave entrou facilmente nela que, dali em diante, tanto começou a receber os fatores dele por ela escolhidos, como nunca deixou de gerar todas as criações dele que não podiam ser geradas pela concha da vida de Nanã Buruquê.

E assim tem sido desde aquele tempo, quando o Tempo ainda não existia na morada exterior de Olodumarê.

As outras mães Orixás geradoras, vendo que Oxum voltara feliz e começara a gerar criações estáveis, uma a uma, animaram-se a ir até Obaluaiê e pedir-lhe que partilhasse com elas seu fator estabilizador, dando, dali em diante, estabilidade às suas gerações das coisas que formariam o mundo manifestado ou morada exterior de Olodumarê, o nosso Divino Criador.

Então, irmão umbandista, o que você pensa agora de nosso querido e amado pai Obaluaiê? Você ainda crê que ele só faz o que até hoje chegou da África em comentários parciais?

Saiba que sem Obaluaiê nada se abre ou se fecha.

Saiba também que só Oxum partilha com ele esse poder manifestado por Olodumarê na sua morada exterior (o *Aiyê* nigeriano).

Saiba também que é obrigatório a toda filha de Oxum ter em sua casa (o seu terreiro) um assentamento simbólico de Obaluaiê no lado de fora dela, pois só assim ela adquire a estabilidade indispensável ao bom andamento dos trabalhos espirituais que serão realizados no seu interior.

# A Geração de Oro Iná

Olorum, o nosso pai e nosso Divino Criador, tem uma matriz geradora de energias que, segundo fontes informadíssimas, gera sua energia original em todos os padrões vibratórios, graduando-a a todas as necessidades da sua criação.

A mesma energia viva gerada por Ele assume graus, desde o mais frio até o mais quente, desde o mais sutil até o mais denso e desde o mais leve até o mais pesado, não deixando nada sem recebê-la.

Essa Sua matriz geradora de energia, também conhecida como matriz energética divina, é um dos mais fascinantes mistérios da criação, porque está ligada a todas as realidades criadas por Ele.

Segundo nossas fontes, é nessa matriz que foram gerados vários dos Orixás cujos nomes são desconhecidos porque nunca foram humanizados e nomeados na Nigéria, ainda que muitos deles o tenha sido em outras culturas religiosas do nosso planeta, só que já com os nomes de deuses, avatares, devas, etc. Mas isso foge aos nossos propósitos e recomendamos que procurem estudar as outras culturas religiosas, nas quais os encontrarão, certo?

O fato é que nessa matriz energética existem muitos compartimentos e, em cada um deles, o Divino Criador Olorum gerou um Orixá energético, cada um responsável por um padrão vibratório de sua energia original, viva e divina.

No compartimento gerador do padrão ígneo, ele gerou um Orixá feminino que rege sobre o fogo, desde o seu grau de calor mais frio até o mais quente.

– No grau mais frio, o mesmo fogo apresenta-se na cor preta e é chamado de fogo absorvedor.

– No seu grau mais quente, esse fogo apresenta-se na cor alaranjada e é chamado de fogo irradiante.

Do fogo preto até o fogo alaranjado há toda uma variedade de tipos, pois cada cor é uma graduação da mesma energia ígnea original gerada por Olorum nessa sua matriz.

Na Nigéria ainda existe um culto a essa mãe Orixá cujo nome em yorubá é Oro Iná.

O fato é que, durante a fundamentação astral da Umbanda a partir do ano de 1850 e até sua abertura ao plano material em 15 de novembro de 1908 pelo senhor Caboclo das Sete Encruzilhadas pelo seu médium, o saudoso pai Zélio Fernandino de Moraes, os seus mentores-fundadores optaram por fundamentá-la no setenário sagrado e nas suas sete irradiações divinas.

Como os Orixás que regem essas sete irradiações são de alcance ilimitado, porque cada um é em si uma realidade do nosso Divino Criador, o alcance religioso da Umbanda é universal.

Esse universal refere-se ao próprio Universo e ao futuro, quando a humanidade povoar outros planetas, ainda poderão continuar a cultuá-los, porque lá eles também estarão presentes, certo?

Bom, o fato é que a tímida Umbanda, nascida de forma espontânea e sem muito alarde, logo conquistou a mente e o coração das pessoas que passaram a ser ajudadas pelos espíritos guias que começaram a incorporar em seus médiuns, todos se manifestando como guias de Umbanda.

Aos poucos, vieram informações sobre os reais poderes por trás dos santos católicos, sincretizados com os Orixás pelos escravos negros impedidos de professarem livremente suas religiões, assim como as divindades indígenas evocadas pelos primeiros caboclos, todos índios brasileiros.

O sincretismo ajudou a nova religião, que nascia no coração político do Brasil, dominado pelo Cristianismo apostólico romano.

Mas, 83 anos depois, alguns espíritos mentores de Umbanda receberam uma incumbência: abrir de vez o Mistério das Sete Linhas de Umbanda e retirar toda e qualquer menção a santos católicos ou divindades indígenas e demonstrar racionalmente o que são as sete linhas de Umbanda e seus regentes divinos: os Sagrados Orixás.

Adotando os nomes já em uso e aportuguesados dos Orixás, em 1992 foi escrito um livro denominado *Código de Umbanda**, no qual o mistério foi sendo aberto.

Só que alguns dos Orixás que pontificam as sete irradiações divinas não eram cultuados na Umbanda e nem no Candomblé: Logunã, senhora geradora do fator temporizador, e Oro Iná, gerada por Olorum na sua matriz geradora de energias.

Quanto a Oxumaré e a Obá, já eram Orixás conhecidos dos umbandistas.

Oro Iná é a mãe Orixá regente do polo ígneo feminino da 4ª linha de Umbanda.

---

* N. E.: Codigo de Umbanda, Rubens Saraceni, Madras Editora.

# Lenda de Oro Iná

Conta uma lenda que os Orixás construtores do Universo, entre tantas dificuldades, depararam-se com uma deveras insolúvel: a falta de energia em tudo o que criavam!

Tudo era criado e, após colocarem cada coisa no seu lugar, viam que faltava algo. Inclusive, após eles terminarem suas tarefas também sentiam-se esgotados e tinham de recorrer a alguns fatores que tornavam a fortalecê-los, vitalizá-los, fortificá-los, etc., para, aí sim, voltarem a trabalhar na construção dos mundos.

Certa vez, cansados de tantas interrupções para recarregarem-se, reuniram-se com Orunmilá, o adivinho, e consultaram-no sobre o que estava acontecendo, pois tinham que se recolherem às suas realidades para se recarregarem caso quisessem continuar a obra de construção da morada exterior de Olorum, o Divino Criador.

Orunmilá, após várias jogadas, decifrou o enigma:

– Oro Iná, a nossa irmã Orixá gerada na matriz energética do nosso pai Olorum, não saiu conosco e o que está acontecendo é que, sem ela aqui na morada exterior, os fatores dela não estão no que vocês têm construído.

– Quais são os fatores que ela gera, Orunmilá? – perguntou-lhe Ogum.

– Bom, até onde sei, o principal é o fator graduador, Ogum.

– Mas Xangô não gera este fator?

– Xangô só gera a parte masculina e passiva desse fator, Ogum. Logo, só mesmo unindo as duas partes, a passiva e a ativa, vocês terão como graduar a energia de tudo o que criam, que permitirá que cada coisa alcance o seu estado físico e adquira estabilidade, durabilidade e vibração própria!

– Temos de resolver esse problema, Orunmilá! – exclamou Ogum, muito preocupado. – O que você sugere?

– A solução é enviarem o pássaro mensageiro até o nosso pai Olorum. Só Ele poderá solucionar essa sua dificuldade, Ogum!

Após concordarem em enviar o pássaro mensageiro, ficaram ali mesmo, à espera da resposta de Olorum. E não demorou muito para ela vir na forma de um ponto minúsculo que parecia uma pequena concha viva ígnea.

Ao condensar-se intensamente, aquela concha viva se abriu e emitiu uma explosão energética ígnea tão intensa, que em segundos, espalhou-se por todo o espaço à volta da morada interior do nosso Divino Criador Olorum.

Os Orixás só não foram consumidos por ela porque, ao verem surgir aquela concha da vida ígnea, imediatamente se recolheram as suas realidades cobrindo-se com seus mantos.

Mas a explosão energética ígnea foi tão poderosa, que sua magnitude transcendeu tudo o que possamos imaginar. E, de tão poderosa que foi, dissolveu todos os mundos que eles já haviam construído.

Quando, segundos depois, tudo cessou, o que se via era um fundo escuro no Universo, coalhado de uma energia escura e muito fria. E no meio dela pairava imponente e majestosa a mais nova filha de Olorum já exteriorizada por ele até então.

Os Orixás, cada um em sua realidade, contemplaram a explosão energética, análoga à do *big-bang* dos astrônomos, se é que não são as mesmas, só que descritas a partir de pontos de observação diferentes.

Mas, que a exteriorização de Oro Iná foi uma explosão energética, disso não tenham dúvidas!

Quando restou só um fundo escuro, os Orixás descobriram-se e foram saudá-la. E, um a um, chegaram diante dela, e cruzaram o espaço diante dos seus reluzentes pés.

– Levantem-se, amados irmãos construtores da morada exterior do nosso pai e Divino Criador Olorum!

Após se levantarem e contemplá-la de frente, Oxalá tomou a iniciativa e saudou-a:

– Seja bem vinda, amada irmã geradora do fogo devorador que devorou tudo o que já havíamos construído na morada exterior do nosso pai e nosso Divino Criador Olorum.

– Sinto-me honrada com vossa recepção. Mas percebo uma decepção na sua voz, meu irmão modelador!

– Bom, nós havíamos enviado um pedido, e Ele nos enviou alguém com uma outra função, sabe?

– Não sei não, Babá modelador. Espero não os decepcionar!

– Nós também esperamos não decepcioná-la, irmã amada. Só teremos de reconstruir alguns mundos que não estavam funcionando bem.

– Quantos mundos vocês terão de reconstruir, Babá modelador dos mundos?

– Creio que serão só algumas centenas de bilhões, sabe?

– Tantos assim?

– Isso não é nada perto dos trilhões ou quatrilhões que teremos de construir. Mas sempre é tempo de recomeçar quando algo não está dando certo, não é mesmo?

– É sim, Babá. Sempre é tempo de recomeçar. Infeliz será o ser que, na morada exterior, não tiver ânimo para recomeçar e refazer sua vida. Em que posso auxiliá-los na construção da morada exterior do nosso Divino Criador Olorum?

– Nós precisamos da posse do seu fator graduador para dar às nossas criações seus respectivos estados de estabilidade.

– Posse concedida, Babá modelador! O senhor quer mais alguma coisa de mim?

– Ainda não sei o que lhe solicitar, irmã.

– Quando souber, avise-me, está bem?

– Está sim, irmã incandecedora. Peço sua licença para recolher-me à minha realidade.

– Licença concedida, Babá modelador.

Oxalá recuou os sete passos tradicionais e recolheu-se à sua realidade, onde se pôs a meditar sobre a mais nova mãe Orixá exteriorizada pelo Divino Criador Olorum.

Sua imponência e majestosidade incandesceria a todos que a vissem, pensou ele.

O fato é que, dali em diante, todos os mundos criados pelos Orixás adquiriram estabilidade porque os gazes, os líquidos e os sólidos passaram a ter seu ponto de equilíbrio, graças ao fator graduador da nossa amada mãe Oro Iná.

# Orixá Oro Iná
## A Deusa do Fogo Universal

No princípio do mundo, só reinavam Orixás Olokun, o deus do oceano e Nanã, a deusa dos pântanos e só água cobrindo tudo. Olodumarê, o deus supremo, aborrecido com a monotonia, então ordenou a deusa do fogo universal, matéria de origem do sol, a força da lava vulcânica contida nas entranhas da terra, a fazer surgir com a força vital da existência do fundo do mar que cresceu em forma de erupção vulcão com a ajuda de Orixás Aganju, deus da erupção vulcânica.

Logo, Olodumarê reuniu com todos os demais orixás e determinou a cada um o seu domínio na criação da vida. Olodumarê novamente deu ordens às Orixás Oro Iná e Aganju, para que fizessem uma cadeia de montanhas que isolasse Orixá Olokun em seu espaço, e assim com a força destes orixás as montanhas isolaram Okun – mar, mas Olokun insistia em invadir a terra desafiando assim as ordens de Olodumarê.

Após muito tempo nesta situação, já com a terra e a criação reconstruída, Olokun pediu a Olodumarê que os seres humanos que viviam na terra deveriam lhe fazer oferenda diária de cada ser humano em troca do espaço perdido e que lhe pertencia.

Olodumarê julgou justo e concordou, mas ela deveria permanecer no fundo de Okun e apenas de tempos em tempos poderia vir à superfície.

É por isto que até hoje, todos os dias, o mar leva um ser humano, mantendo assim Olokun apaziguado.

Texto enviado por Babá Rotimi
E-mail: diretoria@casadocriador.org.br
http://www.casadocriador.org.br/os-401-orixás-irunmoles/

## Citação sobre Orixá Oro Iná

Desconhecido Orixá Okê (Olooke, Oloroke), o Orixá do Monte, das Montanhas... E sobre o monte a vida do homem é possível entre os Orixás, existe um chamado Orixá Okê.

Entre todos os Okê, existe um mestre muito importante de nome Olooke, o dono e senhor das montanhas. Anteriormente existiam vários outros Okê junto com ele. Eles também são muito importantes e não se deve brincar com eles, já que representam a justiça acima de qualquer coisa. Sua importância se deve muito ao fato de que todos os Orixás que chegaram no tempo da criação, desceram à Terra por intermédio de Olooke.

Okê foi a primeira ligação entre Orun e Aiye (Céu e Terra), sendo que ele foi a primeira terra firme, uma montanha que se elevou do fundo do mar a pedido de Olodumarê e com a ajuda de Oro Iná e resfriada por Olokun.

Conta o mito dos tempos da criação que, no princípio do mundo, só reinava Yeye Olokun, a deusa do oceano avó de Ya Olokun e bisavó de Yamoja, e Olodumarê.

O Deus supremo estava aborrecido com tanta monotonia de só haver água cobrindo tudo, então ordenou a Oro Iná, o Fogo Universal, matéria de origem do sol, a lava vulcânica contida nas entranhas da terra, a fazer surgir com a força vital da existência que lhe deu Olodumarê, a primeira colina do fundo do mar que cresceu em forma de um vulcão em erupção lançando lava que ela (Oro Iná), com a ajuda de Olooke, Aganju, e Igbona, traziam das profundezas da terra e que eram resfriadas por Olokun.

Foi assim que nasceu Okê, a montanha, divindade que também é conhecida como Olooke, o dono e senhor da montanha.

Logo Olodumarê, o universo com todos os seus elementos, reuniu todos os demais Orixás Funfun em Okê e determinou a cada um, o seu domínio na criação da vida. Chegaram primeiro Obatala e Yemu (Oduaremu). Após a chegada de Obatala e sua esposa Yemu, chegaram os outros Orixás Funfun, sendo um muito especial: Akafojiyan que, com seu irmão Danko (ou Ndako), encabeçou os demais vindo à frente e este último passou a habitar os bambuzais brancos.

Chegaram Ogiyan, Olufon, Osafuru, Baba Ajala, Olufande, Orixá Ikere e todos os demais Orixás Funfun. Após a chegada dos Orixás, era a vez dos Ebora, e a cada um foi dada por Olodumarê uma função na terra.

Sem Olooke nenhuma divindade teria chegado à Terra e sendo ele a primeira terra firme, sempre se deve recordá-lo e fazer-lhe oferendas, pois o que aconteceria se ele resolvesse voltar para Okun. Epa mole.

Olooke é a colina, tudo que é elevado e alto. A lava vulcânica também lhe pertence e é a divindade de todas as montanhas da terra, sendo ainda a força e o guardião de todos os Orixás. É inseparável de Obatala.

A árvore Ose (Baobá) é também sua representação e seu arbusto de culto, pois a grandiosidade do Baobá, sua altura, sua magnitude, a idade de até 6000 anos que pode viver, sua solidez faz dela a árvore escolhida por Olooke para seu culto. No Brasil, por existirem poucos Baoba, passou-se a cultuar Olooke ao pé da gameleira branca que serve de culto também para Iroko, mas um Orixá não tem nada a ver com o outro.

Na África, até os dias atuais, este Orixá é tido como de muita importância, sendo temido, e seus festivais anuais, os "Semuregede", atraem grande número de fiéis que acreditam que Olooke trará prosperidade e paz pelo ano todo.

Seus ritos são sete e dois deles são os pontos culminantes, que é a oferenda no arbusto na floresta sagrada e sua saída à rua acompanhado de seus adoradores onde as pessoas prostram-se com a cabeça no chão em sinal de grande respeito e temor perante um Orixá tão poderoso.

Os não iniciados escondem-se dentro das casas, assim como as mulheres grávidas e crianças que não fazem parte do Egbe. Aquele que pode dirigir-se a Oloke e conversar, fazer pedidos a ele, chama-se Baba Elejoka.

Olooke é o guardião de muitos povos no Ekiti (Nigéria), e lá estão localizadas as maiores rochas onde se praticam seu culto.

E o mito continua: Quando tudo já estava funcionando com cada Orixá e Ebora com suas funções sendo executadas, eis que Olokun julgou que havia sido prejudicada perdendo espaço para as outras divindades e então Olokun resolveu retomar o espaço que ocupava anteriormente invadindo as terras. Muitos seres que já haviam sido criados morreram com ira de Olokun.

Olodumarê, vendo o que estava acontecendo novamente, deu ordens a Oro Iná, Aganju, Igbona e Olooke para que fizessem uma cadeia de montanhas que isolasse Olokun em seu espaço e assim com a força destes Orixás, as montanhas isolaram Okun, mas Olokun insistia em invadir desafiando assim as ordens de Olodumarê, que, enfurecido, condenou Olokun a viver nas partes mais profundas do Oceano e ainda a acorrentou dando a ela um mensageiro que era uma grande serpente marinha de tamanho nunca antes visto.

E deu a Olokun uma Ilha onde sua mensageira viria receber as oferendas para levar até Olokun. Após muito tempo nesta situação, já com a terra e a criação reconstruída, Olokun pediu a Olodumarê que a deixasse livre, mas os seres que viviam na terra deveriam lhe fazer uma oferenda diária de um ser humano em troca do espaço perdido e que lhe pertencia. Olodumarê concordou, mas ela deveria permanecer no fundo de Okun e apenas de tempos em tempos
poderia vir à superfície em sua ilha e, quanto às oferendas diárias, seria a grande serpente, sua mensageira quem lhe entregaria.

Com a invasão de Olokun, os primeiros seres que haviam sido criados foram todos tragados pelas águas, mas estes primeiros seres eram defeituosos e mal-acabados, pois eram as primeiras experiências dos Orixás que puderam então fazer seres mais aprimorados que desenvolveram as civilizações.

Olooke criou vários lugares para sua adoração, mas sua cidade principal foi Okiti Ikole onde era adorado em um grande Ose (baoba). Ekiti é seu grande celeiro. Olooke também é uma criatura branca complexa e, sendo assim, veste branco e seu rosto não deve ser encarado por nenhum mortal. O Orixá também não quer ver os olhos das pessoas, pois não confia nelas e assim reserva-se debaixo de um Ala Olooke. Está sempre presente nos festivais de Yeye Olokun e de Obatala. Seu toque principal no tambor "D'Água" lembra muito o Aluja tocado para Sangò, porém mais cadenciado. A dança é muito valorizada pela beleza, e os movimentos tornam-se mais lentos para que possam ser executados com muito mais graça. Ele dança também o ritmo Ijesá, isso tanto na África quanto no Brasil. No festival de Olooke, em todo Ekiti, na semana que antecede o festival, o Egun de Olooke é quem sai à rua para dançar.

Na semana seguinte é o festival do Orixá, que reúne grande número de fiéis e, em alguns ritos, é proibido a presença de mulheres e crianças, pois, as mulheres não podem sequer tocar no Igbá do Orixá. Elas são consideradas escravas de Olooke e podem apenas cantar para ele (e neste momento quem deve cantar são apenas as mulheres).

Elas podem também ser iniciadas para Olooke, porém não podem pôr a mão no próprio assento de seu Orixá, tendo que imediatamente ser confirmado um homem que fará as funções.

Um Orixá acompanha muito Olooke, a ponto de levar em seu nome o nome do Orixá: Ogum Olooke ou Ogum Oke, pouco conhecido no Brasil. Este Ogum viveu ao lado de Olooke e é quem dá caminhos a Olooke. Ogum foi quem abriu os caminhos para Olooke vir para as terras baixas e participar do convívio das pessoas.

Fonte: Axé Oloroke
http://obajakuta.blogspot.com.br/2013_01_01_archive.html

# Lenda da Geração de Logunã

Logunã é a divindade que gera o fator temporizador, ou seja, um fator que, ao ser absorvido por algo ou alguém, dota-o da faculdade de avançar, não no sentido de deslocamento de um lugar para outro, mas no sentido de avançar no tempo e, sem sair de onde está, alcançar visualmente eventos que, cronologicamente, só acontecerão mais adiante.

Esse fator temporizador dota o ser desse poder que, quando usado pela imaginação, permite-nos desenvolver uma linha de raciocínio e ir pensando cada detalhe até que todo um conjunto de coisas pensadas forme algo, tal como um quadro, um filme, uma peça teatral, um conto, um romance, um projeto, um sonho, etc.

A nossa faculdade de pensar não existiria se não houvesse esse fator temporizador, que faz com que nossa mente e nosso pensamento vão se deslocando de uma coisa para outra, sem perder o fio da meada.

E sabemos – ou melhor, temos uma ordem cronológica para tudo o que foi pensado – que, se quisermos, podemos rememorar cada coisa que foi pensada, como podemos rememorar tudo do começo ao fim, novamente.

Esse fator temporizador faz com que surja uma vibração (tal como uma fita magnética) na qual o pensamento vai gravando tudo o que foi pensado.

O fator temporizador é complexo e é formado por muitos outros fatores puros. Vamos citar alguns para que tenham a noção exata da importância de Logunã como Orixá do Tempo.

Fatores puros que formam o complexo (fator) temporizador de Logunã:

- Fator graduador;
- Fator pulsador;
- Fator cadenciador;
- Fator revertedor;
- Fator nivelador;
- Fator invertedor;
- Fator avançador;

- Fator virador;
- Fator retrocedor;
- Fator girador;
- Fator regressor;
- Fator marcador;
- Fator imaginador, etc.

Na verdade, o fator complexo de Logunã é formado por muitos outros fatores puros (com uma só função) que, sem ele, nada deixa sua posição, postura, estado, forma e aparência originais.

Diríamos que tudo fica estático ou parado no tempo, se é que essa é a melhor definição do que aconteceria se não existisse o fator temporizador de Logunã.

E era justamente isso que acontecia com as criações e gerações dos Orixás naquele tempo, quando o Tempo ainda não existia, que foi quando Olodumarê enviou os Orixás à sua morada exterior para que eles a ocupassem com suas criações e gerações, tornando-a habitável para os seres espirituais, para as criaturas e para as espécies.

Em função da não existência do Tempo naquele tempo, temos uma lenda que nos conta como o Tempo começou a existir na morada exterior de Olodumarê.

# Lenda de Logunã, a Orixá Mãe do Tempo e das Eras

Ainda que não houvesse o Tempo, aquele sim era um tempo difícil, pois os Orixás enviados à morada exterior de Olodumarê se deparavam com todo tipo de dificuldades para ocupar o vazio à volta da morada interior dele.

Ora, ainda que horas ainda não existissem, ora era uma, ora era outra dificuldade.

Mas, a maior de todas era a de que tudo o que criavam e geravam, após sair das conchas da vida das mães Orixás, permanecia estático e mesmo eles usando o fator vibracionista de Iansã, que fazia tudo vibrar, ainda assim nada mudava.

Os Orixás construtores dos mundos estavam preocupados com esse "estado das coisas" criadas e geradas, pois se pareciam com uma imagem parada, com um quadro ou uma foto.

E, se criavam e geravam coisas incessantemente, no entanto, o que faziam era aumentar cada vez mais o número de mundos estáticos na morada exterior de Olodumarê.

Cada Orixá masculino revirava seu fator, procurando algum fator que fizesse as coisas andarem, mas nada encontravam. Já as mães Orixás examinavam todas as possibilidades geracionistas de suas conchas da vida para ver se, combinando seus fatores, geravam algo que alterasse o estado das coisas geradas por elas.

Após todos examinarem detidamente seus fatores e não encontrarem um fator que os ajudasse a alterar o estado das coisas geradas, pararam de gerar e dirigiram-se até Orunmilá, o adivinho, consultando-o para descobrir o que estava faltando ou o que estava errado, já que suas criações se mostravam perfeitas.

Orunmilá, após algum tempo, descobriu que o que faltava não estava na morada exterior de Olodumarê e enviou seu pássaro mensageiro à morada interior dele com um pedido de auxílio.

Olodumarê contemplou em um relance o vazio e o viu cheio de mundos espalhados por todos os lados, mas todos estavam estáticos, como em um quadro ou uma pintura.

Então, Olodumarê pensou em tudo o que faltava e seu pensamento começou a gerar um Orixá diferente, um que tivesse em si a solução para todas as dificuldades deles, naquele momento da criação e por toda a eternidade.

Só assim, exteriorizando um Orixá que gerasse soluções, sua morada exterior nunca mais ficaria estática, parada como um quadro, uma pintura belíssima, mas faltando algo que a tornasse uma obra de arte.

E Olodumarê imaginou o "Tempo"! E, no seu pensar, gerou sua filha Orixá Logunã, que seria, em si, geradora de soluções para as dificuldades de todos na sua morada exterior.

Como Oxalá havia levado consigo todos os modelos e formas das coisas a serem criadas consigo quando partiu para sua morada exterior, não havia nenhum disponível para dar ao Tempo ou ao Orixá que geraria soluções.

Então Olodumarê, em um só pensar, imaginou a solução: pensou o "Tempo" na sua morada exterior e pensou quem geraria as soluções, exteriorizando-as com ele.

E Olodumarê deu a esse Orixá do Tempo o nome de Logunã, a solução das dificuldades inimaginadas.

Ela seria portadora de todo tipo de solução, mesmo as não pensadas por Ele, para solucionar as dificuldades que viessem a surgir no decorrer do "Tempo", que acabara de ser pensado por Ele.

Olodumarê determinou ao pássaro mensageiro que retornasse à sua morada exterior e avisasse Orunmilá que logo a solução para todas as dificuldades chegaria, pois Ele enviaria um novo Orixá cujo fator seria gerador de fatores ainda inexistentes fora de sua mente.

Só esse novo Orixá teria a faculdade de gerar fatores que solucionariam todas as dificuldades que viessem a surgir, tanto na criação quanto na manutenção de tudo e de todos na sua morada exterior.

E o pássaro mensageiro retornou a Orunmilá com a notícia de que Logunã, a solução das dificuldades, seria exteriorizada por Olodumarê assim que todos se reunissem ao redor de Oxalá, o portador do fator dos modelos e das formas.

Rapidamente todos se reuniram ao redor de Oxalá, e o pássaro mensageiro retornou até Olodumarê para avisá-Lo de que estavam prontos para receber o novo Orixá que solucionaria todas as suas dificuldades.

Olodumarê, num único pensar, exteriorizou o Tempo e com ele fez surgir Logunã, a solução de todas as dificuldades.

E junto com esse pensar, Olodumarê manifestou uma sentença que se tornou Lei na criação exterior.

– Só no Tempo todas as dificuldades serão solucionadas, porque só ele trás em si um fator gerador de novos fatores, capazes de solucionar todas as dificuldades.

E Logunã, a geradora do Tempo na sua morada exterior, surgiu diante de todos os Orixás reunidos à volta de Oxalá que, calmamente, levantou-se e caminhou até ela para receber a filha mais nova de Olodumarê, mas que trazia em si o Tempo e o fator solucionador, o único capaz de gerar qualquer tipo de fator ainda inexistente.

A cada passo que Oxalá dava em direção a Logunã, ele remoçava e endireitava seu corpo, arqueado pelo peso dos modelos e das formas que carregava.

Como todos os outros Orixás ficaram parados à espera de uma ordem de Oxalá para se dirigirem até Logunã, esta determinou, naquele momento em que o Tempo começou a existir na morada exterior de Olodumarê, que ninguém entraria nos domínios do Tempo sem a autorização dele, o Orixá que o recebeu na forma de Orixá. E, por isso, até hoje, quando alguém vai oferendar o Tempo ou nele trabalhar, antes deve pedir licença a ele; mas, quem sabia disso, não é mesmo?

Logunã, ao ver Oxalá remoçar, determinou também que, no Tempo, todos remoçariam e tudo se rejuvenesceria e criou os fatores indispensáveis para que isso assim o fosse, dali em diante.

E ali, bem diante dos olhos de todos os Orixás, surgiu o mais inimaginado dos fatores: o fator que permite que tudo e todos se rejuvenesçam ao dirigirem-se até Logunã, ou que envelheçam ao se afastarem dela.

Oxalá, que remoçava a cada passo, chegou diante de Logunã jovem e vigoroso e, quando pousou seus olhos cristalinos nos dela, ela se encantou com a transparência dos olhos dele. Ele sorriu feliz ao mergulhar naqueles olhos negros e ver no fator dela a solução de todas as dificuldades.

Ele ia ajoelhar-se para reverenciar a enviada de Olodumarê, portadora do fator solucionador, mas ela, encantada pelos seus olhos cristalinos e por seu sorriso que a todos alegra, não permitiu, segurando-o a meio caminho de ajoelhar-se e, levantando-o até que ficasse totalmente de pé, disse-lhe:

– Meu pai Oxalá, ao senhor eu concedo o direito de vir até meu domínio pessoal levantando-se a cada passo. E sairá dele curvando-se a cada passo que der para se retirar, está bem?

– Está sim, minha filha inimaginada! Ao chegar até você sinto-me jovem, remoçado mesmo!

– Assim será com o senhor, que é o portador do fator do espaço. O tempo e o espaço caminharão juntos e formarão um par que solucionará todas as dificuldades existentes ou que vierem a surgir na morada exterior de Olodumarê.

– No Tempo tudo se solucionará e no espaço todos se acomodarão e se eternizarão, minha filha! – sentenciou Oxalá.

– Então assim será, meu pai!

E assim tem sido desde o primeiro instante em que o Tempo passou a existir na morada exterior de Olodumarê.

Logunã encantou-se tanto com os olhos e o sorriso de Oxalá, que relutou em deixá-lo sair do seu domínio fechado ou seu "centro-neutro".

Só para retê-lo junto de si, Logunã concedeu-lhe o título de Orixá guardião dos mistérios dela, a Senhora do Tempo, mostrou-lhe sua concha geradora do Tempo, a mais fechada das conchas, e falou-lhe:

– Meu pai Oxalá, minha concha geradora do tempo é a mais estreita de todas! E, por ser assim, tão fechada, foi recusada por todas as minhas irmãs mais velhas, que preferiram ter conchas da vida mais largas pois facilitariam suas gerações.

– Isso eu notei, minha filha! – exclamou Oxalá, encantado com a estreitíssima concha de Logunã.

– Nenhuma das chaves que há no seu molho pode abri-la, meu pai?

– Não, minha filha. Para abrir essa sua estreita concha geradora do Tempo, só tendo uma chave especial. Só uma chave-mestra mesmo, que tenha em si os fatores criadores de todas as outras chaves.

– O senhor guarda as chaves criadoras de todos os Orixás, mas não tem uma chave só para si, meu pai?

– Não tenho, minha filha. Esse é o meu problema. Eu vejo os outros Orixás abrirem as conchas da vida e depositarem dentro delas suas criações e logo elas são geradas e exteriorizadas. Mas eu, que gero todo tipo de modelos e formas de que eles se servem para modelar ou formar suas criações e gerações, não tenho uma chave para abrir nenhuma delas. Esse é o meu problema, minha filha!

– Eu vou solucioná-lo, meu pai! – exclamou Logunã, com toda felicidade e encantamento. – Lembre-se de que no tempo e no espaço tudo se soluciona e se acomoda. Pense em uma chave-mestra que tenha em si todas as outras, inclusive uma que abra essa minha estreitíssima concha geradora do Tempo, pois só com ela sendo aberta pela sua Chave do Tempo eu começarei a gerá-lo na morada exterior do nosso Divino Criador Olodumarê.

E Oxalá pensou, pensou e pensou! E tanto pensou que ali, naquele primeiro instante da existência do Tempo, na morada exterior de Olodumarê, modelou uma chave-mestra que abriria desde a mais estreita até a mais larga das conchas geradoras.

Inclusive, ele pensou que, como na mesa das conchas da vida de Olodumarê só havia sobrado conchas muito estreitas, caso Ele enviasse novos Orixás femininos para ocupar domínios em sua morada exterior, elas viriam trazendo conchas cada vez mais estreitas. Logo, sua chave-mestra teria de ajudá-las nas suas funções geradoras das coisas na morada exterior. E comunicou isso a Logunã, que, olhando para sua estreita concha, concordou:

— É verdade, meu pai. Cada nova filha que nosso pai Olodumarê pensar de agora em diante, e exteriorizá-la no seu pensar, só terá à disposição conchas muito estreitas, mas que precisarão ser abertas por chaves especiais.

— As novas Orixás, não há dúvida, virão com conchas estreitas. E nada gerarão se não encontrarem na morada exterior chaves que as abram sem deformá-las ou quebrá-las.

— Pense mais um pouco, meu pai! — pediu-lhe Logunã, imaginando para Oxalá um fator especial que desse à sua chave-mestra a capacidade de abrir toda e qualquer concha, desde a mais estreita até a mais larga. E desde a mais rasa até a mais profunda pois, segundo ela lhe havia revelado, a sua, se era estreitíssima, era também a mais profunda de todas as conchas criadas por Olodumarê.

A única outra concha quase tão profunda quanto a de Logunã era a que Iansã pegara ao partir para a morada exterior. Só que a de Iansã não era tão estreita e havia chaves que a abriam.

Então Oxalá pensou, pensou e pensou. E tanto pensou, ali no âmago do tempo onde o Tempo aguardava a abertura da concha de Logunã para exteriorizar-se e passar a existir na morada exterior, que começou a envelhecer no tempo, deixando-a preocupada.

E ela tão preocupada ficou, que imaginou um fator especial para a chave-mestra que ele estava pensando: o fator que faria com que, assim que ele introduzisse sua chave-mestra em uma concha, à medida que ela fosse entrando ele começaria a remoçar e voltaria à sua juventude plena quando ela estivesse toda dentro, encantando a dona da concha com seu sorriso e sua juventude de tal forma que ela a reteria só para ficar mais tempo com ele.

E o que Logunã, a senhora dos mistérios do Tempo, imaginou ali, naquele primeiro instante da existência do Tempo, concretizou-se na chave-mestra de Oxalá. E, segundo revelou Exu, o Orixá mais bem informado sobre as coisas, mas o mais indiscreto de todos, porque sua boca não fica fechada um só instante desde esse primeiro instante, assim que ele enfia sua chave em uma concha da vida, ele remoça e sorri. E a sua juventude, seus olhos cristalinos e seu sorriso encantam tanto as donas dos mistérios dessas conchas que elas fazem de tudo para que ele não tenha pressa de retirá-la, só para poderem desfrutar da alegria e do encantamento que toma conta delas ao revê-lo como ele era na morada interior de Olodumarê.

Inclusive, revela esse Orixá bem informado, mas pouco discreto, desde o segundo instante do tempo até hoje, Oxalá não teve mais paz, pois todas as senhoras de conchas da vida vivem assediando-o para que ele pegue sua chave-mestra e introduza-a em suas conchas só para poderem vê-lo como era quando vivia na morada interior do Divino Criador Olodumarê.

Esse Orixá informadíssimo e indiscreto nos revela que, do segundo instante do Tempo em diante, Oxalá foi tão assediado que precisou pensar numa solução, de tanto que as conchas estavam gerando. Ele pensou, pensou e pensou tanto que Logunã (já intrigada nesse segundo instante do Tempo com Exu, porque este a havia desagradado em um assunto que ele não revela por temer a reação dela) imaginou a solução para tantas gerações:

"A chave-mestra de Oxalá só desencadearia a geração de algo se ele a introduzisse em uma concha da vida com a mão direita, pois se a fosse com a mão esquerda, ela não ativaria o seu mistério gerador e não geraria nada".

Como Oxalá não aprovou a solução imaginada por ela, Logunã justificou-se desta forma:

– Meu pai Oxalá, no meu segundo instante aqui, na morada exterior do nosso pai e criador Olodumarê, já vi tantas irmãs mais novas serem exteriorizadas por Ele que se acabaram as conchas da vida que haviam na mesa delas, e elas estão recebendo Dele conchas novíssimas, pensadas no ato por Ele. E essas conchas novíssimas, além de serem fechadíssimas, ainda não maturaram o bastante para começar a gerar aqui na morada exterior. Como o nosso pai Olodumarê ordenou-me que criasse a solução para maturarem, então imaginei para essa sua chave--mestra o fator maturador das conchinhas da vida delas, novinhas e fechadíssimas, que só começarão a gerar algo quando estiverem crescidas e amadurecidas no tempo.

– Compreendo, minha filha. Se foi o nosso pai Olodumarê que lhe ordenou que imaginasse uma solução para a maturação delas na sua morada exterior, então introduzirei com a minha mão esquerda essa minha chave-mestra que as amadurecerão e as tornarão aptas a começarem a gerar. Só que há um problema...

E, como Oxalá não comentou qual era o problema, Logunã começou a imaginar qual seria. Como os olhos de Oxalá, por serem cristalinos, nada revelavam e eram impenetráveis, tudo o que ela imaginava ele balançava a cabeça negativamente.

E tantas soluções ela imaginou, que gerou os fatores solucionadores de problemas com as conchas da vida, que a chave-mestra de Oxalá foi se tornando solucionadora de todo tipo de problemas já existentes ou dos que sequer pudessem ser imaginados mas que, com certeza, surgiriam nos instantes posteriores da criação na morada exterior de Olodumarê.

E chegou a um ponto que Logunã perguntou a Oxalá:

– Meu pai, que problema é esse se já imaginei soluções para todos os que as conchas já apresentaram ou virão a manifestar nos instantes futuros, e não imaginei a solução para o problema a que aludiu?

– Bom, é que todas essas novas conchas são iguais e eu gostaria de remodelá-las e dar a cada uma a forma, o tamanho, a abertura e o modelo ideais delas na morada exterior do Divino Criador Olodumarê.

— Por que o senhor gostaria que assim fosse, meu pai Oxalá?
— Imagine que essas novas e fechadíssimas conchas da vida são imaturas e incapazes de gerar. Logo, vou ter de amadurecê-las e capacitá-las.
— Isso eu já imaginei e gerei na sua chave-mestra os fatores maturadores e capacitadores que solucionam esse problema.
— Então imagine que essas novas e fechadíssimas conchas da vida são todas iguais e será difícil diferenciar umas das outras, assim como ao mistério gerador de cada uma. E isso sem pensar no fato de que todas se parecerão e me causarão certo enfado por ter de amadurecer e capacitar tantas conchas iguais.
— Estou imaginando, meu pai! A única solução é eu imaginar um fator que dê a cada uma um diferenciador que lhes possibilite assumir novas formas sem se descaracterizar, isto é, sem deixar de ser o que são, assim como não deixem de ter o modelo que faz com que sejam vistas, entendidas e aceitas como conchas da vida.
— Logo...
— Logo, a solução é eu imaginar um novo fator que dê ao seu fator modelador o poder de, durante o processo de maturação e capacitação, remodelá-las sem descaracterizá-las, e de capacitá-las sem que deixem de despertar o interesse dos Orixás masculinos portadores das chaves da criação.
— Que fator é esse que você está imaginando, minha filha?
— Eu estou imaginando um fator muito especial, meu pai.
— Qual é o nome dele?
— Seu nome é moldador, e moldará cada concha ao mistério gerador dela, assim como às suas chaves. Se uma chave criadora de algo não for introduzida na concha certa para criar esse algo, o mistério gerador dela não desencadeará seu geracionista e nada será gerado. Assim imaginado, sua chave-mestra abrirá e amadurecerá todas essas conchas novas e as moldará segundo seus mistérios.
— Com isso imaginado, elas se diferenciarão e só gerarão se forem abertas por chaves também específicas. É isso que você imaginou, Logunã?
— Foi isso mesmo, meu pai. Está bom assim?
— Está sim, minha filha muito imaginativa! Com isso o problema das chaves ainda não usadas, de tantas que há nesse molho, será solucionado também, pois remodelarei as conchas novas e as moldarei a elas.
— Viu como o tempo e o espaço, quando se unem, encontram ou criam a solução para tudo, meu pai?
— Creio que você não tem a concha mais profunda por acaso, minha filha. Só ela sendo assim lhe possibilita imaginar todas as soluções para todos os problemas, até os ainda inexistentes.
— É isso mesmo, meu pai. A concha geradora do tempo, se corretamente aberta, sempre criará soluções, até para o que ainda não foi imaginado, pois é a concha geradora da imaginação e das soluções!

Naquele tempo, em que o Tempo estava começando a existir na morada exterior de Olodumarê, e com Oxalá já velhíssimo, no âmago do tempo, ele, que é o senhor do fator criador do espaço, e Logunã, que é a senhora do fator criador do Tempo, pensaram e imaginaram muitas coisas para a morada exterior Dele.

E, se todas são essenciais, ao nosso ver a mais importante foi:

– Oxalá, meu pai, por que o senhor está tão pensativo? Por acaso não percebe que quanto mais o senhor pensa, mais envelhece?

– Eu sou assim, minha filha. Não posso mudar o que em mim é natural!

– Entendo, meu pai. Vou imaginar uma solução para essa sua natureza pensativa, está bem?

– Cuidado com o que essa sua imaginação extremamente fértil irá imaginar, pois poderá me descaracterizar.

– Meu pai, o que estou imaginando não irá alterar essa transformação que acontece com sua aparência quando começa a pensar! Apenas imaginei um fator que entrará em ação assim que começar a pensar.

– O que esse novo fator, já imaginado por você, faz quando entra em ação?

– Ele o fortalecerá ainda mais, meu poderoso pai Oxalá!

– Como?!?

– É isso mesmo, meu poderoso pai que carrega todos os modelos e formas da criação na morada exterior do nosso Divino Criador Olodumarê. De agora em diante, sempre que o senhor começar a pensar, à medida que for envelhecendo, também irá se fortalecendo na mesma proporção, tornando-se cada vez mais forte e poderoso. E isso tudo sem se descaracterizar em nada, em momento algum.

Então, Oxalá começou a sentir-se tão forte e poderoso que, mesmo velhíssimo e encurvado no tempo, sorriu de alegria e pensou uma solução para o problema da falta de conchas geradoras já maduras na morada exterior de Olodumarê:

– Minha filha imaginativa, eu pensei em uma solução, tanto para a falta quanto para o uso excessivo das conchas da vida!

– Qual é a solução, meu pai pensador?

– Bom, as mães Orixás estão sobrecarregadas com tantas coisas a serem geradas aqui, na morada exterior do pai e nosso Divino Criador Olodumarê, pois suas conchas não param de gerar as coisas que aqui têm de existir. Mas, por mais que gerem, não preenchem o vazio, pois este é infinito. Umas geram estrelas, outras geram planetas, outras geram um elemento, outras geram outro elemento; uma concha gera uma espécie, outra gera outra, continuamente e sem dar a elas um só momento de descanso.

– O que o senhor pensou que nem a minha fertilíssima imaginação consegue captar, meu pai Oxalá?

– Eu pensei, minha filha, que se a concha da vida de uma mãe gerar algo, esse algo também terá em si o poder de gerar e multiplicar sua espécie.
– Como é que é, meu pai?!!
– Imagine, minha filha, tudo o que as mães geram não se reproduz e elas têm de ficar gerando a mesma coisa o tempo todo. Mas, se algo gerado maturar no tempo e puder multiplicar sua espécie, as mães geradoras só terão de controlar essa multiplicação e a propagação de uma mesma espécie, estimulando ou desestimulando essas multiplicações, que ocuparão gradativamente o vazio existente na morada exterior do nosso pai Olodumarê.
– Então terei de imaginar um novo fator que atuará junto com o seu fator maturador, meu pai – falou Logunã, com o semblante preocupado.
– Imagine-o, minha imaginosa filha! – exclamou Oxalá, sorrindo de alegria por ter pensado algo que auxiliaria as mães geradoras da criação na morada exterior do Divino Criador Olodumarê. – Imagine, minha filha, pois quando o Tempo fecha o seu semblante, é Olodumarê pensando por meio da sua imaginação!
– Meu pai, eu...
– Não pense, minha filha. Apenas imagine um fator que perpetuará tudo e todos na morada exterior do nosso Divino Criador. Imagine, minha imaginosa filha!
Logunã fechou ainda mais seu semblante e recolheu-se em si mesma. E Oxalá, que é um pensador divino, já havia notado a natureza dela, que quanto mais Logunã cinge o cenho para imaginar, mais imaginosa ela se torna, e é capaz de imaginar até o fator que o mais imaginoso dos pensadores seria incapaz de pensar.
– Logunã, você é capaz de imaginar o impensado, minha filha! – exclamou ele, sorrindo de alegria.
– Meu pai, eu...
– Não pense, minha filha. O pensar me pertence! Quanto a você, é a imaginação do nosso Divino Criador Olodumarê, pensada por Ele para entrar em ação sempre que o pensamento alcançar seus limites. Logunã, sempre que o pensamento alcançar seus limites, a imaginação entrará em ação e abrirá novos campos para ele continuar a pensar e a cumprir suas funções na criação, minha filha! Olodumarê a imaginou e deu-lhe vida para que você, a imaginação Dele, imaginasse todas as soluções. Você é o tempo, por meio do qual os pensamentos amadurecem e são amoldados às necessidades dos meios e dos seres. Imagine um fator que beneficiará até a você, a senhora dos mistérios da imaginação, pois lhe dará descanso, já que cada coisa terá em si até a faculdade de imaginar ou imaginar a si própria.
E Logunã imaginou, imaginou e imaginou! E tanto imaginou que encontrou, com sua fértil imaginação, a solução. Então ela descontraiu

o seu semblante e sorriu enigmática para Oxalá, que, se estava sorridente, logo fechou o seu sorriso e perguntou:

— O que você imaginou, minha filha?

— Eu imaginei, meu pai, um fator que dota tudo e todos existentes na morada exterior com o poder de reproduzirem-se. E dei a esse novo fator o nome de reprodutor. E ele atuará em conjunto com o fator maturador. Só o que amadurecer no Tempo adquirirá o poder de se reproduzir, e só começará a fazê-lo quando estiver maduro.

— Assim...?

— Assim, de agora em diante, o seu fator maturador amadurecerá as novas conchas exteriorizadas por Olodumarê e elas, assim que estiverem maduras, se reproduzirão nas suas gerações... e assim será por todo o sempre. Inclusive, imaginei as mães geradoras reproduzindo a si próprias nas suas conchas da vida, para que as filhas que gerarem as auxiliem na administração da multiplicação da criação na morada exterior do Divino Criador Olodumarê. E dei a posse do fator reprodutor a todos os pais Orixás exteriorizados por Olodumarê, para que eles os depositem nas conchas da vida das mães geradoras e reproduzam-se, auxiliando na administração das multiplicações que, de agora em diante, acontecerão aqui, na morada exterior do nosso Divino Criador Olodumarê, meu pai! Pense tudo o que imaginei e torne Lei na morada exterior Dele tudo o que foi imaginado, meu pai Oxalá! – exclamou Logunã, alegre e sorridente.

E ela estava tão alegre e feliz, que começou a dançar para Oxalá a dança do Tempo que, segundo o Orixá mais bem informado da criação, mas o mais indiscreto também, e que é justamente Exu (o único que, mesmo sem olhar, tudo vê e que, mesmo sem ver, tudo sabe), é a mais imaginosa das danças. E que, de tão imaginosa, nos faz pensar no inimaginado.

E Logunã tanto dançou sua dança do Tempo para Oxalá, que pensou o inimaginado por ele até então: um Orixá que dançasse com Logunã a sua dança do Tempo!

E Oxalá pensou esse Orixá! E, enquanto Logunã dançava sua dança, ele introduziu sua chave-mestra na sua concha geradora do Tempo e depositou nela o seu pensamento, que logo amadureceu e fez surgir Oxaguiã, que é um Oxalá gerado na concha de Logunã, a Orixá geradora do Tempo!

E Oxaguiã, por não ter sido gerado na morada interior de Olodumarê e sim na exterior, foi chamado de Orixá gerado no meio.

Porque foi gerado na concha geradora do Tempo de Logunã, mas foi pensado por Oxalá, foi chamado de Orixá gerado no meio, mas iniciado na origem dos tempos.

E dali em diante, sempre que um pai Orixá precisa de um auxiliar que tenha em si tudo o que ele tem, para auxiliá-lo na administração dos seus domínios na morada exterior, vai até Logunã, que dança para ele sua dança do Tempo, abre sua concha geradora e recebe nela o seu pensamento, que logo se torna real e dá origem a um novo Orixá-filho, com todas as qualidades do seu genitor divino.

Inclusive, traz em si a divindade do pai e é o único que, sem ser o seu pai, o manifesta de si e manifesta o que o seu pai pensou para ele manifestar.

Esses são os gerados no meio, mas que são iniciados na origem, pois a concha de Logunã é um mistério em si mesma e, se tem sua abertura voltada para a morada exterior, no entanto, seu outro lado está ligado à morada interior e abre-se para ela, pois essa abertura para o interior é usada por Olodumarê para enviar à sua morada exterior tudo o que se faz necessário existir nela a cada instante da criação, inclusive nossos Orixás.

Segundo o que esse Orixá indiscreto revelou por aí afora, Logunã é a única mãe geradora que tem na frente da sua concha do Tempo tudo o que existe na morada exterior; e tem por trás dela tudo o que existe na morada interior, sendo um vaso-comunicador entre o interior e o exterior da criação e vice-versa.

Irmãos umbandistas, vocês viram e entenderam agora por que dizemos que a mãe Orixá que denominamos por Logunã não é Iansã, e que esta não é ela, mas, sim, é a guardiã dos fenômenos climáticos?

Se nos faltava um nome yorubano para ela, que não foi humanizada em solo nigeriano, não nos falta o conhecimento sobre o seu mistério divino e suas funções na criação.

Nós demos aqui, neste livro, um nome a ela: Logunã!

E revelamos que ela é a mãe divina do também divino Oxaguiã, que é fruto do pensamento de Oxalá e da imaginação dela, que o havia imaginado como uma reprodução que tivesse a força e o poder dele e tivesse a sua agilidade e imaginação.

Por isso Oxaguiã é forte, poderoso e ágil, e é o único Orixá que consegue dançar a dança do Tempo de Logunã sem nunca se cansar.

Oxaguiã é o único Orixá masculino que dança a dança de todas as mães Orixás sem nunca se cansar, porque é fruto da dança de Logunã, que o recebeu como um pensamento de Oxalá e o gerou sem parar de dançar para aquele que o pensou.

Oxaguiã é o único que, por poder dançar o tempo todo sem se cansar, dança com elas até se cansarem e pararem de dançar suas danças geracionistas.

Sim, pois quando elas recebem uma criação, dançam suas danças geracionistas e agitam suas conchas da vida até que a tenham gerado, só deixando de agitá-las quando estão prontas para ser exteriorizadas e incorporadas às coisas existentes na morada exterior de Olodumarê.

Segundo uma inconfidência de Exu (o mais bem informado dos Orixás, mas ao mesmo tempo o mais indiscreto de todos), os seres divinos bíblicos são frutos do pensamento de outros Orixás depositados na concha do Tempo de Logunã.

– Os anjos são frutos do pensamento de Oxaguiã depositados na concha de Logunã!
– Os arcanjos são frutos do pensamento de Ogum depositados na concha de Logunã!
– Os querubins são frutos do pensamento de Oxumaré depositados na concha de Logunã!
– As potências são frutos do pensamento de Xangô depositados na concha de Logunã!
– As potestades são frutos do pensamento de Obaluaiê depositados na concha de Logunã!
– As dominações são frutos do pensamento de Omolu depositados na concha de Logunã!
– Os serafins são frutos do pensamento de Oxóssi depositados na concha de Logunã!
– Os gênios são frutos do pensamento de Orunmilá depositados na concha de Logunã!

Segundo Exu, isso é tão certo como só ele é o que é: Exu, o mais bem informado dos Orixás sobre o que existe na morada exterior de Olodumarê (o mundo manifestado), e isso desde o tempo em que o Tempo ainda não existia nela, porque Logunã, a Orixá geradora do Tempo, ainda só existia na mente e na imaginação do Divino Criador Olodumarê.

# Lendas da Criação dos Mundos

A criação dos mundos ou do mundo manifestado teve sim um início e, se ninguém pode dizer com certeza e precisão quando tudo começou, é porque naquele tempo o Tempo ainda não existia no exterior do Divino Criador Olorum. No entanto, já faz muito tempo que isto aconteceu, não tenham dúvida.

Tudo teve um início, mas, para que possam entendê-lo, é preciso recuarmos ao passado remoto e chegarmos ao tempo em que não havia nada além do vazio absoluto à volta da morada interior do Divino Criador Olorum.

Sim, havia e ainda há uma morada interior habitada por Ele e, naquele tempo, todos os seres viviam dentro dela e eram plenos em si, porque viviam na plenitude Dele, o nosso Divino Criador Olorum.

Na morada interior a vida era, e ainda é, exuberante e plena e se a ninguém nada faltava, falta e nunca faltará é porque só em Olorum tudo é pleno.

As espécies conviviam em harmonia e multiplicavam-se continuamente, fazendo com que a morada interior expandisse cada vez mais.

Mas, se ela se expandia cada vez mais em seu interior, o vazio à sua volta também o fazia na mesma proporção.

E Olorum contemplava o vazio crescente à volta de sua morada e dizia para si mesmo: "Preciso ocupar esse vazio e torná-lo minha morada exterior, na qual me realizarei, não como corpo presente e sim, com minha onipresença!"

Olorum desejava ocupar o vazio à sua volta, mas sabia que causaria uma comoção em todos os seres e em todas as criaturas, habituadas à plenitude existente na sua morada interior.

Todos os seres e criaturas o chamavam de pai e amavam-no muito, assim como a todos Ele amava, e ainda ama, e a todos tinha, e ainda os tem, na conta de Seus filhos.

Como todos os seres e todas as criaturas continuavam a se multiplicar continuamente fazendo o vazio expandir-se desmensuravelmente,

Olorum cada vez mais voltava Sua atenção a ele, chegando a um ponto em que todos perceberam essa preocupação Dele.

Oxalá, tido por todos como o primogênito e uma réplica de Olorum em si mesmo, pediu-lhe uma audiência.

Todos os outros Orixás (sim, naquele tempo já existiam os Orixás) achegaram-se a Oxalá e quiseram saber de sua própria boca o que queria de Olorum, já que de Oxalá ninguém conseguia, e ainda não consegue, ouvir seus pensamentos ou captar suas vontades.

– Oxalá, o que você quer de Olorum, se tudo Ele nos supre e nada nos falta, pois vivemos em Sua plenitude? – perguntou-lhe Nanã Buruquê, a filha mais velha de Olorum.

– Minha irmã, estou preocupado com o nosso pai e nosso criador, o Divino Olorum! – respondeu-lhe Oxalá.

– Você está preocupado com o fato de Ele contemplar continuamente o vazio crescente à volta da nossa morada divina? – perguntou-lhe Oxum, a mais arguta das filhas de Olorum.

– É isso mesmo, querida irmã! Nosso pai voltou a Sua atenção ao vazio e só raramente contempla a sua exuberante morada.

E todos os Orixás, naquele momento reunidos à volta de Oxalá, começaram a se preocupar com aquela atitude de Olorum, o criador de tudo e de todos.

Cada um deles tinha uma função dentro daquela morada, que cada um exercia com satisfação e sentia-se pleno no exercício dela.

Ainda que o Tempo não existisse na morada interior de Olorum, demorou muito tempo até que Ele voltasse sua atenção a ela e, vendo todos reunidos à volta de Oxalá e este curvado à espera de uma audiência, abriu seus braços e disse:

– Aproxime-se, meu filho!

Oxalá, respeitosamente, caminhou até onde Ele estava e abraçou-o com amor e ternura, não deixando de derramar lágrimas cintilantes de seus olhos cristalinos. Isto fez Olorum abraçá-lo forte, acariciar-lhe a cabeça e beijar-lhe a testa com amor, antes de perguntar:

– O que você deseja de mim, meu filho amado?

– Pai, o senhor, que tudo sabe, sabe o que desejo.

– Ainda assim, quero ouvir dos seus lábios o motivo de sua preocupação, meu filho.

Oxalá voltou seu rosto, muito brilhante naquele momento, para seus irmãos e irmãs logo atrás dele, e eles, vendo lágrimas cintilantes verterem dos seus olhos cristalinos, também começaram a derramar lágrimas.

Oxum, logo atrás de Oxalá, vertia lágrimas douradas que, ao caírem no solo, brilhavam como ouro, formando um lago dourado à sua volta.

Iemanjá, ao derramar as suas lágrimas, criava à volta dos seus pés um mar revolto todo perolado.

Oxóssi derramava lágrimas verdes que, ao caírem no solo diante dos seus pés, criavam como que um tapete verdejante.

Xangô derramava lágrimas que, ao acumularem-se ao redor dos seus pés, pareciam brasas ardentes.

Nanã, apoiada no braço direito de Oxalá, ao derramar suas lágrimas, encharcava o solo abaixo dos seus pés.

Ogum derramava lágrimas e elas caíam no solo e corriam, como que formando caminhos à volta deles.

Omolu, cabisbaixo naquele momento, derramava lágrimas que, ao caírem no solo, abriam buracos e logo desapareciam no ar, como se fossem pó.

Obaluaiê derramava-as em abundância e elas juntavam-se no solo até formarem passagens em volta dos seus pés.

As lágrimas de Obá amontoavam-se e transformavam-se em terra.

Iansã derramava as suas lágrimas, que caíam como uma chuva e corriam revoltas pelo solo, como uma enxurrada.

Oro Iná, ao derramá-las, fazia pegar fogo em volta dos seus pés, criando labaredas.

Oxumaré, então, tornava o solo à sua volta multicolorido com suas lágrimas.

Exu, que era um ser divino híbrido que ora se sentia pleno e ora se sentia vazio, pois havia sido criado por Olorum num momento em que este contemplava o vazio crescente à volta de sua morada, ora ficava sério e ora gargalhava, incomodando todos os outros, muito contritos naquele momento único da criação.

Quanto aos Orixás, cujos nomes não foram revelados até hoje, não teve um que não se comoveu ao ver Oxalá vertendo lágrimas dos seus olhos cristalinos.

Entre esses Orixás não revelados estão aqueles com funções opostas-complementares cujos nomes são conhecidos. E o oposto de Oxalá, ao verter suas lágrimas que caíam no solo, escurecia-o, ocultando-o como um manto negro.

Os Orixás com funções opostas-complementares não podem tê-las reveladas, mas que se comoveram, disso não tenham dúvidas!

Vendo-os preocupados e tristes, com os olhos lacrimejando e inseguros quanto ao futuro, Olorum envolveu a todos com seu amor divino e em seus lábios ternos aflorou um sorriso que a todos alegrou, fazendo cessar aquele derramamento de lágrimas.

Olorum então falou-lhes, olhando nos olhos de Oxalá:

– Meus filhos amados, sinto-me honrado com vossa preocupação e sinto que já estão maduros para cumprirem seus destinos em meu existir. Saibam que, quando os filhos voltam-se para os seus pais e começam a se preocupar com as atitudes deles, sejam elas quais forem, é porque amadureceram e chagaram à idade da razão e querem compartilhar das preocupações deles. Isso que lhe falei, de agora em diante será Lei na criação, e honrado será o filho que assim proceder, pois estará deixando de depender totalmente do seu pai e começará a assumir o seu destino, assim como estará começando a auxiliar seu pai na condução do dele, retribuindo-lhe o muito que dele recebeu. Esse filho terá o direito de assentar-se à sua direita e de, em silêncio, participar de suas atividades. E a filha que assim proceder também terá essa mesma honra e poderá assentar-se à direita de sua mãe. Quanto ao filho que se preocupou com a sua mãe, ela o honrará com um assento à sua esquerda. E a filha que se preocupar com o seu pai, ele a honrará com um assento à sua esquerda!

Ao falar essas coisas aos seus filhos e filhas Orixás, Olorum tornou-as leis na criação e assim é desde aquele tempo em que o Tempo ainda não havia sido criado por Ele, porque na sua morada interior tudo é permanente e eterno, permanecendo do jeito que criou e o amadurecimento é interno.

Já na sua morada exterior ou mundo manifestado, bem, nele o tempo se fez necessário, porque o amadurecimento é externo e não é visto de dentro para fora, mas sim, de fora para dentro.

O amadurecimento interior só é visível pelos olhos, que refletem para o exterior o que se passa no interior.

Já o amadurecimento exterior, mostra-se na aparência das coisas criadas por Olorum e pode ser classificado por ciclos ou estado das coisas.

– Minhas filhas, assentem-se à minha esquerda! Meus filhos, assentem-se à minha direita! – ordenou Olorum naquele instante único da criação.

E quando todos haviam se posicionado como Ele lhes ordenara, Olorum assentou-se em seu majestoso trono. E no instante seguinte, surgiu um Trono atrás de cada um dos seus filhos e filhas ali reunidos. E ele lhes ordenou:

– Minhas filhas e meus filhos, contemplem vossos assentos à minha esquerda e à minha direita e vejam se eles têm a ver com suas naturezas íntimas.

Os Orixás ali presentes contemplaram seus Tronos e nenhum deles deixou de admirar e de sentir-se satisfeito com o seu.

Então, Olorum ordenou-lhes:

– Assentem-se neles e os absorvam pela vossa glândula pineal!

– Como fazemos essa absorção, meu pai? – perguntou Oxalá.

– Vocês os recolherão ao vosso interior por meio do pensamento, assim como, de agora em diante os desdobrarão e os exteriorizarão por meio dele, tornando-os visíveis quando se assentarem na regência dos seus domínios e na realização de suas funções de governantes da minha criação.

Os Orixás ali presentes assentaram-se em seus majestosos tronos, sentiram o conforto que eles lhes proporcionavam.

Então Olorum determinou:

– Só será chamado de Orixá quem amadurecer internamente, preocupar-se com a vida e o destino do seu pai, de sua mãe ou de ambos e abdicar do próprio destino em favor do deles. A estes honrarei com o título e o grau de Orixá e serão vistos por todo o restante da criação como um senhor ou senhor governante de algum aspecto da minha criação divina. Como vocês preocuparam-se comigo e desejaram compartilhar das minhas preocupações e sentiram vontade de ajudar-me de alguma forma, agora as minhas preocupações serão as suas e a minha vida será a razão da vossa. Eu já estou por inteiro em cada um de vocês, e vocês já são partes indissociáveis de mim! Quem olhar nos seus olhos me verá por inteiro, e a quem vocês olharem, eu estarei vendo esse alguém por inteiro! Por isso, cubram seus olhos e rostos e só se mostrem para quem vocês julgarem já maduros e dignos de me verem por inteiro pelos seus olhos e de verem parte de mim, vendo os seus rostos! Todos os seres que vocês assentarem à sua direita ou à sua esquerda se sentirão parte de mim, porque estarei por inteiro neles, tornando-os plenos de mim. E eles me manifestarão totalmente nas suas funções, que se são parciais porque cada um de vocês é um dos meus aspectos, ele é total e pleno em cada um de vocês. Do mesmo modo como os filhos que assim procederem serão honrados, a nenhum que assim proceder seu pai deixará de honrá-lo, senão será visto por mim como um pai indigno do filho que lhe dei. E o filho que não honrar seus pais será visto por mim como indigno dos pais que lhe dei. Os pais tudo farão para suprirem as necessidades dos seus filhos até eles se tornarem maduros e senhores dos seus destinos, senão não serão vistos por mim como pais de verdade. Mas os filhos que, após assumirem seus destinos, abandonarem os seus pais ou não suprirem as necessidades básicas deles, nunca se tornarão verdadeiros pais. Na ausência prolongada de um pai, o seu filho primogênito assumirá as funções dele, amparando a sua mãe, não deixando a ela um destino solitário. E na ausência de um filho, o seu pai assumirá todas as suas funções, não deixando de amparar a sua casa, sua nora e seus netos.

Ali, naquele momento único na morada interior de Olorum, Ele pronunciou um extenso e detalhado código de conduta que, à medida que ia sendo pronunciado, incorporava-se aos Orixás assentados à sua direita e à sua esquerda, pois Ele estava por inteiro neles e cada um deles era em si uma das partes que O tornavam o que era: o Divino Criador Olorum!

E quando Olorum a tudo pronunciou, voltou seus olhos para o imenso vazio à volta de sua morada divina e, pela primeira vez em suas existências, os Orixás ali assentados puderam ver como era o vazio absoluto: infinito em todas as direções!

Não houve um que não se admirou com a imensidão infinita do vazio. E ainda o contemplavam quando viram Exu se deslocando feliz e às gargalhadas na imensidão vazia.

Oxalá então perguntou:

– Meu pai, por que nosso irmão Exu desloca-se no vazio absoluto? Como ele consegue tal proeza e ainda gargalha feliz?

– Oxalá, o vosso irmão Exu foi gerado por mim no vazio que se formou no meu pensamento enquanto eu contemplava o vazio exterior da minha morada. Logo, ele também é filho do vazio, meu filho!

– Então é por isso que nosso irmão Exu desaparece sem deixar qualquer indicação que leve ao seu paradeiro?!! – exclamou Oxalá, admirado com a alegria e as gargalhadas de Exu, que se divertia no vazio absoluto existente naquele tempo à volta da morada interior de Olorum.

– É por isto mesmo, meu filho Oxalá! – concordou Olorum.

– Meu pai, por que nosso irmão Exu gargalha feliz se está tão sozinho na imensidão desse vazio, infinito em todas as direções?

– Exu não está sozinho, no vazio, Oxalá! – exclamou Olorum, alegre por ver Exu gargalhar contente e feliz.

– Como ele não está sozinho, se não vejo mais ninguém com ele?

– Meu filho, na verdade não há um vazio absoluto, e sim, há um vasto espaço, uma outra realidade não visível para vocês que vivem aqui, na minha morada interior. Na verdade, o vazio que vocês veem só existe por si só como um meio a ser ocupado, mas, assim que isso acontecer, não será visto como vazio, e sim como mais uma das minhas realizações ou realidades.

– Meu pai, o senhor é insondável! Desconhecíamos estes outros mistérios da sua natureza criadora-geradora!

– Eu sei que vocês desconhecem esses outros mistérios dessa minha natureza, meu filho. Por isto estou revelando-lhes a existência deles e, ainda que não possam visualizá-los, porque lhe são invisíveis, eles existem e são tão reais quanto os que vocês são em si mesmos.

– Meu pai, Exu desloca-se no vazio, já não tão absoluto porque ele se apoia sobre essas outras realidades Suas?

– Sim, meu filho Oxalá.

– E ele gargalha à solta porque ele se comunica com quem vive nessas outras realidades?

– É isto mesmo, meu filho. Ele, por ter sido criado por mim no vazio, vê todas as realidades já criadas e geradas no vazio por essa minha natureza. Com algumas ele se comunica, com outras, não. Com algumas ele interage, com outras, não. Algumas são-lhe afins e outras lhe são contrárias.

– Entendo, meu pai. – falou Oxalá, recolhendo-se em si mesmo e pondo-se a pensar.

E ali, naquele instante único na morada interior de Olorum, Oxalá pensou, pensou e pensou!

E tanto ele pensou que seu pensar não tinha mais fim. Mas, quando ele parou de pensar, Olorum falou-lhe:

— É isso mesmo, meu filho. Já respondeu a razão de seu pedido de uma audiência comigo. Agora já sabes o porquê de eu contemplar tão demoradamente esse vazio, que aos seus olhos parece absoluto, mas que é tão pleno quanto minha morada interior.

— Como faremos para ocupar esse vazio para que nele possas acomodar essas suas outras criações, meu pai?

— Tudo já foi pensado por mim, meu filho! Logo comunicarei como você, seus irmãos e irmãs ocuparão esse vazio infinito.

Todos os Orixás ali reunidos saudaram Olorum e retiraram-se, indo cada um cuidar dos seus afazeres na morada interior dele. Mas todos estavam preocupados com o fato de como ocupar o vazio existente à volta dela.

Como o Tempo não existia naquele tempo, então não podemos dizer quanto tempo se passou até que Olorum ordenasse que todos se reunissem com Ele novamente. Mas que demorou muito tempo, não tenham dúvidas. E a prova disso é que o vazio havia se expandido ao infinito e nenhum deles conseguia alcançar seu fim.

A única coisa que viam no vazio era o Orixá Exu, deslocando-se nele, alegre e feliz.

Certa vez, estando Oxalá e Iemanjá contemplando o invisível vazio, ela comentou:

— Veja, Oxalá! Veja como Exu desaparece e reaparece, gargalhando! Até parece que ele sai desse vazio e entra em alguma realidade invisível aos meus olhos!

— É mesmo, minha amada irmã Iemanjá! Exu reina no vazio!

— O que nos aguarda nesse vazio infinito, Oxalá?

— No meu pensar, pensei por meio da mente do nosso Pai, o Divino Criador Olorum. E atinei com a vontade Dele, minha irmã.

— O que Ele tem em mente, meu irmão?

— Olorum, o nosso Pai, tem uma mente criadora, Iemanjá! O seu pensar é todo criação e cada pensamento Dele torna-se uma nova coisa criada ou uma nova realidade a ser ocupada com novas criações.

— Então, o vazio que vemos e que teremos de ocupar, a cada pensar de nosso pai Olorum, mais pleno se torna. É isso Oxalá?

— É isso sim, Iemanjá. Esse vazio fervilha de tantas criações já concretizadas no pensamento do nosso pai Olorum. A nós está reservada a tarefa de ocupar o vazio com mundos, muitos mundos mesmo, pois cada um será em si um meio que será usado por quem vive nessas outras realidades para retornarem a essa morada interior.

— Oxalá, como esse vazio é infinito, então infinita será a nossa tarefa, não é mesmo?

— É sim, minha irmã Iemanjá.

— Então, nós nunca mais voltaremos a estar junto ao nosso pai amado, não é mesmo?

— Nós não voltaremos para junto Dele, Iemanjá. Mas, em compensação, Ele não só irá até nós como estará em nós.
— Como será isso, Oxalá?
— Ele estará em nossa mente e em nossos pensamentos. E, em nós, o ato de pensar será um ato criador, porque Olorum, enquanto pensamento criador, pensará por meio de nós, minha querida irmã Iemanjá.
— Você está dizendo que tudo o que pensarmos se tornará em algo ou em alguma coisa?
— É isso mesmo que acontecerá, Iemanjá! Nossos pensamentos se concretizarão e se tornarão coisas concretas, palpáveis e visíveis. E, creia-me, a nossa função principal será a de criar coisas concretas, palpáveis e visíveis que possam servir de meios para que tudo o que nosso pai já pensou ou pensará usem e se tornem concretos, palpáveis e visíveis, adquirindo vida própria e deixando de ser algo ainda só pensado por Ele, mas ainda não tornado concreto e individualizado.
— Então nós, assim que sairmos da morada interior e adentrarmos no vazio, tornaremo-nos o meio que nosso pai Olorum pensou para concretizar os seus pensamentos?
— Sim, é isto, Iemanjá. Nós, os Orixás, sempre seremos meios que Ele usará para concretizar Seus pensamentos e seremos os meios para que tudo o que vier a se concretizar retorne a Ele, não mais como um pensamento, mas sim como uma individualização pensante.
— Se assim será, então tudo se tornará concreto por meio de nós e por nosso intermédio tudo retornará ao nosso amado pai Olorum?
— Só por meio de nós, Iemanjá! Cada um de nós será uma porta de acesso à morada interior do nosso Pai e nosso Divino Criador Olorum. Só voltará à morada interior quem ou o que estiver visível aos nossos olhos e estiver alinhado conosco, bem à nossa frente.
— Quanta responsabilidade, Oxalá!
— Eu prefiro definir essa vontade d'Ele como funções, Iemanjá.
— Quantas funções ele nos reservou, meu irmão?
— Muitas, Iemanjá! — exclamou Oxalá, contemplando o vazio infinito à volta da morada interior do Divino Criador Olorum.
Ainda que o Tempo não existisse na morada interior de Olorum, certa vez ele chamou todas as suas filhas e filhos Orixás e falou:
— Minhas amadas filhas e meus amados filhos, está chegando o momento da partida de vocês para a minha morada exterior! Venham aos pares que quero abraçá-los e passar para vocês o poder que serão em si mesmos e os exercitarão pelos vossos pensamentos, gestos, palavras e atos.
Aos pares, os Orixás foram abraçando Olorum e foram recebendo Dele poderes que fluiriam por meio dos seus pensamentos, dos seus gestos, de suas palavras e dos seus atos.

E assim, desde aquele momento, ainda dentro da morada interior do Divino Criador Olorum, todos os pensamentos dos Sagrados Orixás concretizam-se; todos os seus gestos movimentam algo; todas as suas palavras expressam uma vontade divina e todos os seus atos são atos criadores. E assim tem sido desde então na morada exterior do Divino Criador Olorum!

Após abraçar seus filhos e suas filhas Orixás, Olorum ordenou-lhes:

– Minhas filhas e meus filhos, virem-se de costas para mim e vejam o que preparei para vocês!

Todos os Orixás estavam à frente de Olorum e, ao se virarem como Ele havia ordenado, viram algo parecido como uma alameda cheia de mesas, sobre as quais estavam depositadas muitas coisas. Então Olorum falou:

– Minhas filhas e meus filhos, à frente de vocês estão instrumentos simbólicos. Em cada uma dessas mesas estão os símbolos dos vossos poderes. Há tantas mesas quanto poderes existentes em mim, agora compartilhados com vocês. Sobre cada mesa está depositado um dos meus mistérios, e cada um de vocês recebeu uma parcela deles, mas cada um deles estará integralmente em um de vocês. Cada um de vocês saberá quando estiver diante de uma mesa de mistério, se dela recolher uma parcela ou todo o mistério, que guardará em si e será em si mesmo esse mistério da criação e o exercerá em sua plenitude. As partes estão espalhadas sobre a mesa. O mistério total estará em seu centro. E só o seu guardião conseguirá recolhê-lo em suas mãos. Agora avancem e vão recolhendo tudo o que reservei para vocês e que irá auxiliá-los na concretização do vazio à volta de minha morada interior.

# Lenda das Chaves e das Fechaduras da Criação

Os Orixás ali presentes avançaram! Os Orixás masculinos seguiram por uma alameda e os Orixás femininos avançaram pela outra.

A primeira mesa na alameda masculina tinha depositado sobre ela chaves, muitas chaves!

E cada um foi pegando uma chave, que vinha para a palma da mão de quem a estendesse sobre ela.

Naquela primeira mesa só restou em seu centro um molho com uma cópia de cada uma das chaves já recolhidas pelos Orixás que haviam passado por ela. O último era Oxalá, que estendeu sua mão e recolheu o molho.

Oxalá era o guardião do mistério das chaves da criação!

Na alameda feminina, a primeira mesa continha fechaduras, e cada uma foi recolhida por uma daquelas Orixás femininas. E a última a recolher uma fechadura que continha em seu interior o segredo de todas as fechaduras da criação foi Nanã Buruquê, que a recolheu em suas mãos e a guardou em seu peito.

Assim, desde aquele momento da criação, quem guarda em seu peito a fechadura com todos os segredos da criação é Nanã Buruquê e, segundo Exu, o mais bem informado dos Orixás, mas também o mais indiscreto de todos, feliz é quem é abraçado por Nanã, pois nesse momento, e só nesse momento, ela abre sua fechadura matriz que carrega entre os seus seios fartos e revela ao felizardo todos os segredos da criação.

Ainda, segundo ele, Oxum guardou entre os seus seios a fechadura com os segredos do amor; Iemanjá guardou entre os seus os segredos da vida; Iansã guardou entre os seus segredos da..., etc., etc., etc.!

Quanto a Oxalá, ainda segundo esse Orixá indiscreto, mas muito bem informado, ele pendurou o molho de chaves em seu pescoço e guardou-o por baixo de sua veste sagrada, ocultando as chaves da criação.

Com isso comentado sobre os mistérios das chaves e das fechaduras, então que ninguém jamais se esqueça que o mistério das chaves é guardado por Oxalá e o mistério das fechaduras é guardado por Nanã Buruquê.

A chave recolhida por Ogum abre os caminhos; a chave recolhida por Oxóssi abre o raciocínio; a chave recolhida por Xangô abre a razão, etc., etc., etc., mas só Oxalá abre tudo a quem se fizer por merecer.

Eram muitas as mesas de mistérios da criação, mas nós só vamos comentar sobre algumas, para que tenham uma ideia de como são poderosos os Sagrados Orixás.

## O Mistério das Cores

Em uma mesa de mistérios estavam muitas cores e cada Orixá, ao estender as mãos sobre ela, puxavam duas cores; uma entrava pela mão direita e outra pela mão esquerda. Na verdade, a cor de uma era complementar da outra. Uma era irradiante e a outra concentradíssima.

Oxumaré, desde que chegara perto daquela mesa, não desviou os olhos da esfera policromática depositada no centro dela.

Mas, como não se animava em pegá-la, o Divino Criador Olorum ordenou:

– Meu amado filho, por que não recolhe o mistério que reservei a você?

– Meu pai, serei merecedor de guardar em meu íntimo todas as cores da sua criação divina?

– Meu filho Oxumaré, não foram poucas as vezes que observei como você concentrava-se na cor das minhas criações. Saiba que eu o gerei no meu mistério que dá cor a tudo e a todos! Portanto, é natural em você a atração pelas cores!

– Se assim disse o meu Pai, assim será! – exclamou Oxumaré, recolhendo aquela esfera multicolorida que continha todas as cores criadas por Olorum, o Divino Criador.

E assim, desde aquele momento ainda na morada interior do Divino Criador Olorum, o mistério das cores passou a ser guardado pelo Orixá Oxumaré e desde o branco de uma aveludada pétala de rosa até o preto compacto de um ônix ou de uma turmalina negra, quem as rege é este nosso amado pai Orixá.

Os Orixás masculinos continuaram a avançar por aquela alameda, recolhendo mistérios e mais mistérios da criação do Divino Criador Olorum. Eram tantos mistérios, mas tantos mistérios, que não nos é possível nomear todos, de tantos que eram!

Cada Orixá, tanto aqueles cujos nomes yorubanos os popularizaram como os que nunca receberam nomes em yorùbá, mas em outras línguas, recolhia tantos mistérios parciais ou integrais, que até hoje ninguém fora da morada interior de Olorum sabe com certeza quando um deles é portador natural e o manifesta de si, de tantos que são os mistérios do nosso Divino Criador Olorum.

Só para se ter a ideia do poder de um mistério, saibam que se desejarem fazer um assentamento do Orixá Oxumaré só com o poderoso fator das cores, bastará recolher e acondicionar em frascos ou saquinhos plásticos transparentes pós das mais diversas cores, tais como:
• Pós vegetais, ralando madeiras ou raízes coloridas e secando-as; folhas coloridas, cascas coloridas de frutas, sementes coloridas.
• Pós minerais, de pedras coloridas piladas; de minérios.
• Pós telúricos, de terras de todas as cores.
• Pós de pigmentos industriais, etc.

Reunindo pós coloridos, distribua-os ao redor de um vaso transparente cheio de água doce ou mineral e circule-o com sete velas coloridas acesas a cada sete, quatorze ou vinte e um dias, que terá um assentamento tão poderoso desse nosso amado pai Orixá que ele afastará todos os seres trevosos que, por acaso, entrarem em vosso templo de umbanda.

Saibam que as cores, independentemente da substância que esteja refletindo, são energia viva e divina, geradas e emanadas por Oxumaré, o Orixá que rege os mistérios do sagrado arco-íris.

Está correta a lenda daomeana que o associa à serpente dã, a cobra do arco-íris, assim como está correta a lenda nigeriana que o associa ao Orixá que supre o palácio de Xangô com água, também transportada pelo arco-íris que se forma no céu em certos momentos quando gotículas de água em suspensão no ar refletem os raios do sol e formam um dos mais belos fenômenos da natureza.

Bom, já que comentamos alguma coisa sobre as cores, então vamos comentar sobre as chaves e as fechaduras, pois assim vocês terão um melhor entendimento dos símbolos representativos dos mistérios dos Orixás.

Saibam que em um assentamento de Oxalá nunca deve faltar um molho de chaves de diversos modelos.

Já em um assentamento de Nanã Buruquê jamais deve faltar uma fechadura.

Mas isso, já é assunto para outro livro de nossa autoria que se chama *Livro de Assentamento de Forças e Poderes dos Orixás*. Quanto à consagração desses elementos simbolizadores dos poderes deles, recomendamos que os consagrem segundo ensinamos em outro livro de nossa autoria chamado *Formulário de Consagrações Umbandistas**, livros estes pensados justamente para preencherem lacunas fundamentais ainda existentes na Umbanda, uma religião totalmente fundamentada nos mistérios da criação do nosso Divino Criador Olorum.

Bem, voltando a relatar como estavam sendo distribuídos os mistérios simbólicos da criação, ao mesmo tempo que Oxumaré recolhia aquela esfera multicolorida, na alameda feminina uma mãe Orixá, cujo

---

* N.E.: *Formulário de Consagrações Umbandistas*, Rubens Saraceni, Madras Editora.

mistério jamais recebeu um nome humano em qualquer língua e que está entre os Orixás não revelados, estava recolhendo uma esfera em cujo interior circulavam energias.

Todos os tipos de energias existentes na criação divina estavam dentro daquela esfera que parecia ser de cristal, mas que era um plasma incolor.

E, assim como Oxumaré colocou diante do seu chacra frontal a sua esfera multicolorida e a absorveu por ele e começou a irradiá-la como um lindo arco-íris, essa nossa amada mãe Orixá regente do mistério das energias vivas e divinas, e que não pode ser invocada aqui na Terra, porque não recebeu um nome humano, pegou aquela esfera energética com as duas mãos e a elevou até a altura do seu chacra frontal e a absorveu. E no instante seguinte uma roda toda raiada aflorou nesse seu chacra e começou a girar, mostrando em uma só mãe Orixá todas as energias existentes na criação e distribuídas entre todas as Orixás femininas reunidas ali, naquela alameda dos mistérios pelo nosso Divino Criador Olorum.

– Iemanjá havia absorvido a energia viva aquática.

– Oxum havia absorvido a energia viva mineral.

– Iansã havia absorvido a energia viva eólica.

– Oro Iná havia absorvido a energia viva ígnea.

– Obá havia absorvido a energia viva telúrica.

– Nanã Buruquê, ao estender suas mãos, absorveu pela direita energia viva aquática e absorveu pela esquerda energia viva telúrica, tornando-se bienergética.

– Uma mãe Orixá não revelada até hoje recolheu a energia viva vegetal.

Saibam que todos os Orixás masculinos e femininos formam pares entre si, pois compartilham mistérios complementares da criação.

Se Oxumaré guarda em si o mistério das cores vivas, essa mãe Orixá sem um nome humano guarda o mistério das energias vivas.

Cor e energia são mistérios afins-complementares, pois toda cor irradia uma energia e toda energia gera uma cor.

Energia é algo sensível, mas não é visível. E toda cor é algo visível, mas não é sensível.

Já as duas partes unidas torna-as visíveis e sensíveis ao mesmo tempo.

Na criação divina, quando Oxumaré une seu arco-íris vivo à roda energética dela, eles geram uma explosão energética multicolorida na mesma proporção de um *big-bang* dos físicos, pois cada vez que eles fizeram isso desde aquele momento até hoje, energizaram e coloriram uma nova realidade do Divino Criador Olorum, também chamado por nós de dimensão da vida.

E tantas foram as vezes que Oxumaré e esta nossa amada mãe Orixá já uniram seus mistérios, que ninguém além de Olorum e eles sabe exatamente quantas dimensões da vida existem na infinita criação do nosso Divino Criador.

É por isso, também, que em um assentamento de Oxumaré as substâncias (energias condensadas) ou pós coloridos devem ser distribuídos ao redor do vaso transparente cheio de água e as velas coloridas devem ser firmadas em círculo ao redor do assentamento.

Todo assentamento deve ter sua fundamentação no(s) mistério(s) que simboliza(m). Se não for assim, não é um assentamento de Orixá, e sim, é uma firmeza das forças dele.

Há sim uma diferença entre um assentamento e uma firmeza. Mas isso é comentário para outro dos nossos livros, certo?

Bom, o fato é que os Orixás formam pares ou "casais", ainda que não exatamente como entendemos aqui na Terra, ou seja, não são marido e mulher, e sim, mistérios afins-complementares.

Aqui vai uma informação: para cada Orixá masculino ou feminino já revelado por nome humano por meio das muitas religiões, há um Orixá feminino ou masculino que não pode ser revelado senão um mistério em sua totalidade se abre completamente e gera em si uma nova realidade que absorve para dentro de si tudo e todos que estiverem sob sua irradiação divina.

É por isso que, se temos os Orixás revelados, também temos os não revelados. Em se temos os que já foram exteriorizados pelo nosso Divino Criador Olorum, temos os que vivem no Seu íntimo ou na Sua morada interior, inacessível a nós, espíritos em evolução gerados no ventre divino da Mãe Humana da Criação.

Se adotássemos a velha tradição, diríamos que, se o marido foi exteriorizado no mundo manifestado, a esposa ficou retida no mundo imanifestado. É como se o marido saísse para trabalhar e a esposa ficasse cuidando da casa.

Então, partindo desse modo de descrever os mistérios, poderíamos dizer que Ogum, ao vir para o mundo manifestado, deixou para trás sua esposa divina, imanifestada.

E o mesmo poderíamos dizer de Iansã, de Xangô, de Iemanjá, de Oxum, de Obá, de Obaluaiê, de Exu, etc.

Então, o que temos na mitologia antiga é a união esporádica ou temporária de Orixás, tal como estão descritas as uniões deles, mas bem sabemos que ali estão descritas as uniões de mistérios complementares, que sempre que acontecem são temporárias e atendem a necessidades dos meios onde vivem os seres espirituais ou naturais.

Também é por isso que, na regência da coroa ou do Ori de um médium não são assentados dois Orixás. Afinal, se um médium tem seu Ori regido por Xangô, o Orixá feminino afim-complementar desse médium não foi exteriorizado e não pode ser assentado, tanto porque não foi exteriorizada como, caso isso fosse feito, o espírito do médium seria recolhido à realidade divina regida tanto por Xangô como pelo Orixá feminino irrevelável que forma com ele um par divino afim-complementar, tal como já comentamos linhas atrás.

Agora, o que muitos fazem e assentam, Xangô e Iansã, bem, eles só formam par complementar elemental (fogo e ar).

Saibam que pares complementares são formados na mitologia antiga quando os Orixás são descritos como irmãos, irmãs, pais, filhos, etc., pois esta era e ainda é a forma tradicional de se descrever de forma humana e antropomórfica os mistérios que regulam os meios e os princípios divinos que nos regem e à nossa evolução.

Por que descrevem Ogum e Exu como irmãos? Porque esses dois mistérios se completam em um campo da criação, que é o de regular os procedimentos e as condutas. Além de ambos serem filhos de Olorum.

Os procedimentos regulados por Ogum são os que regulam os princípios divinos.

Os procedimentos regulados por Exu são os profanos (não os profanadores, certo?).

E o mesmo raciocínio se aplica quando descrevem Ogum, Oxóssi e Xangô como filhos de Iemanjá.

É porque Oxóssi (o vegetal) precisa da água para germinar; Ogum está na água (Iemanjá) como o oxigênio e Xangô está na água como o calor que lhe dá mobilidade ou até a vaporiza no ciclo das águas.

# O Mistério das Conchas Divinas

As lendas antigas são corretas e devem ser interpretadas corretamente, senão parecerão procedimentos humanos ou profanos em seres divinos e que transcendem tudo o que nossa limitada mente pode imaginar nesse campo teológico.

Bem, voltando à distribuição dos mistérios, eis que vemos nesse momento na morada interior as mães Orixás diante de uma mesa forrada de conchas dos mais diversos tipos e modelos.

Eram tantas conchas que elas não sabiam qual pegar de tão belas e atraentes que eram.

Haviam conchas minerais, vegetais, cristalinas, aquáticas, ígneas, eólicas, telúricas, etc.; conchas encantadas, conchas naturais, conchas elementais, conchas unipolares, bipolares, tripolares, tetrapolares, etc.; conchas unienergéticas, bienergéticas, trienergéitcas, tetraenergéticas, etc.; conchas ovaladas, trianguladas, côncavas, convexas, centrípetas, centrífugas, espiraladas, encaracoladas, cônicas, etc.

Eram tantas conchas que aquelas mães Orixás não sabiam qual ou quais pegar de tantas que havia sobre aquela mesa das conchas geradoras de vidas.

Como estavam indecisas, o Divino Criador ordenou que estendessem as duas mãos sobre a mesa, que cada uma atrairia para elas as conchas afins com o mistério que eram em si mesmas, assim como atrairiam para elas todas as que iriam precisar para nelas gerar tudo o que viesse a ser necessário aos meios que regeriam dentro das muitas realidades existentes na morada exterior ou mundo manifestado.

Após fazerem o que lhes havia sido ordenado e cada uma delas ter recolhido em seu íntimo suas conchas da vida, ele ordenou:

– Minhas amadas filhas, agora, das conchas que restaram, escolham uma que mais agradar aos vossos olhos e sentidos, pois esta não ficará oculta em vosso íntimo, pois vocês a carregarão e com a mão direita a abrirão para gerarem formas a serem animadas por espíritos ou seres naturais que habitarão os meios ou realidades sob sua regência. Mas, caso só precisem gerar nelas os fatores indispensáveis aos meios que regem, então as abrirão com a mão esquerda. Segurando-as e abrindo-as com as duas mãos, elas tanto gerarão formas quanto fatores ao mesmo tempo. Mas, lembrem-se de que suas conchas só geram a parte feminina das formas ou dos fatores, e para que sejam completas, plenas em si e autossuficientes, vocês precisarão que suas conchas da vida recebam dentro delas fatores e pensamentos masculinos, que lhes serão enviadas pelos seus pares masculinos. Os pensamentos deles serão como sementes vivas a serem depositadas dentro de suas conchas e caso vocês as abram para eles, estes só enviarão para dentro delas a parte masculina dos fatores que geram. Caso eles queiram depositar dentro delas seus pensamentos que gerarão formas, então eles as abrirão com as chaves das conchas da vida, que nesse momento também estão recolhendo de uma mesa preparada por mim a eles.

– Assim ordenou o nosso pai e nosso Divino Criador Olorum, assim será para nós, as suas filhas divinas, meu pai! – exclamou Oxum, pegando uma pequena, delicada, multicolorida e muito atraente conchinha que cabia na palma de sua mão. Ela tinha a forma de um pequeno coração que cintilava cores.

Oxum, ao olhar para a mesa das conchas da vida pela primeira vez, já sentira uma atração natural por ela e ficara decepcionada quando estendera as duas mãos e ela não foi atraída para elas. Mas, assim que Olorum ordenou que escolhessem uma que carregariam à vista de todos, ela pegou-a imediatamente e, muito feliz, levou-a ao peito, inundando-a com suas vibrações de amor pela sua tão desejada conchinha da vida.

Iansã, mais prática e não tão emotiva quanto Oxum, já estava de olho em uma concha grande e cuja abertura tinha bordas finas e alongadas, mas cujo corpo era o mais comprido das conchas ali existentes naquele momento na morada interior do nosso Divino Criador Olorum.

Obá, muito prática e extremamente racionalista, pegou uma concha da vida de tamanho médio, fácil de ser segurada ou aberta, pois tinha (e ainda as tem) bordas grossas e arredondadas, forma esta que a torna muito atraente e faz com que todos desejem deslizar os dedos por cima daquelas bordas tão atraentes.

Esse encanto natural da concha da vida de Obá faz com que ela ande sempre com um braço por trás das costas, segurando-a oculta dos olhos dos Orixás masculinos, senão eles não resistem ao encanto dela e vão logo pensando em algo a ser gerado nela. E isso, quem nos revelou foi Exu, o mais bem informado, mas também o mais indiscreto dos Orixás.

Também, segundo esse bem informado, mas muito indiscreto Orixá, Omolu é um felizardo porque saiu logo depois dela da morada interior e recebeu de Olorum a função de guardar as costas dela, que forma com ele um par puro no elemento terra, onde ela gera as partes femininas dos fatores que formam esse elemento e ele gera as partes masculinas dos fatores desse elemento.

Portanto, como ela oculta a maior parte do tempo atrás de suas costas a sua concha da vida, Omolu a vê a maior parte do tempo, fato esse que o torna um privilegiado. Isso, segundo Exu, certo?

Agora, quem quiser saber se é verdade ou não o que reproduzimos sem alterar uma só palavra, então que vá até o Orixá mais temido da criação e pergunte a ele, certo?

Bom, o fato é que Exu tem umas quizilas com Obá, e uma delas é justamente porque ela nunca abriu sua concha da vida para ele depositar dentro dela seus fatores ou seus pensamentos vivos. Então Exu, para vingar-se dela, vive depositando-os nas conchas vivas de suas filhas naturalizadas.

Dizem também que, se uma filha de Obá espiritualizada e encarnada for assentar sua mãe divina em seu terreiro e não quiser ter problemas com Exu, deve assentar Omolu junto, mas do lado de fora do terreiro. Só assim Exu se manterá no seu lugar porque, para chegar até a filha de Obá encarnada, antes terá de pedir licença ao Orixá mais temido por Exu. E, segundo dizem, se Exu sair da linha nos seus contatos com as filhas espiritualizadas e encarnadas de Obá, ele sabe que será punido por Omolu que, também segundo dizem, guarda as costas das filhas dessa mãe Orixá, muito prática, racionalista e rigorosa ao extremo, não só com Exu, certo?

Mas isso tudo são lendas, e você pode acreditar nelas ou não. Mas, quanto às filhas espiritualizadas e encarnadas de Obá, bom, recomendamos que leiam e releiam o que aqui comentamos e caso façam o que recomendamos, então comprovarão a sua veracidade.

Bem, voltando à mesa das conchas, Oxum recolheu uma pequena e multicolorida conchinha, com bordas que cintilam cores. Iansã recolheu uma concha comprida e espiralada com bordas finas e oblongas. Obá, pegou uma concha de tamanho médio cujas bordas arredondadas atraem todos que a veem.

Nanã Buruquê pegou uma concha um pouco maior que a de Obá e um pouco menos comprida que a de Iansã, mas cujas bordas são grossas, largas, achatadas e voltadas para dentro.

Oro Iná, cujo nome sagrado é Ia-fer-kali-iim-yê, é uma mãe Orixá que gera as partes femininas positivas do elemento fogo ou ígneo, sentiu-se atraída por uma concha da vida um pouco menor que a de Obá mas que, também segundo Exu, quando ela vai gerar no seu interior energias ou formas, as bordas roliças de sua concha ficam rubras como brasa e dilatam-se muito, tornando-a única e muito atraente nesses momentos.

Uns dizem que o interior da concha da vida de Oro Iná é como uma fornalha. Outros dizem que é como uma forja, que derrete tudo e a tudo incandesce, tornando abrasador tudo o que gera em seu interior.

Segundo uma lenda, Oxalá pensou uma estrela que gerisse todo um sistema planetário e pediu a Oro Iná para depositar dentro de sua concha da vida esse seu pensamento, que era vivo e geraria um imenso corpo celeste, à volta do qual os outros Orixás criariam outros corpos celestes que orbitariam ao redor dele e o estabilizariam. E assim que ele depositou dentro daquela concha ardente sua forma-pensamento, uma nova estrela viva foi gerada por Oro Iná que, ao exteriorizá-la, deu origem ao nosso abençoado sol.

Há uma bela lenda que relata a criação do sol e de todo o nosso sistema solar, em cuja geração participaram vários pais e mães Orixás. Mas, o que nos revela Orunmilá, o mais bem informado mas o mais discreto dos Orixás, a regência divina do sol pertence a Oxalá e Oro Iná.

Também nos revela Orunmilá que, caso uma pessoa, ao raiar do dia, ajoelhar-se de frente para o sol que desponta no horizonte e saudar com respeito e reverência esses dois Orixás, e clamar-lhes com amor que eles a abençoem e proporcione-lhes um dia agradável, próspero e muito fértil, não só essa pessoa será abençoada por eles como seu espírito receberá um fluxo energético poderosíssimo que tanto a purificará como a tornará muito produtiva e ágil.

Outra das muitas revelações de Orunmilá sobre o sol e seus regentes divinos Oxalá e Oro Iná nos diz que, caso alguém esteja sofrendo perseguição de Eguns desequilibrados ou esteja sendo atuado por alguma magia negra, então bem no ponto do meio-dia e com o sol a pino, esta pessoa deve cobrir sua cabeça com um lenço de cor alaranjada, cobrir-se toda com um lençol branco, ajoelhar-se, saudar com respeito e reverência os senhores Orixás regentes do sol (Oxalá e Oro Iná) e deve clamar-lhes que anulem totalmente a perseguição dos Eguns ou as magias negras que está sofrendo que, em uma fração de segundos nada disso existirá mais.

Como essa magia é poderosa e fulminante e realiza-se em um piscar de olhos, Exu e Orunmilá travaram um combate feroz que alcançou várias outras realidades da criação, pois nela Exu leva um prejuízo danado já que junto do fluxo solar enviado sobre a pessoa à velocidade da luz vem o fator consumidor de Oro Iná, que consome tudo e todos envolvidos na perseguição ou na magia negra.

Há uma lenda que relata a poderosa magia planetária e a forma de adivinhar o que está ocorrendo na vida de uma pessoa a partir do conhecimento dos regentes divinos dos planetas que formam o nosso sistema solar.

Essa magia que aqui comentamos, pois Orunmilá, o Orixá da adivinhação, nos permitiu, é tão poderosa, mas tão poderosa, que, caso a pessoa perseguida ou magiada esteja com seu nome, sua fotografia, algum objeto que a simbolize ou um fio de cabelo, um pedaço de unha ou alguma fotografia dentro de uma tronqueira de Exu, não só a magia ou a perseguição é anulada instantaeamente como tudo mais dentro dela será consumido e nela se formará um vácuo que engolirá toda a esquerda de quem fez a magia ou ativou a perseguição de Eguns.

Exu, naquela época, argumentou que uma magia que anulasse os seres ou espíritos manifestadores dos seus mistérios era uma vingança de Orunmilá contra ele por ter sido obrigado a ceder-lhe uma função importante nos seus sistemas divinatórios.

De nada adiantou os argumentos de Orunmilá então e, por causa da recusa desse Orixá a continuar revelar as coisas, e das incertezas que causou esse seu recolhimento, os Orixás se reuniram e, após muitas deliberações, ofereceram tanto a Exu quanto a Orunmilá uma saída honrosa:

No culto já antigo e tradicional aos Orixás, então praticado nos territórios da atual Nigéria e países adjacentes, tudo continuaria como estava mas, quando surgisse um novo culto aos Orixás em alguma outra região do planeta, aí Orunmilá poderia revelar seu sistema divinatório planetário e todas as magias que havia desenvolvido para facilitar seu trabalho, praticamente ininterrupto desde que os seres naturalizados pelos pais e mães Orixás começaram a espiritualizar-se e a encarnar, como meio de acelerarem seus amadurecimentos e conscientização.

Passaram-se alguns milênios desde que aconteceu essa deliberação. E, quando muitos nigerianos foram trazidos para o Brasil como escravos e aqui difundiram o culto dos Orixás, Orunmilá ia abrir esse jogo divinatório e suas fulminantes magias mas, mais uma vez, Exu bloqueou-a pois alegou, corretamente, diga-se a bem da verdade, que não era um culto novo e sim a continuidade do que já existia em território africano.

Isto aconteceu por volta de 1798. E, quando quase um século depois surgiu a Umbanda que era fundamentada nos Orixás, Orunmilá ficou feliz pois, finalmente, iria poder revelar seu sistema divinatório planetário e suas fulminantes magias.

Mas Exu, vendo que ia se ferrar todo, argumentou, corretamente, que a Umbanda cultuava os Orixás, mas também cultuava divindades de outras religiões e não era um culto puro aos Orixás.

Todos ficaram de voltar a se reunir mais adiante, quando veriam como andariam as coisas no lado material da Umbanda.

E, por volta do ano de 1998, voltaram a se reunir a pedido de Orunmilá, que afirmou que era hora de liberarem seu jogo divinatório e suas poderosas magias.

Exu, não só colocou um monte de livros com escritos de muitos autores umbandistas, todos com incongruências gritantes com o culto puro dos Orixás, como ainda brandiu um livro grosso escrito por um seguidor de outro autor, já desencarnado e "descansando" na terceira esfera negativa debaixo das garras dos pés de um irado arcanjo negro que havia sido sincretizado com Exu do Lodo e virara motivo de piadas sarcásticas por parte de todos os senhores das trevas.

Esse arcanjo negro tem sete garras em cada um dos seus pés. Como o já não tão afamado autor umbandista caiu embaixo do seu pé esquerdo, esse arcanjo negro disse que só o transferirá para debaixo do seu pé direito quando todos os escritos e o nome terreno e o iniciático do tal autor desaparecerem da face da Terra.

Segundo dizem alguns seres bem informados sobre o que circula nas esferas negativas, tal arcanjo negro já reservou um fim idêntico para o seguidor (e seus discípulos) daquele inventor de algo que pode ser tudo, menos Umbanda.

Inclusive, nessa reunião, Exu até exibiu uma cópia do altar desse seguidor em que não há nada alusivo aos Sagrados Orixás, mas sim, enfeites hinduístas.

E Exu falou irado:

— Hinduísmo não é Umbanda! Até os pontos cantados por eles em suas engiras são imitação de cantos sagrados hinduístas. Essas pessoas não são merecedoras do seu sistema divinatório e de suas magias planetárias, Orunmilá!

Orunmilá, calmamente falou:

— Você tem razão e está correto, Exu! Essas pessoas que você citou, seus livros, seus templos e formas de culto não só não são umbandistas como não merecem receber o que tenho a transmitir aos seres naturais espiritualizados encarnados. A esses aí nada dei, dou ou darei. Eles até são contra uma codificação e uma normatização dentro da Umbanda, senão serão postos para fora dela!

— Nisso estamos de acordo, Orunmilá. Portanto, acho melhor encerrarmos essas reuniões e deixar oculto seu sistema divinatório e suas poderosas magias, certo?

— Errado, Exu!

— Por que, se estamos de acordo que não há um culto puro aos Orixás dentro da Umbanda?

— Bem... e Orunmilá começou a colocar um monte de livros sobre a mesa de reunião.

— O que é isso? — quis saber Exu.

— Bom, você mostrou só os livros que provavam que não há um culto puro aos Orixás na Umbanda. Mas, aqui, bem diante dos olhos de todos, estão muitos livros que provam que se nem todos praticam um culto puro aos Orixás, no entanto há os que, não só praticam, como estão conquistando muitos adeptos novos à Umbanda.

— Mas esses livros são de um único autor e muito deles sequer estão publicados.

— Mais uma razão para provar que há um culto puro aos Orixás dentro da Umbanda, Exu. Se até agora, só com alguns desses livros já publicados, as consciências religiosas dos seguidores desse autor estão sendo realinhadas, imagine você, que não pensa, mas imagina muito, como não será esse culto para daqui a alguns anos solares, quando todos estarão publicados e o número de seguidores desse culto puro se contará às centenas de milhares!

– Preciso examinar os escritos desse novo autor umbandista, Orunmilá. Se houver sincretismos, distorções ou deturpações vou desclassificar seus argumentos, certo?
– Certo, Exu!!!
– Só preciso de um instante, Orunmilá.
– Eu sei, Exu. Examine à vontade!

Exu ia pondo a mão sobre os livros, a maioria ainda só na forma de manuscritos, e ia separando uns para um lado e outros para o outro. Quando colocava um no monte à sua esquerda, dava uma sonora gargalhada.

E quando examinou todos, havia duas pilhas à sua frente. Orunmilá, astutamente perguntou:

– Exu, há algo incorreto nessa pilha de livros e manuscritos à sua direita?
– Não, Orunmilá. Nesses aqui não encontrei nada que desclassifique seus argumentos.
– Posso recolhê-los?
– São todos seus, Orunmilá! Mas...
– Mas... o quê, Exu? – perguntou Orunmilá, com um enigmático sorriso nos lábios.
– Mas, aqui nesses livros à minha esquerda está escrito que Oro Iná é uma Orixá do fogo que faz par elemental com Xangô.
– Está escrito isto sim, Exu.
– Está errado, Orunmilá! – exclamou Exu, dando uma gargalhada.
– Exu, o nome dessa mãe Orixá pode ser pronunciado aqui no mundo manifestado?
– Não pode, Orunmilá.
– Quantos dos seus filhos divinos foram naturalizados, Exu?
– Só naturalizei vinte e um deles, Orunmilá.
– O arcanjo negro Lúcifer é um deles, Exu?
– Não é não. E você sabe muito bem disso.
– Então, por que Exu emprestou seu nome para esse arcanjo negro espiritualizar seus filhos naturais paralisados nas esferas negativas?
– Bem...
– Exu, por que você emprestou seu nome para os filhos naturais de Omolu, gerando muitas hierarquias de Exus caveiras?
– Bom...
– E por quê você emprestou seu nome para que várias classes de gênios, cujos filhos naturais ficaram paralisados nas esferas negativas, gerando várias hierarquias de Exus, tais como Exus do pó, Exus sombra, Exus dos ventos, etc.?
– Onde você quer chegar, Orunmilá?

— Só quero que você me responda por que emprestou o seu nome para seres que não são de fato seus filhos divinos naturalizados e não são seres naturalizados por meio do seu mistério divino. Só quero isso, Exu!

— Bom, é porque um dos princípios fundamentadores da Umbanda diz que um Orixá natural pode emprestar seu nome para outros seres-mistérios para serem cultuados pelos seres encarnados.

— E você fez isso, não?

— Você sabe que fiz, Orunmilá! – exclamou Exu, meio irritado.

— Então, se você fez isso à vontade sem que nenhum de nós visse como procedimento errado, por que Iansã não pode emprestar o nome humano e yorubano de algumas de suas filhas divinas para que outros seres-mistérios possam ser cultuados pelos seres naturais espiritualizados encarnados?

— Você não disse que Nigue-iim havia emprestado o nome humano de algumas de suas filhas, e sim, que o autor desses livros havia emprestado-os.

— Mas Iansã emprestou-os, Exu! Por que você não pergunta a ela se os emprestou ou não?

— Você sabe que não posso dirigir a ela uma pergunta dessa natureza senão eu posso ficar em desvantagem caso a resposta seja afirmativa.

— Mas eu posso perguntar em seu nome, não?

— Isso você pode fazer, Orunmilá. Mas eu não o autorizo a fazer tal pergunta pois, em caso afirmativo, serei penalizado. E isso você sabe também!

— Está certo, Exu. Então vou perguntar isso em nome do autor desses livros, Exu.

— Você não pode fazer nenhuma pergunta em nome de um espírito a um Orixá, Orunmilá. E isso você sabe tão bem quanto eu.

Portanto, você não tem como confirmar que Iansã emprestou o nome de algumas de suas filhas para naturalizar e humanizar mistérios ainda sem um nome humano.

— E seu eu lhe disser que o nome do autor desses livros pode ser usado para quem dirigir perguntas a qualquer Orixá, inclusive a você?

— Esse nome aqui não pode ser usado, Orunmilá! E você sabe disso tanto quanto eu, certo?

— Sei sim, Exu. Mas esse nome que você vê aí na capa desse livro não é o nome dele.

— Como não é, se aqui está impresso com todas as letras?

— O nome dele, para mim e para todos os Orixás aqui reunidos é este, Exu! – e Orunmilá pronunciou o nome do autor dos livros questionados por ele. Este, ao ouvi-lo, exclamou:

— Essa não, Orunmilá! Você não havia me revelado que esse autor não é um espírito, mas um ser-mistério gerado no meio pelo nosso pai e Divino Criador Olorum!

— Você não me perguntou quem era ele, Exu!

— Esses seres-mistérios vivem nos encrencando, Orunmilá!

— Vivem sim, Exu. Mas, se não fossem eles, nós não estaríamos presentes em todas as religiões, fundadas por eles, ainda que vivam dando-nos muitos nomes, certo?

— Bom, isso é certo.

— Eles até podem naturalizar e humanizar nomes divinos, não?

— É, eles podem sim. E vivem fazendo isso!

— Vivem fazendo isso sim, Exu! — exclamou Orunmilá, com um sorriso enigmático nos lábios.

Exu, ao ver aquele sorriso, imediatamente perguntou:

— Orunmilá, quais as outras surpresas que você reservou-me desta vez?

Calmamente, Orunmilá colocou alguns livros diante de Exu. Este os examinou e gargalhou feliz antes de perguntar:

— Orunmilá, você tem certeza de que estes livros que comentam meu mistério e minhas magias será colocado à disposição dos seres naturalizados e espiritualizados encarnados?

— Tenho, Exu.

— Você compromete-se com essa sua afirmação, Orunmilá.

— Já me comprometi, Exu. Mas... e quanto à liberação do meu sistema divinatório e das magias planetárias desenvolvidas por mim?

— Só de eu saber que, na Umbanda, deixarei de ser visto, ensinado e tratado como um vil demônio humano e passarei a ser cultuado, respeitado e reverenciado como o que sou, um Orixá, já me demovi de contestá-lo, Orunmilá. Pode abrir ao plano material seu novo sistema divinatório e suas poderosas magias!

— Sem nenhum obstáculo de sua parte, Exu?

— Sem nenhum, Orunmilá.

— Finalmente, certo?

— Onde está o livro com seu novo sistema divinatório e suas poderosas magias?

— Ele ainda não foi transmitido ao plano material.

— Então os livros que me abordam e me renovam na Umbanda terão de vir na frente, certo?

— Por quê?

— Oras, os seus ainda estão em sua mente. Já os meus estão materializados. Logo, eles têm precedência, Orunmilá!

— Exu não perde sua precedência, não é mesmo?

— Sempre foi assim, não?

— É, sempre foi assim com Exu.

— Então não há nada de errado com essa minha solicitação, há?

— Não há, Exu! Você não quer que eu faça a pergunta a Iansã em nome do autor desses livros?

– Não, não! Já retirei todos os obstáculos à sua vontade de abrir seu novo sistema divinatório, Orunmilá. Como foi você que solicitou essa reunião, sugiro que ela seja encerrada.

Ogum, ouvindo Exu sugerir que fosse encerrada a reunião, perguntou a todos os Orixás ali reunidos se tinham algo a acrescentar. Como nenhum se pronunciou, ele ordenou o encerramento e todos voltaram aos seus domínios na criação.

Ogum, antes de partir, perguntou a Orunmilá:

– Adivinho, você creu que Exu não sabia de tudo o que você apresentou aqui?

– Exu sabia disso tudo, Ogum.

– Então você sabe por que ele se fez de desinformado, não?

– Sei sim. Ele se fez de desinformado porque desvirtuaram, distorceram e inverteram tanto os mistérios dele que, ou ele retirava os obstáculos à liberação de minhas poderosas magias ou os "demônios" que andam se passando por Exus acabarão por se apossarem do mistério maior dele e começarão a usá-lo em benefício próprio em vez de usá-lo em benefício do todo, que é a função de qualquer dos mistérios exteriorizados pelo nosso pai e nosso Divino Criador, meu irmão Ogum.

– É isso mesmo, irmão Orunmilá. Eu percebi desde que Exu chegou à reunião que ele estava ansioso por liberar suas poderosas magias ao plano material da criação. Você poderia ter exigido precedência, que desta vez ele a cederia a você.

– Eu sei. Desde que ele viu escrito em um dos livros que ele nos apresentou que o seu autor também era um "mestre tântrico", ele mudou de ideia imediatamente quanto aos obstáculos às minhas poderosas magias.

– É, Exu nunca se esqueceu da finalidade que os tantristas deram ao seu principal mistério, Orunmilá!

– Como são complicados esses seres naturalizados, espiritualizados e encarnados! – exclamou Orunmilá, despedindo-se de Ogum e retornando aos seus domínios na criação, onde é o Orixá da adivinhação e das revelações das coisas divinas aos seres que vivem na morada exterior de Olorum.

# Lenda de Oxaguiã e as Conchas da Vida

Bom, retornando aos nossos comentários sobre a mesa das conchas da vida, Iemanjá apanhou uma que todas olhavam, mas não se animavam a pegá-la porque ela tinha uma abertura alongada e tinha outras menores nas suas bordas.

A concha dela se destacava por esse detalhe, que as outras não tinham e também porque era a maior de todas as ali colocadas por Olorum.

Oxum havia apanhado uma que cabia na palma de sua mão. Já a de Iemanjá, ela tinha que segurá-la com as duas mãos, de tão grande que era, e ainda é.

Só que a concha de Iemanjá tem um mistério em si que encanta quem já a viu gerando algo: as aberturas pequenas distribuídas nas suas largas bordas, quando ela começa a gerar algo, abrem-se em belíssimas conchinhas, todas também capazes de gerar em si mesmas.

E, segundo dizem os conhecedores desse outro mistério da concha da vida de Iemanjá, enquanto sua concha maior está gerando o que nela foi depositado, todas as aberturas distribuídas à volta da sua abertura começam a gerar, mas geram para outras realidades de Olorum.

Na verdade, segundo dizem, aquelas aberturas nas bordas de sua concha da vida são aberturas naturais para outras realidades do nosso Divino Criador Olorum, todas elas regidas por essa nossa amada mãe Orixá.

Iemanjá, como toda mãe naturalmente divina e senhora de tantos mistérios que até faz com que muitos se percam neles, de tantos que são, sorri enigmática quando lhe perguntam sobre o porquê daquelas aberturas laterais em sua enorme concha da vida, deixando encabulado quem pergunta isso a ela.

Há uma lenda antes nunca contada de Oxaguiã, um Orixá gerado no meio por Oxalá na concha do Tempo de Logunã, a Orixá do tempo, quando foi fazer algo que seu pai havia lhe ordenado que fizesse nos domínios de Iemanjá. Ao ver a concha da vida dela, ele ficou curioso e, por ter sido gerado na concha da mãe da imaginação, começou a imaginar as coisas que aquela concha seria capaz de gerar.

Oxaguiã começou a imaginar coisas porque, assim que chegou diante de Iemanjá, tanto a sua enorme concha se ativou toda como todas as suas aberturas laterais se ativaram e também se abriram, todas prontas para receberem e gerarem tudo o que ele quisesse gerar, dentro delas.

Iemanjá, sentindo-se incomodada pelo fato de só por ele estar diante dela já ativar totalmente sua concha da vida, virou-se de costas para ele, ocultando-a enquanto tentava desesperadamente desativá-la.

Oxaguiã, o único Orixá que torna realidade tudo o que imagina, e isso só com o recurso de sua imaginação herdada de sua mãe Logunã, deixando de ver a majestosa, encantadora e atraente concha da vida de Iemanjá, imediatamente imaginou outra igual nas costas dela.

Como ele a havia imaginado como tinha visto a que ela ocultara dos seus olhos, já toda ativada, esta nova concha da vida imaginada por ele se tornou real e concretizou-se só com o poder de sua fértil e poderosa imagnação.

Iemanjá ficou apavorada com o que estava ocorrendo com sua concha da vida e com o que ele fizera surgir nas costas dela só com o poder de sua imaginação. Temeu ficar de lado, pois ele poderia fazer surgir nova réplica de sua concha da vida, e perguntou:

– Quem é você, que chegou à minha frente e ativou minha concha da vida sem ter introduzido qualquer chave ativadora dos mistérios geradores dela?

– Eu sou Oxaguiã, filho do pensar do meu pai Oxalá e da imaginação de minha mãe Logunã, Senhora do Tempo e a única que é capaz de gerar tempo só com os recursos internos de sua concha da vida geradora do tempo para todas as realidades do nosso Divino Criador Olorum!

– Você, só com o poder de sua imaginação, gerou em minhas costas esta réplica da minha concha da vida?

– Sim senhora, mãe geradora da vida!

– Como você consegue isto, misterioso filho de Oxalá e de Logunã?

– Eu imagino algo e esse algo se transforma em um pensar meu, que tem o poder de tornar real e concreto tudo o que imagino, pois o fator modelador do meu pai flui do meu pensamento à minha imaginação e quando retorna dela, torna realidade tudo o que imaginei.

– Então imagine que esta réplica da minha concha aí em minhas costas desapareça, Oxaguiã! – clamou Iemanjá, desesperada com o que havia lhe acontecido e com o fato de estar com duas conchas iguais e totalmente ativadas. – Faça algo logo ou não sei o que irá acontecer comigo pois você, só com sua presença, ativou uma e reproduziu outra às minhas costas e não tem nenhum pensamento para depositar dentro delas!

— Estou imaginando algo, minha senhora Iemanjá! Estou imaginando!

— O que você está imaginando agora, Oxaguiã?

— Bom, como todos os pais Orixás após pensarem em algo que desejam tornar realidade vão até alguma das senhoras mães geradoras e introduzem nelas as chaves que as abrem e as ativam para que gerem e tornem real o que pensaram, então, estou pensando uma chave com funções inversas e que feche as conchas que se ativarem sem que as mães geradoras tenham alguém por perto que as abram e depositem dentro delas algum pensamento que possa tornar-se real e útil aos meios ou às realidades do nosso Divino Criador Olorum regidos por elas. A senhora inclusive, senhora Iemanjá!

— Como é a chave que você pensou para desativar e fechar essas duas conchas totalmente ativadas e abertas, ainda que você não tenha pensado em nada para depositar dentro delas para que eu gerasse para você ou para os meios e as realidades regidas por mim?

— Bom, para ver como ela é, a senhora terá que voltar a ficar de frente para mim.

— Por que? Eu não posso virar meu rosto para trás e vê-la?

— Se a senhora fizer isso, não a verá por completo, pois essa chave imaginada por mim tanto entra na sua concha maior como em todas as conchas menores abertas nas bordas delas. É uma chave específica que poderá me solicitar sempre que sua concha ativar-se e não tiver ninguém em seus domínios com um pensamento que possa ser depositado dentro dela para ser gerado e tornado real, minha senhora mãe Iemanjá.

— Por que você pensou essa chave, Oxaguiã?

— Bom, o meu pai Oxalá havia me ordenado que imaginasse algo que pudesse tornar-se real e que solucionasse os problemas dessa sua concha geradora que mal se desativa após gerar algo e pouco tempo depois ela torna a ativar-se, e algo tem de ser pensado por algum dos pais da vida, tem de ser modelado por ele e tem de ser depositado dentro dessa sua concha muito geradora, sabe?

— Já estou sabendo que você foi enviado até mim por seu pai Oxalá para solucionar o problema do excesso de geratividade dessa minha concha, Oxaguiã!

— Foi para isso que fui enviado por meu pai Oxalá até a senhora. Agora, basta conceder-me sua licença para eu introduzir esta chave em uma das suas conchas, que ela derramará dentro dela os fatores que tanto as desativarão como as fecharão, minha senhora Iemanjá.

— Vou voltar a ficar de frente para você para que eu possa ver totalmente essa chave imaginada por você que, penso eu, é única, muito complexa e completa, não?

— Ela só é única e completa para a sua concha, sabe?

– Já vou saber, Oxaguiã! – exclamou Iemanjá, virando-se de frente para ele para poder ver a chave pensada por ele para solucionar o problema de excesso de geratividade da sua concha da vida. E, quando ela viu nas mãos dele uma chave que era o par perfeito de sua concha da vida, única na morada exterior do Divino Criador Olorum por causa daquelas pequenas aberturas nas bordas dela, Iemanjá ficou tão feliz por finalmente ter alguém que possuísse uma chave-mestra e total para sua concha, que começou a derramar lágrimas em profusão e a chorar convulsivamente.

E, porque ela, sem desviar os olhos daquela chave, não parava de chorar e de derramar tantas lágrimas, de tão feliz que estava, Oxaguiã não esperou pela licença dela e, segurando com as duas mãos aquela chave, introduziu-a em sua concha.

A chave, assim que foi toda introduzida, começou a derramar seus fatores solucionadores dos problemas de todas aquelas conchas laterais assim como dos da concha maior.

À medida que aquela chave foi derramando seus fatores vivos dentro da concha, Iemanjá foi aquietando seu pranto e contendo suas lágrimas, até que chegou um momento em que os fatores liquefeitos pelo mistério daquela concha aquática começaram a correr pelas bordas, tanto da maior quanto das menores.

Então, e só então, Iemanjá sentiu-se aliviada da enorme pressão da sua concha geradora e sorriu para Oxaguiã, toda feliz e contente!

Então ela, muito, mas muito feliz por ele ter desativado sua concha, pediu:

– Oxaguiã, retire essa sua chave para vermos se todas as aberturas dessa minha concha fecham-se realmente, e ao mesmo tempo!

Ele pegou aquela chave e a puxou com as duas mãos. E quando todas as pontas dela saíram, as aberturas foram se fechando, até que ficaram com uma aparência igual à que tinham quando Iemanjá recolhera aquela concha na mesa delas, ainda na morada interior do Divino Criador Olorum.

Iemanjá, felicíssima com o que havia acontecido com sua concha, totalmente renovada e regenerada depois de tanto tempo sendo usada por todos os pais da vida na morada exterior do Divino Criador Olorum, nomeou-o guardião dos mistérios de sua concha da vida e, transbordando alegria, virou-lhe as costas e pediu:

– Oxaguiã, introduza essa sua chave guardiã dos mistérios da minha concha da vida nessa réplica dela, aí atrás de mim, e desative-a também.

Oxaguiã, vendo-a sorrir de alegria e transbordando felicidade, não titubeou e imediatamente introduziu mais uma vez a sua chave guardiã dos mistérios da concha da vida agora existente atrás dela. E quando ele comunicou a ela que ia imaginar um fator que desfizesse aquela réplica da concha original dela, quase gritando ela lhe pediu que só a desativasse e a fechasse assim que tirasse sua chave-mestra de dentro dela.

– Por que a senhora não quer que eu faça essa réplica desaparecer das suas costas, minha senhora Iemanjá?

– Bom, comigo acontece um fenômeno que talvez nem você possa solucionar, Oxaguiã!

– Que fenômeno é esse?

– Tudo o que acontece comigo uma vez, toda vez que o fato se repete tudo volta a acontecer. Portanto, de outra vez que você vier desativar e fechar essa minha concha da vida original, ao ver esta sua chave guardiã dos mistério dela, eu começarei a chorar e a derramar muitas lágrimas, de tão feliz e contente que ficarei, e...

– E..? – perguntou ele.

– E... quem se sentirá feliz em ser guardião dos mistérios da concha da vida de uma mãe geradora que sempre irá recebê-la aos prantos, ainda que seja de alegria e contentamento?

– Eu não me incomodarei se isso acontecer realmente, minha senhora Iemanjá!

– Não penso assim, meu prestativo guardião. Para compensá-lo por ter de desativar esta minha concha comigo chorando e derramando lágrimas, você desativará e fechará essa réplica dela aí atrás comigo sorrindo de alegria e transbordando contentamento, sabe?

– Já estou sabendo! – exclamou Oxaguiã, muito feliz também por vê-la tão feliz e contente por, finalmente, ter um guardião que desativasse e fechasse sua extremamente gerativa concha da vida que, de tão gerativa que é, não lhe dava um instante de folga... e nem aos pais criadores que viviam sendo obrigados a pensar em algo novo para depositarem dentro da concha dela, a senhora da mais geradora das conchas.

E, quando Oxaguiã retirou sua chave daquela concha-réplica de Iemanjá, ela segundo uma fonte informadíssima nesses assuntos, adormeceu profundamente. E enquanto ela ficou adormecida, ora uma, ora outra, aquelas conchas (a matriz e a réplica) se ativavam e se abriam totalmente, obrigando-o a introduzir nelas a sua chave, desativando-as e fechando-as.

Como as duas eram iguais em tudo, ele só as diferenciava porque, quando era a concha matriz que se ativava, mesmo adormecida, ela emitia soluços, como se fosse chorar e começava a derramar muitas lágrimas por entre as pálpebras semicerradas dos seus olhos. E, quando era a réplica que se ativava, ela sorria e emitia um canto que penetrava nos ouvidos dele e o alertava de que, como guardião dos mistérios da concha dela, estava na hora de ele introduzir sua chave na réplica dela.

Segundo essa nossa informadíssima fonte, a sorte de Oxaguiã é que ele não se cansa nunca do que faz, senão ele ficaria com os braços cansados de tantas vezes que teve de pegar aquela sua chave e introduzi-la naquelas duas conchas de Iemanjá.

Sim, segundo essa nossa fonte informadíssima, mas que prefere ficar anônima para não chamar a atenção de ninguém, Oxaguiã é assim, incansável, porque ele é em si o que sua mãe Logunã pensou ao gerá-lo em sua concha geradora da vida no Tempo e do Tempo para a vida: um pêndulo que vive se movimentando sem nunca se cansar, ainda que tenha de repetir a mesma coisa por toda a eternidade.

Oxaguiã é como é porque sua mãe Logunã não queria que nele existisse o cansaço do seu pai Oxalá, sempre cansado porque tem de carregar todo o peso dos modelos originais de tudo o que existe na morada exterior do Divino Criador Olorum.

Bom, quando Iemanjá acordou, estava muito feliz e contente e sentiu-se tão leve e descansada, que sua aparência não era a da austera matrona responsável pela vida na morada exterior, mas sim, ela se parecia como era na sua juventude, toda vivida na morada interior, do Divino Criador Olorum.

Aquela aparência dela encantou Oxaguiã de tal forma, que ele sentiu aquela sua chave se ativar toda.

Iemanjá, vendo-o incomodado porque sua chave havia se ativado toda, mas não gerava nada que pudesse ser pensado e depositado em sua concha, que também se ativara quando ela viu a chave dele ativa, pousou suas mãos nela e começou a acariciá-la com delicadeza. Então falou:

– Oxaguiã, eu não posso voltar a me mostrar assim jovem, até parecendo uma mocinha, quase uma menina, sabe?

– Sei sim, minha senhora Iemanjá "menina". O que devo fazer?

– Pense um fator para essa sua chave que possa devolver a aparência que eu tinha quando você chegou aos meus domínios na morada exterior. Afinal, você tem nessa sua chave uma fonte da juventude, sabe?

– Já estou sabendo, minha jovem senhora Iemanjá.

– Então imagine um novo fator, Oxaguiã! – exclamou Iemanjá, feliz e contente.

– Que fator, minha senhora?

– Um fator que me amadureça, devolvendo-me minha aparência natural na morada exterior, e ao mesmo tempo controle a geratividade dessa minha concha da vida. Mas que ela fique com a aparência de quando eu a peguei em minhas mãos pela primeira vez, sabe?

– Já estou sabendo. Aos meus olhos essa sua concha até parece as conchas recém-criadas pelo nosso Divino Criador Olorum, e que Ele vai depositando sobre aquela mesa de conchas da vida, sabe?

– Já estou sabendo que o nosso pai e Divino Criador Olorum não parou de criar novas conchas da vida desde que parti de sua morada interior. Mas... como você sabe disso, Oxaguiã?

– Bom, eu fui gerado na concha da vida de minha mãe Logunã, a senhora do Tempo. Logo, ao mesmo tempo que estou de frente para

a morada exterior do nosso Divino Criador Olorum, também estou de frente para a morada interior dele, sabe?
— Já estou sabendo, Oxaguiã! — exclamou Iemanjá, não cabendo em si de tão feliz que ficou ao saber desse mistério dele: o de estar de frente tanto para a morada interior como para a morada exterior. Então ela perguntou:
— Oxaguiã, como você está de frente também para a morada interior, então você está vendo o nosso amado pai Olorum, não?
— Estou sim, minha senhora Iemanjá... e Ele está vendo-a de frente nesse momento, sabe?
— Eu imaginei que estava sendo visto de frente por Ele, Oxaguiã.
— Minha senhora Iemanjá, a senhora não imagina nada. Só pensa, tal como todos os outros Orixás, exceto eu e minha mãe Logunã! — exclamou ele, preocupado com o que estaria acontecendo com ela.
— Tranquilize-se, Oxaguiã — falou ela. — Eu, assim que pousei minhas mãos nessa sua chave múltipla e comecei a acariciá-la com suavidade, comecei a imaginar algumas coisas também.
— Começou, é?!!!
— Foi o que eu disse, Oxaguiã! — exclamou ela com um dos seus sorrisos enigmáticos nos lábios.
— Posso saber o que a senhora andou imaginando, minha senhora Iemanjá?
— Bom, primeiro imaginei para essa sua chave um fator que, ao ser derramando tanto sobre a abertura principal e maior como sobre as aberturas laterais e menores, abra-as para que você possa introduzir novamente sua chave dentro dela...
— E... o que mais a senhora andou imaginando?
— Bom, já que não posso voltar a me mostrar assim, tão jovem que pareço uma mocinha, então essa sua chave irá derramando periodicamente o seu novo fator amadurecedor dentro dela, estabelecendo períodos ou ciclos até eu voltar a ter de volta minha aparência anterior à sua entrada em meus domínios, sabe?
— Já estou sabendo... e creio que, depois que eu retirar de dentro dela esta minha chave, a sua concha será regulada por ciclos e ritmos geracionistas, não?
— Isto mesmo, Oxaguiã! — exclamou Iemanjá, feliz por ver aquela chave-mestra e todas as outras auxiliares começando a irradiar os fatores imaginados por ela para solucionar tanto o problema do seu acentuado rejuvenescimento e o de sua concha, assim como de sua intensa geratividade.
Então ela lhe pediu:
Oxaguiã, ande logo como esta chave senão este novo fator regularizador da geratividade da minha concha da vida se espalhará por todas

as realidades existentes na morada exterior do nosso Divino Criador Olorum!

— Minha senhora Iemanjá, minha mãe Logunã, Senhora do Tempo em cuja concha da vida eu fui gerado, concha esta que tem uma abertura para todas as realidades existentes na morada exterior e outra para a realidade única da morada interior, disse-me que meu pai Oxalá quando pensa, reflete as vontades do Divino Criador Olorum, que são únicas. Mas ela também disse-me que eu, quando imagino, reflito os desejos Dele para as Suas realidades exteriores, sabe?

— Já estou sabendo desse seu outro mistério, Oxaguiã. E creio que é um desejo Dele que todas as conchas da vida já exteriorizadas sejam reguladas por ciclos e ritmos gerativistas, certo?

— É isso mesmo, minha senhora, cuja concha da vida está se abrindo toda por estar absorvendo esse meu novo fator, imaginado pela senhora, mas que é fruto de um desejo do nosso Divino Criador Olorum, que quer vê-lo espalhado por todas as Suas realidades exteriores, sabe?

— Não só já estou sabendo como essa minha concha está hiperativada e seu interior, cheio de mistérios geracionistas, pulsa intensa e aceleradamente, Oxaguiã. Introduzas logo essa sua chave reguladora dos ciclos e dos ritmos da criação, senão ela escapará ao meu controle mental.

— Saiba que estou esperando justamente que ela escape do seu controle mental para que eu possa introduzir nela minha chave e estabelecer por meio dela os ciclos e ritmos geracionistas de todas as realidades existentes na morada exterior do nosso Divino Criador. Saiba que enquanto a senhora tiver controle mental sobre sua concha da vida, só os seus domínios serão regulados. Mas, assim que ela sair do seu controle mental, aí, por meio dela eu acessarei todas as conchas-mães espalhadas por todas as realidades e derramarei dentro de todas elas esse novo fator, que regulará suas gerativistas, dando a todas elas seus ciclos e ritmos geracionistas, sabe?

— Não só já sei como já perdi o controle mental dessa minha concha da vida. Eu nunca a vi assim, tão ativada, sabe?

Oxaguiã nada respondeu. Apenas deslizou os dedos com delicadeza sobre todas as aberturas daquela majestosa concha da vida. Ela então perguntou:

— O que você está fazendo nesta minha concha, totalmente fora do meu controle mental?

— Eu, ao deslizar os meus dedos sobre as bordas de todas as aberturas dessa sua concha, estou ativando todas as conchas da vida existentes nas realidades existentes na morada exterior do nosso Divino Criador Olorum. Só com todas elas ativadas poderei fazer o que tenho de fazer: regular todas elas a partir de um mesmo instante da criação na morada exterior. Só assim, com cada uma na sua realidade, essa minha chave múltipla as regulará e as manterá alinhadas entre si ainda que cada uma tenha ciclo e ritmo próprios das espécies que geram nos seus meios e domínios.

– Oxaguiã, você honra seu pai Oxalá e sua mãe Logunã, Senhora do Tempo! – exclamou Iemanjá, feliz e lacrimosa ao mesmo tempo por ver que uma das maiores dificuldades de todas as mães da vida exteriorizadas por Olorum estava sendo solucionada a partir de algo que imaginara para resolver seus problemas, tanto os de intensa geratividade quanto o de ter rejuvenescido muito enquanto ficara adormecida.

Oxaguiã, quando viu todas as conchas-mestras da vida exteriorizadas pelo Divino Criador Olorum ativadas e fora do controle mental de suas portadoras, introduziu sua chave viva e divina, que também era um mistério em si mesma, na concha da vida de Iemanjá e fez com que ela irradiasse intensamente. E após uma irradiação que inundava aquela concha, ele a retirava e só voltava a introduzi-la quando toda a carga fatoral liquefazia-se e era toda absorvida por ela e enviada a todas as outras conchas-mestras da vida.

Quanto tempo demorou toda aquela ação de Oxaguiã na concha da vida de Iemanjá, ninguém sabe dizer, pois no centro-neutro de um Orixá não existe o fator tempo. Mas que durou muito tempo, disso não tenham dúvidas!

E ele só parou quando viu todas as conchas-mestras da vida transbordando aquele fator regulador dos ciclos e ritmos geracionistas da criação exterior do Divino Criador Olorum. Então, ele olhou para Iemanjá e não viu quem ele imaginara que vieria, e sim, viu-a como a mais majestosa mãe geradora da criação, que o contemplava com os mais luminosos e irradiantes olhos que ele já vira.

Ele se ajoelhou diante dos pés dela e beijou-os em respeito e reverência ao mistério que ela era em si mesma. Ela, vendo que ele não ousava se levantar de tanto respeito que ele vibrava por ela naquele momento, ordenou-lhe com a voz suave:

– Oxaguiã, levante-se, devolva-me minha concha da vida, ainda retida em sua chave reguladora dos ciclos e ritmos geracionistas da criação em todas as realidades existentes na morada exterior do nosso pai e nosso Divino Criador Olorum, pois eu vou assentá-lo à minha esquerda, meu filho amado e guardião dos mistérios geracionistas dessa minha preciosíssima concha da vida.

– Assim ordena minha senhora Iemanjá, assim eu procedo! – exclamou ele, com a voz embargada pela emoção da honra que ela, a senhora da vida na morada exterior, havia lhe concedido.

Iemanjá, vendo-o emocionado, de tão honrado que se sentia, mas vendo que ele não conseguia derramar uma só lágrima, pois havia sido gerado no Tempo, envolveu-o em seus braços e apertou-o contra seus fartos seios inundando sua natureza, seca até aquele momento, com a água viva que ela gerava neles.

E Oxaguiã, inundado em seu íntimo pela água viva gerada por Iemanjá em seus fartos seios, finalmente e depois de tanto tempo, verteu lágrimas pelos seus ressequidos olhos.

E Oxaguiã, envolto em um amoroso abraço de Iemanjá, chorou, chorou e chorou. E tanto ele chorou nos braços de Iemanjá, que rios brotavam exuberantes nas muitas realidades ressequidas existentes na morada exterior do nosso Divino Criador.

E Iemanjá, naquele momento único da criação exterior, contemplava com seus olhos muito brilhantes e irradiantes tudo o que estava acontecendo por causa daquele pranto emocionado de Oxaguiã, que se apertava entre os braços dela.

Montanhas largas e arredondadas se abriam e começavam a verter jorros de água, tal como vertia Oxaguiã por seus olhos. E as águas iam correndo encosta abaixo cascateando e estabelecendo seus leitos.

E, porque Oxaguiã ainda não havia retirado sua chave regularizadora dos ciclos e ritmos geracionistas da criação, ao mesmo tempo que ele chorava de alegria nos braços de Iemanjá, também chorava nos braços de todas as mães da vida regentes dela em todas as realidades existentes na morada exterior do nosso pai e nosso Divino Criador Olorum.

Oxum, ao sentir as lágrimas de Oxaguiã caindo sobre seus seios, não conseguia conter a emoção e começou a soluçar. E cada vez que soluçava abalava as corredeiras de água em algum ponto e fazia surgir lindas cachoeiras.

Iansã, tão ressequida até aquele momento por causa do elemento ar que gera em sua concha da vida, ao sentir as lágrimas de alegria de Oxaguiã correrem por cima dos seus seios e caírem em cima de sua concha da vida começou a gerar nuvens carregadíssimas de água, que ela assoprava e espalhava sobre a terra ressequida no interior dos continentes, criando ali o fenômeno das chuvas torrenciais.

Oro Iná, a mãe geradora do fogo vivo, ao sentir as lágrimas de Oxaguiã rolarem sobre os seus seios abrasadores, colheu-as quentíssimas em sua concha da vida e, ao sentir ela transbordar, porque não se vaporizavam, emitia profundos e emocionados suspiros de prazer por, finalmente, um líquido não se vaporizar quando derramado dentro de sua concha. E a cada suspiro de prazer de nossa amada mãe Oro Iná, em algum lugar da crosta explodia ora um vulcão, ora um gêiser, lançando para fora da terra lava ou água quentíssima, fervente mesmo! Quando ela expirava, eles esguichavam água quente, e quando ela inspirava, eles se recolhiam.

Nanã Buruquê, ao sentir correr sobre seus imensos seios as lágrimas de Oxaguiã, absorvia por eles e fazia com que transbordassem de sua concha da vida. E onde transbordavam, entre um suspiro profundo e outro, surgiam lagos e mais lagos, fertilizando tudo em volta deles.

Obá, que era tão árida quanto Omolu, ao sentir correr sobre seus seios as lágrimas de Oxaguiã, colheu-as em sua concha da vida e criou imensos reservatórios subterrâneos em todo o planeta Terra.

Logunã, Senhora do Tempo e mãe de Oxaguiã, ao sentir correr lágrimas sobre seus cônicos e pontiagudos seios, colheu-as em sua concha da vida e derramou-as sobre a terra. Nas regiões quentes, elas caíam como chuvas de pedras. Mas, nas regiões frias elas caíam como flocos de neve, e embranqueciam encostas e vales. E nos picos das montanhas mais altas, ali elas se acumulavam para tornarem-se, de acordo com os novos ciclos e ritmos da criação estabelecidos por ele, fontes permanentes de alimentação dos profundos vales no sopé delas.

Quanto a Iemanjá, emocionou-se tanto com as lágrimas de Oxaguiã, que corriam sobre seus seios, que também chorou com eles. Mas ela, para não misturar suas lágrimas com as dele, o fez para dentro e fez suas lágrimas saírem da sua concha. E isso alterou os oceanos, até aquele momento parados e sem movimento algum.

E todas as águas dos mares começaram a balançar de dentro para fora, criando as marés e o contínuo ir e vir das ondas do mar.

Logunã derramou tantas lágrimas de alegria pelo seu filho Oxaguiã que os dois polos da Terra se encheram de flocos de neve e solidificaram-se. Naquele momento único da criação na morada exterior do nosso Divino Criador Olorum, foram criadas as calotas polares.

Pombagira, que havia recolhido da mesa das conchas da vida a concha geradora do fator estimulador de toda a criação na morada exterior do nosso Divino Criador Olorum, ao sentir correr sobre seus fascinantes seios as lágrimas de alegria de Oxaguiã, colheu-as em sua misteriosa concha da vida e começou a gerar néctares inebriantes dos sentidos e estimuladores da procriação.

Pombagira sempre era evitada por todos os Orixás por ter uma concha da vida misteriosa. Mas, por não ter sido evitada por Oxaguiã, que introduzira também na dela a sua chave reguladora dos ciclos e ritmos geracionistas, não só a abriu-lhe naquele momento como aos segredos de sua concha e revelou-lhe o que tornava seus seios tão fascinantes: eles geram néctares que inebriam os sentidos e fazem aflorar o sensualismo e as paixões abrasadoras e avassaladoras.

E ela absorvia as lágrimas dele por seus seios e recolhia-as em sua concha, misturando-as aos fatores que tanto são gerados neles como nela, divinizando seus néctares estimuladores da procriação em todas as espécies criadas por Olorum para viverem nas suas muitas realidades existentes na sua morada exterior.

E ali, naquele momento único da criação, quando foram criados todos os ciclos e ritmos geracionistas no mundo manifestado, todos descobriram uma das funções dos misteriosos e fascinadores seios de Pombagira: eles têm a função de gerar o fator estimulador da procriação.

É por isso que Pombagira de verdade não cobre os seus seios, tão misteriosos e fascinadores. E, ainda que os puritanos de plantão a condenem por ostentá-los descobertos, ela pouco se importa com suas palavras aziagas e ofensivas. E, dando uma sonora e gostosa gargalhada, ela comenta:

– Esses tolos puritanos criticam-me de público... mas eu ouço seus pensamentos mais íntimos e sinto seus desejos mais profundos e sei o que eles gostariam de fazer, tanto com minha concha como com os néctares estimuladores que gero em meus misteriosos e fascinadores seios! Ah, como conheço-os! Para esses, fecho a abertura elástica de minha concha da vida, não permitindo que gerem nada! Torno-os inférteis e estéreis e ainda sacio suas sedes enviando-lhes um néctar que faz aflorar em seus espíritos toda a lubricidade que vibra em seus íntimos, mas encobrem com uma aura de santos ou beatos puríssimos.

O fato é que ali, naquele instante único da criação, Pombagira confiou a Oxaguiã a guarda de sua concha da vida e a geração de quantos néctares estimuladores da procriação os meios da vida viessem a precisar dali em diante nas muitas realidades existentes na morada exterior do nosso Divino Criador Olorum.

Mas não foi só Pombagira que concedeu naquele instante a guarda dos mistérios de sua concha ou a geração de néctares estimuladores da procriação. Todas as mães da vida, com ele nos braços, e vendo-o verter tantas lágrimas de alegria por já não ser seco como o tempo, confiaram-lhe a guarda dos mistérios que cada uma traz em seus seios, pois neles elas geram réplicas dos fatores puros só existentes na morada interior de Olorum.

E, porque tudo o que acontece com as mães divinas da vida se reproduz nas suas filhas naturalizadas ou espiritualizadas, a guarda dos seios de todas as fêmeas naturais ou espiritualizadas pertence a Oxaguiã, o Orixá que foi gerado no meio, quando o pensar de Oxalá e a imaginação de Logunã fundiram-se dentro da concha geradora do Tempo e deram origem ao único Orixá que pensa com a imaginação e imagina com o pensamento.

Bom, vamos listar coisas que resultaram daquele primeiro encontro de Oxaguiã com Iemanjá:

1) Todo ser macho, ao ver uma concha da vida ativada, logo começa a imaginar coisas.

2) Todo ser fêmea, ao sentir sua concha da vida ativar-se, tenta ocultar o que está acontecendo.

3) A imaginação modela os pensamentos, adaptando-os para que possam ser realizados e tornados concretos.

4) Sempre que uma fêmea oculta sua concha da vida e dá as costas a algum ser macho, este começa a imaginá-la nas costas dela. Daí advém essa atração geral dos seres machos pelas costas dos seres fêmeas.

5) Tanto as conchas da vida quanto suas chaves vivas, dali em diante começaram a ser ativadas mesmo que não fossem criar e gerar algo.

6) Um ser macho só deve introduzir sua chave da vida em uma concha se a dona dela conceder licença para tal coisa.

7) Um ser fêmea só derrama lágrimas de alegria e transborda contentamento, se vê na sua frente a chave da vida que é o par perfeito de sua concha da vida.

8) Como para toda regra há uma exceção, o item seis tem uma, pois quando uma fêmea começa a chorar de alegria, esse choro já é uma licença, certo?

9) Uma concha da vida só se desativa realmente se dentro dela for derramado a carga fatoral que supre suas necessidades.

10) Na primeira vez que uma concha for aberta por uma chave da vida a sua dona reagirá de certa forma, que sempre se repetirá quando tal coisa voltar a acontecer. Se foram reações que lhe causaram alegria e contentamento, ela não desejará experimentar outras chaves. Mas, se suas reações não forem essas e sim de decepção e tristeza, então sempre que ela receber em sua concha aquela chave que não é a sua, fechará os olhos e imaginará que está recebendo uma outra, que tanto a completaria como a faria chorar de alegria e sorrir de contentamento.

11) Os movimentos indispensáveis à procriação ou à repetição das coisas não são cansativos e estafantes, e sim, trazem relaxamento e bem-estar, seja na prática de um esporte ou no trabalho profissional, repetidos diariamente sem nunca esgotar ou deprimir ninguém. Agora, se com você está acontecendo isso, então está na hora de você praticar outro esporte ou de mudar de profissão. Afinal, tudo o que fazemos, devemos fazê-lo com prazer e satisfação, certo?

12) É natural nos seres sentir que suas chaves ou conchas são ativadas porque a aparência de quem está na sua frente os agrada. Essas reações são próprias de certas espécies e não se constituem em pecado ou em reações que os enviarão às trevas. Afinal, sem o estímulo das aparências não se multiplicariam, porque os seres machos e fêmeas não se sentiriam atraídos uns pelos outros.

Saibam que foi só depois desse encontro de Oxaguiã com Iemanjá que, em todas as realidades existentes no mundo manifestado, os seres machos e fêmeas começaram a se sentir atraídos uns pelos outros e começaram a procriar-se, multiplicando as espécies e povoando a terra.

13) Sempre que uma fêmea sente vontade, e começa a acariciar uma chave da vida, ela também começa a sentir vontade de deixar de ser uma jovem, quase uma menina, e começa a sentir desejo de tornar-se uma mulher completamente formada.

14) Também, sempre que acontece o item anterior, um ser fêmea começa a desejar receber em sua concha os fatores que a amadureçam, mas não a faça gerar nada. Resta ao guardião da concha dela tomar certas precauções para que tal coisa não aconteça, senão irá atrapalhar o amadurecimento dela e deformará sua concha da vida.

15) O Divino Criador Olorum nunca deixou de gerar novas conchas da vida e seres fêmeas para recolhê-las. Mas, em compensação, nunca deixou de gerar uma chave da vida que seja seu par perfeito e que a abra naturalmente, causando reações de alegria e contentamento em sua portadora, assim como os seres machos que as recolhem e as carregam junto dos seus corpos, e que não conseguem ocultá-las quando estão ativadas. Os que ocultam tais ativações vivem incomodados e são eternos infelizes e insatisfeitos.

16) Todos os seres naturalizados e espiritualizados têm dois lados: um externo e voltado para o mundo manifestado e outro interno voltado para o Divino Criador Olorum.

17) Sempre que estamos de frente para uma divindade manifestada pelo nosso pai e nosso Divino Criador Olorum, ela pode vê-lo pelos nossos olhos por causa desse nosso mistério, que nos faz estar tanto de frente para o mundo manifestado como para o mundo interior onde vive o nosso Divino Criador Olorum.

18) Jamais desprezem um sorriso enigmático nos lábios de um ser fêmea, pois ele pode estar ocultando coisas que não podem ser ditas ou que ela não tenha coragem de dizer. Procurem decifrar tais sorrisos, senão não atinarão com o que elas realmente querem e poderão se enganar e as deixarão irritadas, fato que, não só as decepcionarão como transformarão esses sorrisos em um retesamento dos seus lábios e em um fechamento de suas conchas da vida para vocês.

19) Nunca se deve adiantar no ato de introdução de sua chave da vida em uma concha pois, mesmo ativada, ela ainda poderá estar sob controle mental da dona dela. Logo, estabeleça o tempo certo que, quando você o fizer, ela estará totalmente fora do controle de sua dona e estará sob seu controle.

20) Todas as conchas da vida, a partir daquele encontro de Oxaguiã com Iemanjá passaram a ser reguladas por ciclos e ritmos gerativistas. Conhecendo-os, nunca gerarão nada que não desejarem mas, se os desrespeitarem, estarão encrencados, porque serão responsáveis pelo que gerarão.

21) O melhor momento para deslizar os dedos sobre as bordas de uma concha da vida é quando ela sai do controle mental de sua dona, pois neste momento esta ação abre todas as suas conchas internas invisíveis aos olhos exteriores, e faz com que elas reajam intensamente quando receberem suas chaves, e também transbordarão mais facilmente.

22) Devemos respeitar e reverenciar todas as senhoras dos mistérios de uma concha da vida, senão estaremos desrespeitando-a e não estaremos dando-lhe o devido valor e a importância que têm para nós. E o mesmo se espera de um ser fêmea em relação ao dono da chave da vida que lhe proporcionar tanta alegria e contentamento.

Esta é a base sagrada que sustenta as uniões duradouras, perpetuadoras e equilibradoras de toda a criação, existentes no mundo manifestado.

23) Os seres naturalizados ou espiritualizados, antes desse encontro entre Oxaguiã e Iemanjá, não conseguiam expressar seus sentimentos mais nobres e elevados e ficavam angustiados. Mas, após ele acontecer, daí em diante tornou-se impossível para todos os seres possuídos por eles não derramarem lágrimas.

24) Na criação, Oxaguiã é o Orixá guardião dos rios porque foi durante seu primeiro encontro com Iemanjá que eles brotaram e começaram a existir no mundo manifestado.

Sempre que verem um rio, desde o mais estreito até o mais caudaloso, nunca deixem de ver nas suas águas as lágrimas vivas de Oxaguiã correndo sobre a terra e fertilizando-a.

Se fôssemos listar tudo o que aquele encontro único na criação gerou em benefício da vida e dos meios por onde ela flui em todo o seu esplendor e divindade, teríamos que escrever outro livro.

Portanto, que cada um de vocês releia essa lenda do encontro de Oxaguiã, o filho do espaço e do Tempo, e descubra como ele foi importante para o mundo manifestado, para todos os meios da vida e para todas as espécies.

Façam uma lista dos mistérios aqui revelados alegoricamente e verão como vocês têm dado tão pouca importância a Oxaguiã na solução dos vossos problemas.

E o que aqui revelamos, até os filhos de Oxaguiã iniciados nos cultos africanos tradicionais desconheciam, sabem?

## A Mesa dos Mantos Divinos

Deixando para trás a mesa das conchas da vida, eis que a mesa seguinte era uma que continha mantos, muitos mantos mesmo!
Esta mesa tanto existia na alameda masculina como na feminina.
Os Orixás, ao chegarem diante dela, ficaram contemplando os mantos ali existentes sem ousarem pegar nenhum deles, até que Olorum lhes dissesse qual seria a utilidade deles em sua morada exterior. Então ele falou:
— Minhas amadas filhas e meus amados filhos, cada manto desse simboliza uma realidade minha já existente no lado de fora desta morada, mas que precisam ser ocupadas por vocês. Cada manto que absorverem aqui, lá fora e no momento certo, vocês o irradiarão e ele se estenderá ao infinito tornando visível a realidade que ele simboliza.
Oxalá perguntou:
— Amado pai Olorum, a cor de cada manto aqui existente é única. Logo, únicas são cada uma de suas realidades, certo?
— Isto mesmo, meu filho Oxalá. Há tantas cores quanto realidades a serem concretizadas por vocês. Vamos, comecem a recolher os mantos que reservei para cada um de vocês!
Todos estenderam suas mãos e por elas começaram a entrar mantos e mais mantos, até que só restaram uns poucos sobre as duas mesas.
Olorum então ordenou:
— Meus filhos e minhas filhas, esses mantos que vocês veem sobre suas mesas serão usados por vocês para cobrirem seus corpos. Que cada um de vocês pegue aquele que mais agradá-lo e coloque-o sobre seu corpo da forma que quiser, porque eles os distinguirão e às suas realidades divinas.
Oxóssi foi o primeiro. E logo apanhou um lindo manto verde que muito o atraíra. E quando o jogou sobre seus ombros, diante dos seus olhos descortinou-se toda uma realidade tão verde quanto seu manto.
Ele expandiu sua visão ao infinito e viu que sua realidade também era infinita.
Oxum apanhou um manto dourado e, ao enrolá-lo no seu corpo, viu-se no meio de uma realidade toda dourada que se expandia ao infinito.

Obá apanhou um manto de cor magenta e o mesmo aconteceu com ela.
Obaluaiê apanhou um manto de cor violeta.
Xangô apanhou um manto marrom.
Iansã apanhou um manto amarelo.
Oro Iná apanhou um manto alaranjado.
Omolu apanhou um manto roxo.
Oxumaré apanhou um manto furta-cor.
Iemanjá apanhou um manto azul-claro.
Nanã Buruquê apanhou um manto lilás.
Ogum apanhou um manto azul índigo.
E outros Orixás foram apanhando seus mantos.

Uma mãe Orixá, cujo nome nunca foi revelado, pegou um manto todo florido e, quando o jogou sobre seu corpo, ela se viu dentro de uma realidade toda florida. Nela havia todo tipo de flor pensada por Olorum.

Uma outra mãe Orixá, cujo nome também nunca foi revelado, pegou um manto, que tinha estampas de aves e, ao cobrir seu corpo com ele, viu-se em meio a uma realidade toda ocupada por pássaros.

Uma outra mãe Orixá, cujo nome também nunca foi revelado, apanhou um manto, cujas estampas eram de serpentes e, ao cobrir seu corpo com ele, viu-se em meio a uma realidade cheia de serpentes.

Uma outra mãe Orixá, cujo nome também nunca foi revelado, pegou um manto, cujas estampas eram de felinos e, quando o colocou sobre seu corpo, viu-se em meio a uma realidade ocupada até o infinito por felinos.

Uma outra mãe Orixá, cujo nome também nunca foi revelado, apanhou um manto diáfano todo cheio de estampas de borboletas e, ao cobrir seu corpo com ele, viu-se no meio de uma realidade cheia de belíssimas borboletas.

E assim, todos os mantos ali colocados por Olorum foram apanhados pelos seus filhos e suas filhas Orixás.

Para cada espécie havia um manto, e quem apanhava um tornava-se o regente daquela espécie que tinha uma realidade infinita só sua e de mais ninguém.

Oxalá, sempre meditativo, só observava e ouvia o que diziam seus irmãos e suas irmãs Orixás quando colocavam seus mantos sobre seus corpos.

Quando só restou um manto branco sobre a mesa masculina, ele perguntou a Olorum:

– Amado pai, por que alguns mantos abriram aos olhos dos seus portadores realidades ocupadas por espécies criadas pelo senhor e outros mantos abriram realidades belíssimas, mas totalmente vazias e sem nenhuma espécie dentro delas?

– Os mantos com estampas são realidades que abrigam as formas de vida em seus estados puros. Você viu que em cada uma delas só há uma espécie, não?

— É, eu vi isto, meu pai.

— Saiba que os mantos de uma só cor, estes simbolizam realidades que serão ocupadas por todas as espécies criadas por mim, meu filho. Na realidade verde, irão espécies que têm afinidade com o verde. Na realidade azul-clara, irão as espécies que têm afinidade com ela. E assim sucessivamente com cada uma das cores puras. Essas realidades serão transitórias e servirão para adaptá-las para que possam ser conduzidas às realidades complexas que vocês criarão e tornarão minha morada exterior. Caso alguma espécie criada por mim não se adapte aos meios da vida que vocês criarão, então retornarão à realidade onde passou por uma adaptação e ficará aguardando vocês criarem um novo meio onde, aí sim, ela se adaptará, multiplicará e iniciará sua evolução na minha morada exterior.

— Entendi, papai!

— Então vá pegar o único manto que restou na mesa. Ainda que ele seja de cor branca, guarda em si o mistério de todos os mantos de outras cores.

— Eu gosto da cor branca, meu pai!

— Eu sei que gosta. E criei esse manto para você, meu filho amado! Vá, pegue-o e cubra seus ombros com ele!

Oxalá apanhou seu manto branco e jogou-o sobre seus ombros, cobrindo seu corpo com ele. No mesmo instante viu-se em meio a muitas realidades, cada uma de uma cor. E cada realidade estava entre duas outras cores afins, uma mais suave e a outra mais acentuada, criando uma sucessão harmônica de cores. Então Olorum falou:

— Meu filho, você será o guardião dos mistérios em si que são essas minhas realidades puras. Quando uma estiver sobrecarregada ou exaurindo-se, você atuará devolvendo-lhe o equilíbrio. Inclusive, poderá removê-la e substituí-la por outra, totalmente nova, caso ela tenha se esgotado de forma irreversível ou tenha sido manchada de forma indelével, está bem?

— Amado pai Olorum, eu verei o tempo todo tudo o que acontecerá em todas as realidades puras regidas por meus irmãos e irmãs?

— Estará, Oxalá. Você será o aconselhador deles, pois, tenho uma visão total do conjunto de realidades regidas por eles, sempre saberá o porquê de uma ou várias estarem entrando em desequilíbrio, seja ele localizado a uma região ou seja ele extensivo a toda ela. Você é o guardião de todas as minhas realidades que serão exteriorizadas assim que vocês saírem desta morada interior e passarem a viver na minha morada exterior.

— Assim o senhor disse, assim serei, meu amado pai e meu Divino Criador Olorum! — assentiu Oxalá, cobrindo sua cabeça com o seu manto branco.

— Há mais uma coisa a ser dita, meu filho!

— O que é que ainda devo saber sobre esses mantos, meu amado pai?

— Caso os seus irmãos e suas irmãs precisem de mantos de outras cores para criarem realidades complexas, eles poderão pedir um pedaço das cores que precisarem aos seus portadores naturais que, juntando todos os pedaços dentro de uma concha geradora de meios da vida, dentro delas criarão novos mantos, já de cores complexas ou mescladas.

— Entendo. O que devo saber sobre essas cores mescladas, papai?

— Bom, você deverá vigiar essas misturas de mantos e só aprovará uma nova realidade caso não crie meios berrantes ou incompatíveis, pois até os mantos seguem a Lei das afinidades e das oposições; das complementaridades e das anulações.

— Caso eu veja que não se completam, devo vetar essas gerações de novas realidades cujos meios serão mesclados?

— É isso mesmo, meu filho amado! Agora vá até a mesa com os cajados, pois sinto-o assoberbado com as incumbências que lhe conferi. Mas antes, saiba que um manto, se for colocado sobre os dois ombros, tanto irradiará sua cor como absorverá e anulará as que lhe são opostas, como incorporará as que lhe são afins. Já, se for colocado sobre o ombro direito caindo pelo lado direito do corpo, atuará na direção norte-sul e sua atuação será passiva. Mas, se ele for colocado sobre o ombro esquerdo e ficar caído ao longo do corpo, atuará de forma ativa na direção norte-sul. Se ele for colocado sobre o ombro direito e cruzar o corpo, sendo preso na cintura à esquerda, absorverá cores, e se for colocado sobre o ombro esquerdo e preso na cintura à direita, irradiará sua cor. Se ele for enrolado no corpo em voltas à direita, estará irradiando sua cor, e se ele for enrolado em voltas à esquerda, absorverá cores. Se ele for amarrado à esquerda com nós, estará fechando alguma outra realidade e estará anulando-a. E se ele for amarrado à direita com nós, envolverá alguma outra realidade e a protegerá. Se ele for amarrado com nós no peito, estará anulando realidades contrárias ou opostas. E se ele for amarrado com nós nas costas, protegerá realidades afins.

E Olorum falou, falou e falou sobre os poderes e mistérios dos mantos. Quando terminou, todos os Orixás ali reunidos, já cientes dos poderes dos seus mantos, dirigiram-se à mesa seguinte. Mas antes de comentá-lo, achamos melhor revelar algo que explicará muito, certo?

# As Realidades Regidas pelos Orixás

Os Orixás, como são regularmente descritos, dão a impressão de que são entidades que vivem livres e soltas no espaço, mas isto não é assim e cada Orixá, independentemente da forma que são descritos, são mistérios em si mesmos e regem realidades ou dimensões da vida distintas umas das outras, ainda que todas interajam entre si e tenham no plano material um ponto de convergência comum de todas elas.

Uma realidade da vida é uma dimensão e todas têm isso em comum: iniciam-se nas suas matrizes geradoras e, de plano em plano da vida chegam ao plano da matéria.

Cada realidade tem o justo tamanho do Universo e, como ele é infinito em todas as direções, todas elas também o são.

As realidades regidas pelos Sagrados Orixás "passam" por todos os corpos celestes existentes no Universo e influenciam tudo e todos.

Nós mesmos estamos sendo "atravessados" e influenciados por elas sempre que nosso mental interage com alguma delas.

Para que se tenha uma ideia do que estamos falando, quando vamos à natureza para fazermos uma oferenda ou realizar uma gira ou um trabalho de magia, só conseguimos porque são feitos no lado material, mas são sustentados pelo Orixá invocado e firmado que abre sua realidade na dimensão espiritual e para ela recolhe tudo o que está nos prejudicando e dela envia o que está nos faltando.

Toda realidade tem essa dupla função e nos beneficia tanto religiosa quanto magicamente, bastando-nos ir até um ponto da natureza específico, cujo magnetismo possibilite a interação entre a realidade dos espíritos e a do seu Orixá regente.

# Lenda dos Mantos Sagrados

Conta uma lenda que assim que o mundo manifestado estava relativamente construído pelos Sagrados Orixás pois dali em diante só teriam de fazer "acabamentos e mobiliá-lo", tal como fazemos com uma construção nova, Olorum enviou um comunicado a eles: estava na hora de começarem a trazer para o planeta Terra os seres criados por Ele e ainda recolhidos em outras de suas realidades.

Quando Olorum envia um comunicado, é uma ordem e todos os Orixás a ouvem no mesmo instante pois, segundo uma fonte segura, Ele tanto fala a todos em geral como a cada um em particular quando comunica algo ao mundo manifestado.

Assim que terminou o comunicado, Exu, que havia ido com Ogum resolver uns probleminhas em uma realidade não aberta, deu uma gargalhada feliz e falou:

— Ogum, a partir de agora é que os nossos problemas vão começar e nossa vida vai se tornar muito interessante, sabe?

— Ainda não sei disso não, Exu. Por que você deduz que assim será?

— Ogum, você sabe que Exu não deduz nada. Exu só atina!

— Certo, certo, Exu! Deduzir é com Ogum, não é mesmo?

— Isso mesmo. Você vive deduzindo! Quanto a mim, que sou Exu, eu só atino com as coisas!

— Está bem, Exu! Por que você atinou com problemas que tornarão nossa vida interessante?

— Ah!, deixa para lá, Ogum! Eu só pensei alto!

— Espere aí! Desde quando você começou a pensar, se Exu só reflete pensamentos alheios? Explique-se, Exu! – ordenou-lhe Ogum.

— Não se irrite, Ogum! Você anda muito nervoso ultimamente, sabe?

— Não sei não, Exu. Por que você crê que ando muito nervoso ultimamente?

— Ogum, Exu não crê, e sim, Exu acha! Nunca se esqueça disso, pois quem crê não acha e quem acha não crê. Você crê, Exu acha. Certo?

— Certo, Exu. Agora, explique-se imediatamente! – ordenou Ogum, irritado com o rumo que aquele diálogo com seu irmão gêmeo Exu estava tomando.

– Ogum, você sabe que Exu não crê em nada, mas sim, que Exu acha tudo, pois Exu gera o fator achador, certo?

– Sei, sei! Exu até criou a "achologia" e classificou-a como uma ciência inexata, não é mesmo?

– Espere aí! Quem classificou a achologia como uma ciência inexata foi você, que gera em si o fator classificador. Eu limitei-me a revelar que o meu fator achador também gerava uma ciência, tal como acontece com seu fator classificador, e com todos os fatores. Não coloque na boca de Exu o que Exu nunca falou, Ogum.

– Está certo, Exu! Quando você falou que seu fator achador também gerava uma ciência, que era a achologia, eu percebi imediatamente que não era exata e a classifiquei como inexata. Por que você se desvia tanto do assunto e em pouco tempo já estamos falando de coisas que não têm nada a ver com o que nos levou a iniciar um diálogo?

– Que diálogo? Você sabe que Exu não dialoga, e sim, Exu só discute algo... que é do interesse de Exu, certo?

– Está certo. Agora, diga-me por que você acha que agora sim é que nossos problemas começaram e nossa vida ficará interessante?

– Você não quer discutir antes o que Exu acha que o está irritando tanto ultimamente?

– Essa não, Exu! Você não se esquece disso, não é mesmo?

– Como posso me esquecer, se quem gera o fator esquecedor é Oxalá, não eu?

– Você devia ir até Oxalá e conseguir que ele lhe transmita o fator esquecedor. Isto iria lhe fazer muito bem, sabe?

– Você não está falando sério, está?

– Estou sim, Exu. Ogum só fala sério o tempo todo!

– Esse é mais um dos seus problemas, Ogum.

– O falar sério o tempo todo de Ogum é um problema, Exu?

– Eu acho que é, Ogum. E ainda que você creia que a Achologia é inexata, saiba que Exu só acha algo depois que atinou com esse algo, sabe?

– Já estou sabendo que Exu só acha algo depois que atina com esse algo. Agora, fale-me do porquê de Exu ter atinado com algo e ter achado que esse algo fará com que começarão os nossos problemas e nossa vida se tornará muito interessante, está bem?

– Você não prefere falar antes dos seus problemas, Ogum?

– Exu, Ogum não tem problemas! Você sabe tão bem quanto eu que quem gera o fator problematizador é Pombagira, certo?

– Foi o que eu disse, Ogum!

– Como?!?!

– Pois é, Ogum. Desde que você entrou naquela realidade para solucionar os problemas lá causados por Pombagira, os seus problemas começaram e estão deixando-o assim, tão irritado!

Ogum, que caminhava com Exu naquele momento, parou instantaneamente e ordenou:

— Explique-se, Exu!

— Exu não tem que explicar nada, pois esse problema é seu, Ogum!

Ogum, que sabia muito bem que conversar com Exu era um exercício de paciência extrema, engoliu a seco sua irritação com o modo de Exu conversar e, pacientemente, falou:

— Exu, por que você acha que Ogum está com problemas desde que foi até aquela realidade fechada para resolver os problemas criados por Pombagira?

— Exu acha que Ogum está com problemas desde que foi até aquela realidade fechada para resolver os problemas criados por Pombagira, porque Exu atinou com algo que você não percebeu, Ogum!

— O que é esse algo com o qual você atinou e que o induz a achar que Ogum está com problemas desde que foi até aquela realidade para resolver os problemas criados nela por Pombagira?

— Espere aí, Ogum! Exu não induz, e sim, Exu sugestiona, certo?

— Exu, eu não disse que você induziu algo, e sim, eu disse "o que é esse algo com o qual Exu atinou e que o induz a achar que Ogum está com problemas"?

— Quais problemas, Ogum? – quis saber Exu, parando de pronto e com as feições de espanto e admiração. E ainda emendou: – Que encrenca danada!

— Essa não, Exu! O que está acontecendo com você para estar assim, tão espantado e admirado?

— E não é para Exu ficar espantado e admirado se ouve Ogum dizer que está com problemas?

— Quem disse que Ogum está com problemas foi você, Exu!

— Não, não! Eu ouvi muito bem o que você disse, Ogum.

— O que eu disse, Exu?

— Você disse isto: "O que é esse algo com o qual Exu atinou e que o induz a achar que Ogum está com problemas"?

— Sim, eu disse isso, referindo-me à sua afirmação anterior, que você achava que Ogum havia dito que você induz. Eu só estava me referindo à sua afirmação e a nada mais, sabe?

— Agora estou sabendo, Ogum! – exclamou Exu, emendando essa sua expressão de alívio com outra de preocupação: – Já pensou o que estaria acontecendo para Ogum estar com problemas? No mínimo, o caos teria retornado, não?

— Que história é essa de Exu pensar, se Exu só reflete?

— Bom, o fato de Ogum estar com problemas faz até Exu pensar um pouco, sabe?

— Agora já estou sabendo que o fato de Ogum estar com problemas faz Exu pensar um pouco. Ogum anotou isso, Exu!

Lenda dos Mantos Sagrados 241

— Essa não, Ogum! O que é que eu arranjei para mim com essa afirmação contrária à natureza íntima de Exu?
— Antes de dizer-lhe o que você arranjou para si com essa afirmação contrária à sua natureza íntima, Ogum prefere ouvir uma série de explicações de Exu.
— Ogum não deseja antes falar sobre o que arranjei para mim com essa afirmação em tudo contrária à natureza íntima de Exu?
Ogum, que sabia que Exu só falava de forma direta e objetiva e não se desviava do assunto quando estava preocupado, deixou-o mais ainda comunicando-lhe:
— Exu, o fato de você ter dito algo e que arrumou para si alguma coisa pior que o retorno do caos está começando a preocupar-me, sabe?
— Essa não! Se eu disse algo e arranjei para mim alguma coisa pior que o retorno do caos e que está começando a preocupar Ogum, então Exu está desesperado, aflito mesmo, Ogum! – exclamou Exu, desmoronando-se todo.
— Pobre de você, Exu! – exclamou Ogum, com uma voz piedosa para com ele.
— Essa não! Então esse algo é muito pior do que achei, não?
— É sim, Exu. Ogum está com pena de você de ter dito uma coisa que arranjou para si algo pior que o retorno do caos, sabe?
— Exu, que nunca gerou em si a tristeza, está começando a entristecer-se, Ogum! – exclamou Exu, começando a deixar tudo escuro à volta deles.
— Nem é para menos, Exu. O que você arranjou para si?
— Eu não sei não, Ogum! Diga-me você, está bem?
— Você sabe tão bem como eu que Ogum é impedido, pelo fator impedidor que gera em si, de dizer-lhe o que você arranjou para si, Exu.
— É, Exu sabe que Ogum percebe tudo o que alguém arranja para si quando diz algo que não devia, assim como Exu sabe que Ogum nada revela a esse alguém porque prefere que esse alguém descubra por si só o que arranjou para si quando disse o que não devia.
— Mas Exu também sabe que Ogum, por causa do fator esclarecedor que gera em si, assim que esse alguém descobre o que arranjou para si e deseja retificar suas palavras, Ogum esclarece-lhe como deve proceder, certo?
— Como Ogum pode me esclarecer algo que me ajude a retificar o que eu disse, se esse fator escurecedor que gero em mim escureceu tudo à minha volta e nem refletir eu consigo?
— Exu, você não consegue refletir nada nesse momento?!?
— Nada mesmo, Ogum! – exclamou Exu, muito desanimado.
— Exu, Ogum registrou que Exu disse que não consegue refletir nada quando está envolto pela escuridão gerada à sua volta por causa do fator escurecedor que gera em si.
— Ogum já registrou o que Exu acabou de dizer?

— Sim, Ogum registrou, Exu!
— Por que apenas não anotou essa afirmação de Exu, Ogum?
— Bom, certas afirmações Ogum só anota para posterior esclarecimento. Mas outras, Ogum registra e torna regra na morada exterior do nosso pai e nosso Divino Criador Olorum, sabe?
— Já estou sabendo que ora Ogum registra e ora Ogum anota. Tudo segundo os interesses de Ogum, não?
— Exu, Ogum não tem interesses, porque quem gera o fator interessador é você, fato este que o torna muito interesseiro. Saiba que ora Ogum registra e ora anota, porque Ogum tem suas razões.
— É, eu havia me esquecido que Ogum só tem razões, pois gera em si o fator arrasoador, não é mesmo?
— Exu, para você estar se esquecendo de algo tão importante como o fator gerado por um Orixá, creio que o que você arranjou para si é bem mais sério do que o que pensei que fosse, sabe?
— Eu concordo com você, Ogum. Nem durante a era do caos Exu esqueceu de algo, fosse esse algo importante ou não!
— É, concordamos sim, Exu. Agora, até eu estou ficando preocupado com o que você arranjou para si, sabe?
— Se Ogum está ficando preocupado com o que arranjei para mim, então só me resta clamar ao nosso pai e nosso Divino Criador que me recolha à realidade do vácuo para que eu não me torne na morada exterior em algo pior que o caos que aqui existia quando viemos para ela, Ogum.
— Exu, ser recolhido na realidade do vácuo é o fim de algo ou alguém.
— É sim, Ogum. É o fim de Exu, sabe?
— Exu, Ogum percebe que há uma alternativa para o que você arranjou para si quando fez aquela afirmação contrária em tudo à natureza íntima do mistério Exu, sabe?
— Já estou sabendo, Ogum. Que alternativa é esta? – perguntou Exu, muito interessado em ouvir Ogum dizê-la.
— Só poderei dizer qual é essa alternativa depois que for explicado tudo o que foi dito por você até agora e desde que você disse que agora é que ia começar nossos problemas e que a vida ia ficar interessante. Você concorda com essa exigência de Ogum?
— Por que Ogum exige tantas explicações?
— Você sabe tão bem como eu que Ogum só concede uma segunda alternativa a Exu, e a todos em geral, se todos explicarem tudo o que os levou a dizer o que disseram. Assim tem sido desde o início do tempo e assim será por todo o sempre. Como você pode ter se esquecido de que Ogum gera em si o fator explicador?
— É porque o que arranjei para mim quando eu disse o que não devia, é muito pior que o caos total, Ogum! Eu até já esqueci o que eu disse naquele momento e por que eu disse, sabe?

– Sei sim, Exu.
– Por que isto está acontecendo comigo, Ogum?
– Não sei se devo explicar-lhe, Exu.
– Eu imploro que me explique por que isso está acontecendo comigo, Ogum!
– Exu, Ogum registrou que você implorou por uma explicação!
– Você não podia só ter anotado que Exu implorou a Ogum por uma explicação?
– Ogum ora anota e ora registra segundo as razões do fator arrasoador que gero em mim, Exu.
– Mais uma vez eu me esqueci disso, Ogum.
– Exu, Ogum anotou que pela segunda vez em pouco tempo você esqueceu-se de algo tão importante como o fato de Ogum gerar em si o fator arrasoador e por ter suas razões para ora anotar e ora registrar, certo?
– Obrigado por só ter anotado que Exu se esqueceu de uma mesma coisa por duas vezes em pouco tempo, meu irmão Ogum! Isso significa que nem tudo já foi perdido por Exu, não é mesmo?
– Para Ogum, parece que nem tudo está perdido para você nessa altura dos acontecimentos, meu irmão Exu – concordou Ogum, segurando-o pelos braços para que ele não caísse de vez no solo, de tão desanimado que estava.

Então começaram a chegar Orixás e mais Orixás junto deles. Até aqueles cujos nomes nunca foram revelados ali começaram a chegar!

Exu, muito triste, olhou para Oxalá e perguntou:

– Babá, por que o senhor veio até onde Exu está? Por que se deslocou até o meio de minha escuridão se, para fazê-lo, tens de carregar em seus cansados ombros o peso de tudo o que já foi criado na morada exterior do nosso pai e Divino Criador Olorum?

– Tenho de carregar inclusive o peso das encrencas que você nos arruma, Exu!

– É, tem sim, Babá! Desculpe-me por isso também, meu pai!

– Desculpa aceita, meu filho Exu – falou Oxalá, amparando Exu com sua imensa força interior, senão Exu seria tragado pelo portal aberto embaixo dos pés dele e que o conduziria à realidade do vácuo. Nisso chegou Oxaguiã que, num ímpeto, pois gera em si o fator impetuador, foi logo perguntando:

– Exu, com ordem de quem você abriu uma passagem para a realidade do vácuo, que é domínio meu e exclusivamente meu?

– Oxaguiã, meu irmão querido, eu arranjei algo tão terrível para mim que só me restou ser tragado pelo vácuo desse seu domínio para não trazer para a morada exterior do nosso pai e Divino Criador Olorum algo pior do que o caos aqui existente no início dos tempos, sabe?

— Já estou sabendo que você fez isto. Só não sei ainda o que você disse e que chamou para si uma penalidade tão terrível quanto a de ser recolhido ao vácuo, onde nada subsiste por si mesmo.

— Oxaguiã, é meu fim, meu irmão, filho de Babá e de Logunã! Eu vou viver até o fim dos tempos embaixo do seu pé esquerdo, que é onde está assentada a realidade do vácuo que você não abriu para ninguém e não me concedeu a guarda dos mistérios dela, Oxaguiã!

— Melhor para você que eu não tenha lhe concedido a guarda dos mistérios do vácuo, meu irmão Exu!

— Por que é melhor, se Exu guarda os mistérios das realidades assentadas debaixo do pé esquerdo de quase todos os Orixás enviados à morada exterior do nosso Divino Criador Olorum?

— Bom, como Exu iria conseguir viver se, agora, em vez de estar prestes a ser tragado pelo vácuo assentado embaixo do meu pé esquerdo, você estaria prestes a ser puxado para dentro da realidade que existe debaixo do meu pé direito?

— Que realidade existe debaixo do seu pé direito, Oxaguiã?

— Não desconverse, Exu. Porque gera em si esse seu fator desconversador, vive mudando o rumo das conversas que nós estabelecemos contigo, não é mesmo?

— Você sabe que sou assim porque assim eu sou, Oxaguiã. Não precisa tripudiar um moribundo, meu irmão, filho de Babá e de Logunã!

— Não estou tripudiando, meu irmão Exu, filho de nosso pai e nosso Divino Criador Olorum e da Senhora do Vazio. Apenas disse que, caso eu tivesse concedido a guarda dos mistérios da realidade do vácuo, assentada sob o meu pé esquerdo, agora seria muito pior para você a penalidade que chamou para si quando disse algo que não devia sobre algo que não se lembra mais. Está bem?

— Está bem sim, Oxaguiã. Não estou em condições de conversar sobre nada com ninguém, sabe?

— Sei sim, Exu. O esquecimento total é um dos mistérios existentes nessa realidade do vácuo assentada sob o meu pé esquerdo.

— Mas bem que você poderia ter me concedido a guarda dos mistérios desse seu domínio, Oxaguiã! – exclamou Exu num lamento, emendando, por causa do fator emendador que gerava em si, com outra afirmação:

— Você concedeu a Pombagira a guarda dos mistérios de uma das muitas realidades assentadas sob o seu pé direito... guarda essa que a deixou tão feliz que ela vive rindo à toa e sem motivo algum.

— Ela tem os seus motivos, Exu. Afirmou Oxaguiã.

— É, Pombagira, que gera em si o fator motivador, deve ter um bom motivo para dar essa gargalhadas gostosas e escrachadas desde que concedeu a você a guarda dos mistérios dos seios dela e dos da sua concha da vida que, ainda não atinei com o porquê ela não tem ativado e aberto para mais ninguém desde que lhe concedeu a guarda dos seus misteriosos mistérios, sabe?

– Sei sim, Exu. Mas Pombagira tem seus motivos para não ficar ativando e abrindo sua concha da vida o tempo todo. Por que você não pergunta a ela agora, já que você não atinou com nenhum motivo e ela está aqui, vendo-o irreconhecível?

– Mais uma vez você tripudia de meu estado quase final, Oxaguiã?

– Não, Exu. Oxaguiã não tripudia de nada nem de ninguém. Apenas, porque gero em mim o fator constatador que herdei de minha mãe Logunã, constato o estado das coisas e dos seres... e nada mais!

Pombagira deu uma de suas gostosas e escrachadas gargalhadas e perguntou para Exu:

– Exu, você quer mesmo saber por que vivo rebolando meus tentadores quadris, balançando ostensivamente meus fascinadores seios e exibindo minha misteriosa concha da vida, tão feliz e contente com a vida desde que o meu senhor Oxaguiã concedeu-me a guarda dos mistérios de uma realidade assentada sob o pé direito dele?

– Pombagira, Orixá que gera em si os fatores rebolador, tentador, balançador, ostentador, exibidor e misteriador, entre muitos outros que gera em si, conceda esse desejo a um moribundo, por favor!

– Exu, como você está dramático nesse momento! – exclamou ela, rebolando-se toda e dando outra de suas gostosas e escrachadas gargalhadas.

– É porque gero em mim o fator dramatizador. E você sabe muito bem disso, certo?

– Certíssimo, Exu. Eu não me esqueci do tanto que você dramatizou o fato de eu ter parado de implorar para que os Orixás masculinos depositassem em minha concha da vida seus pensamentos criadores, assim como eu implorava que eles colhessem diretamente deles um pouco dos deliciosos e inebriantes néctares vivos que gero em meus misteriosos e fascinadores seios.

– Eu resolvi esse seu problema concedendo-lhe uma réplica da minha taça de água-viva, Pombagira! – exclamou Oxum, que acabara de chegar.

– É, você o resolveu sim ao dar-me uma réplica de sua taça de água-viva para que eu colhesse dentro dela os deliciosos néctares da vida que gero em meus fascinadores seios, Oxum.

– Então por que a insatisfação com a opção que lhe dei e que solucionou suas dificuldades com a enorme quantidade de néctares da vida que você gera em seus fascinadores seios?

– Você não sabe a causa da minha insatisfação quanto à opção que você me deu para solucionar minhas dificuldades, só porque os Orixás masculinos não aceitavam colher diretamente dos meus fascinadores seios os néctares da vida que neles gero o tempo todo e que a todos inebria?

– Diga-me a causa, Pombagira – solicitou-lhe Oxum.

— Bom, é porque meus néctares, ao serem derramados naquela replica de sua taça de água-viva, diluem-se, pois o mesmo tanto de néctar que derramo dentro dela, outro tanto de sua água-viva ela adiciona a eles, sabe?

— Agora estou sabendo, Pombagira.

— Saiba também que meus néctares, antes concentradíssimos inebriadores de quem os sorvesse, agora já não surtem o mesmo efeito, Oxum!

— Melhor assim, Pombagira. Ou não é verdade que antes de você começar a colhê-los na réplica da minha taça de água-viva, todos se recusavam a tomá-los porque eles inebriavam de tal forma, que só com muito esforço e tempo, quem os tomava conseguia livrar-se dos seus efeitos?

— Para você, que gera o fator melhorador, po3de parecer melhor, Oxum. E também, diluí-los com sua água-viva facilitou seu trabalho porque já não tem de gerar tanto o seu fator livrador, não é mesmo?

— Bom, isso também e verdade, Pombagira – respondeu-lhe Oxum, abaixando o seu olhar.

— E isso sem contar que você, para conceder-me a posse de uma réplica de sua taça de água-viva, exigiu a concessão da posse do meu fator abismador, fator esse que você usou para aprofundar por dentro a sua concha da vida, que se é belíssima é pequenina, por dentro era muito rasa e agora, com esse meu fator você a reformou por dentro e a tornou apta a receber nela desde a mais curta até a mais comprida das chaves da vida, facilitando ainda mais a sua função de gerar coisas para os seres e os meios, não é mesmo?

Como naquele momento todos os Orixás estavam ali, reunidos em volta de Exu, prestes a ser penalizado por ter dito algo que não devia ser dito, todos voltaram seus olhos para a belíssima e atraente concha da vida que ela carregava em sua mão direita.

Oxum, vendo que todos olhavam muito curiosos para sua conchinha, recolheu sua mão direita para debaixo do seu manto dourado, deixando-os mais curiosos ainda.

E dali em diante ela só a tem retirado debaixo do seu manto quando é solicitada por algum Orixá para receber dentro dela seu pensamento criador e gerar nela algo novo e útil para a criação ou para as criaturas.

Pombagira, muito ferina naquele momento da criação, porque gerava em si o fator ferinidor, encabulou Oxum de vez ao dizer:

— Oxum, ao conseguir a posse do meu fator abismador e somá-lo ao meu fator elasticizador, concedido a você quando estava com sua concha da vida deformada por tê-la aberto muito e continuamente por chaves maiores, que a abriam de tal forma que ela não voltava a se fechar totalmente, passou a ser a dona de uma concha ímpar na morada exterior do nosso Divino Criador, pois é pequenina, belíssima, encantadora, porque pode abrir-se até o infinito, pois o meu fator elasticizador lhe faculta fechá-la toda. Assim que a chave é retirada de dentro dela, ela se fecha. Ela agora acomoda todas as chaves da vida existentes aqui, pois

Lenda dos Mantos Sagrados 247

por dentro ela é tão profunda, que nenhuma chave é comprida o bastante para alcançar o seu fundo quase tão profundo quanto os meus abismos.
— Pombagira, não existe fundo em um abismo; e você sabe tão bem quanto eu — falou Ogum, alertando-a sobre o que afirmara.
— Ogum, eu sei disso. Mas, se falei que a profundidade do fundo da concha dela é quase tão profundo quanto meus abismos, é porque ela adicionou a ele um fator que ela conseguiu com Oxaguiã e que dá um fundo aos meus abismos, sabe?
— Acabei de saber, Pombagira! — exclamou Ogum, espantado com a criatividade de Oxum para solucionar as dificuldades que haviam surgido na morada exterior de Olorum porque sua concha da vida era pequenina e rasa.
Oxaguiã voltou seus olhos para Oxum e perguntou:
— Minha senhora Oxum, quando foi que eu lhe concedi a posse desse meu fator que cria fundo nos abismos de Pombagira?
— Bom... sabe... titubeou Oxum ante a pergunta de Oxaguiã. Como ela abaixou a cabeça muito encabulada, ele lhe perguntou se deveria reformular sua pergunta original.
— Bom, é que esse é um assunto que não podemos esclarecer assim, na frente de todos, sabe?
— Oxaguiã constatou que, de fato, este assunto não pode ser esclarecido assim, na frente de todos.
— Eu sei quando foi que ela conseguiu a posse desse seu fator, Oxaguiã! — exclamou Pombagira, dando uma de suas gostosas e escrachadas gargalhadas.
— Pombagira, você não pode revelar em público o que desejo esclarecer com Oxaguiã em particular — falou Oxum, enrolando-se toda no seu manto dourado.
— Posso sim, porque em mim é natural revelar em público o que só desejam esclarecer em particular já que gero em mim o fator inconfidencializador.
— Ogum, registre que Pombagira não deseja manter no particular algo que pretendo esclarecer quando puder estar a sós com Oxaguiã! — pediu-lhe Oxum.
— Ogum não registra nada que já teve o seu porquê explicado. Em Pombagira a inconfidência é um procedimento natural, Oxum. Mas eu já registrei que ela gera em si esse fator! — exclamou Ogum, arqueando as sobrancelhas e olhando Pombagira de forma enigmática.
— Ogum, por que você está me olhando desse jeito? — perguntou Pombagira, fechando os seus lábios largos e escancarados.
— Eu havia anotado que muitos dos nossos assuntos internos estavam chegando aos ouvidos dos seres naturalizados e dos espiritualizados, sabe?
— Já estou sabendo, Ogum! — exclamou ela, com a voz lamurienta e, concluiu, pois gera em si o fator concluidor, com uma nova pergunta:
— Ogum não aprova minhas inconfidências?

– Ogum não só não aprova suas inconfidências como eu já havia anotado que o inconfidente receberia uma pena exemplar!

– Que pena é essa que Ogum anotou? – perguntou Pombagira, pondo-se de joelhos diante dele.

– Ogum anotou que o inconfidente ficaria interditado de fazer qualquer comentário sobre assuntos internos fora das nossas reuniões fechadas.

– Essa não, Ogum! Assim você praticamente amputou minha língua! – exclamou ela muito contrariada. E, como sempre faz, pois conclui algo com uma outra pergunta, ela perguntou: – Qual é a duração dessa pena, Ogum?

– Ogum só determina a penalização, Pombagira. O tempo de duração de uma pena, quem determina é Xangô, sabe?

– Já estou sabendo, Orixá que gera em si o fator penalizador – aquiesceu Pombagira, que não concluía um assunto sem iniciar outro com uma nova pergunta, e foi logo perguntando a Xangô, também presente ali naquele momento único da criação, pois outro igual nunca mais voltou a acontecer:

– Xangô, Orixá que gera o fator duradouro, quanto tempo durará esta minha penalização?

– Pombagira, essa sua penalização durará o tempo que a justiça exigir, sabe?

– Já estou sabendo, Orixá gerador do fator exigidor e senhor aplicador das penalidades na morada exterior do nosso Divino Criador Olorum.

– Está bem assim para você, Pombagira?

– Xangô sabe muito bem que tudo o que desagrada Pombagira nunca estará bem para mim. Logo...

– Logo, o que, Pombagira? – perguntou-lhe Xangô.

– Logo, como de nada me servirá guardar só para mim a geração do fator inconfidencializador, vingarei-me, pois gero em mim o fator vingador, transmitindo-o aos seres naturais espiritualizados, sabe?

– Já estou sabendo, Orixá que reage a tudo o que lhe desagrada vingando-se de alguma forma, ainda que esta sua vingança voltará contra você mais adiante, sabe?

– Minha vingança voltar-se-á contra mim mais tarde? – perguntou ela.

– Foi o que eu disse, Pombagira! – exclamou Xangô, dando uma sonora risada enquanto se cobria todo com seu manto, dando por encerrado o seu diálogo com ela, impedindo-a de fazer nova pergunta, pois este era e ainda é o comportamento natural de Pombagira.

Ela, que não consegue ficar calada e de boca fechada por muito tempo, dirigindo-se a Exu, perguntou:

– Exu, você deseja saber por que eu tenho estado tão alegre depois que Oxaguiã concedeu-me a guarda de uma das realidades assentadas sob seu pé direito?

— Pombagira, Exu não tem desejos, e sim, Exu tem interesses, e você sabe tão bem quanto eu, certo?

— Então refaço a minha pergunta: Exu, você tem interesse em saber por que tenho estado tão alegre depois que Oxaguiã concedeu-me a guarda de uma das realidades assentadas debaixo do seu pé direito?

— O que há de importante nessa sua pergunta que possa interessar a Exu, já moribundo e próximo de um fim aterrador?

— O que há de importante nela e que talvez interesse a Exu é que ela poderá evitar para você um fim mil vezes pior do que esse que você já sabe. Portanto, interessa-lhe ou não?

— Você disse em um fim mil vezes pior que este, que já acho mil vezes pior que uma existência no caos?

— Foi o que eu acabei de dizer, Exu! — exclamou ela, voltando a descontrair-se e dar mais uma de suas gostosas e escrachadas gargalhadas.

— Vendo-a novamente descontraída e já sabendo que você gera em si o fator evitador e por isso vive tentando evitar o fim de algo, mesmo que esse algo lhe desagrade, então digo que Exu tem muito interesse em saber o motivo da sua alegria, conseguida após Oxaguiã ter lhe concedido a guarda de uma das muitas realidades assentadas sob seu pé direito, Pombagira! — exclamou Exu, dando uma fraca gargalhada.

— Bom, sabe daquele momento em que Oxaguiã visitou Iemanjá pela primeira vez?

— O que tem a ver aquela primeira visita de Oxaguiã a Iemanjá com um fim mil vezes pior do que o que eu antevejo, Pombagira?

— Você antevê, é? — perguntou ela, dando uma interminável, gostosa e escrachadíssima gargalhada. E todos os Orixás ali presentes voltaram seus olhos para Exu, que acabara de revelar um dos seus mistérios, que é o de antever as coisas. Até aquele momento ninguém sabia a razão de Exu saber de tudo o que ainda não havia acontecido ou sequer fora revelado a eles, mas que ele a tudo ouvia e dizia:

— Eu sabia! — e dava suas gargalhadas. — Era porque gerava em si o fator antevedor, também conhecido como premonitório!

Oxum e Xangô recolheram seus mantos, tornando-se visíveis novamente, de tão curiosos que ficaram com a revelação de Exu e seu fator antevedor.

Exu, vendo todos olhando-o fixamente, perguntou:

— Vocês não respeitam um moribundo, é?

— Bom, já que você está próximo do seu fim, não gostaria de nos conceder a posse desse seu fator? — argumentou Ogum.

— Ogum!!! — exclamou Exu. — Foi você quem afirmou que há uma alternativa à minha pena, não foi?

— Foi sim, Exu.

— Então não estou tão próximo do meu fim último, certo?

— Não está não, Exu.

— Se Ogum afirma que não estou próximo do meu fim último, então eu só preciso achar um meio de me livrar dessa penalidade mil vezes pior que ter de viver no meio do caos.

— É, isso também é verdade, Exu. Só que, por não possuir esse seu fator que antevê as coisas, também não posso lhe indicar uma rota a ser seguida para que reverta tudo o que arranjou para si quando disse o que nunca deveria ter dito, sabe?

— Já estou sabendo, Ogum... que, se não lhe conceder a posse desse meu fator, não encontrarei o caminho que reverterá o que arranjei para mim quando eu disse o que não devia dizer.

— Foi o que eu disse, Exu! — exclamou Ogum, irritado com o hábito dele repetir tudo o que lhe era dito.

— Ogum, releve esse meu hábito de repetir tudo o que me é dito, pois isso se deve ao fato de eu gerar em mim o fator repetidor, sabe?

— Já estou sabendo que Exu gera em si o fator repetidor e por isso terá de explicar o porquê de...

— Pare aí, Ogum! — exclamou ele aos gritos, assustado por antever que receberia uma nova penalidade em uma condição totalmente desfavorável, pois estava a ponto de ser recolhido na realidade do vácuo. E Exu emendou: — Ogum, solicito nesse exato momento que transfira para outro momento a finalização do que estava dizendo.

— Ogum só transfere algo para um momento posterior caso o solicitante da transferência explique as razões de sua solicitação, Exu.

— Eu tenho que revelar a razão de minha solicitação?

— Não só tem, como Ogum espera que elas justifiquem sua solicitação.

— Bom, é que antevi uma penalização pior que a que Ogum impôs há pouco a Pombagira, sabe?

— Sei sim, Exu. Mas, antever por si só não justifica nada, sabe?

— Não sei não, Ogum. Explique para Exu, por favor!

— Exu, um pai, ao ver seu filhinho, que acabou de aprender a andar, caminhar na direção de um precipício, antevê que ele cairá nele, certo?

— Certo, Ogum.

— Exu, um pai ao ver esse seu mesmo filhinho caminhar na direção de uma serpente antevê que ele será picado, não?

— Também é certo, Ogum.

— O que acontecerá a esta criancinha se seu pai, que anteviu o perigo eminente não fizer algo para impedir que tal se concretize?

— Onde Ogum quer chegar?

— Antes responda à minha pergunta, Exu! — exigiu Ogum.

— Bom, essa criancinha certamente cairá no precipício ou será picada pela serpente, certo?

— Sim, Exu. Logo, antever somente pelo ato de antever não impede que o pior aconteça.

– Ogum está afirmando que só o fato de eu ter antevisto a penalidade que me será imposta não é uma razão justificável para que adie o restante do que começou a falar? É isso?

– Sim, é isso mesmo. Toda vez que alguém antevê algo que lhe parece perigoso para outrem deve fazer algo para impedir que esse algo não se concretize como um mal na vida desse alguém, Exu. Toda antevisão tem de ser acompanhada por uma ação imediata do antevisor ou ele será penalizado pela Lei, pois viu o mal aproximar-se de alguém e nada fez, omitindo-se. Para Ogum, toda omissão é um ato que deve ser penalizado rigorosamente, sabe?

– Já estou sabendo, Ogum. Você já registrou isto?

– Já foi registrado tudo o que eu disse, Exu.

– Então estou ferrado, sabe?

– Ainda não sei. Explique o porquê de você estar ferrado, Exu.

– Bom, por causa desse meu fator antevedor, Exu antevê tudo na morada exterior do nosso pai e Divino Criador Olorum. Satisfeito, Ogum?

– Só parcialmente, porque você não concluiu sua explicação que justifica a sua certeza de que está ferrado.

– Ogum, Exu antevê tudo, mas não tem como avisar a todos os que estão caminhando em direção a precipícios que os engolirão e nem tem como avisar a todos que olham para todas as direções, menos para a que estão trilhando e não veem que à beira ou no meio do seu caminho tem uma serpente que fatalmente irá picá-los assim que eles entrarem no campo de defesa dela, sabe?

– Agora estou satisfeito, Exu.

– Então Ogum sabe que só piorei meu fim, pois de agora em diante serei penalizado toda vez que eu antever um acontecimento ruim e não fizer nada para impedi-lo, não?

– É, Ogum sabe que será penalizado caso não faça isso de agora em diante.

– Como vou atuar em benefício de todos ao mesmo tempo se antevejo tudo o que acontecerá ao mesmo tempo em todas as realidades exteriores de Olorum? Isso é impossível mesmo para Exu, Ogum!

– Se isso é impossível, só você partilhando seu fator antevedor com todos os senhores de mistérios divinos exteriorizados pelo nosso pai e nosso Divino Criador se eximirá de sofrer tantas penalizações o tempo todo. Ininterruptamente, sabe?

– Ainda não sei não, Ogum. Explique isso para mim e para todos esses portadores divinos de mistérios, que deveriam estar menos curiosos e mais preocupados com o que já antevi.

– Bom, se você partilhar com todos eles o seu fator antevedor, cada um deles será responsável pelo que antever em seu campo de ação, e a Exu só restará atuar no que antever de mal dentro do seu campo de ação, sabe?

– Agora que Ogum explicou, não só já estou sabendo como já partilhei com todos os portadores de mistérios o meu fator antevedor, meu irmão ordenador da criação exterior do nosso Divino Criador Olorum. E Exu, como não negava seu hábito, emendou com esta pergunta: – Essa ação justificou o meu pedido de adiamento do que ia dizendo, Ogum?

– Não só adiou, como sua ação rápida anulou a penalidade que ia receber por estar usando dos poderes do seu fator repetidor para repetires nas realidades confiadas à sua guarda o que temos feito nas que já foram confiadas a nós pelo nosso Divino Criador Olorum.

– Ogum, é errado eu repetir nelas o que vocês fazem tão bem nas realidades confiadas a vocês?

– É, Exu.

– Desde quando é errado alguém repetir as ações de um Orixá? Explique-se, Ogum! – exigiu Exu, muito irritado por saber que quase fora penalizado por repetir nas suas o que eles faziam nas realidades deles. Exu estava a ponto de explodir, de tão irritado que ficara.

– Acalme-se, senão eu não só não me explicarei como uma penalidade mil vezes pior que a aludida por Pombagira se abaterá sobre você assim que eu lhe virar as costas, Exu!

– Por que você irá me virar as costas caso eu não me acalme, Ogum? – perguntou Exu, ainda irritado, mas não tanto, pois ele sabia que quando Ogum vira as costas para alguém todos os horrores da criação exterior se abatem sobre esse alguém. Justamente porque atrás dele são recolhidos todos os horrores já gerados.

– Se você não se acalmar imediatamente serei obrigado a virar-lhe as costas para não ter de executá-lo com minha espada, porque a causa dessa sua irritação é essa ciência inexata criada por você, a tal de Achologia, que serve muito bem para os tolos achólogos encarnados, mas não para um Orixá como Ogum, que nunca erra em suas penalizações!

– Eu estou errado em achar que repetir nas minhas realidades o que vocês fazem nas suas é algo bom?

– Está duplamente errado, Exu.

– Essa não, Ogum! Você disse que estou duplamente errado?

– Foi o que eu disse, Exu!

– Posso pedir uma segunda opinião, que não serei penalizado por duvidar de uma afirmação de Ogum?

– Pode pedi-la a quem você quiser que Ogum, desta vez, não o penalizará, Exu!

– Por que não serei penalizado desta vez?

– Ogum está vendo o estado de total desequilíbrio que você se encontra.

– Se Ogum está vendo isso em Exu e não me punirá desta vez, é porque Ogum está antevendo que a segunda opinião implicará em uma penalização pior que a de ser executado pela sua espada ou de ter Ogum de costas para mim, certo?

– Certo, Exu! – exclamou Ogum, afrouxando sua mão direita, arrochada ao redor de sua espada impositora da Lei na morada exterior de Olorum.

Exu olhou para a mão de Ogum ao redor do cabo de sua espada e um arrepio de pavor percorreu seu corpo todo. Ogum, vendo-o com os olhos fixos em sua espada, falou:

– Exu, você venceu Orunmilá porque ele é um Orixá nada afeito a lutas e também, porque você anteviu que a espada dele era multiplicadora de tudo o que cortasse, não?

– Foi isso mesmo, Ogum! Eu antevi que cada vez que ele me cortasse de alto até embaixo com sua espada eu me multiplicaria. Então, atinei com o mistério dela e até o enganei, dizendo que ele devia lutar com sua espada.

– Você não quer que eu use a minha só para descobrir o que ela faz?

– Eu já conheço o mistério dessa sua espada, Ogum. Ou você já se esqueceu de que lutamos lado a lado naquela realidade dominada por aqueles seres gerados por Olorum na concha da vida da senhora dos mistérios do desespero?

– Ogum não se esquece de nada, Exu.

– Pois é, essa sua espada não só cortou e absorveu aqueles seres desesperados, todos despedaçados, como depois absorveu toda aquela realidade no interior de sua lâmina, que é um mistério impenetrável para todos os seres que vivem na morada exterior do nosso pai e nosso Divino Criador Olorum. Só isso basta para Exu nunca querer ver Ogum sacar sua espada contra mim, sabe?

– Já estou sabendo. E quero que fique sabendo de antemão que uma segunda opinião irá deixá-lo mil vezes mais desesperado do que estavam aqueles seres quando entramos naquela realidade.

– Ogum está antevendo isto no seu campo de ação?

– Não Exu. Eu só estou prevenindo-o, pois gero em mim o fator prevenidor, sabe?

– Exu não só já foi prevenido por Ogum como solicita-lhe que indefiras o pedido de uma segunda opinião sobre sua penalidade, sabe?

– Sábia decisão, Exu! – exclamou Oxalá, que era a quem Exu ia pedir uma segunda opinião.

– Essa minha decisão de solicitar indeferimento de uma solicitação formulada para Ogum foi sábia, Babá?

– Foi sim, Exu. Afinal, você, ao repetir nas realidades confiadas a você o que nós fazemos, errou duplamente porque, primeiro, nenhum Orixá deve repetir o que outro faz pois, se isso fizer, tudo sairá ao contrário e desvirtuará os meios e os seres confiados à sua guarda. E segundo, porque você, por causa dos seus fatores tortuador e confundidor, não só repetiu de forma contrária e desvirtualizada tudo o que nós fizemos de forma certa e virtuosa, como fez de forma tortuosa e confusa o que fazemos de forma reta e claridificadora.

Logo, você errou duplamente, Exu!

— Sinto muito, Babá! Perdão Exu, pois eu não estava querendo fazer mal a nada e a ninguém. Apenas, porque Exu não pensa, e sim, só reflete, eu achei que repeti-los seria bom para os meios e os seres confiados à minha guarda pelo nosso Divino Criador Olorum, sabe?

— Sei sim, Exu. Eu já vinha observando há algum tempo as realidades confiadas à sua guarda e estava prestes a solicitar a Ogum e a Xangô que entrassem em todas elas e as recolhessem e as purificassem, sabe?

— Já estou sabendo, Babá. E mais uma vez lhe peço perdão e entrego-lhe a regência de todas elas neste momento para que o senhor remodele-as e aos seres que nelas vivem.

— Eu assumo a regência delas, Exu. Mas quem irá remodelar e aos seres que nelas vivem será Oxaguiã, sabe?

— Não sei não. Por que ele fará isso, Babá?

— Bom, eu gero o fator modelador. Já o fator remodelador, Oxaguiã o gera, sabe?

— Já estou sabendo que o seu filho Oxaguiã remodela tudo o que o senhor modela e confia a nós, aqui na morada exterior do nosso Divino Criador Olorum, e nós deformamos por causa da nossa inabilidade, certo?

— Certo, Exu! — exclamou Oxalá, cobrindo-se todo com seu manto branco e impenetrável às mais apuradas visões, encerrando seu diálogo com Exu.

Exu, acalmado por Oxalá, voltou a perguntar a Ogum:

— Meu irmão Ogum, agora que a razão dessa outra penalização foi assumida por Oxalá, a pena mil vezes pior...

— Sim Exu, ela foi levantada por Ogum e ficará suspensa, só voltando a se abater sobre você caso continue a repetir nas realidades confiadas a você o que nós fazemos nas nossas.

— Como posso fazer para impedir que tal coisa aconteça, Ogum?

— Bom, a alternativa é você não só nunca mais repetir o que fazemos, como entenda que seja em que realidade for, o que por ela um Orixá tiver de fazer, só esse Orixá poderá e deverá fazer. E quem tentar substituí-lo e tentar fazer o que só ele pode e deve fazer, tudo sairá ao contrário e desvirtuado, sabe?

— Já estou sabendo, e muito interessado em saber como fazer para não cometer o mesmo erro em achar que poderia repetir os outros Orixás!

— O que Exu deverá fazer é abrir todas as realidades, confiadas a você pelo nosso Divino Criador Olorum, a todos os outros Orixás, pois só assim cada um deles fará nelas e por elas o que só eles podem e devem fazer, sabe?

— Já estou sabendo e não fiquei muito interessado nela. Logo, pergunto a Ogum qual é a outra alternativa que restou para Exu.

# Lenda dos Mantos Sagrados

— Você não vai se interessar nem um pouco por ela, Exu.
— Não vou?
— Não vai mesmo, sabe?
— Ainda não sei não. Mas estou curioso em saber qual é. Diga, Ogum!
— Bom, sua segunda alternativa será a de eu sacar minha espada, apontá-la para todas as realidades confiadas a você pelo nosso pai Olorum e recolhê-las, devolvendo-as a Ele, sabe?
— Já estou sabendo que, ou aceito a primeira alternativa ou serei recolhido totalmente ao interior do nosso Divino Criador Olorum.
— Não foi isso que eu disse, Exu.
— Foi sim, Ogum! Um Orixá sem uma só realidade para si não existe, pois eles são em si as realidades do Divino Criador Olorum. Logo, se todas as realidades confiadas a mim forem recolhidas, deixo de ser necessário aqui e sou reintegrado à mente do nosso pai e nosso Divino Criador e deixo de existir em mim mesmo. Logo, foi isso que você disse, Ogum!
— Ogum entendeu como correta a afirmação de Exu e a registrou, sabe?
— Já estou sabendo que eu, ao falar isso, determinei a sentença que me aguarda caso eu não abra todas as realidades confiadas a mim a todos os outros Orixás.
— Você determinou sua sentença, Exu! — exclamou Pombagira, dando uma gostosa e escrachada gargalhada: — Que sina a sua, Exu! Já moribundo, você comete suicídio? — concluiu ela a sua fala com nova pergunta dando a palavra a ele.
— Pombagira ri com escracho das desgraças alheias — observou ele. — Mas não diz a Exu por que ser recolhido à realidade existente sob o pé direito de Oxaguiã é mil vezes pior que ser recolhido à realidade do vácuo existente debaixo do pé esquerdo dele, sabe?
Pombagira já ia começar a falar quando viu Ogum sacar sua espada. Ela nada emitiu, calando-se e cobrindo-se toda com seu manto de cor vermelha viva. E o mesmo fizeram todos os outros Orixás, que se cobriram e deixaram de ser vistos, só para não testemunharem o que Ogum ia fazer.
Exu, vendo que Ogum ia levantar sua espada ordenadora de tudo na morada exterior de Olorum, gritou-lhe:
— Ogum, não levante a ponta de sua espada na frente de um moribundo que não consegue sequer cobrir-se com seu manto para não presenciar o que só Ogum deve ver ao fazer!
— Você poderá ver, Exu.
— Não posso não! Se, desde que Olorum nos enviou à Sua morada exterior, nenhum Orixá quis ou pode ver o que Ogum faz e vê ao fazê--lo, Exu não quer ser a exceção.
— Você não será exceção, Exu.
— Por que não?
— Bom, você emitiu sua sentença, não?
— Essa não! Você irá apontar sua espada em minha direção?

– Foi o que você sentenciou, não?
– Eu não sentenciei nada disso, Ogum!
– Sentenciou sim.
– Quando fiz isso, se apenas disse que eu seria recolhido junto com as realidades confiadas a mim caso eu não as abrisse a todos os outros Orixás?
– Quando você tentou desviar o rumo do nosso diálogo estabelecendo um novo com Pombagira, sabe?
– Não sei não. Quando ela disse que eu havia determinado minha sentença, eu abri todas as realidade confiadas a mim a todos os outros Orixás!
– Quando você as abriu, se não percebi você fazê-lo? Eu não ouvi de você nada nesse sentido!
– É que estou moribundo, e um moribundo às vezes se confunde e pensa que já fez o que ainda não fez, sabe?
– Não estou sabendo... porque nunca cheguei ao ponto em que você chegou, um moribundo!
– Exu pede a Ogum que releve certas coisas que eu faça, fale ou deixe de fazer ou falar porque um moribundo não é alguém em seu estado natural.
– Vou relevar desta vez porque é a primeira vez que Ogum dialoga com um moribundo. Mas já registrei que, ou um moribundo diz tudo o que tem de dizer ou então...
– Pare, Ogum! – exclamou Exu. – Eu, um moribundo próximo de ser tragado pela realidade do vácuo existente debaixo do pé esquerdo de Oxaguiã, digo com todas as palavras, em alto e bom som, que já havia aberto a todos os outros Orixás todas as realidades a mim confiadas pelo nosso pai e nosso Divino Criador Olorum. Preciso repetir isso, Ogum?
– Não, Exu. Ogum registrou todas as suas palavras e todas as realidades confiadas a você já estão abertas a todos os outros Orixás para que nelas cada um deles faça o que só eles podem e devem fazer.
– A reciprocidade entre todos os Orixás é regra para Ogum e é Lei na morada exterior do nosso pai Olorum de agora em diante! – determinou Oxalá, recolhendo o seu manto e tornando-se visível. – E aquele que faltar com essa Lei reguladora das realidades, dos meios e dos seres, receberá a sentença que Exu determinou para si caso não a adotasse – concluiu.

E todos os Orixás ali reunidos descobriram-se tornando-se visíveis, ajoelharam-se diante de Ogum e de Oxalá e falaram:
– Ogum ordenou a reciprocidade entre todos os Orixás! Oxalá tornou essa ordem em Lei na morada exterior do nosso pai e nosso Divino Criador Olorum. Então que assim seja, pois já está sendo!
– Assim será! – confirmaram Ogum e Oxalá.
Então Ogum embainhou sua espada e falou a Exu:

— Meu irmão moribundo, continue sua conversa com Pombagira, está bem?
— Está sim! Nas minhas condições, acho que algo melhor não me é possível nesse momento, não?
— Se Exu acha isso, Ogum tem certeza de que nesse momento não há nada melhor para Exu fazer que retomar sua conversa com Pombagira.
Pombagira, dando mais uma gostosa e escrachada de suas gargalhadas, falou:
— Exu, até que você está com sorte nesse momento de sua existência, sabe?
— Não sei não. Onde está a sorte, se estou moribundo?
— Sua sorte está justamente em você estar moribundo!
— Explique sua afirmação, Pombagira! – pediu Exu. Ela, calmamente e após correr os olhos por todo ele, falou:
— Bom, é que Ogum não executa com sua espada um moribundo, sabe?
— Por que Ogum não executa com sua espada um moribundo?
— Ogum prefere deixá-lo morrer à mingua e pelas próprias mãos, sabe?
— Agora estou sabendo. Só não atinei com o significado que possa ter o que você disse, sabe?
— Sei sim! E Pombagira fechou sua boca.
— Você não vai me dizer o significado do que você me afirmou, Pombagira?
— Prefiro que você descubra por conta própria, Exu?
— Mas aí será tarde, pois estarei exultando-me com minhas próprias mãos. Ou não foi isso que você acabou de dizer?
— Eu disse isso mesmo, Exu! – exclamou ela, dando mais uma gostosa e escrachada gargalhada.
— Pombagira, estou enganado ou você está se divertindo com o meu fim não tão visível, pois me executarei com minhas próprias mãos?
— Pombagira não se diverte com a desgraça alheia, Exu.
— Não?
— Não mesmo! Pombagira apenas regozija-se com a sua desgraça, sabe?
— Não sei não. Explique seu regozijo, Pombagira!
— Bom, você disse a Ogum que acha que ele está com problemas desde que foi até aquela realidade fechada resolver os problemas criados nela por mim, não?
— Foi o que eu disse a Ogum. Não é verdade que a frente de Pombagira é problemática e que possuir o que está na sua frente é possuir problemas?
Ou não é verdade que você, ao se ver sem alternativas diante das explicações dele, solicitou-lhe que ele assumisse tudo o que você ali tinha e que estava na sua frente?

– Foi o que eu disse, Exu. O que há de errado em eu ter entregue a Ogum o que eu tinha ali e que estava na minha frente?

– Não há nada de errado, Pombagira. Eu apenas disse a Ogum que achava que os problemas dele haviam começado e estavam deixando-o irritado.

– Exu, você acha que eu ter assumido e reordenado aquela realidade está me causando problemas e deixando-me irritado? – perguntou Ogum, já fechando sua mão ao redor do cabo de sua espada, muito irritado com o que ele acabara de dizer.

– Pode soltar o cabo dessa sua espada Ogum! – determinou Oxalá, interferindo no rumo que o diálogo ali travado estava tomando. E concluiu sua fala com uma afirmação, como era seu hábito:

– Exu atinou com exatidão que Ogum, ao assumir o que Pombagira tinha ali e estava na sua frente, é a causa de problemas e está irritando Ogum.

– Ogum registrou como uma ação correta assumir e reordenar aquela realidade, Babá! – exclamou Ogum, soltando o cabo de sua espada ordenadora do caos.

– Eu sei que foi correto, Ogum! – concordou Exu, que emendou:

– Mas quando você assumiu o que Pombagira tinha ali e na sua frente, começaram os seus problemas e essa sua irritação, sabe?

– Não estou sabendo não – explique-se, Exu!

– Exu, por estar moribundo e por não querer irritar ainda mais Ogum, que vive irritado por causa dos problemas que assumiu quando foi até aquela realidade toda desordenada que estava sendo regida por Pombagira, então eu prefiro que Oxalá explique para você, está bem?

– Se está bem para Exu que Oxalá explique, então para Ogum também está bem que...

– Espere aí, Exu! – exclamou Pombagira, interrompendo a fala de Ogum, que se voltou para ela muito irritado e falou:

– Pombagira, se você não justificar com uma boa razão o seu ato de interromper minha fala...

– Não diga mais nada, Ogum – pediu ela, acrescentando:

– Eu tenho uma justa razão, pois Exu acabou de dizer que aquela realidade toda desordenada que estava sendo regida por Pombagira, sabe?

– Não estou sabendo não. Explique-se, Pombagira! – ordenou Ogum.

– Explico-me, Ogum. Eu continuo regendo aquela realidade, sabe?

– Agora estou sabendo... assim como já percebi que você não me confiou a regência dela e sim o que você tem e o que está na sua frente, certo?

– Foi isso mesmo que você assumiu, Ogum! Não a regência daquela realidade confiada a mim pelo nosso pai e nosso Divino Criador Olorum.

– Entendo, Pombagira. – murmurou Ogum, fechando-se em si.

– Eu sei que você entende, Ogum. Afinal, você gera o fator entendedor, certo?

— Isso é certo, Pombagira.
— Então, qual é o problema para você fechar-se em si mesmo? – perguntou ela, preocupadíssima com o fato de Ogum ter se fechado em si mesmo pois, quando isso acontece, o tempo para de fluir e tudo à volta dele e começa a regredir.

Logunã, Senhora do Tempo e mãe de Oxaguiã, que até aquele momento mantivera-se envolta no seu manto de cor azul-escuro, descobriu-se e perguntou:
— Ogum, você sabe o que está fazendo ao se fechar?
— Sei sim, minha senhora Logunã. Estou fechando-me em mim mesmo.
— Por que você está fazendo isso, Ogum?
— Falhei quando não atentei para o significado das palavras ditas por Pombagira quando ela abriu os braços e os estendeu mostrando com eles o que estava ali na sua frente e que era o que ela tinha.
— O que Ogum entendeu ao ouvir Pombagira dizer-lhe para assumir o que ali ela tinha e que estava na sua frente?
— Eu entendi que o que ela ali tinha e que estava na minha frente era aquela realidade, Logunã.
— E o que foi que você percebeu há pouco, Ogum?
— Eu percebi que o que assumi foi o que Pombagira tem em si e que estava na minha frente, pois ela estava de frente para mim quando falou, sabe?
— Já estou sabendo que você assumiu toda a frente dela, certo?
— Isso é certo, Logunã?
— E só por isso você está se fechando?
— Ogum não vê outra alternativa que a de se fechar e ser recolhido por Olorum, pois falhei ao não atentar para o real significado das palavras ditas por ela.
— Conceda a si mesmo uma segunda alternativa, Ogum! – pediu Logunã, a Senhora do Tempo.
— Ogum não concede a si uma segunda alternativa, Logunã.
— Por que não?
— Logunã, você sabe o que Pombagira possui e está na frente dela?
— Eu sei. Pombagira possui a si mesma e tem na sua frente todos os problemas existentes na morada exterior de Olorum, pois ela gera em si e irradia pela sua frente o seu fator problematizador. Então conceda a si mesmo uma segunda alternativa que encontrará a solução de todos os problemas existentes na frente dela, sabe?
— Não sei não. O dia em que Ogum conceder a si mesmo uma segunda alternativa para solucionar um problema adquirido, nesse dia toda a criação passará a ter quantas alternativas desejar para solucionarem seus problemas.

— Qual é a dificuldade em você permitir que todos tenham muitas alternativas para resolver seus problemas?

— Ogum, recorrendo ao fator antevedor, que já gera em si, antevê os seres recorrendo a alternativas que jamais lhes seriam recomendadas por Ogum. Logunã sabe que a primeira alternativa recomendada por Ogum é e sempre será a correta, assim como sabe que sempre que os seres olvidam a alternativa que recomendo, a outra que eles escolhem sempre acarreta para eles problemas muito piores do que os que tentam resolver, certo?

— É certo. Ogum já anotou ou registrou que se fechar totalmente é sua primeira alternativa para o fato de ter falhado ao não ter atentado para o real significado das palavras ditas por Pombagira quando ela lhe confiou a posse do que ali ela tinha e possuía na sua frente?

— Ogum não anotou ou registrou isso, Logunã.

— Por que não?

— Porque, assim que Ogum se fechar totalmente e for recolhido por Olorum, tudo o que eu já tiver anotado ou registrado será recolhido também.

— Se isso acontecer, o caos retornará, Ogum! Imagine o que acontecerá se deixar de existir na morada exterior todas as anotações e registros já feitos por você! — exclamou Logunã, impressionada com os resultados daquela primeira e única alternativa encontrada por Ogum para reparar o erro de ter falhado ao não ter atentado para o real significado das palavras ditas por Pombagira.

— Ogum não gera em si o fator imaginador, Logunã. Essa é uma atribuição sua e você sabe disso melhor que eu, não?

— Sei sim, Ogum. Mas também sei que gero o fator solucionador de todos os problemas já existentes ou que ainda surgirão na morada exterior do nosso pai e nosso Divino Criador Olorum, certo?

— Sim, Logunã.

— Então Ogum sabe que posso gerar a solução desse seu problema, que é o de não poder conceder a si uma segunda alternativa, senão a partir daí os seres passarão a ter quantas alternativas quiserem para solucionar seus problemas, certo?

— Isso é certo, Logunã.

— Para Logunã está tão clara a solução do seu problema por ter assumido o que Pombagira lhe concedeu, que até lhe proponho a solução dele caso você pare de se fechar, e volte a abrir-se novamente, fazendo o tempo voltar a fluir e evoluir.

— A solução está clara para Logunã?

— Está claríssima, Ogum, filho de Olorum e da Senhora da Certeza!

— Então, qual a solução para a alternativa que Ogum encontrou para si, que é a de se fechar em si e ser recolhido por Olorum? Você a tem, Logunã?

– Claro que a tenho! Afinal, eu gero em mim o fator solucionador, não?
– Isso é certo. Qual é a solução, Senhora do Tempo?
– Bom, bastará Ogum anotar e registrar que a alternativa de fechar-se em si e ser recolhido é a que lhe restará quando não encontrar em Logunã e no Tempo uma solução para os seus problemas. Está bem assim para você?
– Se para Logunã, filha de Olorum e da Senhora da Eternidade, está bem, então para Ogum também está! – falou ele, voltando a abrir-se todo.
– Então, se está bem para Ogum, agora só falta a solução do seu problema por ter assumido Pombagira e sua problemática frente, certo?
– Isso é certo. Qual é a solução gerada por Logunã para solucionar esse problema de Ogum?
– Bom, um pai pode passar suas posses ou algumas delas para um filho seu, não?
– Isto é certo, desde que o filho seja legítimo, pois filhos ilegítimos não herdam nada dos seus pais, a não ser problemas de reconhecimento e o de não ser reconhecido como legítimo.
– Então pense, gere na minha concha do Tempo um filho, que será legítimo e reconhecido por todos e será a quem você confiará a posse de tudo o que você assumiu ao assumir Pombagira e o que ela tem na frente dela, sabe?
– Não sei não, Logunã. Isto não é certo.
– Por que não.
– Eu não vou gerar um filho só para passar para ele Pombagira e sua problemática frente. Isso não é certo, sabe?
– Isso eu sei que não é certo. Mas, e se você gerar na solucionadora concha do Tempo um filho que tanto trará em si as soluções para todos os problemas já gerados por Pombagira como ele gerará em si a geração do fator que solucionará todos os problemas que Pombagira ainda gerará por toda a eternidade. Isso é certo?
– Ainda assim, gerarei um filho que existirá só para solucionar os problemas gerados por Pombagira e sua concha geradora de problemas, sabe?
– Sei sim. Mas também sei que quem tiver em si a solução para os problemas gerados por Pombagira e sua concha problemática, será alguém que será muito solicitado por todas as mães da vida no meio, pois elas vivem tendo problemas com suas conchas geradoras, sabe?
– Já estou sabendo... que caso eu gere este meu filho solucionador dos problemas gerados na frente de Pombagira por sua concha geradora, ele não terá um só segundo de descanso, porque todas as mães da vida no meio vivem tendo problemas com suas conchas geradoras dos meios para a vida evoluir, sabe?
– Sei sim. Mas não vejo problema algum nessa solução, Ogum!
– Por que não, Logunã?

— É que gero em mim o fator gostador, e tudo o que gero em minha concha geradora do Tempo gosta de ser como é e de fazer o que só ele pode fazer, sabe?

— Já estou sabendo... e percebendo a razão de Oxaguiã fazer a mesma coisa tantas vezes quantas forem necessárias e sempre com a mesma disposição, certo?

— Certíssimo, Ogum! — exclamou ela, descobrindo sua concha geradora do Tempo para que Ogum projetasse para dentro dela seu pensamento, pois dentro dela seria gerado e trazido para a morada exterior como um legítimo filho de Ogum e que herdaria de seu pai a posse de Pombagira e de sua problemática frente.

Ogum, ali mesmo e na frente de todos os Orixás exteriorizados por Olorum, pegou sua chave da vida e abriu a concha geradora de Logunã, depositando seu pensamento dentro dela. E, quando fez isso e retirou de dentro dela a sua chave, todos viram a estreita e profunda concha de Logunã engrossar e dilatar suas longas bordas, para em seguida irradiar uma energia viva e divina que foi se moldando e dando forma a um belíssimo ser divino gerado no meio, pois a concha dela tanto se abre para a morada interior quanto para a exterior de Olorum, o nosso pai e nosso Divino Criador.

E quando aquele ser divino gerado no meio assumiu sua forma exterior final, ele se ajoelhou e fez esta saudou:

— Salve Ogum e Logunã, meu pai e minha mãe divinos!

Ogum ordenou então:

— Levante-se, meu filho, que é filho de Ogum e de Logunã, a Senhora do Tempo!

Aquele filho de Ogum gerado no meio levantou-se e ficou de pé, em frente ao seu pai, que estendeu seus braços e o abraçou bem forte, transmitindo-lhe a sua divindade paterna. Então ordenou-lhe:

— Vire-se e vá até sua mãe Logunã, meu filho, que é filho do Orixá guardião dos mistérios da Lei na morada exterior do nosso Divino Criador Olorum e é filho de Logunã, Senhora do Tempo e guardiã dos mistérios da Eternidade aqui também existentes!

Aquele filho de Ogum virou-se e dirigiu-se até a sua mãe divina, diante da qual se ajoelhou. Então ela ordenou-lhe:

— Levante-se diante da sua mãe meu filho, filho de Ogum e de Logunã!

Ele se levantou e ela estendeu seus braços e o envolveu todo em um amoroso abraço materno, passando-lhe sua divindade materna.

Então ela o pegou pela mão esquerda e Ogum o pegou pela mão direita e ambos o conduziram até Oxalá, e quando ficaram diante dele, Ogum falou:

— Oxalá, guardião da morada exterior do nosso Divino Criador Olorum, apresento-lhe meu filho legítimo e legítimo filho, para que você dê a ele o seu nome divino, pois és o Orixá gerador do fator nomeador!

E as mesmas palavras foram ditas por Logunã a Oxalá, que se recolheu em si mesmo e pensou, pensou e pensou... e quando saiu do seu ensimesmamento, pronunciou:

— Legítimo filho de Ogum e de Logunã, por você ser filho legítimo do Orixá guardião dos mistérios da Lei na morada exterior do nosso Divino Criador eu o nomeio Ogum. E por você ser legítimo filho e filho legítimo de Logunã, guardiã dos mistérios da Eternidade, eu o nomeio Ogum do Tempo.

Também determino que seja inscrito no Livro da Vida dos Sagrados Orixás que me certifiquei de sua ascendência divina e constatei que traz em si os mistérios do nosso pai e nosso Divino Criador Olorum concernentes ao seu pai legítimo e traz os fatores também concernentes ao seu pai Ogum, herdados por ele de sua legítima mãe e mãe legítima, que é a nossa amada e adorada Mãe Geradora da Certeza Divina. Também determino que seja inscrito no Livro da Vida dos Sagrados Orixás que me certifiquei de sua ascendência divina e constatei que trazes em si os mistérios de nosso pai e nosso Divino Criador Olorum concernentes à sua mãe legítima e traz os fatores concernentes à sua mãe Logunã, herdados por ela de sua legítima mãe e mãe legítima, que é a nossa amada e adorada Mãe Geradora da Eternidade existente na morada exterior! Ogum do Tempo é um filho legítimo e legítimo filho de Ogum e de Logunã! – exclamou Oxalá, abraçando-o e apertando-o contra seu peito largo e forte. Fato que fez Ogum do Tempo resplandecer e começar a irradiar seu mistério e todos os fatores concernentes a ele, herdados do seu pai e de sua mãe.

Após um forte e demorado abraço, Oxalá o soltou e colocou suas mãos nos ombros de Ogum do Tempo e falou:

— Meu querido e amado filho Ogum do Tempo, filho de Ogum e de Logunã, contemples o que há às minhas costas e verás mais uma vez os seus genitores divinos Olorum, a Mãe Geradora da Certeza e a Mãe Geradora da Eternidade e diga-me como os vê!

— Meu amado pai Oxalá, eu vejo no centro o nosso pai e Divino Criador Olorum. À direita dele está nossa amada e adorada Mãe Geradora da Certeza Divina. E, à esquerda dele, está nossa amada e adorada Mãe Geradora da Eternidade na morada exterior.

— Então, meu amado e querido filho Ogum do Tempo, assim que você se virar de costas para eles e de frente para a morada exterior, terá às suas costas e atrás de você o nosso pai e nosso Divino Criador Olorum. E terá atrás, à sua direita, a nossa amada Mãe Geradora da Certeza e terá atrás e à sua esquerda a nossa amada Mãe Geradora da Eternidade.

— Com isso, quem quiser saudar o seu "atrás", saudará o nosso Divino Criador Olorum e nossas amadas mães geradoras da Certeza e da Eternidade. Está certo?

— Está sim, meu amado pai Oxalá.
— Então vire-se, Ogum do Tempo!
E Ogum do Tempo virou-se e viu de pé na sua frente o seu pai Ogum e sua mãe Logunã, pois os outros Orixás atrás deles estavam ajoelhados e com as cabeças voltadas para o solo, esperando o final da legitimação de Ogum do Tempo, o novo Orixá exteriorizado por Olorum e cuja paternidade fora confiada a Ogum e Logunã.
Então Oxalá perguntou:
— Meu filho Ogum do Tempo, quem você vê na sua frente e de pé, contemplando-o?
— Eu vejo na minha frente, de pé e contemplando-me, os meus pais Ogum e Logunã.
— Então, quem quiser saudar o seu "à frente" saudará o seu pai Ogum e sua mãe Logunã. Agora olhe para a sua direita e para a sua esquerda e veja quem está de pé nelas e estão contemplando-o.
Ogum do Tempo olhou para a sua direita e viu Oxalá ao seu lado. Depois olhou para a sua esquerda e viu Pombagira. Então, após ouvi-lo, Oxalá falou:
— Ogum do Tempo, quem quiser saudar sua direita, saudará Oxalá. E quem quiser saudar sua esquerda, saudará Pombagira. Agora olhe para cima e para baixo, meu amado filho Ogum do Tempo!
E Ogum do Tempo olhou para cima e viu o Tempo girando acima de sua cabeça. E olhou para baixo e viu todos os caminhos que conduzem ao nosso pai e nosso Divino Criador Olorum. E após dizer a Oxalá o que havia visto, falou:
— Ogum do Tempo, meu filho amado, quem quiser saudar o seu acima, saudará o Tempo. E quem quiser saudar o seu embaixo, saudará os Caminhos. Agora, olhe o seu envolta à direita e olhe o seu envolta à esquerda.
Ogum do Tempo olhou o seu envolta à direita, e viu nele a hereditariedade divina de seu divino pai Ogum. E viu no seu envolta à esquerda a hereditariedade divina de sua divina mãe Logunã. E, após dizer a Oxalá o que vira, falou:
— Ogum do Tempo, meu filho amado, quem quiser saudar seu envolta à sua direita saudará todos os seus irmãos divinos e legítimos filhos do seu pai Ogum. E quem quiser saudar o envolta à sua esquerda saudará suas irmãs divinas e legítimas filhas de sua mãe Logunã!
— Assim disse o meu amado pai Oxalá, assim será com e para Ogum do Tempo, filho legítimo e legítimo filho de Ogum e Logunã, meus pais amados e adorados.
— Que assim seja, pois já está sendo assim na morada exterior do nosso pai e nosso Divino Criador Olorum, que manifestou mais um dos seus filhos divinos e confiou a legitimação dele aos seus filhos Ogum e Logunã.
— Que todos os Orixás aqui reunidos e ainda de joelhos e à espera da legitimação de Ogum do Tempo saibam que ele é um legítimo Orixá!

Lenda dos Mantos Sagrados 265

Agora todos podem se levantar, abraçá-lo e acolhê-lo em seus domínios como mais um filho divino do nosso Divino Criador Olorum, enviado por Ele à sua morada exterior para solucionar problemas até agora insolúveis, pois estavam sendo gerados pela concha da vida de Pombagira, entortada desde que Exu a enganou com a sua ciência inexata, a Achologia, e a convenceu a abrir sua concha abismal para ele depositar dentro dela um pensamento seu que possibilitaria a ela gerar uma escada no abismo logo abaixo dos seus pés, sendo que, por Exu gerar invertido tudo o que copia dos outros Orixás, gerou dentro do abismo dela uma escada que só leva para mais abaixo ainda quem se agarrar nela ao cair dentro dele.
 – Essa não, Babá! – exclamou Exu, num gemido.
 – Essa sim, também, Exu! – respondeu-lhe Oxalá!
 – Babá, perdoa Exu mais uma vez, pois eu só queria gerar para o abismo dela uma escada que permitisse aos seres que lá caem um escada que os trouxesse de volta ao meio, sabe?
 – Eu já sabia disso, Exu. E só não determinei uma justa punição a você porque sua intenção foi boa, ainda que sua escada seja invertida e leve mais para baixo ainda quem tentar subir por ela, sabe?
 – Sei sim, Babá. Logo...
 – Conclua sua fala, Exu! – ordenou-lhe Ogum.
 – Logo... que suba a árdua escada de Oxalá quem for sábio, e que tente subir descendo quem achar que subir pela escada de Exu é mais fácil, certo Ogum?
 – Isto é mais que certo, Exu! – exclamou Ogum, dando uma risada com a afirmação dele.
Então, vendo todos os outros Orixás ali presentes abraçando Ogum do Tempo, o mais novo Orixá já exteriorizado por Olorum, Exu falou-lhe:
 – Ogum do Tempo, filho de Ogum e de Logunã, perdoe Exu por eu estar moribundo, caído sobre o portal que me tragará para o vácuo existente em uma das realidades assentadas sob o pé esquerdo de Oxaguiã, seu irmão por parte de sua mãe Logunã, sabe?
 – Já estou sabendo, Exu, filho do nosso pai e nosso Divino Criador Olorum e da nossa amada mãe, a Senhora do Vazio.
 – Pois é, Ogum do Tempo! Estou prestes a ir ao encontro do meu fim no vácuo e já nem me lembro o porquê de estar, sabe?
 – Sei sim. Geralmente um moribundo não só se esquece de quase tudo, como não consegue se lembrar do que o conduziu ao seu fim, sabe?
 – Não sei não. Você sabe o que me conduziu ao estado de moribundo, Ogum do Tempo?
 – Sei sim, Exu. Foram as palavras ditas por você quando o nosso Divino Criador Olorum comunicou a todos os Orixás até então exteriorizados por Ele que havia chegado a hora de trazerem para o planeta Terra seres criados por Ele e recolhidos em outras de Suas realidades.

– O que foi que eu disse, após ouvir o comunicado de nosso pai e do nosso Divino Criador Olorum, Ogum do Tempo?

– Você disse isso, Exu: "Ogum, a partir de agora é que nossos problemas vão começar e nossa vida vai se tornar muito interessante!"

– Ogum do Tempo, o mais novo Orixá exteriorizado por Olorum, o que eu disse de errado, meu irmão à minha direita?

– Exu, quando Olorum emite um comunicado, é para solucionar problemas, não para causá-los, sabe?

– Já estou sabendo. Onde mais eu errei ao pronunciar essa frase, tão infeliz para mim?

– Em nada mais, Exu.

– Ogum do Tempo, por que eu não errei em nada mais no que eu disse?

– É porque ao dizer que a vida iria ficar mais interessante, e interessante para você é sinônimo de interesses, não tenha dúvidas de que os seres que começarão a encarnar serão muito interessantes, Exu! – falou Ogum do Tempo, dando uma sonora risada.

– Essa não, Ogum do Tempo!!!

– Essa sim, Exu. Se você sobreviver à realidade do vácuo, terá de se esforçar muito para não ser totalmente possuído por eles, sabe?

– Ainda não sei não, neto das senhoras da Certeza e da Eternidade e que pode ver como a certeza de Ogum e a imaginação de Logunã como serão estes seres que serão naturalizados e espiritualizados no planeta Terra, cujo deslocamento de outras realidades para esta aqui será a solução de muitos problemas, até agora insolúveis.

– Então sobreviva à sua punição e viverá para descobrir como a vida se tornará interessante com o deslocamento deles para o planeta Terra, sabe?

– Já estou sabendo que se eu não tomar cuidado com os meus mistérios eles me entortarão de vez, certo?

– Isso é quase certo, Exu. Mas a certeza mesmo, só a eternidade confirmará ou não tal possibilidade.

– Essa não! Se Exu sobreviver ao vácuo terá de ficar muito atento aos seres que serão naturalizados e espiritualizados nesse planeta porque a esperteza e os interesses os motivarão. É isso, Ogum do Tempo?

– É isso sim.

– Exu está ferrado mesmo, sabe?

– Não sei não, Exu! – exclamou Ogum do Tempo, cobrindo-se com seu manto azul-índigo por dentro e prateado por fora, cores estas herdadas do manto de Ogum e de Logunã, encerrando seu diálogo com ele.

Pombagira, deu uma gostosa e escrachada gargalhada e falou:

– Exu, não sei por que os outros Orixás aqui presentes ainda não perceberam que você, ao falar algo errado e arranjar uma penalização para si, arranjou mais essa pena que você determinou quando falou, sabe?

Lenda dos Mantos Sagrados 267

— Não sei não. Explique-se, Pombagira! — pediu Exu.
— Eu explico, Exu nada moribundo, mas todo cheio de problemas e ferradíssimo! — e ela deu uma gargalhada tão gostosa e tão escrachada que até ele ficou incomodado. Então perguntou:
— Exu cheio de problemas e ferradíssimo? Foi isso que você falou, Pombagira?
Ela, só após conseguir parar de gargalhar é que respondeu:
— Foi sim, Exu. O que você disse que seria quando não seria, agora é... para você! Essa é a penalidade que você determinou para si mesmos, pois devia lembrar-se de que o que um Orixá diz torna-se regra, princípio ou Lei na criação, sabe?
— Já estou sabendo... todos os problemas gerados por esses seres que passarão a viver nesse planeta, eles atribuirão a mim. É isso, Pombagira? Essa é a minha penalização?
— Foi o que eu disse, Exu!
— Então não terei um só instante de paz!
— Por que você não provoca Orunmilá outra vez para ele golpeá-lo com sua espada multiplicadora? Talvez, se ele multiplicá-lo bastante, então você dará conta de todos os problemas que atribuirão a você! E Pombagira gargalhou tanto, mas tanto e de forma tão gostosa e escrachada que até os outros Orixás ali presentes, cada um ao seu modo, sorriu. Então Exu exclamou:
— Essa não, meu pai e meu Divino Criador Olorum! O vazio de minha mãe divina vai ser todo ocupado por seres problemáticos que tornarão os domínios de Exu no Vazio um problema!
— Mais essa sim Exu! — falou ela, voltando a gargalhar, para a seguir concluir sua fala com outra pergunta:
— Eu não acabei de falar que você fala penalizando-se, Exu?
— Falou sim, Pombagira. O que eu arranjei para mim ao fazer essa observação?
— Você acabou de determinar o local para onde serão enviados os seres problemáticos: irão habitar o Vazio infinito de sua amada mãe divina.
— Eu me ferrei outra vez!!!
— Por que tanta preocupação com o que você acabou de determinar para os seres problemáticos que serão deslocados para este planeta?
— É que minha amada mãe do Vazio não gosta de ser incomodada... ainda mais por causa de problemas criados pelos seres aqui na morada exterior, sabe?
— Já estou sabendo que você precisará de toda a eternidade para convencê-la de que o que você arranjou para si e para ela, é um problema, no entanto não é insolúvel, sabe?
— Esse problema que acabei de arranjar para ela e para mim tem solução, Pombagira?

— Foi o que eu disse, Exu. – falou ela, dando uma gargalhada e cobrindo-se com seu manto vermelho vivo, desaparecendo da frente dele.
— Ogum, – clamou Exu – Pombagira não pode fazer isso com um moribundo, sabe?
— Não sei não, Exu. Até porque, se entendi bem, a penalidade que você arranjou para si é viver de agora em diante em cima de um portal de acesso à realidade do vácuo, sabe?
— Já estou sabendo, Ogum.
— Então deixe de dramatizar e trate de levantar e vigiar seus campos de ação e as realidades que lhe restaram, pois você não está nem um pouco moribundo, certo?
— Se Ogum disse isso, então não só não estou moribundo, como tudo está certo! – falou ele, levantando-se e absorvendo em si toda aquela escuridão que havia gerado quando se desequilibrara. Então, ele se dirigiu a Oxalá e pediu-lhe perdão por ter criado tanta confusão. Este respondeu:
— Não há nada que ser perdoado, Exu!! Se você não tivesse iniciado isso a que chama de confusão, agora não teríamos conosco, aqui na morada exterior do nosso Divino Criador e nosso pai Olorum, Ogum do Tempo, sabe?
— Sei sim, Babá! Ogum do Tempo parece ser um Orixá legal, não?
— Exu!!! – exclamou Oxalá.
— O que foi que eu disse, Babá? – perguntou ele, assustado com a reação de Oxalá às suas palavras.
— Você duvidou da legalidade de Ogum do Tempo?
— Como assim? Do que o senhor está falando, Babá?
— Você falou que Ogum do Tempo parece ser legal. Como não tem certeza, pois o que parece pode não ser, então você está colocando em dúvida a legitimidade de Ogum do Tempo, confirmada por mim, Exu?
— Não é nada disso, Babá! – exclamou Exu.
— O que é então?
— O senhor não tem acompanhado a evolução da linguagem, acontecida no lado material desse planeta?
— Não só não tenho, como, para nós Orixás, as palavras têm um sentido muito claro, sabe?
— Já fiquei sabendo, Babá. Mas quero que o senhor saiba que recorri a um neologismo terreno ao dizer que Ogum do Tempo parece ser legal.
— Explique-se, Exu! – determinou-lhe Oxalá.
— Bom, é que, por eu estar em contato permanente com os encarnados, adotei a palavra legal pronunciada o tempo todo por alguns deles como sinônimo de bom, amistoso, conselheiro, compreensivo, sabe?
— Ainda assim, o sentido foi mantido, pois Ogum do Tempo é realmente bom, amistoso, aconselhador, compreensivo. Logo, Ogum do Tempo é legal realmente!
— Se ambos concordamos que ele é legal, então qual é o problema que criei agora?

– Você não disse que Ogum do Tempo é legal, mas sim, que parece ser legal, sabe?
– Sei sim, Babá. Mas isso, para Exu não é problema de jeito nenhum, sabe?
– Não sei não. Explique-se!
– É por causa da ciência criada por mim que, apesar de não ser exata, é muito humana, sabe?
– Não sei não. Continue a explicar-se – ordenou-lhe Oxalá.
– Bom, é que na ciência criada por Exu, a Achologia, tudo que parece é. Mas nem tudo que é parece ser, sabe?
– Onde você quer chegar, se sua ciência inexata mas muito humana nega, o que afirma?
– Não nega não, Babá.
– Como não?
– Bom, Exu do Tempo parece ser legal. Logo, ele é legal. Já eu, que sou Exu, sou legal mas não pareço ser, sabe?
– Sei sim, Exu. Como sei que você é legal, mas em certos momentos parece ser ilegal.
– Foi o que eu disse, Babá. Logo, não criei problema algum, não é mesmo?
– Não criou não. Mas você parece um criador de problemas, sabe?
– Essa não, Babá!!!
– Por que tanto espanto, Exu?
– Pela minha ciência, a Achologia, parecer é ser. Logo, o senhor acabou de afirmar que Exu é um criador de problemas, sabe?
– Não sei não. Pela sua ciência tudo o que parece, é. Mas pela minha, nem tudo o que parece é. Logo, o que afirmei é que você só parece ser um problema. Mas, talvez seja ou não, sabe?
– Agora estou sabendo que talvez eu seja um problema e, na minha ciência, tudo que talvez seja, é.
– Ser ou não ser é problema seu e da sua ciência, Exu! – exclamou Oxalá, encerrando o diálogo com Exu antes que ele replicasse. Discutir com Exu é algo interminável, sabem?
– De fato, é um exercício de paciência! Mas Exu é o único Orixá com quem podemos conversar por todo o tempo, que não nos cansamos nunca, Babá!
– Isso, porque Exu fala vitalizando e vitaliza falando, Ogum.
– O mistério da vitalidade de Exu está na sua boca ou nas palavras emitidas por ele, Babá?
– Isso sim é um mistério, Ogum!
– O senhor não conseguiu desvendá-lo?
– Para conseguir tal coisa, só se Exu parasse de falar e fechasse suas bocas, sabe?

— Não sei não. Explique as "bocas" de Exu, Babá! — exclamou Ogum, admirado com o fato de Exu ter mais de uma boca.

— Bom, Exu não para de falar um só instante. E isso porque ele possui uma boca para cada um dos seus interlocutores.

— Como é que é?!! — exclamou Ogum, mais admirado ainda com o que ouvia de Oxalá.

— Você não sabia disso, Ogum?

— Eu não, Babá. O que sei é que um Orixá só fala por uma boca e a usa tanto para falar a todos como a um só ser. Essa sua revelação sobre o mistério da boca de Exu é surpreendente, Babá.

— Eu também fiquei surpreso quando descobri esse mistério de Exu. Saiba que, quando ele não está falando nada quando está com alguém, ainda assim ele está falando com seres localizados em outras realidades, tal como se estivesse frente a frente com eles.

— Essa não! Se isso for verdade...

— Ogum, explique-se, pois duvidou de uma afirmação minha! — exigiu Oxalá, irritado com o fato de Ogum ter questionado sua revelação. Ogum consertou tudo no mesmo instante.

— Perdão, Babá. Perdoe-me, pois estou estupefato com sua revelação, sabe?

— Não sei não. Explique muito bem o porquê dessa minha revelação ter deixado Ogum estupefato!

— Eu explico, Babá! — concordou Ogum, que disse: — Ogum tem livrado Exu de uma série de penalizações, pois sempre que o inquiro sobre certas "coisas" atribuídas a ele, ele alega que eu sou testemunha de que no momento exato em que tais "coisas" aconteceram, ele estava conversando comigo. Essa é a razão de Ogum estar estupefato com sua revelação, Babá!

— Explicação aceita e reconhecida como positiva, pois creio que todos os outros Orixás também estão estupefatos com ela, não? — perguntou Oxalá.

Todos os Orixás recolheram seus mantos e tornaram-se visíveis, respondendo a Oxalá que não só estavam estupefatos, como agora sabiam o porquê de Exu safar-se de cobranças por certas "coisas" que vinha fazendo dentro dos domínios deles.

Até Pombagira, que vivia rindo à toa fechou o cenho naquele instante único da criação quando o verdadeiro responsável por "certas coisas" erradas ou desagradáveis aos olhos deles havia sido descoberto.

Exu, vendo o cenho fechado de todos os Orixás e, inclusive, já prontos para executá-lo sumariamente, clamou a Oxalá.

— Babá, como o senhor revelou o maior dos mistérios de Exu, faça algo para livrar-me da encrenca que criou para mim, sabe?

— Não sei não, Exu. A revelação da existência de um mistério não cria problemas para o seu portador natural. Portanto, Oxalá não criou encrenca alguma, sabe?

— Já estou sabendo que talvez eu tenha criado essa encrenca, não?

— Como você condiciona um "talvez" ao que é certo? Se o mistério é seu, com absoluta certeza foi você quem criou essa reatividade geral contra si pelo uso indevido de um dos seus mistérios. Explique esse "talvez", Exu! – exclamou Oxalá, irado.
— Perdoe-me, Babá! É a minha ciência, a Achologia, sabe?
— Não sei não. Explique-se, Exu!
— Bom, na minha ciência, a Achologia, tudo o que talvez seja, provavelmente é, sabe?
— Esse seu "provavelmente", na sua ciência inexata, a Achologia, significa certamente?
— Foi o que eu disse, Babá!
— Então, metaforicamente falando, acho que Oxum o desintegrará, que Oxumaré o diluirá, que Ogum o cortará todo, que...
— Espere aí, Babá! O senhor adotou a minha ciência inexata?
— Só metaforicamente, sabe?
— Isso é pior ainda, Babá!
— Por que, Exu?
— Oras, metaforicamente, na Achologia é uma questão líquida e certa, sabe?
— Já estou sabendo... e vou cobrir-me com meu manto só para não ver uma metáfora tornar-se líquida e certa em sua vida.
— Espere aí, Babá! Quem começou toda essa reatividade foi o senhor. Não acho justo agora o senhor se recolher e deixar-me descoberto e entregue à reatividade dos outros Orixás.
— Exu, você sabe que toda reatividade só tem uma forma de ser anulada, certo?
— É, isso eu sei, Babá. Mas aí, eu já não seria dono do meu mistério.
— Mas continuaria dono do seu destino, não?
— De que me valerá ter um destino, se terei perdido o meu maior mistério, que é o de ter uma boca para falar com cada ser vivente na morada exterior do nosso pai e criador Olodumarê?
— É melhor ter um destino próprio e compartilhar seu mistério que mantê-lo e passar a viver o destino dos outros Orixás, Exu.
— O senhor, metaforicamente falando, acha isso melhor, Babá?
— Metaforicamente, não só acho como tenho certeza, sabe?
— Já estou sabendo... vou ser espoliado de uma forma ou de outra, certo?
— Certíssimo, Exu. Até a vista, Orixá das mil bocas!
— Que mil bocas, Babá? Se acontecer o que pressinto, daqui a pouco Exu não dirá mais nada por si e só estará repetindo o que os outros Orixás estiverem falando por minhas bocas, sabe?
— Foi o que eu disse, Exu!
— Babá, eu o nomeio meu procurador junto aos outros Orixás para preservar o meu destino e compartilhar com eles o meu mistério, sabe?

— Já estou sabendo... que você acabou de envolver-me na sua encrenca com o uso indevido de suas mil bocas. Por que você fez isso?
— Bom, o senhor é o único Orixá que não cerrou o cenho e ainda o manteve descontraído e alegre. Por que, Babá?
— Bom, é porque estou dentro do seu mistério das mil bocas, sabe?
— Não sei não!!! — exclamou Exu admirado e estarrecido ao mesmo tempo. — Como é que o senhor participa do meu mistério?
— Bom, você se lembra de quando ainda morávamos na morada interior do nosso pai Olorum?
— Como não lembrar-me?
— Bom, então você se lembra daquela vez que fomos visitar as Senhoras de Mistério que vivem no outro lado Dele, não?
— Isso é inesquecível, Babá.
— Foi lá que nos tornamos senhores ou guardiões de mistérios não existentes nesse lado Dele, não?
— Foi sim. Disso nunca me esqueço, Babá.
— Só que você, afoito em se apropriar do maior número de mistérios não existentes desse lado da criação, foi logo se assenhoreando do mistério das mil bocas, certo?
— Bom, eu sou sempre o primeiro a chegar em qualquer lugar. É a minha natureza!
— Mas também é o primeiro a sair, não?
— Também é a minha natureza, Babá.
— Pois é, Exu! Quando eu cheguei diante da Senhora das Mil bocas, você havia se apossado do mistério dela, que são as mil bocas. Então pensei, pensei e pensei e cheguei à conclusão de que você só havia possuído as bocas dela. Mas as partes que as formam, você, muito apressado, não havia possuído.
— Essa não, Babá!
— Essa sim, Exu!
— Então só sou dono das bocas... e nada mais.
— Pois é. Eu possuí o mistério das mil línguas, sabe?
— Já estou sabendo... que minhas bocas podem falar, falar e falar... mas só estarão falando porque elas usam suas mil línguas diferentes, certo?
— Foi o que eu disse, Exu.
— O que mais o senhor possuiu da senhora das mil bocas, Babá?
— Só o mistério das mil línguas, Exu.
— Uma boca sem língua é muda, certo?
— Isso é certo.
— Mas, uma boca, mesmo com uma língua, se não tiver lábios...
— Oxum possui o mistério dos mil lábios.
— Uma boca sem dentes...
— Omolu possuiu o mistério dos mil dentes.

– Essa, não! As minhas mil bocas não são só minhas!
– Foi o que eu acabei de dizer, Exu.
– Então é por isso que os lábios de Oxum tanto se abrem como se contraem e nunca se deformam?
– Claro, o mistério foi possuído por ela, e é todo dela, sabe?
– Agora estamos sabendo, Babá! – exclamaram vários Orixás femininos ao mesmo tempo. – E, é por causa disso que Oxum exibe os seus lábios, carnudos, bem delineados e sempre perfeitos e muito atraentes, não?
– Foi isso o que eu acabei de dizer! – exclamou Oxalá, sorrindo e deixando ver por trás dos seus lábios perfeitos, dentes também perfeitos.

Oxum cobriu-se parcialmente com seu manto, pois todos os olhares convergiam para os seus atraentes e carnudos lábios.

Os cenhos franzidos e os olhares inquiridores centrados antes em Exu, agora estavam centrados nela e em Omolu, que cobrira sua cabeça com seu manto roxo por fora e branco por dentro.

– Bom... Omolu concedeu-me a guarda do mistério dos mil dentes, possuído por ele, sabem? – tentou justificar-se Oxum.
– Agora estamos sabendo! – responderam todos os outros Orixás femininos ali presentes que, a bem da verdade, estavam todas elas, mesmo as que ainda não foram reveladas. E uma delas, Iansã, para ser exato, perguntou-lhe mordaz:
– Oxum, por acaso, os belos lábios e os dentes alvíssimos e perfeitos dos Orixás masculinos tem algo a ver com a sua posse do mistério dos mil lábios e com a sua guarda do mistério dos mil dentes?
– Bom... eu tenho recorrido a eles para tornar mais atraente a boca deles, sabem?
– Já estamos sabendo o que você anda fazendo com o seu mistério dos lábios e com o mistério dos dentes de Omolu!

Quem fez essa afirmação foi uma senhora Orixá, cujo nome jamais foi revelado, mas que está presente na vida dos seres, pois é a Senhora regente do mistério dos cabelos e dos pelos que, irada, ativou o seu mistério e fez surgir, como que por encanto, pelos, ou melhor, "barba" ao redor dos lábios de todo mundo. E ela concluiu:
– Oxum, de agora em diante tanto faz terem lábios feios ou bonitos, pois os pelos os cobrirão e o que verão serão meus pelos e não os seus lábios.
– Essa não! – exclamou Ogum, passando a mão sobre os seus lábios e sentindo-os cercados por uma barba cerradíssima.

Onde havia lábios moldados por Oxum, em volta deles nasceram pelos ou barbas, como queiram. E encobriam tanto os lábios quanto os dentes, ambos perfeitos e moldados segundo a vontade dela, a possuidora do mistério dos mil lábios e guardiã do mistério dos mil dentes possuído por Omolu.

Todos os Orixás masculinos voltaram seus olhos para aquela Orixá, cujo nome não foi revelado até hoje, inquirindo-a sobre sua reação intempestiva. Ela se limitou a dizer:

– Quem quiser atrair a atenção dos outros com seus lábios, que de agora em diante trate de aparar os pelos em volta deles, senão não conseguirão!

– Não tem como reverter essa sua reação intempestiva, irmã Orixá Senhora do mistério dos pelos e cabelos? – perguntou-lhe Oxalá.

– Isso já é uma Lei na criação, Babá! Só falta o senhor reconhecê-la.

– Só a reconhecerei se você graduar essa sua reatividade, pois não valido nada feito de forma intempestiva, sabe?

– Sei sim. O que sugere para que minha reatividade seja abrandada?

– Bom, creio que se Oxum conceder a todas as Orixás a posse do seu mistério dos mil lábios abrandará sua reatividade, não?

– Abrandará sim... e fará com que os pelos ou cabelos ao redor dos lábios só cresçam até certo ponto, não os ocultando totalmente.

– Melhor assim, irmã Senhora do mistério dos pelos e cabelos! – exclamou Oxalá, vendo sua barba que já chegava aos seus pés regredir de tamanho e apenas cobrir parte de suas faces e lábios.

Os pelos que cobriam os olhos regrediram e transformaram-se em sobrancelhas e cílios.

Oxum, ali mesmo, concedeu a posse do seu mistério dos mil lábios a todos os Orixás femininos e Omolu concedeu a guarda do mistério dos mil dentes a elas, que, felizes, foram logo remodelando seus dentes e lábios, já desgastados pelo tempo.

Mas, como já era Lei na morada exterior, certos lábios, assim que foram adotados por suas donas, logo começaram a ser recobertos por pelos ou cabelos, digo barbas, ah! Sei lá!

Mas, por uma razão desconhecida, nos Orixás femininos, os lábios ao redor da boca só foram recobertos com uma camada finíssima e curtíssima de pelos que mal dava para perceber que existiam. E, graças a esse abrandamento da reatividade do Orixá Senhora do mistério dos pelos e cabelos, hoje as mulheres não precisam ficar aparando a barba o tempo todo como fazem os homens, quase que diariamente, senão seus lábios e dentes ficariam encobertos e não seriam vistos por ninguém.

Ogum consertou tudo, ordenando ao seu filho Ogum do Tempo que criasse uma ferramenta apropriada para aparar as barbas ou pelos e logo tudo foi solucionado, para satisfação de todos.

Mas, e sempre tem um mas, Orunmilá, falou:

– Exu, eu só preciso de você para emitir os meus oráculos, porque só por meio do seu mistério, que é o das mil bocas, as palavras são emitidas, pois desse mistério eu possuí o dom da palavra.

– Essa não, Orunmilá! Então a boca é minha, mas as palavras são suas?

— Foi o que eu disse, Exu. Assim, caso você feche suas mil bocas para que eu não revele nada, eu também possuo o mistério das palavras e mesmo que você abra todas elas de uma só vez, nada poderá dizer e ficará aí, de boca aberta, sabe?
— Já estou sabendo, Orunmilá. Puxa! Que encrenca!
— E isso não é tudo, sabe?
— Ainda não sei não, Orunmilá. O que mais eu devo saber?
— Bom, Iansã possuiu o mistério das mil cordas vocais e Ogum possuiu o mistério das mil gargantas.
— Puxa, puxa e puxa, Orunmilá!!!
— É isso, Exu! Como você sabe, uma boca sem lábios, língua, dentes, garganta e cordas vocais é só...
— Não continue, Orunmilá! Nem quero saber o que seria de uma boca sem essas coisas, que já descobri que não me pertencem.
— Além dessas, há outras que formam o suporte a uma boca, sabe?
— Sei sim.
— Então, tem o palato, a campânula, a saliva...
— Chega, Orunmilá! Em troca da suspensão das penalidades ainda não emitidas, já concedi a posse do meu maior mistério a quem quiser possuí-lo.
— Por que você se antecipou na concessão da posse do seu mistério?
— Bom, é melhor conceder a todos a posse de algo que pertence a todos, do que ser penalizado rigorosamente pelo uso de algo que só nos pertence parcialmente. Além do mais, continuo senhor do mistério das mil bocas e, de agora em diante, todos os Orixás falarão pela boca de Exu, sabe?
— Já estou sabendo... que você perdeu ganhando e todos nós ganhamos perdendo, pois tudo o que falarmos pela sua boca você ficará sabendo, certo?
— Foi o que eu disse, Orunmilá. Exu só perde ganhando e só ganha se perder.
— Você não sabe quem, no mistério maior das mil cabeças, possuiu o mistério das mil orelhas, Exu?
— Não sei não. Quem foi, Orunmilá?
— Você não notou que Obá vive o tempo todo com a mão tapando o ouvido esquerdo?
— O que tem isso? Até onde eu sei, é para ela não ouvir as minhas reclamações por causa de uma infidelidade dela quanto ao mistério do vazio, não?
— Isso é verdade. Mas foi ela quem possuiu o mistério das mil orelhas e, como você só ouve pelo ouvido esquerdo, basta ela tapar o dela que você deixa de ouvir tudo o que é falado.
— Então é por isso que ultimamente não ouço nada interessante?
— Foi o que eu disse, Exu!

– Essa não! Como vou continuar a ser o mais bem informado dos Orixás, se não ouvir ao mesmo tempo tudo o que é dito por todas as bocas?

– Creio que você se precipitou ao conceder a todos a posse do seu mistério das mil bocas sem outra exigência que a suspensão das penalizações ainda não pronunciadas por mim! – exclamou Ogum.

– Ogum, eu me ferrei! Agora, como curar-se dessa surdez precoce e crônica, pois Obá não tira a mão de cima da sua orelha esquerda?

– Esse sim, é um problema de difícil solução, sabe?

– Não sei não. Explique-se, Ogum!

– Exu quer que Ogum explique que foi por causa das suas mil bocas que Obá tapou o ouvido esquerdo dela só para não o ouvir chamá-la de traidora?

– Só porque achei um ato de traição ela revelar para os anjos alguns mistérios do vazio, ela me priva de saber de tudo e de todos?

– Já que Exu é um negociante nato, digo, um negociador, por que você não negocia com Obá um acordo quanto à orelha esquerda dela e assim tudo ficará bem entre vocês?

– Como negociar algo, se ela não me ouve e eu não a ouço?

– Quando eu descobrir como, eu o aviso, está bem?

– Se, para Ogum está bem me avisar quando descobrir algo, então para mim também está bem, sabe?

– Não sei não, Exu. Eu não disse que o avisaria quando eu descobrisse algo, e sim eu disse que faria isso quando descobrisse como você poderia negociar com Obá um acordo para ela tirar a mão do ouvido esquerdo para que você volte a ouvir tudo e todos ao mesmo tempo, certo, Exu? – falou Ogum, irritado com a inversão do que havia dito.

– Não se irrite com Exu, Ogum! – exclamou ele, que emendou: – Você sabe que ainda que eu fale ao meu modo, ainda estou dizendo a mesma coisa!

– Não está não. Ogum fala de forma reta, direta e objetiva, enquanto Exu fala de forma torta, imprecisa e confusa.

– Não, não e não, Ogum! – exclamou Exu, dando início a mais uma acalorada discussão com Ogum, seu irmão meio gêmeo ou seu meio irmão gêmeo, ou algo assim, certo?

Os outros Orixás ali reunidos cobriram-se com seus mantos, pois não queriam participar dela, deixando-os a sós.

# As Mesas dos Cajados e dos Condões

Todos os Orixás, nas duas alamedas, pararam diante de mesas muito parecidas. Mas sobre a mesa da alameda masculina havia muitos cajados, com nenhum exatamente igual ao outro. Já na mesa da alameda feminina, havia uma mesa cheia de varinhas de condãos. E nenhuma era exatamente igual a outra.

Havia cajados e varinhas de condão de cristais, de ouro, de prata, de cobre, de madeiras, etc.

Havia cajados e varinhas de condão retos, levemente curvos, serpentíneos, cheios de nó, etc.

Havia cajados e varinhas de condão com uma só ponta, com duas, com três, etc.

Havia cajados e varinhas de condão com pedras, com pontas, com símbolos nas pontas, com fios trançados enrolados neles, com fitas amarradas, etc.

Havia cajados e condões longos e outros curtos, mais parecidos com as nossas bengalas.

Quando todos os Orixás apanharam seus cajados ou condões, Olorum falou-lhes:

— Meus filhos e minhas filhas, os seus cajados e condões simbolizam os eixos sustentadores da criação exterior, e eles tanto penetram em todas as realidades e fazem dentro delas o que terá de ser feito, como retiram delas ou enviam-lhes o que tem de ser retirado, enviado ou devolvido. Eles tanto irradiam, quanto absorvem; tanto pelos pés quanto pelas pontas. Tanto abrem passagens como as fecham. Tanto sustentam uma realidade como podem abalá-la toda. Tanto irradiam todos os tipos de vibrações como as absorvem e devolvem-nas às suas realidades originais. Tanto concentram quanto dissipam. Tanto sustentam algo como podem desmoroná-lo. Eles, em nossa mão direita atuarão de forma passiva. E em nossa mão esquerda atuarão de forma ativa. Mas, segurados com as duas mãos, atuarão de forma passiva na parte segurada com a mão direita, e atuarão de forma ativa na parte segurada com a mão esquerda. Eles, segurados na posição vertical, atuarão nos eixos verticais, e colocados na posição horizontal atuarão nos eixos horizontais. Um cajado é um eixo ou uma coluna sustentadora de algo, de alguém ou de uma realidade.

Olorum falou tudo o que precisavam saber sobre os cajados. E, quando terminou, ordenou que fossem até a mesa seguinte, onde estavam empilhadas espadas, espadas e mais espadas.

Uma observação: o cajado de Oxalá é o que traz em si o mistério com os mistérios de todos os cajados e a varinha de condão de uma mãe Orixá não revelada traz o mistério com os mistérios de todas as varinhas de condão.

# As Mesas das Espadas

A seguir, nas duas alamedas, havia duas mesas com espadas sobre elas.

Na mesa da alameda masculina estavam depositadas espadas masculinas, e na mesa da alameda feminina estavam depositadas espadas femininas.

Após estenderem as mãos e absorverem por elas espadas e mais espadas, restaram sobre elas exatamente uma para cada um, que pegaram segundo a atração que exerciam sobre eles.

Olorum então falou-lhes sobre os poderes e mistérios de suas espadas. E, como Ogum havia pousado suas mãos sobre o cabo da sua mas, não havia a recolhido e a colocado em sua cintura, Olorum perguntou:

– Meu amado filho Ogum, por que você reluta em recolher sua espada aplicadora das minhas leis na minha morada exterior?

– Meu pai, por que confiou a mim tão ingrata função na sua morada exterior?

– Não é uma função ingrata, meu amado filho Ogum!

– Meu pai, quando pousei minhas mãos sobre o cabo dela, eu vi sua lâmina cobrir-se de sangue, ouvi blasfêmia, choque de lâminas, urros de dor, choros e lamentos de seres feridos...

– Meu filho, isso aconteceu porque você pousou primeiro sua mão esquerda sobre ela. Retire-as e pouse primeiro a sua mão direita, que outras coisas ouvirá e verá, está bem?

– Está sim, meu pai – falou Ogum com a voz embargada, quase aos prantos de tantos horrores que havia visto e ouvido quando pousara suas mãos sobre ela.

Então, ele segurou o cabo dela com a mão direita e viu ela irradiar todas as cores, luzes, energias e vibrações que chegaram a ofuscar seus olhos, assim como ouviu incontáveis preces de socorro, de amparo, de gratidão, e ouviu saudações e reverências.

Vendo e ouvindo tudo aquilo, Ogum acalmou-se um pouco e animou-se a tornar a segurá-la também com a mão esquerda, e voltou a ouvir e ver o horror. Olorum então ordenou-lhe:

— Ogum, recolha dessa mesa a sua espada guardiã dos mistérios da minha morada exterior, meu filho amado!

Ogum levantou aquela espada da Lei na morada exterior de Olorum e pendurou-a na cintura. Então, ajoelhou-se e emitiu um rouco clamor a Olorum:

— Meu amado e venerado pai, perdoa-me por eu ter de fazer o que o senhor ordenou e confiou-me!

— Eu o perdoo, mesmo que você ainda não tenha feito nada do que eu ordenei e confiei-lhe, meu amado filho Ogum!

E todos os Orixás aí presentes, vendo o sofrimento de Ogum por ter de fazer o que Olorum havia ordenado e confiado, aclamaram-no com essa saudação:

— Salve Ogum, o único Orixá que já foi perdoado por Olorum antecipadamente porque terá de fazer o que só Ogum poderá fazer!

E um a um, todos os Orixás masculinos e femininos ali presentes vieram até onde Ogum estava ajoelhado e saudaram-no e abraçaram-no comovidos com o seu sofrimento por ter de fazer o que Olorum havia ordenado e confiado-lhe para que fizesse em sua morada exterior.

Cada um deles também lhe prometeu algo que o auxiliaria em sua árdua função divina na morada exterior de Olorum. Xangô falou-lhe:

— Meu irmão Ogum, quando o peso amargo de sua função estiver turvando os seus sentidos, eu o ajudarei a realizá-la, está bem assim?

Oxum falou-lhe:

— Meu irmão Ogum, quando o desespero e a aflição de sua árdua função estiverem subjugando-o, venha até onde eu estiver, que o envolverei no meu amor divino e os aplacarei em seu íntimo, meu irmão amado.

Iemanjá falou-lhe:

— Meu irmão Ogum, quando o rigor de sua função estiver tornando-o áspero e insensível, venha até mim e repouse sua cabeça em meu peito que o inundarei com todo o meu amor materno e purificarei seu ser imortal na minha água viva da vida, meu irmão amado!

Oxalá falou-lhe:

— Ogum, meu irmão amado, quando você sentir que está fraquejando diante de sua árdua função, venha até mim que a minha paz pacificará o seu íntimo e minha força interior o fortalecerá!

E um a um, todos prometeram auxiliá-lo na sua árdua função na morada exterior do Divino Criador Olorum.

E, porque ali tudo isso aconteceu com Ogum ajoelhado diante de Olorum, até hoje, quando Ogum ajoelha-se, todos os Orixás também ajoelham-se e só voltam a se levantar quando Ogum se levanta e vai realizar alguma ação que muito o incomoda.

Para que entendam como é árdua e difícil a função de Ogum na criação, mais adiante vamos relatar a lenda de Ogum Megê Sete Espadas, o filho gerado por ele na concha da vida sétupla de Iemanjá.

# Lenda de Ogum Quando Ele Foi à Guerra

Conta essa lenda que a concretização da morada exterior estava avançada, quando começaram a surgir problemas de convivência em algumas realidades mescladas regidas pelos Sagrados Orixás, que as criaram para abrigar espécies opostas-complementares.

Ora, Ogum era chamado por alguma mãe porque as suas realidades puras ocupadas por suas filhas, também puras, eram invadidas por meio de alguma região vulnerabilizada. Essas invasões por seres machos de outras realidades todas mescladas, causavam constrangimentos e profundas revoltas nelas.

Ogum deslocava-se o tempo todo e, reconduzindo seres rebelados de volta às suas realidades, não sem que antes danos irreparáveis já tivessem sido causados às realidades puras regidas pelas mães Orixás, pois suas filhas, puras e imaculadas, eram possuídas e violadas à força e com brutalidade por esses seres mesclados possuídos por inúmeros desejos, tais como: conquistar reinos, possuir fêmeas puras, dar vazão às suas sexualidades incontroláveis, etc.

Ogum desdobrava-se e, ainda assim, não tinha um só instante de sossego ou descanso, de tantas que eram as solicitações para que impusesse a ordem ao caos criado por essas invasões das realidades puras por seres mesclados.

E as invasões e desrespeito às suas ordens tornaram-se tão rotineiras, que uma ira incontrolável começou a ser gerada no íntimo de Ogum.

E quando essa ira tornou-se incontida e incontrolável por Ogum, o Orixá gerador do fator controlador, ele sacou sua espada divina e sagrada, virou seu manto bicolor e a sua cor predileta, o azul-marinho, ficou para o lado de dentro e o seu manto de cor vermelha sangue (quase vinho) ficou exposto. E Ogum ajoelhou-se e emitiu esse clamor:

– Olorum, meu pai, perdoa-me, porque vou ter de fazer o que só eu posso e devo fazer para que a ordem volte a imperar na sua morada exterior! Perdoa-me antecipadamente, meu pai!

O Tempo fechou-se e Logunã cobriu-se com seu manto azul-escuro, quase preto.

O ar tornou-se agitado e ciclones gigantescos começavam a se formar em todos os quadrantes da morada exterior de Olorum, pois Iansã virou seu manto e sua cor predileta, que é a amarela, ficou por dentro e a sua cor mais temida, que é o cinza, ficou por fora.

As cores começaram a agitar-se, e Oxumaré, para não piorar o caos que estava começando a se formar na morada exterior, virou seu manto multicolorido e deixou à mostra o lado opaco dele.

Oxum começou a chorar por ver seu amado e controladíssimo irmão Ogum irado. E seu pranto fez as águas dos rios subirem e transbordarem, criando o caos em vastas regiões ribeirinhas.

Iemanjá agitou-se toda e recolheu-se nas profundezas dos oceanos, levando consigo todas as suas filhas naturais puras e imaculadas, deixando para trás todas as que já não o eram, temendo a ira de Ogum. E Iemanjá emitiu uma determinação incompreendida naquele momento pelos outros pais e mães Orixás, mas que preservou-as da ira dele. A sentença emitida por ela foi essa:

— Olorum, meu pai, que todas as minhas filhas impuras e maculadas sejam dadas pelo Senhor a Ogum, meu pai! De agora em diante todas pertencerão a Ogum, e ele zelará por elas até que eu mude essa minha determinação (determinação que Iemanjá jamais mudou e, após a grande batalha travada por Ogum, todas as outras mães Orixás aderiram e também jamais a mudaram).

O fato é que quando Ogum ajoelhou-se e clamou pelo perdão antecipado de Olorum pelo que ia fazer, porque certas coisas só Ogum pode e deve fazer, todos os pais e mães Orixás também ajoelharam-se, viraram seus mantos, que eram realidades em si e todos clamaram também pelo perdão antecipado a Ogum, pois Ogum iria fazer o que só ele podia e devia fazer.

E, fora das realidades puras, o caos mostrou-se em todo o seu horror, terror e pavor. E Ogum partiu para a guerra... acompanhado pelo, até então seu único filho, que era Ogum do Tempo.

Mas dessa ação também participou Oxaguiã, meio-irmão de Ogum do Tempo e companheiros inseparáveis nas funções mais difíceis.

Ogum ia à guerra acompanhado por seu filho com Logunã e pelo filho dela com Oxalá.

Ogum ia acompanhado pelos dois únicos Orixás gerados até então no Meio, que é onde ficam os domínios do Tempo.

E todas as outras mães Orixás lamentaram-se por não terem gerado na morada exterior filhos Orixás com Ogum, que agora iriam para a guerra com ele, auxiliando-o na grande batalha que se avizinhava e mostrava-se medonha, pois a ira de Ogum era tanta que o caos em sua volta incandescia-se e explodia, gerando medo e pavor em todos os que estavam próximo dele.

Ele iniciou sua marcha de guerra e foi acompanhado por dois auxiliares resolutos: Ogum do Tempo e Oxaguiã, ambos gerados na concha da vida de Logunã, Senhora do Tempo na morada exterior do Divino Criador Olorum.

Isso sinalizou na morada exterior que uma guerra só será vencida por quem possuir o Tempo como aliado e a favor.

E o Tempo marchava célere à direita e à esquerda de Ogum.

Oxaguiã, por ser mais velho que Ogum do Tempo, assentou-se à esquerda de Ogum, deixando a direita para o seu meio-irmão, mais novo.

E Ogum começou a adentrar em realidades e mais realidades mescladas dominadas pela desordem e pelo caos comportamental e deu início a uma guerra que, segundo alguns dos nossos mais bem informados e confiáveis informantes, outra igual jamais aconteceu.

A espada de Ogum mostrou-se única e imbatível, derrotando adversários da Lei e da ordem, também possuidores de espadas formidáveis, pois Olorum nunca deixou de criá-las e depositá-las na mesa das espadas, já que Ele também nunca deixou de gerar novas realidades e seus habitantes.

Mas a espada de Ogum traz em si o próprio mistério da Espada da Lei e os sangrentos combates se sucediam.

E quando Ogum, acompanhado por Ogum do Tempo e por Oxaguiã saía de uma realidade, atrás deles ficava o horror da guerra: seres mergulhados na dor dos combates perdidos para adversários implacáveis e rigorosos na punição aos vencidos.

Como o Tempo havia virado o seu manto, enquanto durou a primeira guerra travada por Ogum o tempo não contou e ninguém pode dizer quanto tempo ela durou. Mas, que durou muito tempo, disso ninguém tem dúvida pois, fora as realidades puras, todas as outras foram combatidas por ele e colocadas sob as suas leis marciais e suas sentenças implacáveis e rigorosas, que se tornavam leis na morada exterior assim que eram emitidas por ele.

E, dali em diante, cada uma daquelas realidades passaram a ser regidas pelas sentenças de Ogum que, dentro delas, se autorrealizariam assim que fossem infringidas por quem quer que ultrapassasse os limites impostos por elas.

Seres poderosos, gerados por Olorum nas conchas originais da vida e exteriorizados após a saída dos Orixás, deram combate ferrenho e implacável a Ogum e aos seus dois auxiliares mas, após serem derrotados e punidos com rigor e implacabilidade, curvaram-se diante dele e entregaram-lhe suas armas, que foram recolhidas por seus auxiliares e substituídas por outras que não tinham o poder de cortar os mantos divinos das mães Orixás, cortes esses que abriam passagens para as realidades puras regidas por elas e que são celeiros divinos de seres puros e imaculados, não contaminados pelos vícios e desvirtuamentos de funções acontecidos nas muitas realidades exteriorizadas pelo Divino Criador Olorum.

Vidas e mais vidas iam sendo ceifadas pela ira de Ogum, que mostrou todo o esplendor e poder da Potência Divina, da qual ele é o portador e manifestador na morada exterior.

E as únicas filhas impuras e maculadas poupadas por Ogum naquela guerra do rigor contra a desordem foram as de Iemanjá, pois ele as poupou já que ela as havia confiado a ele. Quanto às filhas impuras e maculadas das outras mães Orixás, a todas puniu com rigor e implacabilidade, pois sua espada atingia a todas.

E as filhas e os filhos das divindades regentes das realidades mescladas sofreram punições tão rigorosas, que até hoje não ousam pronunciar o nome Ogum, só se referem a ele com todo o respeito possível, como "o Poderoso Senhor da Lei, da Ordem e da Guerra".

E quando Ogum e seus dois auxiliares tenazes chegaram aos confins da infinita morada exterior de Olorum e só viram o vazio absoluto, ainda não ocupado por novas realidades, ele olhou para seu filho Ogum do Tempo e para seu filho-sobrinho Oxaguiã e viu-os cobertos de sangue e de cortes profundos em seus corpos por causa das sangrentas batalhas que haviam travado ao lado dele para imporem a ordem e a Lei em todas as realidades mescladas existentes na morada exterior.

Ogum também estava coberto de sangue e de cortes e arfava em razão da ira divina que havia aflorado do seu íntimo.

Oxaguiã e Ogum do Tempo também arfavam profundamente porque haviam sido contagiados por ela, a ira divina!

E Ogum abraçou-os e apertou-os contra seu peito e os abençoou e, com eles apertados contra seu peito, clamou ao Divino Criador Olorum que transferisse para o seu corpo todo aquele sangue e cortes que cobriam os seus dois tão dedicados, leais e aguerridos filhos, pois Ogum já havia adotado Oxaguiã como seu filho adotivo.

E até hoje, Oxaguiã é o único Orixá masculino que pode dançar na frente de Ogum pois, na frente de Ogum, só podem dançar seus filhos e os Orixás femininos.

Os Orixás femininos só adquiriram esse direito porque Ogum, após retornar da guerra, recolheu-se à sua realidade e recusava-se a sair dela.

Então, uma a uma, as mães Orixás visitaram Ogum e, para alegrá-lo e fazê-lo esquecer um pouco dos horrores da guerra, cada uma delas dançou sua dança sagrada e criadora na frente dele; esse fato fazia e faz até hoje com que ele, sem afrouxar a sua eterna vigilância sobre todas as realidades existentes na morada exterior, alegre-se um pouco e até sorria discretamente quando assiste à dança sagrada de uma mãe Orixá.

Bem, o fato é que Ogum chamou para si todo sangue e todos os cortes existentes nos corpos do Ogum do Tempo e de Oxaguiã, purificando-os, livrando-os dos horrores de todas as guerras, que é o derramamento de sangue e ferimentos graves.

E ali, naquele momento único em toda a morada exterior, Ogum ajoelhou-se e mais uma vez clamou pelo perdão do Divino Criador Olorum.

E Ogum tanto clamou que até clamou pelo perdão divino aos, até a pouco, seres rebelados derrotados por ele e seus dois auxiliares divinos, Oxaguiã e Ogum do Tempo. Estes, ajoelhados um pouco atrás dele, também clamaram pelo perdão do Divino Criador Olorum.

E clamaram por eles e pelos vencidos, e ficariam ali, nos confins da criação, clamando pelo perdão divino, se um mensageiro de Olorum não tivesse surgido diante deles e tirado-os daquele estado, dizendo:

– Amados filhos do nosso divino pai Olorum, Ele já os perdoou por antecipação, pois sabia, sabe e sempre saberá que só Ogum tem a coragem e a disposição para fazer o que só Ogum pode e deve fazer.

– Levantem-se, cubram seus corpos divinos com esses mantos sagrados enviados a vocês pelo nosso divino pai Olorum!

Ogum abriu seus olhos lacrimejantes e estendeu os braços pegando o manto púrpura que Olorum lhe enviara e o apertou contra o peito, todo ferido nos ferozes combates travados com adversários formidáveis.

O manto envolveu Ogum e cobriu-o todo, absorvendo todo o sangue e todos os cortes profundos que cobriam seu corpo divino.

E Oxaguiã estendeu seus braços e recolheu o manto de cor amarela-canário, enviado por Olorum para que ele cobrisse seu corpo, todo cheio de largas cicatrizes, adquiridas durante os ferozes combates travados nos campos de batalhas contra ferozes e formidáveis adversários.

Quando Oxaguiã apertou o seu novo manto contra o peito, ele o envolveu todo e absorveu todas aquelas largas cicatrizes.

E Ogum do Tempo estendeu seus braços e recolheu o manto azul estrelado enviado a ele pelo Divino Criador Olorum.

Quando ele o apertou contra o peito, o manto envolveu-o todo e removeu do seu corpo divino todas as marcas profundas, adquiridas durante os aguerridos combates travados por ele nos sombrios campos de batalha contra persistentes e perigosíssimos adversários.

E o mensageiro de Olorum recolheu-se à morada interior, deixando-os com suas lembranças do horror das batalhas travadas, dos rostos assustados dos vencidos e os gritos de pavor dos derrotados.

Ogum levantou-se e ordenou aos seus dois filhos-auxiliares que também o fizessem. Então, voltou-se e ficou de frente novamente para todas as realidades exteriores reordenadas por ele, ainda que ao custo do horror, do pavor e do medo.

Ogum só então viu a extensão dos campos onde sangrentas batalhas haviam sido travadas e viu quantos seres haviam sido feridos gravemente antes da ordem e a Lei imperar novamente em todas elas e não mais ameaçarem a estabilidade da morada exterior ou a integridade das realidades puras regidas pelos Orixás exteriorizadas pelo Divino Criador Olorum para concretizarem-na e regê-la por toda a eternidade.

Então Ogum emitiu uma sentença que se tornou regra da Lei na criação:

– Todos os seres, sejam eles de natureza divina, natural ou espiritual, se clamarem com sinceridade pelo perdão ao Divino Criador Olorum serão perdoados, terão seus corpos regenerados e poderão retornar às suas funções na morada exterior Dele.

Mas os que não emitirem clamores sinceros, serão deixados à míngua até que tenham purgados na dor todas as suas afrontas à Lei, à vida e aos princípios que regem o mundo manifestado.

E muitos dos seres feridos gravemente, ou nem tanto, mas todos arrependidos, clamaram com sinceridade ao Divino Criador Olorum e não só foram perdoados como tiveram seus corpos curados e regenerados e retornaram às suas funções na morada exterior do nosso Divino Criador.

Quanto aos que não clamaram ou não foram sinceros quando o fizeram, Ogum cravou sua espada no solo e ele começou a abrir-se bem embaixo de cada um e começou a tragá-los, retirando-os daquelas realidades.

Como eles foram tragados pelas fendas abertas no solo, foram enviados ao vazio existente no outro lado daquelas realidades, caindo nos domínios da Senhora do Vazio, que são guardados pelo Orixá Exu.

Como no vazio não há nada, vazios eles se tornaram desde então e nada ou quase nada consegue preenchê-los, pois só voltarão a se sentir plenos quando clamarem com sinceridade pelo perdão do Divino Criador Olorum.

E assim tem sido desde então na morada exterior, sendo que não são poucos os seres de naturezas divina, natural ou espiritual que vagam no vazio como espectros medonhos, totalmente vazios, e só raramente um ou outro arrepende-se e clama com sinceridade pelo Seu perdão divino.

Aos seres reduzidos a espectros, nem Oxalá, que é o guardião dos mistérios do perdão, pode perdoá-los e dar-lhes novas formas e cobri-los com novos mantos (corpos espirituais) pois, por causa da sentença de Ogum, só Olorum pode perdoá-los.

Então Ogum, acompanhado dos seus dois filhos, um natural e outro adotivo, voltou à sua realidade na criação, de onde mantém rigorosa vigilância sobre todas elas desde então.

E desde então, sempre que algum ser, seja ele divino, natural ou espiritual excede seus limites e infringe as leis divinas ou desrespeita as ordens e as vontades dos Orixás, imediatamente começa a ser atraído pelo vazio existente no lado de baixo da criação e, se não clamar a tempo e com sinceridade ao Divino Criador Olorum, com a mais absoluta certeza será tragado pela fenda que abriu bem debaixo dos pés quando assim procedeu.

Ogum do Tempo e Oxaguiã recolheram-se nos domínios de Logunã, a senhora do Tempo e foram acolhidos e consolados por ela, voltando logo a se reunir com os outros Orixás. Mas Ogum, este recolheu-se à sua realidade pura e fechou-se em si mesmo pois, se havia sido perdoado por Olorum, não se perdoava por ter sido tão implacável e rigoroso, quando só deveria ter sido rigoroso.

Iemanjá, preocupada pelo recolhimento total dele, solicitou uma audiência, que só foi concedida depois que Oxalá alertou-o de que, se não se perdoasse, tornar-se-ia indigno do perdão que Olorum havia concedido-lhe antecipadamente e o confirmara posteriormente. Só então, ele concedeu a audiência solicitada por Iemanjá, que entrou em seus domínios acompanhada por todas as suas filhas poupadas por ele.

Quando ela chegou diante de Ogum, ele se levantou do seu trono e a abraçou já com lágrimas nos olhos.

Ela, vendo-o contrito com os olhos lacrimejando, apertou-o contra si e falou:

– Ogum, meu querido irmão, conceda a si mesmo o perdão que em sua generosidade concedeu aos seus adversários caídos nos campos de batalha, meu irmão amado!

– Eu não consigo perdoar-me por não ter poupado as filhas impuras e maculadas das outras mães Orixás, minha amada irmã Iemanjá!

– Mas você precisa fazer isso, tanto por si quanto pelas filhas das outras mães, que não têm coragem de se voltarem para elas e clamarem pelo perdão delas, ainda que tenham sido perdoadas pelo nosso Pai Olorum.

– Por que você trouxe para dentro dos meus domínios fechados todas essas suas filhas impuras e maculadas poupadas por mim quando eu estava possuído pela ira divina ativada em meu íntimo pelos que afrontavam as leis sustentadoras da harmonia e do equilíbrio na morada exterior do nosso pai Olorum?

– Eu confiei-as a você e agora elas passarão a viver sob sua guarda e amparo.

– Iemanjá, eu devolvi-lhe todas assim que a guerra acabou. Logo, reassuma a condução delas na morada exterior, está bem?

– Não está não, Ogum. Eu confiei-as a você e agora elas serão conduzidas por você e suas rigorosas regras, meu irmão. Torne-as tão boas auxiliares quanto lhe for possível e só as devolva quando eu levantar minha determinação, dada em um momento de desespero e aflição com o destino final delas.

– Eu não posso aceitá-las em meus domínios puros, senão logo elas o macularão com suas impurezas e máculas, e você sabe disso tão bem quanto eu.
– Se ao menos você se perdoasse, as filhas das outras mães Orixás voltariam-se para elas e poderiam retornar aos domínios delas. Então eu acolheria minhas filhas, agora regidas pelo seu mistério da Lei em meus domínios.
– Eu não consigo perdoar-me, minha irmã querida!
– Meu irmão, recoste sua cabeça em meu peito e volte sua mente atormentada ao tempo em que vivíamos na morada interior do nosso pai Olorum, irmão amado! Volte e veja-se novamente como o irmão querido que vivia zelando pelo nosso comportamento. Lembra-se disso?
– Lembro-me sim. Mas este é um tempo que não volta mais, minha irmã.
– Não, preocupe com nada por um só instante, Ogum! Volte no tempo e veja a si próprio e de como gostava de instruir-nos e orientar-nos no uso de nossos mistérios. Faça isso um só instante, Ogum!
E Ogum voltou no tempo e viu-se na morada interior do Divino Criador Olorum, o nosso pai eterno. Então comentou:
– Iemanjá, como é bom voltar a ver-me como eu era quando vivíamos na morada interior do nosso pai Olorum! Pena que eu já não seja como era, sabe?
– Não sei não, Ogum. Você é, foi e sempre será como você se vê na morada interior do nosso pai. Vamos, ajeite sua cabeça em meu peito e comece a sentir em si como você era então, pois aquele Ogum continua a existir em seu íntimo e seu ser imortal e divino.
Ogum aconchegou sua cabeça entre os seios fartos de Iemanjá e deixou aflorar do seu íntimo aquele ser que ele havia sido na morada interior do Divino Criador Olorum.
E Iemanjá, que rege o mistério dos seios, e gera nos seus seios tantos mistérios, que é impossível dizer quantos mistérios são gerados naturalmente neles por ela, envolveu-o com um deles e começou a conduzi-lo a um ponto tal que chegou um momento em que ele disse:
– Iemanjá, como eu gostaria de ter aqui comigo, na morada exterior, um filho que sempre que eu o visse, voltasse a me lembrar de como eu era quando vivíamos na morada interior do nosso amado pai Olorum!
– Ogum, minha concha da vida está toda ativada e basta você pensar um filho, tal como você era, que ele será gerado por mim, sabe?
– Sei sim. Mas tua concha da vida é sétupla e gerará um filho com sete mistérios seus, sabe?

— Sei sim, Ogum. Mas, se um filho seu com uma só qualidade já é um amor de filho, pois Ogum do Tempo o é, então pense em como será esse seu novo filho, Ogum!
— Você disse "como será"?!
— Eu disse isso sim, Ogum. Ele será você reproduzido em minha concha sétupla e o alegrará sete vezes mais, sempre que você o ver na sua frente, meu querido irmão!
— O que você transmitirá a ele por meio dessa sua concha da vida possuidora de mistérios insondáveis?
— Não serei menos generosa com ele do que foi Logunã com seu filho Ogum do Tempo, sabe?
— Já estou sabendo que você o pensou em minha mente e que ele...
— Ogum, não pense em como ele será, e sim, deposite seu pensamento dentro de minha concha da vida, está bem?
— Se assim você quer, que assim seja, minha querida irmã Iemanjá. — assentiu Ogum, não reagindo ao mistério irradiado por ela por meio dos seus seios, fartos de mistérios da vida.

E logo a concha da vida de Iemanjá voltou a se abrir e começou a sair do seu interior um plasma energético que foi se condensando e dando forma a um lindo bebezinho, que ela aninhou em seus braços e o envolveu todo com seu amor materno.

Como ele estava descoberto, Ogum retirou o manto púrpura que recebera das mãos do mensageiro do Divino Criador Olorum e envolveu-o com ele, dizendo a Iemanjá.

— Minha querida e amada irmã Iemanjá, nosso filho se chamará Ogum Sete e se cobrirá com o manto do perdão do nosso pai Olorum, dado a mim quando cobri meu corpo divino com sangue e cortes profundos.

— Ogum Sete é o filho do perdão que Ogum concedeu a si mesmo por ter sido tão implacável com as filhas impuras e maculadas das outras mães Orixás! — falou Iemanjá, aconchegando o seu filhinho nos braços para dar-lhe de mamar em seu seio direito.

E Ogum Sete mamou com prazer no farto seio direito de Iemanjá, a mãe da fartura na morada exterior de Olorum.

Então Ogum, vendo o seu novo filho, que viera para a morada exterior na forma de um bebezinho, emocionou-se e conseguiu se perdoar, e consequentemente, todas as filhas impuras e maculadas de todas as mães Orixás conseguiram se perdoar e voltaram-se para elas e clamaram pelos seus perdões.

E assim que se perdoaram e foram perdoadas por suas mães, suas impurezas e máculas começaram a se diluir e voltaram a ter suas antigas formas, todas perfeitas e imaculadas.

E todas as mães Orixás pediram licença a Ogum para adentrarem em sua realidade para verem e pegar no colo seu novo filho, gerado na concha da vida de Iemanjá.

Todas sorriam e choravam, pois, com a vinda do pequenino Ogum Sete, tiveram de volta suas amadas filhas que haviam se tornado impuras e maculadas.

Como, com elas vieram todos os outros Orixás, quando Oxalá acabou de reconhecer que Ogum Sete trazia em si a divindade de seu pai Ogum e de sua mãe Iemanjá e herdara deles a divindade dos pais deles, envolveu-o com seu manto branco e falou:

– Que todos os Orixás saibam, pois isto é Lei de agora em diante na morada exterior do nosso pai e criador Olorum, que toda filha impura e maculada que der à luz da morada exterior um filho e amá-lo com seu amor maternal, amamentá-lo em seu seio direito e tudo fizer para que ele cresça forte e saudável, com ele virá o perdão antecipado de Olorum, perdão esse que diluirá todas as impurezas e máculas de sua mãe e que permitirá a ela regressar para junto de sua mãe divina.

– Assim disse Oxalá, assim já está sendo na morada do nosso pai e nosso Divino Criador Olorum! – exclamaram todos os Orixás ali reunidos, que sorriam felizes e vertiam lágrimas de alegria por ele ter conseguido se perdoar por ter sido tão implacável e rigoroso, quando só deveria ter sido rigoroso.

# Lenda de Ogum Megê
## (Ogum Sete)

Conta uma lenda que Ogum Megê, ou Ogum Sete, é diferente dos outros Orixás, porque foi exteriorizado por Olorum pela concha da vida de Iemanjá e mostrou-se como um bebê.

E Iemanjá acolheu-o com tanto amor e envolveu-o com seu manto de luz, dando-lhe de mamar em seus seios, inundando-o com seus fatores, fato esse que o tornaria especial.

Mas, se não bastasse, as outras mães Orixás não se cansavam de pegá-lo no colo e cobri-lo de carinho, amor e ternura. E quando ele dava sinais de que estava com fome, elas o amamentavam e transmitiam-lhe mais e mais fatores, fato esse que acabou por torná-lo o Orixá capaz de gerar o maior número de fatores.

Dizem que são tantos os fatores gerados por Ogum Megê, que até hoje ele não conseguiu saber quantos, de tantos que são!

O que importa é vocês saberem que Ogum Megê é o único dos filhos de Ogum que pode entrar em todas as realidades da criação sem nunca ser afetado pelos seus fatores formadores.

Pombagira via Ogum Megê a distância e morria de inveja porque as mães Orixás davam-lhe de mamar e o cobriam de afeto e ternura, e ela não podia pegá-lo e dar-lhe de mamar em seus misteriosos seios, sempre fartos dos mais inebriantes néctares inebriadores dos sentidos.

E a sua inveja era tanta, que o ainda pequenino Ogum Megê começou a emagrecer ficando raquítico, só pele e ossos. E, por mais que todas as mães Orixás o alimentassem em seus seios, de nada adiantava!

Preocupadíssima, Iemanjá foi consultar Orunmilá, o Orixá da adivinhação, para saber a causa do seu filhinho estar definhando continuamente.

Orunmilá consultou seus búzios e, após a confirmação da terceira virada, falou:

– Minha irmã Iemanjá, seu filho Ogum Megê não tem doença alguma. O problema dele se deve a uma forte vibração de inveja projetada por Pombagira, só porque você não a deixou amamentá-lo em seus seios geradores dos mais inebriadores néctares, sabe?

– Já estou sabendo, Orunmilá. O que devo fazer para cortar essa inveja sobre meu filhinho?

– Vou consultar mais uma vez os búzios, minha amada irmã Iemanjá.

Orunmilá consultou os búzios por sete vezes, só para não ter dúvida alguma em um caso tão sério como aquele. E quando viu que não havia outra alternativa, falou:

– Minha irmã Iemanjá, você deve deixar que Pombagira amamente seu filho Ogum Megê!

– Como?!?!

– É como eu disse! Ou você faz isso ou seu filho ficará igual a um esqueleto.

– Se eu fizer isso, ele se inebriará todo, de tantos que são os fatores inebriadores que Pombagira gera em seus seios. Isso nunca, Orunmilá! – exclamou Iemanjá, meio aflita e nervosa.

– Você não tem outra alternativa, minha irmã.

Iemanjá não aceitou deixar Pombagira amamentar o pequeno Ogum Megê, porque temeu que, se ele sorvesse diretamente dos seios dela os seus néctares hipersaturados com seus fatores inebriadores, ele deixasse de ser guiado pela razão e fosse possuído pelas emoções.

Ela o recolheu em seus domínios e afastou-o das vistas de Pombagira, e quando ela perguntava sobre o pequenino, Iemanjá limitava-se a responder:

– Ele está muito bem e cada vez mais belo e mais forte, Pombagira!

Como a fala de um Orixá tem o poder de realização, o fato é que Ogum Megê crescia e ficava mais forte toda vez que ela dizia isso.

Só que ele não recuperava sua massa muscular e continuava magro como um esqueleto, parecendo-se com uma caveira.

O tempo passou e Ogum Megê tornou-se adulto, dando sinais de que desejava conhecer as realidades exteriorizadas até então pelo Divino Criador Olorum.

Só após muitos pedidos, Iemanjá deixou que ele saísse do seu domínio. Mas recomendou-lhe que se cobrisse bem com seu manto púrpura para que ninguém visse que ele se parecia com uma caveira.

Com o corpo todo coberto da cabeça aos pés, Ogum Megê saiu da realidade de sua mãe Iemanjá e iniciou seu reconhecimento das outras existentes na morada exterior do Divino Criador Olorum.

Ogum Megê viajou pelo Universo infinito e em todas as realidades que entrava, discretamente procurava por algo que o curasse daquele estado cadavérico, ainda que ele fosse muito forte.

Pombagira, que nunca havia se esquecido de que Iemanjá negava a realização do desejo de amamentá-lo, discretamente o seguia a uma distância prudente, sempre à espera de que ele saísse do alcance visual de sua mãe.

## Lenda de Ogum Megê (Ogum Sete)

Quando ele entrou em uma realidade muito distante, eis que ela colocou em prática seu plano de realizar seu desejo pois, segundo Exu, o mais bem informado, mas o mais indiscreto dos Orixás, enquanto Pombagira não realiza um desejo vibrado, ela não tem sossego e vive atormentada.

Não sabemos se isso é verdade. Mas Exu não é tão bem informado por acaso e ele sabe mesmo das coisas. Até das que nunca saberemos!

Então, já fora do alcance visual de Iemanjá, ela se aproximou dele plasmada na forma de um espírito feminino muito velha e deu-lhe a informação:

– Meu senhor Ogum Megê, eu sei onde existe a cura para esse estado do seu corpo!

Ogum Megê ativou seu mistério reconhecedor e comprovou que ela dizia a verdade. Então perguntou:

– Onde fica o lugar, bondosa anciã?
– É em um planeta muito distante daqui.
– Que planeta é este, bondosa e bem informada anciã?
– É o planeta Terra, meu senhor Ogum Megê.
– Como encontro a cura?
– Procure uma moça, muito bonita e alegre, que ela o curará, meu senhor.
– Como faço para encontrá-la, se nesse planeta há muitas moças bonitas e alegres?
– O senhor conhece esse planeta?
– Já fiz um rápido reconhecimento dele. Não me detive por muito tempo, mas foi o suficiente para fazer um levantamento.
– Então será fácil. Bastará chegar a uma encruzilhada em T que a encontrará.
– Como a reconhecerei, bondosa velhinha?
– Ela estará vestida de vermelho e com o seio direito descoberto. O senhor terá de convencer a dar-lhe de mamar, sabe?
– Como é que é???
– Foi o que eu disse, meu senhor.
– Até onde observei, quem mama são os bebezinhos, pois nos seios das humanas é gerado um leite muito específico para alimentá-los quando nascem.
– Sinto muito, mas, ou o senhor faz como mandei, ou continuará assim, uma caveira.
– Está certo. Não custa tentar, não é mesmo?
– Faça isso e verá como estou certa, meu senhor.
– Farei o que recomenda, bondosa anciã.
– Até a vista, meu senhor Ogum Megê.
– Até, senhora.

Pombagira desapareceu da frente dele e, no instante seguinte, já estava em uma "encruza fêmea" aqui na Terra, à espera da chegada dele, que não só não veio imediatamente como ainda ativou vários dos seus mistérios para confirmar se aquela anciã não mentira em alguma de suas revelações.

Como não detectou mentira alguma em tudo o que dissera, decidiu vir à terra e procurar a tal moça bonita e alegre indicada por ela.

E eis que na primeira "encruza em T" que Ogum Megê surgiu, já viu uma moça realmente muito bonita encostada em uma arvore, toda coberta por um longo vestido vermelho, mas com o seio direito despudoradamente descoberto como que de propósito.

Após dar uma olhada e fazer um levantamento total da área, e comprovar que era ela mesma a tal moça bonita e alegre, ele se aproximou dela e a saudou cortês com sua voz gutural:

— Boa-noite, moça bonita e alegre!

— Boa-noite, senhor da Lei que se oculta sob um belíssimo manto púrpura. Em que essa sua humilde serva poderá servi-lo, meu senhor? – perguntou ela, com a voz rouca e quase não conseguindo conter seu contentamento por, finalmente, poder dar de mamar a ele, realizando um desejo só contido a muito custo, há tanto tempo, que virara um tormento em sua vida.

— Moça bonita e alegre, uma anciã gentil indicou-me a cura para um mal que se instalou em meu ser quando eu ainda era um bebezinho.

— Qual o remédio que ela lhe indicou, meu nobre e oculto senhor da Lei?

— Ela me disse que eu deveria beber o leite do seio de uma moça bonita e alegre que eu encontraria em uma encruzilhada em T.

— O que o levou a crer que sou eu? – perguntou ela, contendo ao máximo seu desejo de ofertar-lhe de imediato seu seio direito, que tremia de tão contente que ela estava em seu íntimo, por finalmente realizá-lo e livrar-se do tormento que a consumia. Mas como, mesmo para livrar-se de um tormento, Pombagira sempre exige algo em troca, eis que ela perguntou:

— O que eu ganho em troca de curá-lo de sua doença, meu poderoso senhor?

— Bom, o que me levou a crer que a tal moça bonita e alegre seja você é porque é a única que está em uma encruzilhada fêmea e está vestida como a gentil anciã descreveu. Agora, quanto ao que posso lhe dar em troca, aí não dou nada, porque Ogum não negocia nada com ninguém.

— Então vou reformular meu pedido, meu senhor. Se fores curado, em sua generosidade, aceitaria oferecer-me algo de presente?

— Tenho muito pouco a oferecer-lhe, moça bonita. Tenho minha espada guardiã e aplicadora da Lei, que ganhei do meu pai Ogum, mas que ninguém pode tocá-la, senão será absorvido por ela. E tenho o manto, que ele usou para cobrir-me quando fui exteriorizado pelo nosso pai Olorum pela concha da vida de minha mãe Iemanjá.

Lenda de Ogum Megê (Ogum Sete)

— Eu aceito o seu manto, meu senhor.
— Sinto muito, mas não posso dá-lo, porque ele pertence ao meu pai Ogum.
— O que o senhor acha de me dar apenas um pedaço dele, meu senhor?
— Ogum não acha nada, moça bonita. Quem gera o fator achador é o senhor Orixá Exu, que até criou a "ciência da Achologia".
— Então vou reformular minha pergunta: O senhor aceita presentear-me com um pedaço do seu manto púrpura, meu senhor?
— Não tenho certeza se será um bom presente, sabe?
— Não sei não, meu senhor. Explique-se, por favor.
— Ogum não explica nada, moça bonita e alegre, mas pouco generosa, porque nega-se a dar-me um pouco do que já transborda do seu seio direito.

Pombagira, quase não se contendo de tanta vontade de dar de mamar a Ogum Megê, não havia percebido que seu seio direito começara a verter o néctar que o curaria, pois anularia a vibração emitida por ela por meio do seu seio esquerdo quando nutrira de forma obsessiva o desejo de amamentar o belíssimo bebê Ogum Megê, recém-nascido para a morada exterior.

— Se o meu seio direito já transborda, é porque desejo dar-lhe de mamar e curá-lo, meu senhor. Mas só o farei se receber algo em troca. Ou o senhor aceita as minhas condições, ou nada feito! — exclamou ela, já contrariada com a demora em finalmente realizar seu desejo, e também porque é Pombagira quem gera o fator contrariador.

— Troca recusada, moça bonita, mas nem um pouco alegre. Fique com seu néctar curador, pois vou me retirar dos seus domínios. Até outro encontro! — falou ele, irritado com a mesquinhez dela, desaparecendo dali.

Ela ainda gritou:
— Espere, Ogum Megê! — mas foi inútil, pois no mesmo instante ele já estava em outra realidade, muito distante da realidade humana da vida.

Pombagira ficou inconformada por não ter finalmente realizado o seu desejo e ainda ter mais um problema, que era o de ter o seu seio direito derramando aquele néctar que o curaria.

Exu Mirim, que nada tinha para fazer na realidade regida por ele, e que resolvera azucrinar um pouco os outros, digo, resolvera visitar a realidade humana da vida, surgiu diante dela logo após a partida de Ogum Megê e foi perguntando de chofre:

— E aí, Pombagira, como é que vai com esse seu seio direito vertendo mais néctar que as águas das cachoeiras da nossa mãe Oxum?
— Como é que é, seu moleque mal educado? Como você entra nos domínios alheios sem avisar ou sequer pedir licença?
— Eu não gero o fator avisador, e por isso não aviso nada e ninguém. Mas gero o fator surpreendedor, e sempre estou surpreendendo

alguém com as mãos nos seios, digo, com as mãos na massa e tentando ocultar alguma falha, erro ou pecado. Esta é uma das funções de Exu Mirim na morada exterior do nosso Divino Criador e pai Olorum, certo? E você sabe disso tão bem como eu!

— Está certo sim, moleque-surpresa. O que você faz fora de sua realidade, se já é noite alta? Não é hora de criança ir para o berço?

— Sem essa de querer ofender-me diminuindo-me ainda mais, Pombagira!

— Lugar de criança em altas horas da noite, é ficar dentro de sua casa, Exu Mirim!

— Você está ficando muito tempo na realidade humana da vida e está confundindo-me com os infantes espirituais, esquecendo-se de que sou um Orixá também, certo?

— Exu Mirim, só falei assim para o seu próprio bem, sabe? Portanto, não se embirre comigo, pois já tenho problemas demais e não desejo o seu embirramento. Não esta noite!

— Bom, já que hoje você está muito azeda, vou azucrinar, digo, andar por aí!

— Cuidado com o bicho, papão, moleque abusado! Se bem que não seria uma coisa ruim, se algum dos horrores da Senhora da Noite o engolisse e o tirasse de circulação, sabe?

— Não sei não. O que sei é que sou o único Orixá que pode virar do avesso todos os horrores da noite, e transformá-los em ocultos amparos noturnos, sabe?

— Como é que é?!?!?! — exclamou Pombagira, e mais uma porção de vozes, pois vários Orixás estavam vigiando o planeta Terra naquela alta hora da noite.

— Foi o que eu disse. Se bem que acabo de descobrir que nem em altas horas da noite podemos revelar algo a alguém, pois sempre tem uma porção de "alguéns" ouvindo tudo o que dizemos.

Mas eis que ali surge Exu, que foi logo saudando:

— Então, Exu Mirim, conta aí como é esse seu negócio de virar os horrores gerados pela Senhora da Noite em ocultos amparos noturnos! Foi dizendo, à guiza de saudação, seu homônimo adulto, que recolhera seu manto tornando-se visível, ali na encruza de Pombagira, que ralhou com ele de imediato:

— Exu, como você adentra em meus domínios aqui na Terra sem me pedir licença para tanto?

— Desculpe-me, Pombagira, mas eu achei que você a havia aberto para todos, pois vi Exu Mirim chegar sem pedir licença, sabe?

— Pombagira não abre nada se não receber uma oferenda generosa. Está certo?

— Está sim.

— E então, cadê minha oferenda generosa?

## Lenda de Ogum Megê (Ogum Sete)

– Essa não, Pombagira!!!
– Essa sim, Exu. Ou você me dá uma oferenda, ou...
– Não diga mais nada, Pombagira! Não diga nada, pois prefiro negociar essa oferenda...
– Pombagira não negocia nada. Só peço, pois gero o fator pedidor. Logo, pedir é com Pombagira, certo?
– Está certo. Você pediria algo em troca da minha inconfidência, prestes a ser feita a Iemanjá, sobre o fato de você ter tentado enganar Ogum Megê só para realizar esse seu desejo não realizado de dar de mamar a ele?
– Essa não! Como é que você ficou sabendo disso?
– Você se esqueceu de que, se você gera os desejos, Exu reflete todos os desejos vibrados?
– É mesmo! Eu estou muito incomodada com esse derrame incontrolável. Mas... você está interessado em negociar o seu silêncio em troca do castigo que eu iria lhe impingir, pois gero os fatores castigador e impingidor?
– Nem me fale deles! Da última vez que entrei em seu domínio sem lhe pedir licença o castigo que você me impingiu deixou-me claudicante e porque fui visto manqueteando por um espírito encarnado, ele até escreveu uma lenda na qual Exu é descrito como manco de uma perna. Você se lembra disso, Pombagira?
– Como eu me esqueceria disso?
– Pois é! Você não me impinge nenhum castigo e eu não conto nada para Iemanjá.
– Não sei não...
– Veja que, se ela souber que você tentou enganar Ogum Megê, o mínimo que ela fará será alagar todos os seus domínios, sabe?
– Já estou sabendo que tenho mais um problema à vista.
– Se tem! Você é boa nadadora?
– De que adianta saber nadar, se ela envia aquelas ondas altíssimas quando está irritada?
– Aí você aprende a surfar e pega umas ondas bem legais, Pombagira! – exclamou Exu Mirim, dando sua risadinha malévola.
– Cale a boca, moleque enxerido! Não se meta onde não foi chamado, certo?
– Pombagira, você está complicada, sabe?
– Não sei não. Por que eu haveria de estar complicada, se só tenho problemas, moleque enxerido?
– Por ter me chamado de moleque enxerido e ter me mandado calar a boca, aviso-a de que, para você, as ondas altas de Iemanjá serão de agora em diante um dos seus horrores da noite, sabe?
– Essa não, Exu Mirim!!! Você não pode fazer isso com Pombagira! – exclamou Exu adulto, querendo agradá-la para livrar-se de uma punição líquida e certa por ter entrado nos domínios dela sem pedir licença, pois a revelação de Exu Mirim de que transformava os horrores

da noite em ocultos amparos noturnos interessara-lhe demais, e levara-o a se esquecer de uma regra básica, que é Lei na morada exterior.

Exu Mirim, vendo-o tomar a defesa dela, ficou revoltado e, muito embirrado, falou:

– Homônimo adulto, aviso-o que o mesmo já está se aplicando a você, certo?

– Essa não, Exu Mirim! Você não devia ter tornado as ondas altas em um dos horrores da noite para esse seu homônimo adulto, sabe?

– Por que não, se você, muito interessado em não ser impingido por ela, tomou-lhe a defesa?

– Puxa! Exu Mirim embirrado é ao contrário em tudo, e vai logo revelando até o que Exu adulto procura dissimular. Que encrenca!

– Põe encrenca nisso, pois, de agora em diante, vai ficar difícil para você chegar até a crista das ondas altas, que é onde ficam aquelas sereias, que você ia visitar noite adentro só para ver se as convencia a irem com você para habitar na sua realidade, lá no vazio.

– Pode parar de falar, Exu Mirim! Pode parar, porque você está começando a revelar e complicar funções fechadíssimas que executo porque gero o fator arrastador. Ou você se cala agora mesmo, ou ...

– Não fale nada, Exu adulto! Já me calei!

– Assim é melhor para ambos, não?

– É sim. Puxa, esse negócio de Pombagira desejar dar de mamar a Ogum Megê está atingindo-nos e nos desequilibrando!

– É verdade. O que será que está acontecendo aqui para gerar isso que está acontecendo conosco?

– Não sei não... e nem quero saber, pois vou me ocultar em um dos horrores da noite até essa "onda desequilibradora" passar, sabe?

– Não sei não, Exu Mirim. Explique essa afirmação!

– Exu Mirim não afirma nada, pois quem gera o fator afirmador é Ogum. Exu Mirim só desconfia das coisas, pois gera o fator desconfiador.

– Então foi você quem inspirou a algum espírito encarnado a frase, "quando a esmola é grande demais até santo desconfia?"

– Foi o que eu disse, Exu adulto. Você já viu como eles dão um "ebózinho" e fazem uma lista enorme de pedidos?

– Nem me fale sobre isso, Exu Mirim! Depois que o Babá Oxalá determinou que os encarnados, após darem o ebó teriam o direito de fazer quantos pedidos quisessem, a minha indústria de ebós entrou no vermelho e estou com um altíssimo prejuízo, sabe?

– Não estou sabendo não. Fale-me desse seu prejuízo, Exu adulto.

– É assim: eles dão um ebózinho minguado e me repassam tantas encrencas que eles criaram para si, que tenho um trabalho danado para convencer os seres das realidades com as quais eles se encrencaram a levantarem suas atuações sobre eles, os encarnados.

– É por isso que ultimamente você tem deixado de me repassar a minha parte nos dividendos dessa sua indústria?
– É só um probleminha passageiro, sabe?
– Não sei não, Exu adulto. O que estou sabendo é que quem gera o fator atrasador sou eu, não você, certo?
– Isso é certo. Mas você tem de ser menos apegado às coisas materiais, se quiser sobreviver nessas épocas de crise na indústria dos ebós, sabe?
– Menos apegado? Foi isso que você disse, Exu adulto?
– O que eu disse demais, Exu Mirim?
– Exu adulto, de um lado você não tem repassado a minha parte. Mas você sabe muito bem que se "sem Exu não se faz nada", sem Exu Mirim se faz menos ainda, certo?
– Isso é certo também, Exu Mirim.
– Pois é! Se de um lado isso vem acontecendo já há algum tempo, do outro lado já não aguento receber toda vez um copo de pinga com mel e uma vela preta ou vermelha. Já não tenho onde guardar tantos copos de pinga com mel e velas pretas ou vermelhas.
– Eles não estão te dando a vela bicolor?
– Não mesmo! Só um ou outro acende-me a minha vela, que é metade preta e metade vermelha.
– Eu tenho te repassado sua parte e não tenho no meu estoque nenhuma vela bicolor, Exu Mirim! – exclamou, ríspida, Pombagira.
– É, a coisa tá difícil, mas nós vamos superar essa crise que, como todas as outras, é transitória, certo? – falou Exu, dando uma gargalhada.
– É isso mesmo. Não vamos nos agastar por coisas passageiras, amigos! – exclamou Pombagira que, como de hábito, terminou sua fala com outra pergunta:
– E aí, Exu Mirim, você vai ou não vai levantar o que você ativou contra nós? Afinal, em tempos de crise na indústria de ebós não é recomendável ficar penalizando os amigos, sabe?
– Não sei não. Acho que vocês dois estão querendo me enrolar.
– Nem pense uma coisa dessas, Exu Mirim! Afinal, quem gera o fator enrolador é aquele...
– Não fale nesse Orixá não revelado, Exu adulto! – pediu Exu Mirim, assustado.
– O que aconteceu entre vocês, para não querer ouvir nem a menção a ele?
– Não houve nada.
– Por acaso você se atrasou no repasse de algum ebó para ele liberar algum humano encarnado que estava enrolado com ele? – perguntou-lhe Pombagira.
– Nem me fale dele, está bem?
– Está sim. Mas... o que houve que o deixou tão contrariado?

– Como vocês sabem, gero o fator atrasador e, justamente por isso, costumo atrasar alguns repasses, sabem?

– Sabemos sim! – exclamaram os dois ao mesmo tempo.

– Pois é, foi isso o que aconteceu. Só que ele me enrolou todo!

– Como você saiu do rolo que ele armou para você?

– Bom, eu também gero o fator desenrolador, sabem?

– Como é que é??? – perguntaram centenas de vozes, todas surpresas, ao mesmo tempo.

– Essa não! Acho que estamos sendo vigiados por quase todos os outros Orixás! – exclamou Exu Mirim, mais surpreso ainda.

– Pombagira, esse seu domínio é mais aberto que sua...

– Não complete o que você está dizendo! – pediu ela, ríspida e irada com ele.

– Eu só ia dizer que a sua boca, sabe?

– Agora sei! – exclamou ela, já aliviada.

– O que você pensou que eu ia dizer, Pombagira?

– Eu não pensei nada. Quem pensa, porque gera o fator pensador, é o Babá Oxalá.

O fato é que muitas vozes convidaram Exu Mirim a ir visitar seus domínios assim que lhe fosse possível, pois com a sua revelação de que gerava o fator desenrolador, sua cotação, digo, seu prestígio havia subido muito, justamente porque quase todos os Orixás vinham sendo enrolados pelos espíritos encarnados, atrasadíssimos, até mais que ele, no cumprimento de votos e promessas.

– Grande Exu Mirim! – exclamou Exu adulto, muito contente.

– Esse é o meu menino inteligentíssimo! – exclamou Pombagira, acariciando os ombros dele.

– O que é que deu em vocês para mudarem assim, repentinamente? – perguntou ele, mais desconfiado que a própria desconfiança.

– Então, temos um acordo para a posse desse seu fator, grande Exu Mirim? – perguntou Exu, que concluiu:

– Afinal, nós dois somos Exu, não é mesmo?

– Essa não, Exu adulto! Toda essa bajulação só para conseguir a posse do meu fator desenrolador?

– Tem também aquele outro, sabe?

– Não sei não. A qual você se refere?

– Ao que transforma os horrores da noite em ocultos amparos noturnos, certo?

– Nem pense neles, Exu adulto! Eles estão fora de qualquer acordo, negociação ou disputa.

– Por que? O que há de tão importante para você ser assim, tão radical com eles?

## Lenda de Ogum Megê (Ogum Sete) 301

— Oras, se eu lhes conceder a posse dele, posso me internar em um orfanato qualquer, porque daí em diante deixarei de ter qualquer importância nas nossas reuniões coletivas ou particulares.

— Puxa, você não imagina como a nossa indústria de ebós seria reativada assim que os espíritos encarnados soubessem que temos a solução para os rolos em que eles se metem, e poderíamos transformar todos os horrores da noite que os atormentam em ocultos amparos noturnos. Pense nisso, Exu Mirim!

— Já estou imaginando, Exu adulto!

— E então, vai compartilhar a posse dele conosco?

— Ao contrário!

— Como é que é?! — perguntaram Exu e Pombagira em uníssono.

— Foi o que eu disse. Imagine que, assim que essa lenda for publicada, o que vai ter de ebó para Exu Mirim, o único Orixá que pode fazer isso pelos espíritos encarnados! Acho que vou disparar na frente da indústria de ebós!

— Essa não, Exu Mirim! Isso não se faz com os amigos, sabe?

— Não venha com essa conversa dos humanos para o meu lado, pois sou Orixá, certo? Portanto, comporte-se como tal e contemple o futuro magnata da indústria de ebós!

— Você está muito vaidoso, sabe? — falou Exu adulto.

— Não tente me enrolar porque, como eu já disse, gero o fator desenrolador. Você sabe o que aconteceu com aquele Orixá cósmico que gera o fator enrolador, só porque ele quis me enrolar todo?

— Não quero saber, Exu Mirim.

— Pois eu digo-lhe assim mesmo. Ele, agora, me deve cinco séculos de trabalhos forçados.

— Essa não! Cinco séculos?

— Era para ser dez, mas o Babá Oxalá foi solicitado por ele como conciliador e acabei deixando por cinco.

— Para um Exu infantil, você está se saindo melhor que a encomenda, sabe? — falou Pombagira.

— Não sei não. Quem gera o fator encomendador é o Babá Omolu, certo?

— Foi o que eu disse. De um em um, você está encomendando o destino de todos os Orixás cósmicos.

— Bom, foram eles quem me puseram para fora dos seus domínios, certo?

— É, isso é certo. Mas depois disso você se tornou muito radical, sabe?

— É porque gero o fator radicalizador, sabe?

— Essa não! Até esse fator é seu?

— Foi o que eu disse, Pombagira. Mas... bom, vou andar por aí, pois é nas altas horas que sempre flagro algum espertinho com a mão na massa, digo, no que não lhe pertence, sabem?

— Sabemos sim. Você acabou de nos pegar, certo?
— Foi o que eu disse! He, he, he... e Exu Mirim deu-lhes as costas e saiu caminhando todo pomposo. E antes de começar a assobiar uma de suas musiquinhas irritantes, ainda ouviram ele dizer:
— Vamos, horrores da noite! Vamos ver se pegamos mais alguém com as mãos na massa para vocês entrarem na vida deles e tornarem suas noites um horror! He, he, he...

Quando ele se afastou, seguido por todos os horrores da noite, Exu perguntou para Pombagira:
— Você sabe como ele conseguiu a guarda dos mistérios dos horrores da noite?
— Exu, se você que é o mais bem informado por aqui não sabe, eu nem imagino, certo?
— É, ele está se saindo melhor que a encomenda. Preciso mudar minhas táticas com ele, senão, logo logo ele levará minha indústria de ebós à falência, sabe?
— Por falar em falência, no que você pode me favorecer quanto à realização do meu desejo irrealizado de dar de mamar a Ogum Megê?
— Espere aí! Quem gera o fator favorecedor é você, não eu, certo?
— Pois é, você me ajuda, e eu o favoreço não o penalizando por ter entrado em meus domínios sem ter pedido licença antes.
— Pedir licença depois, nem pensar, não é mesmo?
— Não desvie de assunto, Exu! - ralhou Pombagira.
— Está certo. Você suspende sua punição e eu a ajudo na realização desse seu desejo. Mas você terá de fazer tudo como eu lhe mandar, certo?
— Se você diz que realizarei esse meu desejo, então está certo. Mas só dessa vez farei tudo o que você mandar, certo?
— Tudo bem. Você terá que..., entendeu?
— Entendi sim.

Então, Pombagira foi até a realidade onde Ogum Megê fazia um levantamento completo dela e de tudo o que existia nela e apresentou-se:
— Meu senhor Ogum Megê, eu sou Pombagira e, de joelhos e curvada diante do senhor, peço-lhe licença para falar-lhe dos meus problemas.
— Licença concedida, Pombagira. Exponha os seus problemas.

Pombagira relatou a ele, tintim por tintim tudo o que acontecera com ele por causa do seu desejo de dar-lhe de mamar, e o que vinha acontecendo desde então com ela por não ter conseguido realizá-lo. Então Ogum Megê falou-lhe:
— Agora sim, tudo será resolvido, Pombagira. Você já foi atormentada e minha mãe Iemanjá já foi punida pelo nosso pai e irmão Divino Criador Olorum.

– Como é que é???
– É como eu disse. Minha mãe Iemanjá desejou ter para si um filho que fosse uma réplica integral do meu pai Ogum no tempo em que ele vivia na morada interior do nosso Divino Criador Olorum.
– O senhor sempre soube de tudo o que aconteceu e vinha acontecendo?
– Em momento algum deixei de saber de tudo sobre todos. Se assim não fosse, eu não seria um ser divino, ainda que tenha me submetido aos desejos de todos os seres divinos envolvidos na minha vinda para a morada exterior do nosso Divino Criador.
– O meu senhor submeteu-se sem nunca ter reclamado de nada e sem nunca ter se ofendido, mesmo quando algumas outras mães Orixás, vendo-o cadavérico recusaram-se a dar-lhe de mamar por medo de serem contaminadas por algum fator cadaverizador?
– Sim, sempre me submeti e a tudo anotei.
– Então o meu senhor sabe que eu nunca quis prejudicá-lo e, sim, só não resisti ao desejo de lhe dar de mamar quando era um lindo, o mais lindo bebezinho... e mesmo depois, quando ficou cadavérico, não é mesmo?
– Sei de tudo isso, Pombagira. E tanto sei que vou realizar o seu desejo, não comigo assim, mostrando-me como um adulto e, sim, como o bebezinho que o despertou em seu íntimo.
– Por que o senhor fará isso por mim agora?
– É porque você, mesmo quando me via como uma caveira, não deixou de vibrar esse seu desejo. Você estava sendo observada pelo nosso pai e nosso Divino Criador Olorum o tempo todo.
– Eu estava sendo provada?
– Estava sim, Pombagira. Agora, acolha-me nos seus braços e realize o seu desejo, está bem?
– Se para o meu senhor está...
E mais ela não falou, pois ele se diluiu no plasma divino que o formatava e aninhou-se nos braços dela como o lindo bebezinho que a fascinara.
E Pombagira realizou seu desejo. E enquanto o realizava, pela primeira vez desde que fora exteriorizada, ela verteu lágrimas.
Pombagira chorou sim. E ela tanto chorou, que seu pranto sentido chamou a atenção de todos os Orixás que, ao vê-la dando de mamar ao pequeno Ogum Megê e emitindo o mais sentido dos prantos já ouvido por eles, ajoelharam-se, curvaram a cabeça e prantearam a sina e o destino dela na morada exterior do nosso Divino Criador Olorum.
Dos dois seios dela, e não só do direito, corria em abundância os néctares inebriantes gerados por ela. E a todos Ogum Megê sorvia.
Então, quando o pranto se acalmou e só filetes de lágrimas corriam pelas suas faces, ela conseguiu falar:

— Obrigada, meu pai Olorum! Obrigada, meu pai, por ter realizado o meu desejo. E, porque o senhor o realizou e aliviou o tormento que me consumia, prometo-lhe que toda fêmea que negar seus seios a um bebê faminto, doente ou cadavérico será punida pelos meus mistérios, pois dotou as fêmeas com eles para que nelas eles fossem fontes vivas sustentadoras da vida que acabou de brotar na sua morada exterior.

Então, ela foi até Iemanjá e falou:

Levante-se, minha mãe Iemanjá. Tome em seus braços o seu filho amado, que agora também foi adotado por mim, a Dama da Noite, a mulher das ruas e das encruzas da vida. Tome-o em seus braços, pois nos meus ele adormeceu satisfeito no sono que queria proporcionar ao nosso pai Ogum quando ele voltou da guerra contra os mundos rebelados. Contemple como dorme feliz o Redentor de todas as fêmeas impuras e maculadas só porque ousaram realizar seus desejos que, se são condenados aos olhos dos que vivem na morada exterior, os desejos são vistos pelo nosso Divino Criador somente como etapas da vida de cada um, vidas que Ele criou, sustenta e sempre sustentará enquanto elas alimentarem no íntimo o desejo de viver. Ogum Megê é o filho desejado por todas as fêmeas em um instante de suas existências e, para Pombagira, ele será sempre o filho Redentor que redime os crimes dos pais e realiza os desejos das mães.

— Ogum Megê é o nosso Redentor Divino, pais e mães da vida na morada exterior do nosso Divino Criador Olorum! — exclamou Pombagira, muito emocionada.

Então, todos os Orixás ali reunidos mais uma vez confirmaram o que já haviam feito antes quando do nascimento dele e mais uma vez reconheceram sua divindade redentora e fizeram essa aclamação:

— Salve Ogum Megê, Orixá Redentor de todas as filhas maculadas e impuras, que só o são porque ousaram realizar seus desejos! Que, em Ogum Megê, todas as filhas maculadas e impuras encontrem a redenção, pois ele é o filho que Olorum enviou à sua morada exterior para redimir os erros, as falhas e os pecados de todas as suas filhas, sejam elas divinas ou espirituais!

E todos os Orixás, mais uma vez reunidos em volta de Ogum Megê, tomaram-no em seus braços e passaram-lhe suas divindades e o presentearam com uma cópia dos seus mantos divinos, abrindo-lhe suas realidades para que nelas ele começasse a realizar sua missão divina na morada exterior do nosso pai e nosso Divino Criador Olorum.

Até Exu Mirim o presenteou e deu-lhe uma cópia inteira do seu manto ocultador, coisa inédita vista até então. E quando o devolveu à sua mãe Iemanjá, ele derramava sentidas lágrimas. Então, ela perguntou:

— Exu Mirim, por que você derrama lágrimas tão sentidas pelo meu filho Ogum Megê?

– Mãe Iemanjá, eu derramo-as porque, se ele e eu temos por pai o Divino Criador Olorum, no entanto aqui na morada exterior ele tem a senhora como referencial materno... e Exu Mirim calou-se em consequência da sua tristeza e solidão por causa da sua orfandade.

Então Iemanjá pediu-lhe que concluísse o que queria dizer...

– Mas eu não tenho uma mãe aqui na morada exterior.

Os olhos de Iemanjá, que já vertiam lágrimas, aí banharam suas faces de vez. Ela passou o pequeno Ogum Megê para os braços de Oxum e cobriu Exu Mirim com seu manto azul-celeste e todo o seu amor materno e falou:

– Exu Mirim, você me aceita como sua mãe divina aqui na morada exterior do nosso Divino Criador e nosso pai Olorum?

– Eu a aceito, minha mãe Iemanjá! – exclamou ele aos prantos. Então, ela o tomou nos braços, inundou-o com seu amor materno e ajoelhou-se para então fazer este clamor:

– Meu pai e meu Divino Criador Olorum, o senhor devolveu-me a alegria de ter de volta minhas filhas maculadas e impuras ao conceder-me a honra de acolher como meu filho o seu Filho Redentor. Agora, honre-me mais uma vez tornando-me a mãe divina de todos os seus filhos órfãos de mãe aqui na sua morada exterior, meu pai amado!

Um clarão que surpreendeu a todos os Orixás explodiu ali e, do centro dele, um braço que era só luz estendeu-se na direção dela e cobriu-a com um manto de luz viva que resplandeceu ao infinito e envolveu com sua luz viva do amor materno a todos os órfãos então existentes na morada exterior.

Então, todos ouviram pela primeira vez na morada exterior, a divina voz do nosso Divino Criador Olorum, que disse a ela:

– Minha filha Iemanjá, você se redimiu por ter pedido ao meu filho Ogum que poupasse suas filhas maculadas e impuras, pois devia ter pedido a ele que poupasse a todas as filhas maculadas e impuras de todas as mães, porque todas elas, antes de serem de vocês já eram minhas filhas puras e imaculadas. A sua remissão aconteceu agora, quando você chamou para si a maternidade do meu filho Exu Mirim e clamou para que eu a tornasse a mãe divina de todos os órfãos em minha morada exterior. O teu clamor foi justo e corajoso e esse seu manto de luz viva do amor materno envolverá de agora em diante a todos os órfãos em todas as realidades já exteriorizadas por mim e nas que ainda haverei de exteriorizar e irá ampará-los. Assim, que cada órfão fique sabendo que, se não tem uma mãe espiritual, nunca deixará de ter uma mãe divina, que é você!

– Meu pai, assim o senhor determinou, assim serei e será de agora em diante.

E todos os Orixás ali reunidos, ainda curvados e com a testa encostada no solo, emitiram esta saudação:

– Salve Iemanjá, a mãe divina dos órfãos de mães espirituais na morada exterior do nosso Divino Criador e pai Olorum!

E ali ficou estabelecido que ela seria a mãe divina de todos os órfãos e que Ogum Megê seria o Orixá Redentor, porque traz em si a remissão dos nossos erros, falhas e pecados.

Quando Iemanjá conseguiu se reequilibrar da emoção de ter visto, ouvido e falado novamente com o Divino Criador Olorum, voltou seus olhos para o pequeno Ogum Megê que deixara nos braços de Oxum mas, em vez dele, o que viu foi uma réplica idêntica a Ogum quando vivia na morada interior.

E mais uma vez ela se ajoelhou e verteu lágrimas, pois acreditou que era Ogum mesmo quem estava ali. Ele se ajoelhou diante dela, pegou as mãos dela e as beijou demoradamente e então falou-lhe:

– Minha amada mãe Iemanjá, o pai de todos os pais honrou-a com o seu filho desejado e estabeleceu a Lei da Hereditariedade na sua morada exterior. De agora em diante, os filhos terão traços fisionômicos que demonstrarão que são filhos dos seus pais, os pais se verão refletidos no rosto dos seus filhos!

– Assim quis nosso pai e criador Olorum, assim será de agora em diante, meu filho Ogum Megê! – falou Iemanjá.

E todos os Orixás, ali reunidos, falaram em uníssono:

– Assim quis o nosso pai e nosso Divino Criador Olorum, assim já está sendo com todas as hereditariedades na sua morada exterior: todos os filhos terão traços fisionômicos que refletirão seus pais e os pais se verão refletidos nos seus filhos.

Assim determinou Olorum, assim é e sempre será!

# A Primeira Visita de Ogum do Tempo a Iansã

Ogum do Tempo, após ser legitimado e apresentado a todos os outros Orixás já exteriorizados, recolheu-se aos seus domínios na criação, domínios esses que são os Caminhos e o Tempo.

Ali, começou a solucionar os incontáveis problemas já gerados por Pombagira na morada exterior do nosso Divino Criador Olorum.

E, porque naquele seu primeiro momento na morada exterior havia tantos problemas já gerados por ela que consumiam todo o tempo dele, impedindo-o de visitar os outros Orixás para ajudá-los na solução de problemas surgidos em seus domínios ou realidades a eles confiadas pelo nosso pai e nosso Divino Criador, eis que seu pai o chamou e, após as saudações tradicionais entre eles, falou:

— Meu filho Ogum do Tempo, você precisa voltar sua atenção para os outros Orixás, todos com problemas dificílimos dentro das realidades regidas por eles, meu filho amado!

— Amado pai Ogum, Pombagira já gerou tantos problemas com aquela sua elástica e misteriosa concha geradora que, para cada problema que resolvo após enfiar dentro dela minha chave solucionadora de problemas, com ela ainda dentro já percebo ou detecto dezenas de outros problemas ainda não solucionados, sabe?

— Sei como é isso, meu filho. Eu vivia irritado, porque mal acabava de resolver um problema gerado por ela em sua concha e ela já me solicitava para resolver outro. Aquilo me irritava, sabe?

— Não sei não, meu pai. Eu, só por detectar novos problemas gerados por ela naquela sua concha, já me alegro e sinto satisfação, pois sei que quanto mais problemas, mais atuarei dentro daquela concha. E quanto mais complexos eles forem, mais minha imaginação é estimulada por ela para eu solucioná-los, sabe?

— Já estou sabendo que ela o estimula para que sua fértil e imaginosa chave solucionadora de problemas resolva para ela problemas que até ela desconhece, mas que aquela sua concha gera. Pombagira pode ser um problema para os pensadores a decifrarem. Mas é um estímulo contínuo para os seres de imaginação fértil, não?

– Creio que é, meu pai!

– Ogum do Tempo, quero que você comece a visitar os outros Orixás para encontrar para eles as soluções que resolverão graves problemas surgidos nos seus domínios.

– Assim quer o meu pai Ogum, assim farei, pois a sua vontade se manifesta como um desejo a ser realizado por mim, sabe?

– Já estou começando a saber... que minhas vontades se realizarão em você como desejos, meu filho.

– Foi isso o que eu disse, meu pai.

– É... foi isto mesmo que você disse e que entendi.

– Com sua licença, meu pai! Vou começar a realizar essa sua vontade que, para mim, é uma ordem a ser cumprida e um desejo a ser realizado.

– Licença concedida, meu amado filho Ogum do Tempo! – falou Ogum, impressionado com a fértil imaginação desse seu filho, exteriorizado pelo Divino Criador Olorum pela concha geradora de Logunã, senhora do Tempo e da mais imaginosa concha.

De volta aos seus domínios, Ogum do Tempo recorreu à sua visão central da criação exterior e detectou que deveria ir até Iansã, a Senhora das Direções e dos Movimentos, pois era a mais necessitada de auxílio naquele momento.

Como viu muitos problemas a ser resolvidos dentro de seu campo visual ou seu campo de ação, recorreu a um dos recursos que sua hereditariedade materna lhe facultava, e deslocou-se até Iansã usando uma passagem atemporal, passagem que lhe permitia deslocar-se até a realidade que estava com problema e que, após resolvê-lo, retornava ao seu domínio sem que um só segundo tivesse se passado. Esse recurso, herdado de um dos mistérios de sua mãe Logunã, Senhora do Tempo, ajudava-o demais como guardião do que Pombagira possuía e tinha na sua frente... que eram problemas, problemas e mais problemas.

Em uma fração de segundos ele resolvia problemas que demandavam horas e horas de árduo e intenso trabalho com as chaves resolvedoras de problemas que as herdara do seu pai.

Ora ele recorria a uma, ora a outra, e não havia problemas criados por Pombagira em sua concha problemática que ele não resolvesse com prazer e satisfação, e voltava no mesmo instante ao seu campo de atuação na criação como Ogum solucionador de problemas. Segundo Exu, o mais informado, mas o mais indiscreto dos nossos informantes, Pombagira vive criando certos tipos de problemas com sua problemática e misteriosa concha, só para ver Ogum do Tempo introduzir nela certas chaves, cujos segredos são mantidos fechados a sete chaves, só para vê-lo introduzindo-as nessa sua concha, sabem?

Mas essa é outra das lendas não contadas... ainda, certo?

Bom, o fato é que aquela primeira visita de Ogum do Tempo a Iansã, não só foi a primeira dele, como foi seu primeiro deslocamento até os domínios dos outros Orixás, com exceção dos de Pombagira pois, dos dela ele praticamente não saía, porque mal saía e já tinha de entrar de novo para solucionar outros problemas detectados dentro deles.

E, com essa necessidade de Ogum do Tempo ficar entrando e saindo dos domínios de Pombagira, só mesmo recorrendo às passagens atemporais ele resolveria problemas surgidos nos domínios dos outros Orixás sem deixar de entrar e de sair dos dela.

Mas Ogum do Tempo, tal como Oxaguiã, é muito imaginativo. E se Oxaguiã herdara a força de Oxalá, ele herdara a potência de seu pai Ogum.

A distância, em seus domínios no Tempo, Logunã sorria satisfeita e despreocupada, pois agora Pombagira estava bem arrumada, já que Oxaguiã havia assumido o que ela possuía e tinha atrás (fato esse que a fazia viver dando suas risadas gostosas e escrachadas) e Ogum do Tempo havia assumido o que ela possuía e tinha na sua frente (fato esse que a fazia choramingar e reclamar entre uma gargalhada e outra), ela franziu o cenho ao ver que ele ia fazer sua primeira visita na morada exterior justamente a Iansã, a Senhora dos Movimentos e das Direções na morada exterior de Olorum.

Ogum do Tempo percebeu que sua mãe franzira o cenho e falou:

– Amada mãe, não se preocupe com essa minha primeira visita, sabe?

– Não sei não, meu filho. Por que não devo me preocupar, se essa sua primeira visita é aos domínios da Senhora dos Movimentos e das Direções? Ela poderá gerar para você certos movimentos ou abrir-lhe certas direções que o afastarão dos meus domínios, atualmente sem problema algum, porque você e Oxaguiã têm resolvido a contento todos os problemas criados neles por Pombagira.

– Eu irei até os domínios dela por meio de um portal e retornarei no mesmo instante. Com isso, resolverei os problemas que lá encontrar sem sair dos seus domínios, sabe?

– Já estou sabendo, meu filho. Mas, ainda assim, só desfranzirei meu cenho e só relaxarei quando você, sem sair do seu domínio dentro dos meus, comunicar-me de viva voz que já solucionou todos os problemas que lá encontrar, está bem?

– Se assim está bem para a senhora, para mim também está.

– Então que assim seja de agora em diante entre nós dois, meu filho Ogum do Tempo.

– Assim será, minha mãe amada. Com sua licença!

– Licença concedida, meu filho amado – falou-lhe Logunã, de cenho franzido e muito preocupada.

Segundo outra fonte muito bem informada, quando Logunã franze o cenho e fica preocupada, o Tempo para e só volta a fluir quando sua imaginosa mente imagina uma solução que a descontraia e relaxe-a, despreocupando-a. E Ogum do Tempo, que sabia dessa característica de sua mãe, foi cauteloso nessa sua primeira visita aos domínios de outro dos Orixás exteriorizados por Olorum.

Ogum do Tempo deslocou-se para os domínios de Iansã e foi recebido por ela efusivamente, fato esse que o desarmou completamente.

Após saudá-la e receber sua licença para levantar-se diante dela, ela, parcialmente coberta pelo seu manto vivo de cor amarela-resplandecente, jogou-o todo nas suas costas e estendeu os seus braços, abraçando-o e apertando-o contra si. Feliz com a visita dele, e vibrando intensamente enquanto o apertava em seus braços, ela falou:

– Por que você demorou tanto para vir me visitar, Ogum do Tempo?

– Bom, eu estava muito ocupado resolvendo problemas criados por Pombagira, sabe?

– Não sei não. Como é isso, Ogum do Tempo?

– Bom, eu vivo entrando e saindo dos domínios dela para resolver problemas gerados por ela ou aquela sua concha da vida, problemática e misteriosa, sabe?

– Agora sei que você é um eterno resolvedor dos problemas misteriosos gerados por Pombagira e sua concha, certo?

– Foi o que eu disse, minha mãe Iansã, senhora dos movimentos e das direções. Mas eu não vim até a senhora para falarmos dos problemas dela e da sua concha, e sim para que me fale dos seus e dos problemas que está tendo com ela, sabe?

– Agora sei, Ogum do Tempo! – exclamou Iansã, alegrando-se mais ainda pois, se ele conseguia resolver e solucionar os problemas gerados por Pombagira e sua concha problemática e misteriosa, acalmando os seus choramingos e reclamações, então resolveria os seus muito facilmente.

Como ela não fazia menção de soltá-lo dos seus braços, ele começou a detectar e anotar vários problemas dentro das realidades confiadas a ela por Olorum. E a maioria tinha a ver com o fato de sua concha da vida não estar recebendo as quantidades adequadas dos certos tipos de fatores mantenedores do equilíbrio dos meios e de seres, assim como detectou e anotou vários reparos que precisavam ser feitos nela. Então, sem soltar-se dela, ele falou:

– Minha mãe Iansã, detectei e anotei todos os fatores que não estão em equilíbrio dentro dos seus domínios, assim como detectei que sua concha da vida está precisando de vários reparos.

– Você já detectou e anotou?

– Foi o que eu disse. Eu herdei do meu pai Ogum os fatores detectador e anotador, assim como gero e irradio de mim o fator reparador, sabe?

— Já estou sabendo e alegrando-me mais ainda por você poder reparar todos os danos já sofridos por minha concha geradora. Você quer examiná-la agora?

— Se estiver bem para a senhora, então eu não só a examinarei como começarei a fazer os reparos necessários para que ela passe a funcionar como quando a recolheu na mesa das conchas da vida e aí ela voltará a gerar com toda a sua potência.

— Para mim está muito bem, Ogum do Tempo. Pode pegar minha concha da vida e fazer nela todos os reparos necessários! – falou Iansã, estendendo os braços com a sua concha da vida entre as mãos.

Ele a examinou e falou:

— Acho melhor a senhora segurá-la, pois a repararei aqui mesmo.

— Caso queira, pode levá-la e só devolvê-la após certificar-se de que esteja em plenas condições de uso, sabe?

— Não sei não. Porque confia-me a guarda dela até eu repará-la toda?

— É que capto uma certa preocupação de sua mãe Logunã com sua estada em meus domínios. Então, não a quero preocupada por causa do tempo que demorará para repará-la, certo?

— Não tem problema, minha mãe Iansã! Eu vim até a senhora por meio de uma passagem atemporal. Logo, desde que eu não saia dos seus domínios, o tempo não terá fluído um milésimo de segundo quando eu voltar, sabe?

— Já estou sabendo que, para Ogum do Tempo, o tempo que usa para resolver problemas alheios não conta, nem mesmo para Logunã, a Senhora do Tempo!

— É isso mesmo. Essa foi a solução que encontrei para resolver os incontáveis problemas gerados por Pombagira em sua problemática e misteriosa concha, sabe?

— Já estou sabendo e alegrando-me ainda mais, pois, já que nessas suas saídas dos seus domínios no Tempo, o tempo não flui, então você tem tempo de sobra para fazer reparos tanto nessa minha concha como nas das minhas filhas, todas elas também necessitando de reparos.

— Já estou sabendo... – murmurou ele, ao ver o grande número de filhas dela, todas com os braços estendidos na direção dele e com suas conchas danificadas nas mãos – ainda bem que vim até a senhora por meio de uma passagem atemporal! Creio que, mesmo que o tempo não conte, muito tempo se passará até eu realizar os reparos necessários em todas elas.

— Você precisa visitar os domínios das outras mães da vida para ver quantas conchas há para você repará-las, sabe?

— Só pelo que vejo aqui, imagino que usarei metade da eternidade para reparar a todas, minha mãe Iansã! – exclamou Ogum do Tempo, meio preocupado.

— Ogum do Tempo, para quem tem toda a eternidade à sua frente, gastar metade dela consertando conchas da vida danificadas não é nada.

Afinal, ainda lhe restará outra metade da eternidade sem nada para fazer, certo?

— Isso é certo. E, para Ogum do Tempo, que tem toda a eternidade à sua frente, ter metade dela sem nada para fazer é um problema e tanto, sabe?

— Não sei não, mas tem metade da sua eternidade para descobrir algo que o ajude a ocupar-se nela, certo?

— Certo. Agora, abra devagar essa sua concha da vida para eu examiná-la por dentro, pois não quero usar uma chave reparadora inadequada.

— Você tem muitas chaves reparadoras? – perguntou Iansã, muito curiosa.

— Só tenho as chaves mestras que herdei do meu pai e outras que, com a ajuda do fator imaginador que herdei de minha mãe, desenvolvi para realizar reparos na concha da vida de Pombagira.

— Como são essas chaves, Ogum do Tempo?

— São muito práticas, pois ela, sempre que surge um problema fica impaciente e começa a choramingar e a reclamar ao mesmo tempo, e só para e volta a sorrir quando o reparo termina. Por isso, desenvolvi chaves práticas, de fácil manejo e com funções múltiplas! – falou ele enquanto mostrava a ela seu molho de chaves técnicas, que era como ele as denominava, e ainda o denomina.

— Ogum do Tempo, você tem nesse molho chaves técnicas de todos os tipos! Como isto é possível, se até agora você só realizou reparos na concha de Pombagira?

— A senhora não imagina como é problemática e misteriosa aquela concha. Só mesmo com muita imaginação eu consigo reparar todos os danos que surgem nela a todo instante, sabe?

— Sei sim.

— Mas, imaginação é o que não me falta. E, além do mais, quanto mais difícil é o reparo que tenho de realizar para resolver um problema, mais estimulado eu me sinto.

— Ainda bem que você, tal como Oxaguiã, seu irmão por parte de mãe, também gosta de fazer o que só vocês podem e devem fazer!

Ele se manteve em silêncio enquanto examinava com acuidade aquela concha, quase tão profunda quanto a que sua mãe carregava na mão direita. Após um demorado exame, ele falou:

— Minha mãe Iansã, vou ter de recorrer a toda a minha inventividade, pois gero em mim o fator inventador, para repará-la.

— Fator inventador?

— Foi isso o que eu disse, certo?

— Foi sim. De quem você o herdou?

— Eu não o herdei, minha mãe Iansã.

— Se não o herdou, então você o possuiu por meio de alguém, não?

– Também não. Quando o nosso pai e nosso Divino Criador Olorum me criou como ser ainda imanifestado, gerou-me na concha da vida da Senhora da Inventividade Divina, sabe?

– Agora estou sabendo que, se os filhos dos pais e mães originais da criação na morada exterior herdam deles os seus fatores divinos, também trazem em si, de quando gerados por Olorum, fatores inimagináveis! – exclamou ela, contemplando a chave criada por ele para fazer reparos em sua concha da vida.

A chave era grossa e comprida e tinha uma ponta especial que, segundo ele explicara, quando pressionasse o fundo de sua concha, ela abriria dos lados-chave menores que sobressairiam a 45 graus, entrando em todas as aberturas laterais internas dela para realizarem um reparo completo.

Iansã, muito curiosa, pressionou a ponta daquela chave nas mãos de Ogum do Tempo e, como que por encanto, começaram a sair chaves de todo o corpo cilíndrico dela. Só que eram mais finas e também possuíam pontas retráteis que, se pressionadas, também faziam sair novas chaves, ainda mais finas de seus corpos cilíndricos.

Como ela disparou os mecanismos tocando com os dedos aquelas pontas enquanto ia contando-as, e elas continuaram crescendo e ficando muito compridas. Ela perguntou:

– Ogum do Tempo, como você vai reparar esta minha concha já danificada se essa chave irá danificá-la ainda mais, pois não para de crescer?

– Ela para sim. Apenas que, fora dessa sua concha, não há os limitadores que ela começará a gerar assim que eu introduzi-la, sabe?

– Ainda não sei. Você gera o fator limitador?

– Gero-o sim. Assim como gero o fator adaptador, fator esse que facilita meu trabalho pois, se eu dimensionar para mais ou para menos uma chave, ele a adapta imediatamente aumentando ou diminuindo o tamanho dela, tornando-a ideal para realizar os reparos necessários.

– Essa adaptabilidade das chaves que você inventa, você já a comprovou ao resolver os problemas surgidos na concha de Pombagira?

– Já comprovei sim. E posso assegurar que elas são infalíveis, sabe?

– Já estou sabendo que suas chaves são adaptáveis e infalíveis. Mas, como você fará para essa chave-mestra recolher todas essas outras chaves secundárias?

– Basta apertar esse mecanismo aqui, bem no começo dela que todas se recolhem. Afinal, o mecanismo da ponta dela é muito delicado e, quando eu colocá-la no meu molho, um toque, um esbarrão ou uma outra pressão qualquer poderá ativá-la. Então, pensei nisso também, pois bastará eu pressionar esse botãozinho que a desativo.

— Esse seu fator inventor torna-o muito engenhoso, Ogum do Tempo! – exclamou Iansã, muito admirada com o fato dele pensar em tudo mesmo.

Inclusive, ele havia pensado uma chave que se abria já dentro de sua concha da vida e entrava em todas as aberturas internas existentes dentro dela, aberturas essas que ora uma, ora outra, era usada para gerar algo necessário à morada exterior do Divino Criador Olorum.

Mas, uma chave que entrava em todas aberturas internas de uma só vez, só Ogum do Tempo e sua inventiva imaginação havia pensado e criado!

Iansã ordenou:

— Ogum do Tempo, vamos ver como funciona essa sua chave reparadora de conchas da vida?

— Pois não, minha mãe Iansã! Abra-a o suficiente para eu introduzi-la, que o restante ela fará sozinha, sabe?

— Não sei ainda não. Mas espero saber! – exclamou ela feliz, já abrindo a sua concha da vida que, assim que teve aquela chave reparadora toda introduzida em seu interior, ficou quente, muito quente mesmo, deixando-a de cor rubra.

Vendo o que acontecia com sua concha, ela o interpelou preocupada:

— Ogum do Tempo, o que está acontecendo com minha concha da vida, que gera até os pensamentos de Xangô, que cria coisas ligadas ao fogo?

— Está tudo bem, minha senhora Iansã.

— Não está não. Se ela continuar assim, tão quente, vai acabar derretendo-se e eu me tornarei a primeira mãe Orixá a não ter uma concha para gerar algo aqui na morada exterior do nosso Divino Criador Olorum.

— Não precisa se preocupar, está bem?

— Por que não? Explique-se, Ogum do Tempo!

— Eu me explico! É que eu gero de mim um fator que herdei de minha mãe, sabe?

— Que você gera esse estranho fator eu já sei, pois ele está sendo irradiado por essa sua chave. Agora, o que não sei é que fator é esse que incandesceu minha concha, resistente até aos fatores ígneos de Xangô. Explique-o, Ogum do Tempo!

— Bom, segundo ela, o nosso amado pai Oxalá cedia modelos perfeitos dos mundos a serem criados a todos os pais Orixás. Mas quando algo saía errado por causa de algum dano não reparado na concha que o recebia como um pensamento para concretizá-lo, o modelo era devolvido e tornava-se um problema para ele. Então ela pensou um fator mais quente que o fator ígneo, mas que não queima nada e só aquece as coisas que toca. Com isso, Oxalá recorre a esse fator aquecedor dela, que esquenta os modelos dos mundos a uma temperatura tal que só com a força do pensamento dele eles voltam a ter suas formas originais. Depois, ele recorre a um outro fator que ela também gerou para ele,

que é o fator resfriador, e resfria o modelo já reparado e torna a guardá-
-lo ou dá-lo ao Orixá que havia devolvido, sabe?
— Já estou sabendo que na morada exterior há um fator mais quente que o fogo, gerado por Logunã e que você o herdou... e está usando-o para reparar minha concha da vida. Ela está muito danificada?
— Não há danos nela que não possam ser reparados por essa minha chave, sabe?
— Só de saber isso já consigo me descontrair parcialmente, pois nunca havia visto isto acontecer em minha concha, sabe?
— Sei sim. Ela antes nunca tinha recebido uma chave que irradia o fator aquecedor, certo?
— É certo, Ogum do Tempo. Minha concha está parecendo uma forja, de tão quente que está.
— Quando os reparos internos terminarem, eu retirarei esta chave e introduzirei nela uma chave resfriada que devolverá a ela sua temperatura anterior.
— Por que as bordas dessa minha concha engrossaram um pouco, Ogum do Tempo?
— Por causa da altíssima temperatura dela, mas assim que for resfriada ela voltará à sua forma e aparência anterior.
— Você não pode fazer com que elas permaneçam assim?
— Só se eu não resfriá-la totalmente. Mas aí, ela terá uma temperatura acima do seu estado natural.
— Caso isso venha atrapalhar minhas futuras gerações, você poderá rebaixar a temperatura dela?
— Claro que sim, senhora Iansã. Tenho feito isso com a concha de Pombagira, que ora pede que aumente a temperatura, ora pede que abaixe-a. Ela não se decide, sabe?
— Não sei não. Mas sei que ela é muito instável por causa do fator desestabilizador, que ela gera.
— Pronto! — exclamou ele satisfeito — Sua concha está toda reparada por dentro, minha senhora Iansã. Vou retirá-la para resfriá-la com outra de minhas chaves controladoras de temperatura das coisas danificadas reparadas por mim.
— Ogum do Tempo, ocorreu-me uma ideia, sabe?
— Não sei não. Que ideia ocorreu-lhe, minha senhora Iansã?
— Por que você não recorre ao seu mistério pensador da vida e pensa uma filha para me auxiliar nos domínios do Tempo, confiados a mim por sua mãe Logunã?
— Como é que é?!!
— Você é um Orixá genuíno e reconhecido por Oxalá. Logo, caso queira me conceder essa honra, basta pensar que o nosso Divino Criador exteriorizará uma de suas filhas divinas, confiando-me sua hereditariedade, sabe?

– Já estou sabendo o porquê da minha mãe Logunã ter fechado o seu semblante e contraído o seu cenho! – murmurou Ogum do Tempo, já preocupado com a ideia dela.

– Ande logo, Ogum do Tempo! Essa minha ideia já ativou o mistério gerador dessa minha concha da vida e ela já está em atividade geracionista. Atue rápido ou ela se tornará incontrolável em pouco tempo!

– Essa não! Uma concha da vida fora do controle mental de sua portadora é uma problema e tanto a ser resolvido e solucionado, mesmo para Ogum do Tempo, sabe?

– Ainda não sei, pois essa é a primeira vez que ela está fugindo ao meu controle mental.

– Está certo. O que tem de ser, certamente será! – diz minha mãe Logunã.

– Ela tem razão. Portanto, faça o que deve fazer e que só você pode fazer!

– Vou ter de usar de muita concentração e de toda a minha engenhosidade para alterar as funções dessa minha chave reparadora e, sem tirá-la de dentro de sua concha, transformá-la em uma chave geradora da vida, sabe?

– Ainda não sei como você resolverá esse problema, mas confio na sua inventividade para conseguir tal coisa.

Ogum do Tempo fez cálculos e mais cálculos, adicionando mentalmente uns fatores e subtraindo outros até que transformou aquela sua chave reparadora em uma chave geradora. E quando percebeu (pois Ogum percebe) que havia conseguido, pensou uma filha para Iansã e enviou seu pensamento para dentro daquela concha da vida e em seguida injetou em toda a chave todos os fatores necessários à concretização de uma ideia de Iansã.

Logo a seguir ele a retirou e a concha fechou-se e começou a gerar. E dali a pouco abriu-se toda e irradiou um plasma fluídico que rapidamente tomou a forma de uma esplendorosa e jovem Orixá, filha de Iansã.

O nascimento de um novo Orixá na morada exterior de Olorum é algo divino, semelhante à explosão luminosa de uma supernova, que são as estrelas mais radiantes do Universo. E a vinda daquela nova Iansã, exteriorizada pelo Divino Criador Olorum pela concha da vida de Iansã não fora diferente. Fato esse que chamou a atenção de todos os Orixás, que no instante seguinte já estavam ali, em volta dela, contemplando-a com grande alegria, pois era mais uma vontade do Divino Criador que se manifestava na sua morada exterior.

Ogum do Tempo ordenou-lhe então:

– Minha filha, vá até sua mãe Iansã, saúde-a e receba a sua bênção e sua divindade aqui na morada exterior do nosso Divino Criador Olorum!

Após abençoá-la e transmitir-lhe a sua divindade, Iansã ordenou a ela que fosse até seu pai Ogum do Tempo, saudasse-o e recebesse sua bênção e sua divindade, também.

Após ele abençoá-la e divinizá-la, ele lhe ordenou que fosse até sua avó Logunã para saudá-la e receber dela sua divinização. E quando isso fez, Logunã ordenou-lhe que fosse até seu avô Ogum. E este, após isso fazer, ordenou-lhe que fosse até Oxalá para ser reconhecida e legitimada como Orixá exteriorizada pelo Divino Criador Olorum.

E após a sua legitimação por Oxalá, ela foi até todos os outros Orixás para saudá-los e ser abençoada e divinizada por todos eles.

Quando Oxalá saiu de seu recolhimento, reconheceu-a e legitimou-a como Iansã do Tempo: Iansã por parte de sua mãe e do Tempo por causa de seu pai Ogum do Tempo.

Logunã, como toda avó amorosa e ciumenta de suas netas, envolveu-a toda e logo levou-a para os seus domínios, que são os domínios do Tempo.

E Iansã do Tempo, porque foi gerada na concha superaquecida de sua mãe Iansã, herdou dela, já em estado natural, uma concha hiperquente que, de tão quente que é, só Ogum do tempo consegue gerar algo dentro dela.

E, até hoje nenhum Orixá quis abrir aquela sua concha rubra e superquente e depositar dentro dela seus pensamentos.

Mas, segundo Exu, o mais bem informado, mas o mais indiscreto dos nossos informantes, uma das razões de nenhum Orixá a procurar, é porque entre todas as Iansãs já manifestadas por Olorum, ela herdou de sua avó Logunã o fator resfriador para contrabalançar sua geração na concha superaquecida de Iansã, fato esse que a tornou uma Orixá gélida, glacial mesmo, mas que tem uma concha superquente.

Essa "frieza" natural dela afasta quase todos de seus frios domínios no Tempo, que só não se congelam por causa da sua concha, a mais quente de todas as conchas da vida.

Bem, por esssa lendas vocês já têm uma ideia dos mistérios confiados aos Sagrados Orixás pelo Divino Criador Olorum.

Por isso, achamos melhor continuarmos com o momento que antecedeu a saída dos Orixás para a morada exterior do nosso Divino Criador Olorum, onde eles começariam a criar formas, desde as micropartículas até as gigantescas constelações, coalhadas de estrelas, planetas, asteroides, etc., criando o mundo manifestado que haveria de acolher os seres espirituais que viriam a ocupá-lo e evoluir nele.

Ainda na alameda com mesas e mais mesas, eles iam avançando por ela e recolhendo o que a cada um Olorum havia reservado:

Havia mesas com frutas nas duas alamedas. Na mesa da alameda masculina só havia frutas classificadas como machos e na alameda feminina só haviam frutas classificadas como fêmeas.

Havia mesas com raízes, com folhas, com insetos, com serpentes, etc. Enfim, tudo o que passaria a existir na morada exterior ali estava e os Orixás levariam consigo as "matrizes", por meio das quais concretizariam e controlariam suas multiplicações.

Após percorrerem aquelas alamedas e recolherem incontáveis mistérios, Olorum determinou-lhes que fossem ao encontro das suas mães divinas, pois receberiam delas outros mistérios.

– Sim, vocês não sabiam que os Orixás têm mães divinas?

– Pois saibam que suas mães divinas são denominadas por esses nomes:

- Mãe da Misericórdia Divina;
- Mãe do Amor Divino;
- Mãe da Compaixão Divina;
- Mãe da Compreensão Divina;
- Mãe da Generosidade Divina;
- Mãe da Concórdia Divina;
- Mãe do Geracionismo Divino;
- Mãe da Criatividade Divina;
- Mãe das Eras ;
- Mãe dos Ciclos;
- Mãe dos Ritmos;
- Mãe da Benevolência;
- Mãe das Conchas da Vida, etc.

Assim como muitos são os Orixás, muitas são as mães divinas nas quais eles foram gerados por Olorum e das quais herdaram suas qualidades, funções, poderes e mistérios divinos.

Depois de os Orixás visitarem suas mães, retornaram a Olorum e este determinou que fossem visitar as senhoras guardiãs dos mistérios da criação interior, ou do Seu outro lado.

Cada uma dessas senhoras guarda um mistério, que é ele em si mesmo.

Havia o mistério das mil bocas, o das mil faces, o das mil mãos, o das mil flores, o das mil folhas, o dos mil símbolos, o dos mil sexos, o dos mil corações, o dos mil pelos e cabelos, o dos mil sangues, o das mil portas, o dos mil abismos, o das mil cores, o dos mil espelhos, etc.

Eram tantas senhoras guardiãs de mistérios da criação que aqui neste livro não caberiam seus nomes simbólicos, aqui usados para identificá-las, pois como vocês notaram, não usamos a língua yorùbá, e sim o simbolismo.

Do yorùbá, só usamos os nomes dos Sagrados Orixás e, ainda assim, aportuguesados, pois estamos escrevendo a saga dos Orixás para os brasileiros.

Quanto aos adoradores dos Sagrados Orixás que os cultuam pelos tradicionais cultos de nação, eles já têm suas belíssimas lendas a ensinar-lhes.

Bem, o que ocorreu no início da criação da morada exterior é que, quando Olorum viu seus filhos e filhas prontos para a construção dela, ordenou que se preparassem para deixar a morada interior e ocupar seus domínios na sua morada exterior.

# Lenda das Palavras Ditas por Olorum a Ogum Quando da Partida dos Orixás para a sua Morada Exterior

Todos os Orixás, convocados por Olorum para ocuparem sua morada exterior e prepará-la para receber os seres que precisariam evoluir nos mundos que eles criariam estavam sendo convocados para audiências.

Ogum chegou diante de Olorum e o saudou reverente:

— Achegue-se, Ogum! Você tem me honrado com todo o seu zelo por ver as coisas nos seus devidos lugares!

— Minha natureza me induz a proceder dessa forma, meu pai.

— Ogum, quando você foi gerado eu pensei em um filho que tivesse uma natureza ordenadora. Você é como eu o pensei, meu filho.

— Eu sinto que sou como o senhor me pensou, meu pai.

— Ogum, sua natureza será muito importante para manter a ordem das coisas na minha morada exterior. Nela, os seres que serão espiritualizados ou naturalizados estarão expostos a tantos fatores que deverão ser contidos ou se afastarão do meu propósito para cada um deles.

— Que propósito é este, meu pai?

— Cada um deles terá de desenvolver toda uma herança genética divina que, quando estiver desenvolvida, os tornarão caminhos em si mesmo. Como eu o pensei como você é, então regerá todos os caminhos, mantendo cada ser no seu. E todo aquele que se desviar do seu caminho, você terá por função reconduzi-lo a ele. Inclusive, reconduzirás seus irmãos e irmãs Orixás ao caminho que eles são em si mesmos, caso desvirtuem-se, certo?

— Se o meu pai diz que assim serei, então assim procederei. Mas, como saberei se alguém estiver fora do seu caminho?

– Tudo e todos estarão ligados a mim por uma onda, um fio divino. E não há dois fios iguais saindo de mim, Ogum. Este fio especial entrará verticalmente na coroa deles e sairá horizontalmente pela testa. Ou seja: entrará pelo chacra coronal e sairá pelo chacra frontal, formando um ângulo de 90 graus. Logo, bastará você olha-los para saber se estarão nos seus caminhos ou não.

– Meu pai, qual será a faixa de tolerância para esses fios se desviarem?

– Não serão os fios que se desviarão, e sim serão os seres naturais ou espirituais que estarão centrados neles. Os fios nunca se deslocarão, e sim serão os seres que se virarão para a direita ou a esquerda em relação a eles. Enquanto estiverem dentro da faixa de tolerância, você os amparará. Mas, caso saiam dela, se tornarão seres sem um destino e passarão a viver um destino alheio. Quanto à faixa de tolerância, será de 45 graus à direita e 45 graus à esquerda. E, caso ultrapassem esses ângulos, você terá por função alertá-los para que retornem aos seus caminhos. Por isso, eu o dotarei com todos os fatores necessários para exercer sua função.

– Que fatores são estes, meu pai?

– Eles são os que reconduzem alguém ao seu caminho; regeneram, refazem, reconstroem, rejuvenescem, reintegram, recompõem, rememoram, reconhecem, recalibram, reequilibram, etc.

– Meu pai, já existem fatores com essas funções distribuídos entre meus irmãos e irmãs?

– Não, Ogum. Há os que conduzem, os que geram, os que fazem, os que constroem, etc., mas os que confiarei a você agora, eles têm a função de corrigir a ação dos outros que forem desvirtuadas.

– Se assim será, então terei todos eles, mas com as funções de refazerem o que entrou em degeneração!

– É isso mesmo, Ogum. Só assim você poderá exercer as funções que reservei para você, meu filho.

– Refazer algo que se degenerou implica em demoli-lo antes, não?

– Implica sim. Por isso você gera este fator também, assim como gera todos os outros necessários às suas funções e atribuições. Sua função é atuar sobre tudo e todos, retificando cada coisa ou cada conduta, cada procedimento, etc.

– Meu pai, eu terei a função mais difícil, pois terei de corrigir até as ações dos meus irmãos e irmãs Orixás!

– Eu sei disso, Ogum. Mas, após você atuar em benefício deles, o fator reconhecedor que você gerar fará com que eles reconheçam que estavam se desviando de suas funções e se excedendo nas suas atribuições, e que você é o melhor limitador dos excessos. Por eu tê-lo incumbido de vigiar a caminhada de todos os seres, estarei na ponta do fio vertical e na ponta do fio horizontal estará você, vigiando o caminho de cada um. O seu dever será o de alertar todo ser divino, natural, espiritual, etc., que deixar de estar de frente para você.

– Entendo, meu pai.

– Venha, dê-me um abraço bem forte, pois logo você partirá, meu filho. Você será exteriorizado, pois na minha morada externa ainda não há caminhos a serem trilhados por seus irmãos e irmãs incumbidos por mim para construírem tudo nela!

Ogum abraçou Olorum e deixou correr lágrimas, de tanto que o amava. E nesse abraço recebeu de seu pai todos os fatores que precisaria gerar para bem exercer suas funções divinas na morada exterior.

Mas algo mudou em Ogum naquele momento tão angustiante para ele, que era a separação do seu amado pai Olorum.

Ogum deixou de ter sua visão e passou a ser a visão de Olorum; deixou de sentir a si próprio e passou a sentir Olorum; deixou de sentir suas emoções e passou a sentir as de Olorum; deixou de pensar pela sua mente e passou a pensar pela mente de Olorum, etc.

Enfim, Ogum vibrou intensamente o desejo de ficar abraçado ao seu pai por todo o sempre, de tanto que o amava, que Olorum passou a viver em Ogum, ainda que ambos continuassem a ser o que eram. Pai e filho!

Ali, naquele momento crucial e angustiante da despedida, Ogum deixou de vibrar o desejo e passou a vibrar a vontade.

O desejo é o que estimula os seres a tomarem iniciativas, nem sempre as melhores ou as mais corretas. Já a vontade, esta induz o ser a só fazer o que deve ser feito, a só proceder como se deve proceder, etc.

Ogum, ao soltar-se dos braços de Olorum era outro, ainda que, aos olhos desavisados, era o mesmo.

E quem teve olhos para ver, viu logo que algo havia acontecido com Ogum durante sua audiência com Olorum.

Oxum, que gostava de passear com ele e ficava horas conversando, notou que ele havia se isolado e já não lhe dava a mesma atenção não indo convidá-la para passearem.

Iansã, que era muito falante e extrovertida, quando estava perto de Ogum perdia a vontade de falar e recolhia-se, tornando-se introvertida.

Obá, que era sempre vivaz e carinhosa com todos, quando estava com Ogum tornava-se calada e observadora.

E assim, um a um, todos os irmãos e irmãs de Ogum foram se afastando dele, só se aproximando quando era extremamente necessário.

Inclusive, durante as refeições, Ogum começou a alertar os Orixás mais novos de que quem primeiro deveria se servir eram os mais velhos.

Ali, sem que ninguém percebesse ou entendesse Ogum, tudo estava começando a ser hierarquizado.

Olorum observava Ogum a distância e aprovava aquele seu novo modo de agir pois, se ainda estava na morada interior e já procedia daquele jeito, então estaria à altura das funções que teria de desempenhar na sua morada exterior.

Iemanjá, que o tinha na conta de seu filho, foi reclamar com Olorum sobre o comportamento de Ogum (segundo Exu, o mais bem informado dos Orixás, mas o mais revelador de todos, Iemanjá foi a porta-voz de todos os outros Orixás, inconformados com a nova postura de Ogum).

Olorum, após ouvir as reclamações de Iemanjá, falou:

– Minha filha, Ogum é como eu quero que ele seja. Entendo suas reclamações, mas vocês terão de entender que Ogum é como é, e nada ou ninguém mudará esse seu modo de ser. Logo, ou se adaptam a Ogum ou Ogum os readaptará.

– Ele já está fazendo isso conosco, papai!

– Eu tenho visto isso acontecer, e aprovo-o.

– Antes, Ogum ia até mim e me abraçava carinhosamente enchendo meu peito de alegria com sua alegria. Mas agora, ou eu vou até ele ou não o tenho mais nos meus braços como o meu filho querido e muito amado, sabe?

– Estou sabendo, minha filha.

– Ogum não me ama mais, papai! Perdi meu filho amado!

– Você está enganada, minha filha. O Ogum que todos vocês conheceram e querem de volta continua nele. Mas, para tê-lo, antes vocês precisarão entender, compreender, aceitar e amar esse Ogum que agora veem, sabe.

– Não sei não, meu pai. Quem é esse Ogum de agora?

– Esse Ogum de agora é eu no momento em que o pensei para vigiar minha morada exterior. E quem souber amar esse Ogum como agora ele é, terá o de antes, acrescido do amor que gerei no momento que nos abraçamos.

– Que amor é esse, papai?

– É o amor fraterno, Iemanjá! Esse amor expressa a lealdade, a fidelidade, o amparo, o bem-querer e a segurança que só a fraternidade transmite. Um dia todos descobrirão que ter Ogum na sua frente significa estar de frente para mim, não importando onde venham a estar.

– Em que sentido deveremos estar de frente para Ogum para estarmos de frente para o senhor?

– Em qualquer sentido, minha filha.

– Como é esse "estar de frente" para Ogum, papai?

– É estar de frente para ele, minha filha, pois quem deixar de estar de frente para Ogum deixará de estar de frente para mim; e quem sair da frente de Ogum, estará de costas para mim. E quem ficar de costas para Ogum estará invertido em relação a mim.

— Como entender isso? Quando saberemos se estamos ou não de frente para Ogum?

— Ele gera o fator alertador. Logo, sempre serão alertados caso desviem-se de Ogum.

— Está certo, papai. Agora sei que perdi para sempre o meu filho amado!

— Iemanjá, não se entristeça, minha filha. Se você acha que perdeu o filho do seu amor, eu dei-lhe o mais zeloso guardião pois, como seu filho amado, ele não teria coragem de alertá-la quanto a possíveis desvios em suas atribuições e funções. Mas, como o atento vigilante, ele nunca deixará de alertá-la caso algo venha a acontecer.

— Está certo, papai. Como sei que tudo o que pensa traz em si a perfeição, também amarei esse Ogum que o senhor nos devolveu.

— Nunca se esqueça de que dentro desse Ogum está o anterior, que era tão amado por vocês todos, está bem?

— Está sim, papai. Com sua licença!

— Licença concedida, minha filha.

E o velho Babalaô concluiu a sua lenda com estas palavras: "Guardião, você age como age porque todo filho de Ogum só sabe agir como um Ogum!"

— Meu pai, será que estou alinhado em relação aos fios vertical e horizontal?

O velho Babalaô olhou-o por um instante e deu uma risada gostosa, dizendo a seguir:

— Não se preocupe, meu filho! Você está alinhadíssimo, sabe.

— Já estou sabendo, meu pai. E sinto-me melhor também.

— Então vou lhe contar uma lenda sobre Orunmilá, Orixá da adivinhação. Creio que ela irá ajudá-lo a identificar mais facilmente o desequilíbrio dos espíritos.

— Quantas lendas sobre os Orixás o senhor sabe assim, de cor e tão detalhadas?

— Eu sei de todas, meu filho.

— Ouvindo-o contar essas lendas, tenho a impressão de que o senhor esteve lá, vendo tudo o que acontecia! Se fecho os olhos enquanto o senhor está falando, tenho a impressão de que estou vendo tudo acontecer, sabe?

— Sei sim, meu filho! Bom, vamos à outra lenda, muito instrutiva também.

# Lenda de Orunmilá, o Orixá da Adivinhação e das Oferendas

Orunmilá, o Orixá da adivinhação, já andava cansado de tantas solicitações para que revelasse aos seres o que estava errado em suas vidas, que resolveu mudar um pouco os atendimentos, senão logo não daria conta de tantas solicitações.

Esse fato aconteceu em um tempo em que o tempo já era cronometrado e os mundos criados já estavam sendo habitados pelos seres, em acelerada naturalização e espiritualização (naturalização é o ato de ligar e adaptar os seres à natureza e aos princípios divinos que regem a vida na morada exterior de Olorum. A partir da naturalização, eles se tornam seres naturais e assim permanecem até serem espiritualizados).

Bom, o fato é que Orunmilá se desgastava muito para dar conta de tantas solicitações e desenvolveu um novo método de adivinhação, que consistia em identificar as dificuldades a partir dos desequilíbrios dos seres em relação às linhas vertical e horizontal.

Ele estudou tudo quanto é tipo de desequilíbrio e comparou-os com o desalinhamento dos seres em relação a essas duas linhas e descobriu que cada tipo de dificuldade desviava as pessoas para a direita ou a esquerda.

Foram anos e anos de estudo, comparações e constatações, todas corretas.

Exu, o mais bem informado dos Orixás, ainda que seja também o mais indiscreto de todos, porque vive dando com a língua nos dentes e não consegue guardar segredo de nada, descobriu que o novo método de Orunmilá iria acabar com a sua mordomia de ser o principal auxiliar dele, pois o método era realmente inovador. E, como não podia perder sua primazia nesse campo, Exu começou a arquitetar um plano para que tal método não fosse aceito pelos outros Orixás.

Orunmilá, que só tinha tempo para atender quem o procurava e para seus avançadíssimos e inovadores estudos que culminariam no seu novo método divinatório, não ficou sabendo da intensa movimentação e proselitismo de Exu junto aos outros Orixás.

O que Exu andou dizendo pelas costas de Orunmilá, ele desconversa e alega que só fez o que fez para preservar o poder dos Orixás. Mas que ele trabalhou bem, isso ninguém questiona, pois Orunmilá foi convocado para uma reunião com todos os Orixás, reunidos especialmente para questioná-lo sobre o seu novo método divinatório.

Após muitas argumentações prós e contra o novo método, Exu falou:

– Orunmilá, caso o seu método divinatório caia em domínio público, tornaremo-nos presas nas mãos dos seres naturalizados ou espiritualizados pois, mesmo eles não podendo ver essas sete linhas à direita e à esquerda dos eixos vertical e horizontal, os eixos do equilíbrio, bastará eles darem oferendas que teremos de trabalhar para eles, enquanto que eles nada fazem por si mesmos, sabe?

– É verdade, Orunmilá! – sentenciou Oxalá.

– Eu reconheço como correta a observação de Exu, ainda que perceba por trás dos argumentos dele uma certa preocupação com a perda de certas funções dele junto dos seres espiritualizados e mesmo junto de Orunmilá. Portanto, Orunmilá não divulgará o novo método e o manterá oculto até que algo mais consistente que o desejo dele trabalhar menos indique a liberação desse método inovador. – sentenciou Ogum.

Orunmilá saiu triste e magoado daquela reunião e recolheu-se, recusando-se a dar consultas a quem o procurava. Seu criado alegava que ele não estava se sentindo bem e não queria correr o risco de emitir um oráculo incorreto.

O tempo foi passando e nada de Orunmilá voltar a emitir seus certeiros oráculos!

Os seres, desesperados com a falta de informações sobre o que fazer para superarem suas dificuldades, imploravam ao servo de Orunmilá o que deviam fazer até que ele voltasse a atendê-los.

– Vá falar com Exu! – respondia o servo de Orunmilá.

Exu, às voltas e assoberbado com outras encrencas armadas por ele, mas que não estavam saindo como ele esperava, tinha pouco tempo livre para responder a tantas perguntas, e as soluções indicadas por ele sempre davam certo até certo ponto, e daí em diante voltavam-se contra quem as adotava, piorando as coisas.

A situação estava ficando caótica nesse campo, quando Exu pediu auxílio a Ogum para que este demovesse Orunmilá de seu recolhimento e voltasse a dar consultas aos seres necessitados.

Ogum foi até Orunmilá a pedido de Exu e encontrou-o muito abatido e triste. Vendo que ele não mentia ao dizer que não estava em condições de emitir seus certeiros oráculos, Ogum convocou todos os Orixás e explicou-lhes o que estava acontecendo com Orunmilá.

Após várias deduções e deliberações, resolveram aceitar parte do método desenvolvido por Orunmilá.

Oxum, a mais persuasiva de todos os Orixás, e que havia sido adotada como filha por ele, foi incumbida de levar a proposta a Orunmilá. Este, após ouvi-la, recolheu-se ao seu aposento e meditou muito, antes de propor uma solução intermediária. E quando achou a melhor, voltou até Oxum e falou:

– Minha querida filha Oxum, diga a todos que tenho uma proposta que, se aceita, irá satisfazer a todos e facilitar ao meu trabalho.

– Qual é esta proposta, meu pai Orunmilá?

– Após eu adivinhar quais são os problemas das pessoas eu designarei o Orixá que poderá solucioná-los e, após a oferenda, o que tiver sido oferendado resolverá da forma que achar mais apropriada.

– Eu levarei sua proposta, Orunmilá!

Oxum levou a proposta, mas Exu não a aprovou, pois daí em diante as pessoas só precisariam oferendar quem tivesse a solução dos problemas delas.

Ogum, vendo mais uma vez que Exu argumentava em causa própria, mas sabendo que pior que conviver com Exu era tê-lo contra, aceitou a proposta de Orunmilá, mas o convenceu de que Exu também deveria ser oferendado, pois estava irredutível quanto a sua primazia, já aceita em outro evento marcante.

E assim, até hoje, quando vamos oferendar um Orixá devemos antes oferendar Exu.

# A Coroa dos Orixás

Olorum contemplou Oxalá por um longo tempo e, como os olhos desse seu filho amado não parava de verter lágrimas por causa da separação próxima, envolveu-o no mais divino dos abraços paternos e falou:

— Oxalá, meu filho, você é o meu primogênito e será o primeiro a adentrar na minha morada exterior.

— Pai amado, por que eu, meu pai?

— Você, meu filho amado, eu o gerei na sua mãe da plenitude Divina e você gera em si e de si espaço eterno. A sua presença em minha morada exterior gerará o espaço no qual exteriorizarei e assentarei todas as minhas realidades que são tantas, que o número é infinito.

— Olorum, meu pai, eu... — e Oxalá não conseguiu dizer mais nada, pois sua voz embargou.

Se vocês se emocionam com a agonia de Jesus Cristo ao ver na sua frente o cálice amargo que ele teria de beber, saibam que a visão de mil cálices daquele não seria nada ante a agonia de Oxalá naquele momento da criação.

Além de levar consigo a responsabilidade de ser o gerador do espaço infinito, ele sentia seu ser imortal ser afastado do de seu pai, o qual era inseparável.

Todos os outros Orixás observavam o desespero de Oxalá e também vertiam lágrimas pelos olhos.

Olorum, vendo-o amargurado, disse-lhe:

— Oxalá, meu filho amado, por ser o primogênito você será o primeiro a sair. Mas, por você ser o gerador do espaço, se você não sair, como seus irmãos e irmãs poderão sair da minha morada interior se não houver o espaço pelo qual se movimentarão e assentarão as realidades que são eles em si mesmo?

— Sinto-me fraco diante dessa primazia, meu pai!

— Oxalá, eu já sabia disso. Portanto, cada vez que você se sentir fraco, clame que lhe enviarei toda a força necessária para que leve adiante sua função na minha morada exterior, meu filho.

— Pois eu clamo-lhe nesse momento, meu pai!

— Eu o atendo, assim como atenderei a todos os meus filhos e filhas que se sentirem fracos na minha morada exterior para levarem adiante suas vidas e realizarem suas funções nela, meu filho!

Oxalá sentiu-se fortalecido, vigorizado, vitalizado, potencializado e levantou-se. A seguir, abraçou Olorum e recebeu dele uma coroa de luz viva, dizendo-lhe:

— Meu filho amado, esta coroa de luz viva será minha presença em sua vida. Ela contém todas as luzes da minha criação interior e os do interior de todas as minhas criações. Você será o primeiro a sair e a ocupar seu lugar na minha morada exterior. Então, essa coroa de luz iluminará o caminho de todos os que o seguirão, e terão em você a luz que, sem trazê-los de volta à minha morada interior, estará indicando se estão caminhando em minha direção ou se estão se afastando de mim. Quanto mais próximos de você, mais sua coroa de luz iluminará o Ori, a cabeça deles, meu filho! E quanto mais iluminado estiver o Ori de alguém, mais próximo de mim esse alguém estará. E quando alguém se afastar de mim, o seu Ori irá recolhendo a luz que irradiava quando estava próximo. E quando alguém retornar à minha morada interior sem ter saído da minha morada exterior, eu estarei por inteiro nele e ele estará irradiando-me com sua luz viva, que tocará a todos que iluminar.

E muitas outras coisas Olorum falou a Oxalá sobre os mistérios da sua coroa de luz viva e divina, que iria iluminar os seres na morada exterior.

E tanto Olorum falou a Oxalá sobre sua coroa de luz, que os outros Orixás começaram a verter lágrimas de tristeza por não terem ganhado também uma coroa de luz para iluminar os seres na sua morada exterior.

Olorum, que é onisciente e sabia que isso aconteceria, falou-lhes:

— Meus amados filhos Orixás, só um poderá ostentar essa coroa, pois eu tenho de centralizar essa luz que os seres irradiarão. Se todos a levassem para a morada exterior haveria confusão, pois quem se aproximasse de vocês, essa luz voltaria a ser irradiada por ele, ainda que não voltasse a ficar próximo de mim. Mas cada um de vocês recebeu a função de iluminar o espírito dos seres que estiverem vivendo na minha morada exterior. Como será por vocês que eles me encontrarão, então quanto mais próximos eles estiverem, mais iluminados os seus espíritos se mostrarão, porque, por meio de vocês, eles estarão se aproximando de mim. E quanto mais eles estiverem próximos de vocês, mais me refletirão. Se vierem a se afastar por não conseguirem me encontrar em vocês, suas luzes exteriores se apagarão e deixarão de refletir-me na minha morada exterior.

# Lenda do Acordo dos Ebós

Conta uma lenda que os Orixás não revelados e outros seres divinos aqui não comentados, mas com funções importantíssimas não andavam nem um pouco satisfeitos com o procedimento dos espíritos encarnados em relação às encrencas que arranjavam para si e, quando a coisa ficava feia para o lado deles, corriam em busca do amparo e da proteção junto aos Sagrados Orixás.

Isso que aqui comentamos aconteceu nos primórdios da humanidade, mas, como nada mudou desde então, a não ser nas aparências, podem imaginar como andam as coisas atualmente, certo?

Você viu que na lenda sobre o nascimento de Ogum Megê e em algumas outras surgiram alguns comentários sobre o acordo dos ebós, principalmente quando se juntam os três principais despachadores de encrencas alheias.

Para que entendam de forma correta a importância do acordo dos ebós, antes precisam conhecer algumas coisas sobre as partes ocultas envolvidas nele, senão vão achar que os Sagrados Orixás só auxiliam seus seguidores se forem oferendados, certo?

Os fatos são esses:

1º Olorum gera em si tudo o que possamos imaginar e até o que nem imaginar conseguimos.

2º Olorum gera realidades que são em si dimensões da vida.

3º Cada realidade ou dimensão é um universo em si mesmo e tem na sua regência um ser divino que tanto lhe dá sustentação como a dirige desde que ele a pensou e gerou.

4º As realidades já exteriorizadas por Olorum formam o que aqui denominamos de "sua morada exterior".

5º Na morada exterior existem tantas realidades, que é impossível quantificá-las ou mesmo darmos um número aproximado de quantas existem.

6º Os Sagrados Orixás, na teogonia nigeriana, são poucos se atentarem para o número deles: 200 revelados e 201 não revelados.

7º Como existem "bilhões" de realidades, então também existem "bilhões" de seres mistérios ou "Orixás".

8º Cada realidade é um "meio" com sua própria dinâmica evolucionista e não adianta alguém querer alterá-las, porque tudo o que Olorum gera é imutável em seu lado interno e só sofre alterações no seu lado externo ou aparente ou visível.

9º Uma realidade, ainda que seja algo em si, está ligada a todas as outras porque cada uma delas foi gerada em função das outras.

10º Por causa dessa interligação entre todas elas, criou-se uma interdependência complexa, e quando uma entra em desequilíbrio afeta as outras mais próximas.

11º Às vezes, o colapso de uma realidade acontece de forma irreversível e aí é um "deus nos acuda" porque várias outras são tão abaladas que também entram em colapso ou em um processo de fechamento em si mesma que provoca uma reação em cadeia, muito difícil de ser detida.

12º Quando isso acontece, os Orixás governadores da criação reúnem-se e decidem alguma medida que detém os colapsos enquanto é tempo e antes que males maiores aconteçam.

13º O ponto de confluência ou de contato entre todas as realidades, é o lado material da criação e o ponto de origem é o nosso Divino Criador Olorum.

14º Todas as realidades têm dois lados: um interno e assentado na morada interior e outro externo assentado na morada exterior.

15º A função dos Orixás governadores da morada exterior é criar mundos materiais no nosso Universo para que neles as muitas realidades tenham o seu lado externo e nele tenham a sua sustentação.

16º O lado interno envia para o externo a sua essência e recebe deste a sua energia densa ou composta.

17º No universo material já existem tantos corpos celestes, que é impossível determinar o número correto deles e o que temos são cifras tão grandes que bilhões a mais ou a menos não faz diferença alguma.

18º Cada corpo celeste estável tem sua regência ou governo divino, formado por vários Orixás. Alguns conhecidos e outros desconhecidos.

19º As formas da vida fluir variam de uma realidade para outra e é preciso um mistério, o do Tempo, para coordenar a sincronicidade cronológica entre todas elas.

20º A teogonia nigeriana é belíssima e é uma das mais ricas. Mas, ainda assim, a teogonia hindu é mais abrangente, porque privilegia um número maior de seres divinos, sendo que o número deles alcança a casa dos milhares.

21º Todos os Orixás "humanizados" na teogonia nigeriana são governadores gerais e são aplicadores de funções comuns a todas as realidades.

Para que entendam isso, imaginem todas as realidades como um país, onde cada uma é uma cidade com seu prefeito.

A reunião de muitas cidades criam estados.

A união de vários estados afins criam um país.

O país tem seu presidente e um corpo de ministros que formam o primeiro escalão.

Na morada exterior, o presidente é o Orixá Oxalá e a primeira-dama é Iemanjá.

Mas, tão importante quanto eles são os ministros, seja o da justiça, o da guerra, o dos transportes, o da educação, o da saúde, etc.

Cada ministro tem seu ministério e ele é o responsável integral pelo que acontece em sua área de atuação.

22º Nem todos os Orixás com funções gerais e comuns a todas as realidades receberam nomes na língua yorùbá e por isso os chamamos de Orixás cujos nomes não foram revelados.

23º Existem os governadores gerais e os governadores específicos (dos estados).

24º Aqui só temos lendas sobre os governadores gerais.

25º Todas as realidades interagem com o plano material, no entanto, só um pequeno número delas desemboca no planeta Terra.

26º É com essas que aqui desembocam que temos de nos haver porque tanto podemos influenciá-las quanto elas a nós.

27º Como só uns poucos Orixás foram humanizados, é por meio deles que podemos obter dessas realidades o que precisamos ou será por meio deles que nos rearmonizaremos e reequilibraremos, caso tenhamos negativado nossas ligações com elas e vice-versa.

28º Como muitas são as realidades e poucos os Orixás revelados, houve um tempo em que o desequilíbrio era total e toda a crosta terrestre entrou em decadência, gerando todo tipo de calamidades climáticas e geológicas.

29º Foi nesse tempo que foi necessário uma reunião de todos os Orixás, desde o governador geral e seus ministros até os prefeitos e seus vereadores.

30º Como no astral (no Orun) reina a teocracia, o que se decide nas reuniões gerais torna-se Lei para criação da morada exterior do nosso Divino Criador Olorum.

# Lenda do Acordo sobre os Ebós

Houve um tempo em que nosso planeta entrou em desequilíbrio porque os espíritos encarnados deixaram-se levar por uma onda de rebeldia e quis sua independência das forças da natureza, tal como vemos acontecer no momento em que contamos essa lenda, muito instrutiva, com o Cristianismo em geral e com o Pentecostalismo, que pregam a extinção de todos os cultos associados à natureza.

Quem capitaneou essa onda de rebeldia foi o ser divino que vocês chamam de vários nomes, tais como: Anjo Caído, Anjo Belo, Lúcifer, Diabo, Capeta, etc.

Ele era o governador da realidade humana da vida e era o responsável pelo equilíbrio entre os dois lados dela (o material e o espiritual) assim como pelo equilíbrio entre todas as realidades que desembocam no plano material que, se entra em desequilíbrio, afeta a todas as realidades de uma só vez.

Lúcifer, não sabemos o porquê, quis passar a perna em todos os outros seres divinos e começou a desviar a religiosidade e os cultos para a sua figura.

Uns dizem que foi por vaidade; outros dizem que foi por ambição; outros afirmam que foi a soberba que o pôs a perder-se. Enfim, são tantas as opiniões que acreditamos que todos estão certos.

E quando lúcifer, tal como agora querem fazer os mentalistas neopentecostais, conseguiu o seu intento e fechou todos os pontos de força da natureza para a realização de cultos coletivos e para o intercâmbio energético, começou um grande desequilíbrio entre a dimensão ou realidade humana e as realidades puras que desembocam no planeta.

Esse período de desequilíbrio durou alguns séculos (666 anos) para sermos exatos. Por isso esse é o número da besta, certo?

Antes do início dessa revolta de Lúcifer, as pessoas frequentavam os templos, onde se realizavam cultos religiosos, e também iam aos pontos de forças, que eram locais destinados a cultos coletivos e a oferendas às divindades regentes da natureza, tal como os umbandistas fazem quando vão a alguns dos "santuários de umbanda".

Nesse tempo não havia guerras, fome, miséria, doenças intratáveis, crianças abandonadas, crimes, roubos, estupros, prostituição, ganância, acúmulo de riquezas, racismos, intolerância religiosa, partidos políticos, etc., e que foram surgindo no decorrer dos tempos da era Lúcifer, o demiurgo caído.

Tudo era coletivo e a abundância da natureza não era explorada de forma predatória. Mas tudo começou a mudar, e o único jeito que os Sagrados Orixás encontraram foi isolarem todas as outras realidades da dimensão humana da vida em suas duas vertentes (a espiritual e a material) e as únicas interligações que restaram foram os vórtices energéticos, os magnéticos e os eletromagnéticos, que são como que cordões umbilicais.

Com o isolamento total, a dimensão humana ficou fechada em si e com o crescente acúmulo de energia negativas geradas e emanadas pelos seres humanos dentro dela, um negativismo tomou conta da maioria deles, fazendo com que se negativassem cada vez mais e fazendo surgir tudo o que citamos algumas linhas atrás, mas que antes não existia.

No tempo da "era de ouro" da humanidade tudo fluía de forma natural. Já na era da anarquia (que ainda não terminou), tudo começou a ser feito de forma antinatural, tal como acontece na atualidade com muitas das religiões aí existentes, que se realizam dentro dos templos e negam-se a reconhecer como benéfico os cultos e oferendas realizados na natureza.

Tudo é só uma questão de tempo para que todos descubram isso ou levem mais uma vez o planeta a uma catastrofe incontrolável.

Até então, todas as oferendas eram depositadas na natureza e quem as recebia, eram as divindades evocadas diretamente pelos ofertadores.

Mas, a partir do cataclisma e da divisão religiosa acontecida, todos deixaram de ver as divindades e perderam o contato com os pontos de força certos, localizados na natureza, só restando o conhecimento sobre os principais, e, ainda assim, limitados a umas poucas divindades.

Com o tempo, os rituais de culto à natureza foram sendo reorganizados, ainda que com muitas limitações.

Então começaram a surgir problemas, pois se alguém ia a um ponto de forças e oferendava um Orixá para ajudá-lo na solução de uma dificuldade, outro seria o responsável pela solução dele.

Os Orixás solicitados remetiam o problema ao seu solucionador e, após sua solução, começavam a ajudar as pessoas que os havia oferendado.

Como a maioria dos problemas, criados pelos encarnados para si próprios ou para os seus semelhantes só teriam solução junto aos Orixás já não mais conhecidos deles, os que eram cultuados regularmente atuavam na maioria das vezes como repassadores dos pedidos de ajuda.

E isto estava complicando um pouco as coisas, porque os reais solucionadores dos problemas das pessoas não aprovavam ficar de fora dos cultos, mas de terem de resolvê-los.

Alguns, mais rigorosos com os desvios dos encarnados nem davam respostas aos pedidos deles, quanto mais atendê-los.

E, quando a coisa chegou a um ponto de abandono dos encarnados à própria sorte e destino, pois o de Lúcifer é levar todo mundo para o inferno onde ele vive, foi o caos para os seres humanos.

Oxalá, vendo nesse caos o risco de perder em definitivo essa realidade e vê-la ser recolhida em si mesma até que a espécie humana fosse extinta, solicitou uma reunião geral de todos os Orixás, desde os "governadores até os vereadores" em sua realidade.

Após todos terem chegado, e o último a chegar foi Exu Mirim, como sempre, a reunião começou.

Exu, como não podia ficar calado por causa do seu problema, digo mistério das mil bocas, assim que Exu Mirim apareceu foi logo dizendo:

– Você é infalível como o último a chegar, não é mesmo, meu homônimo infantil?

– Sou sim tal como você é o primeiro em tudo por causa do seu fator adiantador, não é mesmo, homônimo adulto?

– Eu só chego primeiro porque gero o fator adiantador, certo?

– Foi o que eu disse, quem adianta não atrasa e quem atrasa não adianta. Mas, pelo menos eu não fico azucrinando quem convoca uma reunião.

– Quem gera o fator azucrinador é você, Exu Mirim.

– Foi o que eu disse, Exu adulto. Você chega tanto tempo antes da hora marcada que, quando ela vai começar, quem a convocou já está pensando em cancelá-la de tanta encrenca que você arruma para ele, sabe?

– Exu Mirim, essa reunião não é para lavarmos a nossa roupa suja, certo?

– Não sei não. O que sei é que você se adianta tanto que, quando é para cobrar algo de alguém, você já chega perto do coitado antes de ele tornar-se devedor.

– É por causa desse meu fator, sabe?

– Não sei não. Já tem quem acha que você chega antes... e caso o suposto futuro devedor resolva não cometer a falha que o tornaria devedor, você não aceita o recuo e o induz a cometê-lo, sabe?

– Quem me caluniou tão vilmente, Exu Mirim?

– De mim é que você não saberá. Mas que é meio emblemático esse seu adiantamento, isso é público e notório, Exu adulto!

– Exu Mirim, desde que você começou a auxiliar Xangô na proteção da casta de juízes que está se formando lá na Terra você está usando de um linguajar meio estranho, sabe?

— É o meio, Exu adulto! O meio forma o ser, certo?

— Não sei disso não, Exu Mirim. Daqui a pouco você já não irá cobrar os devedores porque passará a achar que todos são inocentes, e o culpado é o meio onde vivem.

— É a justiça quem diz que todos são inocentes até que se prove o contrário, Exu adulto!

— Essa não, Exu Mirim! Para Exu adulto todos são culpados até que provem que são inocentes.

— Isso é tirania, Exu adulto?

— Eu não tiro nada de ninguém, Exu Mirim! Tudo o que tenho ganhei por livre e espontânea vontade de quem me oferendou.

— E quem disse que você tira algo de alguém, ainda que essa sua afirmação seja discutível?

— Você acabou de dizê-lo ao afirmar que "isso é tirania, Exu adulto!". Pois eu não estou "tirano" nada de ninguém.

— Tirano é um ditador e tirania é um sistema de governo ditatorial, Exu adulto. Você anda desatualizado sobre a evolução das línguas lá no plano material, sabe?

— Se é um sistema ditatorial, então um tirano tira tudo dos outros, certo?

— Bom... é o que têm feito os tiranos que conheço.

— Então Exu está certo, pois comigo tudo é feito de forma democrática. E, na democracia de Exu, pede quem quer e dá quem pode. Mas ninguém tira nada de ninguém, e ninguém recebe se não pagar pela sua encomenda!

Como todos os olhares estavam centrados nos dois, que continuariam a discutir até os fins dos tempos caso não fossem interrompidos, eis que Pombagira se meteu na conversa deles e perguntou:

— Foram vocês dois que convocaram essa reunião, é?

— Como é que é?! – perguntaram os dois ao mesmo tempo.

— É o que eu perguntei, pois um chegou primeiro e adiantado, o outro chegou por último e atrasado e não param de falar, então devem ter sido vocês que convocaram esta reunião, certo?

— Nem pense uma coisa dessas, Pombagira. Só fiquei sabendo dela alguns instantes antes de me deslocar para cá – falou Exu Mirim. – Só não sei porque o pássaro mensageiro deixou-me por último a ser convocado.

— Você não sabe, é? – perguntou-lhe Pombagira, dando uma gargalhada escrachada. – Só você não sabe!

— O que você está insinuado, Pombagira? Por acaso você não sabe do trabalho medonho que estou tendo lá na dimensão humana para atrasá-los um pouco senão vão acabar sendo expulsos do planeta Terra?

— Mais um pouco que você os atrasar, eles voltarão a comer ervas e pular de árvore em árvore. Eu acho que eles deveriam ser expatriados para outro planeta, um só para eles, do que serem tão atrasados, sabe?

— Só estou atendendo a uma ordem de Ogum, que me ordenou que os atrasasse um pouco até que fosse encontrada uma solução para a encrenca que Lúcifer criou para eles com aquela decisão unilateral tomada por ele e sua hierarquia. Você viu para onde todos eles foram enviados não?
— Nem me fale! Aquela realidade é uma bagunça danada!

Então, Oxalá vendo que se não interviesse não começaria a reunião, pois os três nunca parariam de falar entre si, chamou-os à razão do que ali os reunira e falou:

— Vamos ao que importa. Não adianta ficarem discutindo assuntos particulares aqui!

— Tudo bem para nós, Babá. Exu pode ser o primeiro a chegar, mas também é o primeiro a sair. E já estou pronto para retornar à minha realidade, de tanto que está demorando para começar essa reunião onde ninguém fala nada.

— Exu, a razão dessa reunião é discutirmos uma saída para o problema da diminuição de divindades cultuadas e a dificuldade dos humanos serem atendidos nos seus pedidos de ajuda.

— Babá, eles são os culpados pelas próprias dificuldades, pois deram ouvidos ao chamamento de Lúcifer, que acabou desligando-os das muitas realidades aqui existentes e levou todos eles para onde, não sei!

— É isso que vamos discutir, assim que você parar de falar.

— Já me calei, Babá! Já me calei!

Então Oxalá começou a reunião e, após ouvir todas as opiniões, recolheu-se em si e pensou, pensou e pensou. E quando tudo pensou, deu um parecer que se tornou Lei na morada exterior do nosso Divino Criador, pois outros mundos também estavam passando por dificuldades semelhantes, ainda que de menor magnitude que as da realidade humana da vida.

Dali em diante, a divindade que fosse invocada em seu ponto de força ou seu santuário natural seria a responsável integral pela solução das dificuldades dos espíritos encarnados, mas repassariam as oferendas para quem fosse o responsável pela realidade com a qual os humanos haviam entrado em desequilíbrio. Mas, e sempre tem um mas, eis que Pombagira fez a pergunta entalada na garganta de Exu, de Exu Mirim e de vários outros Orixás que, de graça, nada fazem pelos humanos desde que alguns seguidores de Lúcifer começaram a pregar em seus mercados, digo templos, que bastaria pagar um tal de dízimo para eles que um lugar no céu já estava garantido.

Qualquer semelhança com alguns dos atuais pregadores de plantão não é mera coincidência, pois desconfiamos que estes são os mesmos seguidores de Lúcifer reencarnados.

Tudo está de repetindo de forma tão parecida que até dá a impressão de que o destino está reprisando um evento acontecido há muito tempo. E, de tão parecido, há pouco tempo Pombagira reencontrou com

Exu Mirim e, vendo-o na frente de um dos tais mercados, digo igreja, falou:

– Exu Mirim, acho que você deveria ter atrasado um pouco mais a humanidade, sabe?

– Não sei não. Não bastou eu tê-los enviado de volta às cavernas?

– Não bastou não. Você deveria tê-los atrasado tanto até que voltassem a fazer micagem e comer folhas e frutas e a pularem de galho em galho. Pelo menos, macaco não tem problemas com céu ou inferno, e quando desencarna retorna à realidade regida por aquele Orixá cujo nome nunca foi revelado, sabe?

– Sei sim. Mas acho que você está assim, descrente da humanidade só porque esses adeptos dos métodos de Lúcifer estão culpando-a porque essas fêmeas humanas, aí dentro reunidas estão confundindo os desejos delas com o seu fator, não é mesmo?

– É isso mesmo, Exu Mirim. Quando é que elas vão aprender que o que elas sentem é algo natural e faz parte da natureza delas, e que não tem nada a ver com o meu fator estimulador, e muito menos com esse tal de Diabo, que ninguém sabe quem é, mas todos se servem dele para assustar os tolos?

– Elas nunca entenderão que o seu fator estimulador só existe para estimular a procriação, e que o restante da criação continua a recebê-lo e vai muito bem. As fêmeas das outras espécies nunca mudaram seus comportamentos e continuam a copular somente para procriarem, certo?

– Porque elas nunca entenderão isso, Exu Mirim?

– Lúcifer nunca irá revelar a elas que quem gera o fator libertinador é ele e que toda a humanidade está recebendo-o por meio do chacra básico, que torna todo espírito encarnado um libertino embaixo e um conservador na cabeça.

– Você está certo, Exu Mirim! É isso mesmo! Por que você não me revelou isto antes? perguntou ela, surpresa com a revelação dele.

– Bom, minha função é ocultar, pois gero o fator ocultador. Quanto ao fator revelador, aí é com o Babá Orunmilá.

– Pensando melhor, ultimamente você anda dando muito plantão na porta dessas igrejas e, como você gera o fator ocultador, o que você anda ocultando para esses proselitistas da doutrina libertina de Lúcifer, Exu Mirim?

– Para eles não estou ocultando nada, Pombagira.

– Alguma coisa você está ocultando pois, para você dar pessoalmente plantão em igrejas assim, algo muito importante deve ser, sabe?

– Sei sim. Mas eu é que não vou revelar nada, certo?

– Já sei: você não gera o fator revelador!

– Foi o que eu disse. Agora, com sua licença, porque tenho de flagrar algumas dessas puritanas com a mão na massa, digo, com a mão naquilo, que você sabe muito bem o que é! He, he, he...

– E ainda dizem que só fazem aquilo porque foram tentadas e atentadas por mim! Cambada de libertinas enrustidas! Há, há, há! E Pombagira também desapareceu, gargalhando escrachadamente, mas feliz. Se era Exu Mirim quem estava pegando eles com a mão na massa, mas dizendo que era em nome de Deus, para o céu é que nunca irão. Mas aí é com Lúcifer, sabem?

O fato é que o acordo sobre as oferendas, digo, os ebós, pôs ordem nos pontos de força e uns poucos Orixás passaram a responder a todos os clamores dos encarnados, mas todos voltaram a auxiliar quem fosse até eles nos pontos de força localizados na natureza.

– Dá oferenda quem quiser, mas só ajuda quem pode! Há, há, há! – falou Exu no fim da reunião, que ainda falou isso antes de retornar à sua realidade – Pior é quem oferece o que não tem em troca do que o pedinte tem no bolso. Há, há, há...

# A Saída dos Orixás

Então chegou o momento que Olorum determinou que os seus filhos e filhas Orixás iniciassem a saída de sua morada interior e começassem a ocupar sua morada exterior.

A Oxalá coube a primazia, porque, ao sair, ele que é o espaço em si mesmo, criaria o meio ou o espaço indispensável para que os outros Orixás pudessem se deslocar e dar início à concretização da sua morada exterior com a criação dos mundos que seriam ocupados pelos seres espirituais.

Não foi fácil para nenhum dos Orixás deixarem de viver na morada interior, no íntimo do Divino Criador Olorum.

Para Oxalá foi mais difícil ainda, porque ele, o primogênito, iniciaria a saída. Quando se viu diante do portal de saída, ele se virou e contemplou mais uma vez o rosto de Olorum, que o contemplava com os olhos fixos e sérios, como a dizer-lhe: "Vá em frente, meu filho! Eu sou você por inteiro e você é parte de mim".

Oxalá olhou cada um dos seus irmãos e irmãs divinos, e dos olhos deles corriam lágrimas.

Ele se curvou, cruzou o solo divino que ainda pisava, tocou-o com a testa, beijou-o, e dos seus olhos caíram lágrimas que cintilaram ao tocá-lo.

E ali suas lágrimas ficaram incrustadas no solo, como uma marca de sua partida. E, em cima das dele muitas outras lágrimas haveriam de ser derramadas pelos outros Orixás, à medida que fossem partindo.

Oxalá levantou-se e virou-se novamente para o portal. E, já resoluto, avançou por ele com passos firmes mas, à medida que foi saindo dele, seu corpo explodiu e um clarão ofuscante que se projetou ao infinito, clareando tudo em volta da morada exterior do nosso Divino Criador Olorum.

E Oxalá curvou-se após ter dado o primeiro passo e cruzou o espaço a sua frente. Então levantou-se, já não tão ereto como quando saíra, deu um segundo passo e aí curvou-se e cruzou o espaço à sua frente pela segunda vez... e quando Oxalá se curvou pela sétima vez e cruzou o espaço a sua frente já não conseguiu se levantar senão só um pouco, e ainda assim porque apoiava-se no seu cajado, que é o eixo sustentador do mundo manifestado, denominado paxorô.

Ele se voltou na direção que ficava a morada interior e já não a viu, pois o que viu foi o espaço vazio infinito em sua volta. E ele olhou para toda a sua volta e não viu nada além do espaço vazio.

Então, o peso da sua responsabilidade foi tanto, que ele caiu de joelhos e com a voz embargada emitiu essas frases:

– Pai, por que fez isso comigo se o amo tanto?

– Pai, por que me separou de você, se me sinto parte do senhor?

– Pai, sem o senhor eu sou o que vejo em minha volta: nada, meu pai amado!

– Por que, meu pai amado?

E Oxalá, de joelhos e apoiado em seu cajado, chorou o mais dolorido pranto já ouvido desde então na morada exterior. E todos os outros Orixás, que estavam do lado de dentro da morada interior e que o viam a apenas sete passos do portal de saída, emocionaram-se tanto com o pranto dele, que também se ajoelharam e choraram o mais sentido dos choros, pois tanto choravam a angústia dele quanto a que sentiam, porque também teriam de deixar a morada interior.

Olorum, vendo todos os Orixás ajoelhados e chorando, ordenou:

– Meu filho Ogum, o espaço já existe na minha morada exterior. Agora é a sua vez de levar para ela o seu mistério e abrir os caminhos para que seus irmãos e irmãs possam segui-los em segurança e vivenciarem os destinos que reservei para cada um. Siga sempre em frente, pois já existe um caminho feito por mim e trilhado por Oxalá. E, ainda que após você dar o sétimo passo só veja o espaço infinito em sua volta e nada mais, no entanto, onde seu pé direito pousar no seu sétimo passo, ali se iniciará o caminho que o conduzirá até onde ele se encontra agora.

– Meu amado pai Olorum, eu vejo meu amado irmão bem ali, ajoelhado diante do portal de saída dessa sua morada, meu pai!

– Ogum, assim que você der o primeiro passo depois da soleira desse portal você só verá o vasto e infinito espaço ainda vazio, à sua volta. Não titubeie, pois só encontrará o caminho que o levará até Oxalá, caso de sete passos resolutos, meu filho.

– Assim diz o meu pai e meu Divino Criador Olorum, assim farei, meu pai amado!

E Ogum despediu-se e cruzou o portal de saída. E quando deu o primeiro passo e olhou à sua direita e à sua esquerda, e nada viu além do espaço ainda vazio, mas infinito em todas as direções, um tremor percorreu-lhe o corpo de cima para baixo. Mas ele continuou a caminhar.

E ao dar o sétimo passo com o seu pé direito, Ogum ajoelhou-se e cruzou o espaço vazio diante dos seus pés. E cruzou o espaço acima de sua cabeça; e cruzou o espaço a sua frente; e cruzou o espaço a suas costas; e cruzou o espaço a sua direita; e cruzou o espaço à sua esquerda... e viu seu irmão Exu, que deu uma gargalhada e, à guisa de saudação, falou-lhe:

— Ogum, meu irmão! Que bom vê-lo aqui do lado de fora da morada do nosso pai e nosso Divino Criador Olorum! Por que você demorou tanto para sair?

— Exu, é bom revê-lo, meu irmão! O que você faz por aqui?

— O que eu faço por aqui?

— Foi o que lhe perguntei, Exu.

— Eu já ando por aqui há tanto tempo, que nem sei a quanto tempo eu ando por aqui, sabe?

— Não sei não. Explique-se, Exu!

— Ogum, lá vem você com seus pedidos de explicação de novo!

— Explique-se, está bem?

— Já que você insiste, digo-lhe que é por causa do fator adiantador que gero, sabe?

— Não sei não. Que fator é esse?

— Bom, até onde eu já sei, ele faz com que eu chegue sempre adiantado nos acontecimentos e esse é um acontecimento e tanto, não?

— Que é um acontecimento e tanto, disso não tenha dúvidas. Mas, como você chegou aqui, se só Oxalá já havia saído?

— Ah, Oxalá passou há pouco por aqui mas, como ele estava muito triste e derramando lágrimas, eu achei melhor ir até ele quando ele deixar de derramar lágrimas. Afinal, eu gero o fator hilariador, não o entristecedor, sabe?

— Já estou sabendo... porque Exu ri até sem motivos.

— Ogum, a falta de motivos para se rir é algo hilário, ainda que muitos pensem o contrário. Mas, se irmos atrás dos motivos da falta de risos, aí veremos que é algo tão tolo, que se torna hilário.

— É, se Exu está adiantado e diz isso, então você já sabe de algo que logo descobrirei, certo?

— Foi o que eu disse, Ogum.

— Então Oxalá não tinha nenhuma razão para sentir-se tão triste e angustiado. É isso, Exu?

— Não, mesmo Ogum! Logo logo isso aqui estará fervilhando, de tantos seres que estão à espera da concretização dos mundos que todos os que ficarem na morada interior desejarão vir para cá. E isto aqui estará tão cheio que muitos desejarão retornar a ela, sabe?

— Ainda não sei, mas, se você, que chegou até aqui antes do espaço existir, e não sei como, está dizendo, então logo saberei.

— E então, para onde você está indo, Ogum meu irmão à minha direita?

— Vou até onde está Oxalá, Exu.

— Posso acompanhá-lo?

— Pode sim, com você ao meu lado esquerdo, creio que não me sentirei tão só, não é mesmo?
— Se é, Ogum! Comigo no seu lado esquerdo ninguém nunca se sentirá só.
— Então vamos, Exu. Já vejo o caminho que conduz até Oxalá.
— Você vai seguir os passos dele?
— Vou, Exu.
— Você não quer seguir por um caminho alternativo que é mais curto?
— Caminho alternativo? Que caminho é esse?
— É um atalho, um desviozinho! Mas leva até ele do mesmo jeito, certo?
— Errado, Exu! Atalhos ou desviozinhos podem levar a muitos lugares, mas nunca levarão alguém até Oxalá ou qualquer outro lugar, pois todos eles levam aos seus domínios, que estão localizados no vazio. Isso sim, é certo!
— Tudo bem que isso é certo. Mas uma passadinha nos meus domínios não faz mal a ninguém, sabe?
— Não sei e não quero saber. Quem quiser que siga seus convites. Vamos?
— Vamos para onde?
— Ao encontro de Oxalá, oras!
— Não, não!
— Por que não?
— Esse caminho que leva a Oxalá é muito reto, retíssimo mesmo! E Exu só trilha caminhos tortos ou tortuosos, sei lá!
— Até a vista, Exu!

Ogum seguiu o caminho que conduzia até Oxalá. Logo chegou onde ele estava. Após saudá-lo cruzando o solo e o espaço à frente dele, levantou-se e os dois abraçaram-se.

Então ficaram no aguardo da chegada dos outros Orixás que não demoraram a chegar. E quando passou muito tempo sem mais nenhum outro aparecer, aí iniciaram suas funções de poderes criadores na morada exterior do nosso Divino Criador, gerando essas e muitas outras lendas sobre eles, que contaremos em outro livro.

# Tabela Parcial dos Verbos, dos Fatores, dos Orixás e das suas Funções

| FATOR | ORIXÁ | AÇÃO |
|---|---|---|
| Abacinador | Exu | Tirar a claridade, escurecer |
| Abafador | Exu | Sufocar |
| Abagoador | Oxumaré | Criar bago, ex.: A videira abagoava rapidamente |
| Abalador | Xangô | Sacudir, fazer tremer |
| Abaloador | Nanã | Dar forma de balão |
| Abarcoador | Ogum | Abranger |
| Abarrancoador | Ogum | Armar barrancas em |
| Abarreiroador | Ogum | Cercar, entrincheirar |
| Abastecedor | Oxalá | Prover do necessário |
| Abauloador | Oxum | Dar forma convexa |
| Abirritoador | Exu | Diminuir a sensibilidade |
| Abobadoador | Logunã | Dar forma de abóbada; curvar; recurvar |
| Abodocador | Oxóssi | Arquear; fazer em forma de bodoque |
| Abolador | Omolu | Dar forma de bola |
| Abolidor | Oxumaré | Por fora de uso; anular; suprimir |
| Abraçador | Pombagira | Envolver com os braços |
| Abrandador | Oxum | Tornar brando; amolecer |
| Abrasador | Xangô | Tornar em brasas; queimar |
| Abrejador | Nanã | Converter em brejo |
| Abridor | Ogum | Desunir; descerrar |
| Abronzador | Xangô | Abronzar o cobre; fundir o cobre com o estanho para produzir o bronze |
| Abrumador | Omolu | Cobrir de bruma |
| Absorvedor | Omolu | Embeber; sorver; concentrar |

| FATOR | ORIXÁ | AÇÃO |
|---|---|---|
| Acachoeirador | Oxum | Formar cachoeira |
| Acalmador | Oxalá | Serenar; pacificar |
| Acasalador | Oxum | Reunir (macho e fêmea) para criação |
| Acelerador | Iansã | Aumentar a velocidade de |
| Acendedor | Xangô | Pôr fogo; fazer arder |
| Acolchetador | Oxum | Prender com colchetes |
| Aconchedor | Oxum | Dar forma de concha |
| Acompanhador | Ogum | Que faz acompanhar |
| Acontecedor | Exu | Que faz acontecer |
| Acornador | Exu | Dar forma de corno |
| Acorrentador | Ogum | Prender com corrente; encadear |
| Acrescentador | Oxalá | Tornar maior; aumentar |
| Açudador | Nanã | Represar por açude |
| Acumulador | Omolu | Amontoar; pôr em cúmulo |
| Acunheador | Exu | Dar forma de cunha |
| Adaptador | Oxalá | Acomodar; apropriar; amoldar |
| Adensador | Obá | Tornar denso, condensar |
| Adequador | Oxum | Acomodar |
| Aderidor | Oxum | Estar ou ficar intimamente ligado |
| Adiador | Xangô | Que adia |
| Adiador | Ogum | Que adia |
| Adiamantador | Iemanjá | Ornar com diamante |
| Adicionador | Oxum | Que faz adicionar |
| Adstringidor | Iansã | Apertar; cerrar; ligar |
| Adormecedor | Omolu | Fazer dormir; causar sono |
| Adsorvedor | Oxum | Atrair, aderir a si |
| Aerificador | Iansã | Reduzir a estado gasoso |
| Afeiçoador | Ogum | Tornar afeito a |
| Afiador | Ogum | Dar fio a |

| FATOR | ORIXÁ | AÇÃO |
|---|---|---|
| Afinador | Oxóssi | Tornar fino, delgado |
| Afirmador | Ogum | Que afirma |
| Afogueador | Oro Iná | Pegar fogo a; queimar |
| Afolheador | Oxóssi | Dividir (o terreno) em folhas |
| Afrouxador | Ogum | Que faz afrouxar |
| Afundador | Omolu | Meter no fundo; meter a pique |
| Afunilador | Logunã | Dar forma de funil |
| Agarrador | Exu | Prender com garra; segurar; apanhar |
| Agitador | Iansã | Mover com frequência; mexer em diversos sentidos |
| Aglutinador | Oxum | Unir; reunir; justapor |
| Agomador | Oxum | Lançar gomos; germinar; abrolhar |
| Agoniador | Pombagira | Causar agonia; aflição a |
| Agonizador | Omolu | Afligir; penalizar |
| Agostador | Exu | Agostar a planta; murchar |
| Agregador | Oxum | Ajuntar; anexar; reunir |
| Agrilhoador | Ogum | Prender com grilhões; encadear |
| Agrupador | Ogum | Reunir em grupos |
| Aguador | Iemanjá | Regar; borrifar com água |
| Aguardador | Ogum | Que faz aguardar |
| Aguçador | Ogum | Tornar agudo; adelgaçar na ponta |
| Ajoelhador | Oxalá | Que faz ajoelhar |
| Ajulador | Iansã | Sotaventar; lançar para trás; abater |
| Ajuntador | Ogum | Convocar; reunir |
| Ajustador | Oxum | Tornar exato; justo; amoldar; adaptar |
| Alabirintador | Exu | Dar forma de labirintos; tornar complicado ou confuso |

| FATOR | ORIXÁ | AÇÃO |
|---|---|---|
| Alagador | Iemanjá | Encher ou cobrir com água; inundar |
| Alambrador | Iansã | Cercar com fios |
| Alargador | Ogum | Tornar largo ou mais largo |
| Alastrador | Iemanjá | Cobrir com lastro; cobrir espalhando; cobrir encher |
| Alegrador | Pombagira | Que torna alegre |
| Alertador | Ogum | Que alerta |
| Alinhador | Oxalá | Pôr em linha reta |
| Almejador | Pombagira | Desejar com ânsia |
| Alojador | Oxalá | Dar alojamento; receber; admitir; conter |
| Alongador | Ogum | Fazer longo ou mais longo; estender-se |
| Alterador | Obaluaiê | Modificar; mudar |
| Alternador | Ogum | Fazer suceder repetida e regularmente |
| Aludidor | Ogùm | Que faz aludir, que alude |
| Aluidor | Exu | Abalar; arruinar; prejudicar; ameaçar ruína; cair; desmoronar-se |
| Amalgamador | Oxum | Combinar mercúrio com outro metal; reunir; misturar; ligar-se; fundir-se; combinar-se |
| Amarrador | Ogum | Segurar com amarras; atar; ligar fortemente |
| Amoldador | Oxalá | Ajustar ao molde; moldar |
| Amontanhador | Xangô | Elevar-se como montanha; avolumar-se |
| Amontoador | Omolu | Dar forma de monte |
| Amontoador | Exu | Pôr em montão; juntar em grande quantidade e sem ordem |
| Amparador | Ogum | Que ampara |

| FATOR | ORIXÁ | AÇÃO |
|---|---|---|
| Ampliador | Ogum | Tornar amplo; alargar; dilatar |
| Amputador | Ogum | Cortar; restringir; eliminar |
| Anavalhador | Exu | Dar forma de navalha; ferir com navalha |
| Ancorador | Iemanjá | Lançar âncora; fundear; basear; estribar |
| Anegador | Nanã | Cobrir de água, submergir; afogar; mergulhar |
| Anelador | Oxum | Dar forma de anel a; encaracolar |
| Angulador | Oxalá | Formar ângulo; enviesar |
| Anotador | Ogum | Que anota |
| Antevedor | Exu | Que antevê |
| Anulador | Ogum | Tornar nulo, invadir. Destruir; aniquilar |
| Anzolador | Iansã | Dar forma de anzol |
| Apagador | Exu | Extinguir; fazer desaparecer; escurecer; deslustrar |
| Apaixonador | (Mahor Yê) | Causar paixão a; contristar; penalizar; aflingir-se; magoar-se |
| Aparador | Ogum | Tomar; receber; segurar (objeto que se atira); desbastar; alisar; aguçar; adelgaçar-se |
| Apartador | Exu | Desunir; separar |
| Apassivador | Oxalá | Empregar na voz passiva; apassivar um verbo |
| Apatizador | (Mehor Yê) | Tornar apático |
| Apavorador | Exu | Que faz apavorar-se |
| Apaziguador | Oxalá | Pôr em paz, aquieta, sossegar |
| Apequenador | Oxum | Que faz ficar pequeno |
| Aperfeiçoador | Oxum | Acabar com perfeição |
| Apertador | Iansã | Comprimir; estreitar; resumir; abreviar |

| FATOR | ORIXÁ | AÇÃO |
|---|---|---|
| Apimentador | Exu | Temperar com pimenta; tornar picante; estimular |
| Aplainador | Oxalá | Alisar com plaina, aplanar, remover |
| Aplicador | Iansã | Adaptar, sobrepor, empregar, encaminhar; destinar |
| Apontador | Oxóssi | Aguçar, fazer ponta a; indicar, marcar |
| Apontador | Ogum | Que faz apontar |
| Aprazedor | Pombagira | Causar prazer, ser agradável, agradar, contentar-se, deliciar-se |
| Apresador | Exu | Capturar, apreender, tomar com presa |
| Aprofundador | Oxum | Que faz aprofundar |
| Aprovador | Ogum | Que aprova |
| Aproximador | Oxum | Pôr ao pé de; chegar para perto, tornar |
| Aprumador | Ogum | Pôr a prumo; endireitar |
| Apurador | Oro Iná | Tornar puro, purificar, escolher, selecionar |
| Aquecedor | Oro Iná | Tornar quente, entusiasmar, excitar |
| Aquietador | Nanã | Tornar quieto, tranquilizar, apaziguar |
| Argolador | Exu | Prender com argolas |
| Argumentador | Ogum | Que argumenta |
| Arpoador | Exu | Ferir, riscar com arpão |
| Arqueador | Oxóssi | Curvar em forma de arco |
| Arrancador | Ogum | Desapegar com força; desarraigar; destruir, extirpar |
| Arranjador | Exu | Que arranja |
| Arrastador | Iansã | Levar de rastos, levar à força, puxar, conduzir |

| FATOR | ORIXÁ | AÇÃO |
|---|---|---|
| Arrazoar | Ogum | Expor ou defender causas alegando razões |
| Arrebatador | Iansã | Tirar com violência; arrastar; impelir |
| Arredondador | Oxum | Dar forma redonda a; dispor em forma esférica ou circular; dar relevo a; modelar |
| Arrefecedor | Logunã | Esfriar, tornar-se frio |
| Arregimentador | Ogum | Organizar em regimento; enfileirar, associar |
| Arrepiador | Exu | Que faz arrepiar-se |
| Arrolador | Logunan | Dar forma de rolo; enrolar; formar rolo; rolar |
| Arruinador | Exu | Que arruina |
| Arrumador | Oxalá | Que arruma as coisas |
| Assumidor | Oxalá | Que faz assumir |
| Assustador | Exu | Que faz assustar |
| Atador | Oxum | Prender, cingir, unir, estreitar, ligar |
| Atentador | Ogum | Que faz atentar |
| Aterrador | Exu | Que aterroriza |
| Atinador | Exu | Que faz atinar com as coisas |
| Atribuidor | Ogum | Que faz atribuir |
| Atrofiador | Exu | Causar atrofia a; tolher, acanhar, não deixar desenvolver, mirrar |
| Atuador | Ogum | Que atua |
| Aveludador | Oxum | Dar o aspecto de veludo a; tornar semelhante ao veludo |
| Avigorador | Ogum | Dar vigor a; robustecer, fortalecer, consolidar |
| Avisador | Exu | Que avisa |
| Balançador | Pombagira | Que faz balançar |

| FATOR | ORIXÁ | AÇÃO |
|---|---|---|
| Baldeador | Iemanjá | Passar de um para outro lado, atirar, arremessar, molhar, aguar |
| Beirador | Exu | Que faz beira |
| Beneficiador | Oxalá | Que beneficia |
| Bifurcador | Exu | Separar, abrir em dois ramos; dividir-se em duas partes |
| Bloqueador | Exu | Pôr bloqueio a; cercar, sitiar |
| Cachoador | Oxum | Formar cachão ou cachoeira; borbotar, tumultuar |
| Caidor | Exu | Que faz cair |
| Calador | Pombagira | Que faz calar |
| Caldeador | Oxum | Soldar, ligar. Amalgamar, misturar, confundir |
| Calibrador | Oxalá | Dar o conveniente calibre a |
| Calorificador | Xangô | Transmitir calor a; aquecer |
| Caminhador | Ogum | Que faz caminhar |
| Canalizador | Oxóssi | Abrir canais em; encaminhar, dirigir |
| Capacitador | Ogum | Fazer capaz, habilitar, convencer, persuadir |
| Capeador | Exu | Esconder com capa; encobrir, ocultar |
| Causador | Exu | Que faz causar |
| Ceifador | Omolu | Cortar, segar |
| Certificador | Ogum | Que certifica |
| Certificador | Oxalá | Que faz certificar |
| Chamador | Ogum | Que chama |
| Chamador | Oxalá | Que faz chamar |
| Chaveador | Omolu | Fechar à chave |
| Chegador | Ogum | Que faz chegar |
| Cingidor | Oxum | Pôr a cinta; ligar, unir, tornear, cercar, rodear |

| FATOR | ORIXÁ | AÇÃO |
|---|---|---|
| Cipoador | Oxóssi | Cipoar alguém, bater-lhe com cipó |
| Circulador | Iansã | Percorrer à roda; rodear, cercar, girar |
| Circunvalador | Ogum | Cingir com fossos, valados ou barreiras |
| Clareador | Oxalá | Que torna claro |
| Clareador | Logunã | Que faz clarear |
| Classificador | Ogum | Que classifica cada coisa |
| Clivador | Ogum | Cortar de acordo com a clivagem |
| Colhedor | Oxum | Que faz colher |
| Começador | Oxalá | Que faz começar |
| Comentador | Ogum | Que comenta |
| Cometedor | Exu | Que faz cometer |
| Completador | Ogum | Que completa |
| Comunicador | Oxalá | Que faz comunicar |
| Concavador | Oxum | Tornar côncavo; escavar |
| Concebedor | Oxum | Gerar; imaginar |
| Concededor | Oxalá | Que faz conceder |
| Concentrador | Oxalá | Centralizar; reunir em um mesmo ponto |
| Concernedor | Oxalá | Que torna concernente |
| Conchador | Oxum | Conchear; dar a forma de concha |
| Concluidor | Pombagira | Que faz concluir |
| Concretizador | Ogum | Que torna concreto |
| Condensador | Obá | Tornar denso ou mais denso; resumir, engrossar |
| Condutor | Logunã | Que faz conduzir |
| Conduzidor | Logunã | Levar ou trazer, transportar, transmitir |
| Confiador | Ogum | Que faz confiar |

| FATOR | ORIXÁ | AÇÃO |
|---|---|---|
| Confiador | Oxalá | Que faz confiar |
| Confinador | Ogum | Limitar, circunscrever, demarcar, encerrar, |
| Confundidor | Exu | Fundir juntamente ou de mistura; pôr em desordem, confusão, humilhar, envergonhar |
| Congelador | Logunã | Gelar; solidificar; coagular, resfriar |
| Congregador | Oxalá | Convocar, ajuntar, reunir |
| Conseguidor | Oxum | Que faz conseguir |
| Consolidador | Omolu | Tornar sólido, firme, estável, tornar permanente |
| Constatador | Oxaguiã | Que constata |
| Construidor | Oxalá | Edificar, fabricar, explicar, interpretar |
| Consumidor | Oro Iná | Gastar, destruir, extinguir, absorver |
| Contemplador | Oxalá | Que faz contemplar |
| Continuador | Ogum | Que faz continuar |
| Contraidor | Oxum | Apertar, estreitar, encolher |
| Contrariador | Exu | Que faz contrariar |
| Controlador | Ogum | Exercer o controle de |
| Convencedor | Exu | Que faz convencer |
| Convergedor | Ogum | Tender, concorrer, afluir ao mesmo ponto |
| Conversador | Exu | Que faz conversar |
| Coordenador | Ogum | Dispor em certa ordem; organizar, arranjar, ligar, ajuntar por coordenação |
| Copiador | Exu | Fazer a cópia de; reproduzir, imitado |
| Copiador | Exu | Que faz copiar |
| Corretor | Ogum | Que faz correto |

| FATOR | ORIXÁ | AÇÃO |
|---|---|---|
| Cortador | Ogum | Que faz cortar |
| Costeador | Ogum | Que costeia, que faz costas |
| Credor | Ogum | Que concede crédito; acreditar |
| Cristalizador | Oxalá | Transformar em cristal; permanecer, estacionar (num mesmo estado) |
| Cruzador | Oxalá | Dispor em forma de cruz; atravessar |
| Curvador | Logunã | Tornar curvo; encurvar, dobrar |
| Danificador | Exu | Causar dano a; deteriorar, estragar |
| Debilitador | Exu | Tornar débil; enfraquecer |
| Decantador | Nanã | Passar cautelosamente um líquido de um vaso para outro; purificar |
| Decompotador | Omolu | Separar os elementos componentes de; analisar, corromper, estragar, alertar, modificar |
| Definhador | Omolu | Tornar magro; murchar; secar; consumir-se aos poucos |
| Deformador | Exu | Alterar a forma de; alterar |
| Degenerador | Exu | Perder mais ou menos o tipo e as qualidades de sua geração; abastardar-se, corromper-se |
| Deixador | Exu | Que faz deixar |
| Deixador | Ogum | Que faz deixar |
| Deliciador | Pombagira | Que faz deliciar |
| Delineador | Oxalá | Traçar, esboçar; projetar, planear |
| Demarcador | Ogum | Traçar, extremar, delimitar |
| Demolidor | Ogum | Destruir, deitar por terra, arrasar, |
| Derivador | Iansã | Desviar do seu curso; fazer provir, |
| Derretedor | Xangô | Tornar líquido; fundir; amolecer |
| Derrocador | Ogum | Derribar, destruir, arrasar |
| Desabrolhador | Oxum | Desabrochar; germinar; desenvolver-se |

# Lendas da Criação

| FATOR | ORIXÁ | AÇÃO |
|---|---|---|
| Desaglomerador | Pombagira | Separar (o que estava aglomerado) |
| Desagrador | Pombagira | Que desagrada |
| Desagregador | Pombagira | Desunir, separar, arrancar |
| Desalagador | Omolu | Livrar, esgotar da água, evacuar, desobstruir, desembaraçar |
| Desanimador | Exu | Que faz desanimar |
| Descansador | Ogum | Que daz descançar |
| Descarregador | Oxalá | Tirar a carga de; aliviar, desonerar |
| Descobridor | Ogum | Que descobre |
| Descobridor | Exu-Ogum | Que faz Descobrir |
| Descontrator | Pombagira | Que descontrai |
| Desconversador | Exu | Que desconversa |
| Desculpador | Exu | Que faz desculpar |
| Desdobrador | Iansã | Estender, abrir (o que estava dobrado), fracionar ou dividir |
| Desejador | Pombagira | Que faz desejar |
| Desembaraçador | Ogum | Livrar de embaraço; desimpedir, desenredar |
| Desencadeador | Exu | Soltar, desatar, desunir, excitar, irritar, |
| Desesperador | Exu | Que faz desesperar |
| Desesperador | Pombagira | Que faz desesperar |
| Desgraçador | Pombagira | Que faz desgraça |
| Desmanchador | Exu | Desfazer, descompor, desarranjar |
| Desmoronador | Exu | Que faz desmoronar |
| Desnorteador | Exu | Desviar do norte, do rumo, desorientar |
| Desobstruidor | Ogum | Desimpedir, destravancar, desembaraçar |
| Despedaçador | Ogum-Exu | Que faz despedaçar |
| Desviador | Exu | Que faz desviar |

| FATOR | ORIXÁ | AÇÃO |
|---|---|---|
| Desvirtuador | Exu | Que faz desvirtuar-se |
| Determinador | Oxalá | Que determina |
| Devastador | Ogum | Assolar, arruinar, destruir, despovoar (Trono da devastação) |
| Devedor | Exu | Que faz dever |
| Devolvedor | Ogum | Que faz devolver |
| Dialogador | Xangô | Que faz dialogar |
| Dificultador | Pombagira | Que cria dificuldades |
| Dificultador | Exu | Que torna difícil |
| Diluidor | Oxumaré | Misturar com água ou outro líquido para desfazer, dissolver |
| Dirigidor | Oxalá | Que faz dirigir |
| Discutidor | Exu | Que discute, argumenta |
| Dissipador | Iansã | Fazer desaparecer, dispersar, desfazer |
| Dissolvedor | Oxumaré | Desfazer a agregação das partes de um corpo sólido; derreter, anular |
| Distanciador | Exu | Pôr distante, afastar, apartar |
| Distribuidor | Iansã | Dar, levar, dirigir, espalhar |
| Ditador | Ogum | Que dita |
| Dobrador | Ogum | Multiplicar por dois, duplicar, fazer dobras, vergar |
| Dominador | Ogum | Ter autoridade ou poder sobre; conter, reprimir, abranger, ocupar, tomar |
| Doseador | Oxalá | Misturar, combinar nas proporções devidas |
| Dramatizador | Exu | Que faz dramatizar |
| Drenador | Obaluaiê | Enxugar (um terreno) por meio de drenagem, drainar |
| Duplicador | Ogum | Dobrar |

| FATOR | ORIXÁ | AÇÃO |
|---|---|---|
| Duração | Xangô | Que faz durar |
| Duvidador | Exu | Que faz duvidar |
| Edificador | Oxalá | Construir, levantar |
| Efervescedor | Iansã | Entrar em efervescência |
| Eflorescedor | Oxum | Começar a florescer; apresentar florescência |
| Eivador | Omolu | Contaminar, infetar, decair, rachar-se |
| Eixador | Ogum | Pôr eixo em |
| Elaborador | Obaluaiê | Modificar, convertendo em diversas substâncias |
| Elarador | Oxum | Ligar, unir |
| Elasticizador | Pombagira | Que torna elástico |
| Eletrizador | Iansã | Excitar a propriedade elétrica de fazer sair; expulsar |
| Elididor | Oxum | Fazer elisão de; eliminar, suprimir |
| Emalhador | Iansã | Prender ou colher em malhas de rede |
| Emanador | Oxalá | Nascer, provir, originar-se |
| Emasculador | Ogum | Tirar a virilidade; perder o vigor |
| Embainhador | Ogum | Que faz embainhar |
| Embaraçador | Exu | Causar embaraço a; obstruir, estorvar |
| Embargador | Ogum | Pôr embargo a; reprimir, conter, impedir, perturbar enlear |
| Embarreirador | Ogum | Meter em barreira |
| Embastecedor | Obaluaiê | Tornar grosso, espesso, fazer-se denso |
| Embatedor | Ogum | Produzir embate, choque |
| Embaulador | Oxum | Guardar, meter em baú |
| Embelezador | Oxum | Tornar belo, aformosear |
| Embevecedor | Oxum | Causar enlevo, êxtase em |

| FATOR | ORIXÁ | AÇÃO |
|---|---|---|
| Emblemador | Ogum | Indicar, designar |
| Embolador | Ogum | Guarnecer de bolas as hastes |
| Embrandecedor | Oxum | Tornar brando, flexível, amolecer |
| Emendador | Exu | Que emenda |
| Emitidor | Ogum | Que faz emitir |
| Emitidor | Olorum | Que faz emitir |
| Emlabirintado | Exu | O mesmo que alabirintar |
| Empanador | Pombagira | Cobrir de panos; embaciar, tirar o brilho a; impedir, encobrir, esconder |
| Empantanador | Nanã | Tornar pantanoso; alagar, encharcar |
| Empapador | Iemanjá | Embeber, mergulhar; tornar mole; ensopar, encharcar |
| Emparedador | Ogum | Encerrar entre paredes; clausurar |
| Emparelhador | Iansã | Pôr de par a par; jungir; tornar igual; rivalizar |
| Empecedor | Exu | Prejudicar, impedir, estorvar, obscurecer, |
| Empedernidor | Oxalá | Converter em pedra; tornar duro como pedra |
| Empedrador | Oxum | Calçar com pedras; tapar |
| Empenador | Exu | Torcer-se; deformar-se; fazer torcer, entortar |
| Emperlador | Iemanjá | Pôr pérola em; dar forma de pérola |
| Encabulador | Oxum | Que faz encabular |
| Encadeador | Pombagira | Deslumbrar, ofuscar, fascinar, alucinar |
| Encadeador | Ogum | Prender com cadeia; agriolhar, ligar |
| Encaminhador | Ogum | Mostrar o caminho a; guiar, conduzir, dirigir |

| FATOR | ORIXÁ | AÇÃO |
|---|---|---|
| Encanoador | Iemanjá | Fazer-se côncava, imitando a forma de uma canoa |
| Encantador | Oxum | Seduzir, cativar, arrebatar |
| Encapador | Exu | Meter ou envolver em capas |
| Encaracolador | Logunã | Dar a forma de caracol; envolver-se em espiral; torcer-se, enrolar-se |
| Encavador | Omolu | Abrir cava em; escavar |
| Encerrador | Xangô | Que faz encerrar |
| Encharcador | Nanã | Converter em charco; alagar |
| Enconchador | Oxum | Cobrir com uma concha; prover de concha |
| Encontrador | Oxum | Que faz encontrar |
| Encontrador | Ogum | Que faz encontrar |
| Encovador | Omolu | Meter em cova; enterrar; tornar encovado |
| Encrencador | Exu | Que cria encrenca |
| Encrespador | Iansã | Tornar crespo; frisar; encaracolar, levantar-se, agitar-se |
| Encruzador | Oxalá | Cruzar; pôr em forma de cruz |
| Encurtador | Omolu | Tornar curto, diminuir; abreviar, resumir |
| Encurvador | Obaluaiê | Tornar curvo, emborcar, dobrar-se |
| Endireitador | Ogum | Pôr direito; retificar, corrigir |
| Endurecedor | Xangô | Tornar duro, rijo, forte |
| Enfaixador | Oxum | Ligar, envolver em faixa |
| Enfeixador | Ogum | Atar em feixe; ajuntar, reunir |
| Enfileirador | Ogum | Dispor ou ordenar em renques ou fileiras, alinhar |
| Enfolhador | Oxóssi | Criar folhas, revestir-se de folhas |
| Engalhador | Oxóssi | Criar ramos ou galhos; ligar-se, prender-se |

| FATOR | ORIXÁ | AÇÃO |
|---|---|---|
| Enganador | Pombagira | Fazer cair em erro; seduzir; induzir a erro |
| Engolidor | Exu | Que engole |
| Enlaçador | Oxum | Prender com laços; atar, enlear |
| Enlodaçador | Exu | Converter em lodo |
| Enodador | Oxóssi | Enodar uma corda, dar-lhe nós, enchê-la de nós |
| Enovelador | Pombagira | Dobar, fazer em novelo; enroscar, enrolar, emaranhar |
| Enraiador | Iansã | Pôr os raios a |
| Enraizador | Obá | O mesmo que arraigar |
| Enredador | Iansã | Prender, colher em rede |
| Enrijecedor | Ogum | Tornar rijo, duro, forte, robusto |
| Enrouquecedor | Ogum | Que faz enrouquecer |
| Entendedor | Ogum | Que faz entender |
| Entortador | Exu | Tornar torto; dobrar, recurvar |
| Entrador | Exu | Que faz entrar |
| Entranqueirador | Ogum | Fortificar com tranqueiras; fortificar-se |
| Entravador | Exu | Travar, embaraçar, obstruir |
| Entrelaçador | Oxum | Enlaçar, entretecer; elear-se |
| Entrevador | Exu | Tornar paralítico; meter em trevas, |
| Entroncador | Ogum | Criar ou adquirir troco; engrossar; |
| Entupidor | Exu | Obstruir, tapar; entulhar |
| Enturvador | Exu | Tornar turvo; turvar |
| Envaginador | Oxum | Meter ou envolver como em bainha |
| Envasador | Oxum | Envasilhar; dar forma de vaso a, atolar |
| Envelhecedor | Oxalá | Tornar velho, fazer parecer velho |
| Envergador | Oxalá | Atar, enrolar, vergar |

| FATOR | ORIXÁ | AÇÃO |
|---|---|---|
| Envolvedor | Exu | Cobrir enrolando, enrolar, embrulhar, |
| Envolvedor | Logunã | Que faz envolver |
| Enxertador | Oxóssi | Fazer enxerto; inserir; introduzir |
| Equilibrador | Xangô | Pôr em equilíbrio; proporcionar, |
| Erodedor | Oxum | Corroer (pelas águas) |
| Errador | Exu | Que faz errar |
| Esburacador | Omolu | Fazer buracos em; |
| Escachador | Exu | Fender, separar, abrir à força; escancarar, alargar |
| Escancarador | Pombagira | Que escancara |
| Escandescedor | Oro Iná | Fazer em brasa; excitar, inflamar |
| Escaveirador | Omolu | Descarnar a (caveira); tornar em caveira |
| Esclarecedor | Ogum | Que esclarece |
| Esclarecedor | Oxum | Que faz esclarecer |
| Escoador | Omolu | Deixar escorrer; coar; sumir-se |
| Escolhedor | Ogum | Que faz escolher |
| Escondedor | Exu | Ocultar; encobrir; tapar; encobrir |
| Escrachador | Pombagira | Que torna escrachado |
| Escudador | Ogum | Cobrir, defender com escudo; cobrir-se |
| Escurecedor | Exu | Que faz escurecer |
| Esfacelador | Exu | Causar esfacelo a; arruinar-se, desfazer-se |
| Esgotador | Omolu | Tirar até a última gota; secar; haurir; |
| Esmaecedor | Pombagira | Desmaiar; perder a cor; esmorecer; |
| Espalhador | Iansã | Separar a palha de; dispersar, esparzir |
| Espertezador | Exu | Que torna esperto |

| FATOR | ORIXÁ | AÇÃO |
|---|---|---|
| Espiralador | Iansã | Subir em espiral; tomar a forma de espiral |
| Esporoador | Oxalá | Reduzir a pó; esterroar |
| Esquadrador | Oxalá | Cortar, riscar, dispor em esquadrias, |
| Esquecedor | Oxalá | Que faz esquecer |
| Estabilizador | Omolu | Estabelecer; tornar estável, inalterável |
| Estagnador | Omolu | Impedir que corra (um líquido); |
| Estancador | Omolu | Impedir que corra (um líquido); vedar, |
| Estandartizador | Ogum | Reduzir a um só tipo, modelo, norma |
| Estendedor | Logunã | Que faz estender |
| Esterilizador | Omolu | Tornar estéril; tornar inútil |
| Estiador | Logunã-Tempo | Serenar ou tornar-se seco; parar, cessar |
| Estimulador | Pombagira | Excitar, incitar, animar, encorajar |
| Estrangulador | Exu | Enforcar, afogar, esganar, apertar |
| Estreitador | Oxum | Tornar estreito, apertado, reduzir, |
| Estrelejador | Oxalá e Iemanjá | Estrelar-se, começar a encher-se de estrelas |
| Estremecedor | Xangô | Causar tremor a; sacudir, abalar |
| Estruturador | Oxalá | Fazer a estrutura de; |
| Esvaecedor | Pombagira | Desvanecer, desfazer, dissipar, evaporar |
| Esvaziador | Exu | Que esvazia |
| Eternizador | Logunã | Que faz eternizar |
| Evaporador | Oxumaré | Converter em vapor |
| Evazador | Omolu | Tornar oco; vazar; brocar |
| Evitador | Pombagira | Que evita |

| FATOR | ORIXÁ | AÇÃO |
|---|---|---|
| Evoluidor | Obaluaiê--Nanã | Envolver-se, evolucionar |
| Exatador | Ogum | Que torna exato |
| Excitador | Pombagira | Ativar a ação de; estimular, |
| Exclamador | Exu | Que faz exclamar |
| Executador | Ogum | Que faz executar |
| Exemplificador | Ogum | Que exemplifica |
| Exibidor | Pombagira | Que faz exibir |
| Exigidor | Xangô | Que exige |
| Eximidor | Ogum | Que faz eximir |
| Existencializador | Oxalá | Que faz existencializar |
| Existidor | Olorum | Que faz existir |
| Expedidor | Xangô | Remeter ao seu destino; despacho; |
| Explicador | Ogum | Que explica |
| Explodidor | Xangô | Rebentar com estrondo; fazer explosão |
| Extasiador | Pombagira | Causar êxtase, enlevo a; encantar |
| Extenuador | Omolu | Esgotar as forças a; debilitar, |
| Extinguidor | Ogum | Apagar; amortecer; gastar, dissipar |
| Extirpador | Ogum | Arrancar pela raiz; extinguir, destruir |
| Exumador | Obaluaiê | Desterrar; tirar da sepultura |
| Facetador | Oxalá | Lapidar; fazer facetas em; aprimorar |
| Facilitador | Oxum | Que faz facilitar |
| Faiscador | Xangô | Lançar faíscas; cintilar |
| Facinador | Pombagira | Subjugar, atrair com o olhar; atrair |
| Fatalizador | Exu | Que fataliza |

| FATOR | ORIXÁ | AÇÃO |
|---|---|---|
| Fazedor | Oxalá | Dar existência ou forma a; criar; |
| Fechador | Ogum | Cerrar, unir ou ajuntar; tornar fixo por meio |
| Fecundador | Oxum | Comunicar a (um germe) o princípio, a |
| Ferinidor | Pombagira | Que torna ferino |
| Ferrador | Ogum | Ornar ou guarnecer de ferro; marcar com |
| Ficador | Ogum | Que faz ficar |
| Filtrador | Omolu | Coar; fazer passar por filtro; inocular ou |
| Finalizador | Oxalá | Rematar, ultimar, concluir, acabar |
| Firmador | Ogum | Fazer firme, seguro, fixo |
| Fisgador | Exu | Agarrar com fisga; apanhar, prender |
| Fixador | Obá | Pregar, cravar; estabelecer, firmar |
| Flagelador | Omolu | Açoitar; bater com disciplina; atormentar, |
| Flamejador | Xangô | Lançar chamas, arder; brilhar, lançar raios |
| Flexibilizador | Obaluaiê | Tornar flexível |
| Florescedor | Oxum | Fazer brotar flores a; medrar, frutificar, |
| Fluidificador | Iemanjá | Tornar fluido; diluir-se |
| Foiceador | Omolu | Meter a foice; ceifar; foiçar |
| Forjador | Ogum | Trabalhar com forja; fabricar, invejar, |
| Formador | Ogum | Que faz formar |
| Formulador | Ogum | Que faz formular |
| Fortalecedor | Ogum | Tornar forte, guarnecer |
| Fracionador | Ogum | Partir, dividir em frações, fragmentos |

| FATOR | ORIXÁ | AÇÃO |
|---|---|---|
| Fragmentador | Ogum | Dividir, fazer em fragmentos, quebrar |
| Fraturador | Omolu | Provocam fratura em; partir qualquer osso de; |
| Fremidor | Ogum | Bramir, gemer, bramar, rugir; vibrar, tremer |
| Frenteador | Ogum | Que faz frente |
| Fulminador | Iansã | Ferir com o raio |
| Fundador | Oxalá | Construir, assentar os alicerces de; |
| Fundidor | Oro Iná | Derreter, liquefazer; organizar, incorporar |
| Furador | Ogum | Fazer furo, buraco ou rombo em; romper, |
| Fusionador | Iansã, | Fazer a fusão de; fundir, amalgamar |
| Ganchador | Exu | Agarrar com ganchos |
| Garfador | Exu | Revolver ou rasgar com garfo |
| Gargalhador | Pombagira | Que faz gargalhar |
| Gemedor | Exu | Que faz gemer |
| Gerador | Iemanjá | Criar, procriar, dar origem ou existência a, |
| Gerador | Iemanjá | Que faz gerar |
| Germinador | Oxum | Nascer, tomar incremento ou vulto; |
| Girador | Iansã | Andar à roda ou em giro; mover-se |
| Gostador | Logunã | Que faz gostar |
| Graduador | Xangô | Dividir em graus; ordenar em categorias; regular |
| Granulador | Oxum | Dar forma de grânulos a; reduzir a pequenos grãos |
| Gravitador | Oxalá | Andar em volta de um ponto fixo, atraído |

| FATOR | ORIXÁ | AÇÃO |
|---|---|---|
| Gritador | Exu | Que faz gritar |
| Guardador | Exu | Que guarda |
| Guardador | Ogum | Que faz guarda |
| Habilitador | Oxóssi | Tornar hábil, apto, capaz |
| Harmonizador | Oxum | Pôr em harmonia; congraçar, conciliar |
| Hierarquizador | Ogum | Organizar, segundo uma ordem hierárquica |
| Homogenizador | Oxalá | Tornar homogêneo |
| Iludidor | Exu | Causar a ilusão a; enganar, lograr, frustrar |
| Imaginador | Logunã | Que faz imaginar |
| Imanador | Oxalá | Magnetizar |
| Impedidor | Ogum | Que impede |
| Impedidor | Xangô | Que impede |
| Impedidor | Ogum | Que faz impedir |
| Impelidor | Iansã | Empurrar, arremessar, dirigir com força |
| Impenetrador | Ogum | Tornar impenetrável |
| Impetuador | Oxaguiã | Que torna impetuoso |
| Implicador | Ogum | Que faz implicar |
| Implorador | Exu | Que faz implorar |
| Inpositor | Ogum | Que impõe |
| Impossibilitador | Exu | Que impossibilita |
| Impressionador | Logunã | Que faz impressionar |
| Inabilitador | Exu | Que inabilita |
| Incandescedor | Oro Iná | Tornar candente; pôr em brasa |
| Incendedor | Oro Iná | Acender, inflamar, fazer arder; afoguear, |
| Incendiador | Xangô | Inflamar-se, excitar-se |
| Incertezador | Exu | Que cria incerteza |

| FATOR | ORIXÁ | AÇÃO |
|---|---|---|
| Incinerador | Omolu | Reduzir a cinzas; perder o ardor, o fogo |
| Incitador | Pombagira | Instigar, mover, impelir; provocar, desafiar; |
| Inclinador | Exu | Desviar da verticalidade; dar obliquidade a: |
| Incluidor | Oxalá | Encerrar, fechar (dentro de alguma coisa); |
| Incompatibilizador | Exu | Tornar incompatível, indispor, inimizar |
| Inconfidenciador | Pombagira | Que torna inconfidente |
| Incorporador | Oxum | Juntar num só corpo; unir, reunir, ligar |
| Indeferidor | Ogum | Que faz indeferir |
| Indicador | Ogum | Apontar, designar, mencionar |
| Inebriador | Pombagira | Que inebria |
| Inesquecedor | Ogum | Tornar inesquecível |
| Inexatador | Exu | Que torna inexato |
| Inibidor | Ogum | Proibir, impedir, embaraçar |
| Iniciador | Oxalá | Começar, principiar, admitir |
| Iniciador | Oxalá | Que faz iniciar |
| Ininterrupdor | Ogum | Que torna ininterrupto |
| Inovador | Oxum | Introduzir novidades |
| Insatisfador | Pombagira | Que torna insatisfeito |
| Inscrevedor | Oxalá | Que faz inscrever |
| Insensibilizador | Omolu | Tornar insensível |
| Integralizador | Ogum | Integrar, completar |
| Intencionalizador | Exu | Que faz intencionar |
| Intensificador | Obá | Tornar intenso, intensar |
| Intercalador | Ogum | Interpor; pôr de permeio |
| Interditador | Ogum | Que interdita |

| FATOR | ORIXÁ | AÇÃO |
|---|---|---|
| Interessador | Exu | Que faz interessar-se |
| Interiorizador | Oxalá | Que faz interiorizar |
| Interrompedor | Ogum | Romper a continuidade |
| Invertedor | Exu | Voltar, virar em sentido oposto |
| Invertedor | Exu | Que faz inverter |
| Irizador | Oxumaré | Matizar com as cores do arco-íris |
| Irradiador | Oxalá | Que faz irradiar |
| Irreconhecedor | Exu | Que torna |
| Irritador | Exu | Que faz irritar |
| Isolador | Exu | Separar dos objetos circunvizinhos |
| Justificador | Ogum | Que faz justificar |
| Laçador | Iansã | Prender com laço; atar; enlaçar |
| Lacrador | Oxum | Fechar com lacre; aplicar lacre em; |
| Ladeador | Exu-Ogum | Que faz ladear |
| Lamentador | Oxum | Que faz lamentar |
| Laminador | Ogum | Reduzir a lâminas; chapelar |
| Lançador | Iansã | Atirar com força; arremessar |
| Legalizador | Oxalá | Que torna legal |
| Legislador | Oxalá | Que faz legislar |
| Legitimador | Oxalá | Que faz legitimar |
| Levador | Logunã | Que faz levar |
| Levantador | Ogum | Que faz levantar |
| Ligador | Iansã | Atar, prender com laço |
| Liquefazedor | Iemanjá | Reduzir a líquido; derreter |
| Liquescedor | Iemanjá | Tornar-se líquido |
| Livrador | Oxum | Que faz livrar |
| Lutador | Exu-Ogum | Que faz lutar |

| FATOR | ORIXÁ | AÇÃO |
|---|---|---|
| Magnetizador | Oxalá | Comunicar o fluido magnético a; |
| Matinador | Ogum | Despertar, conservar desperto; adestrar |
| Melhorador | Oxum | Que faz melhorias |
| Mensurador | Ogum | Determinar a medida de; medir |
| Mineralizador | Oxum | Transformar em mineral |
| Minguador | Exu | Que faz minguar |
| Misteriador | Pombagira | Que faz mistério |
| Mobilizador | Iansã | Dar movimento a; pôr em movimento, circulação |
| Modelador | Oxalá | Fazer o modelo ou o molde de; dar forma a: |
| Moderador | Xangô | Regular, regrar, refrear, reger |
| Moribundador | Exu | Que torna moribundo |
| Motivador | Pombagira | Que motiva |
| Movimentador | Iansã | Dar movimento; agitar, mover |
| Mudador | Exu | Que faz mudar |
| Multiplicador | Orunmilá | Que faz multiplicar |
| Navalhador | Exu | O mesmo que anavalhar |
| Necessariador | Exu | Que faz necessário |
| Negativador | Exu | Tornar negativo |
| Neutralizador | Omolu | Declarar neutro, anular, inutilizar, destruir, |
| Nivelador | Oxalá | Medir com o nível; aplainar |
| Nomeador | Oxalá | Que naz nomear |
| Observador | Oxalá | Que faz observar |
| Obstruidor | Exu | Tapar, fechar, entupir |
| Ocultador | Exu | Não deixar ver; encobrir; esconder |
| Olvidador | Oxalá | Que torna inaudível |

| FATOR | ORIXÁ | AÇÃO |
|---|---|---|
| Omitidor | Exu | Que faz omitir |
| Ondeador | Oxumaré | Mover-se em ondulações; fazer ondas; |
| Opinador | Ogum | Que faz opinar |
| Opositor | Exu | Pôr defronte de; objetar; ser contrário a; |
| Ordenador | Ogum | Pôr por ordem; regular. Dispor; determinar; |
| Organizador | Oxalá | Constituir, formar, arranjar, estabelecer as |
| Orientador | Ogum | Determinar; dirigir; encaminhar; nortear |
| Oscilador | Pombagira | Balançar-se, mover-se alternadamente em |
| Ostentador | Pombagira | Que faz ostentar |
| Pacificador | Oxalá | Restituir à paz, pôr em paz; tranquilizar-se |
| Padronizador | Oxalá | Servir de padrão, de modela a |
| Parador | Ogum | Que faz parar |
| Paralisador | Omolu | Tornar paralítico; entorpecer; suspender, |
| Potencializador | Ogum | Tornar potente; reforçar |
| Parcializador | Ogum | Que parcializa |
| Parecedor | Ogum | Que faz parecer |
| Particularizador | Oxum | Que particulariza |
| Partilhador | Ogum | Que partilha |
| Passador | Ogum | Que faz passar |
| Pedidor | Exu | Que faz pedir |
| Pegador | Ogum | Que faz pegar |
| Penalizador | Ogum | Que penaliza |
| Pensador | Oxalá | Que faz pensar |
| Percebedor | Ogum | Que faz perceber |

| FATOR | ORIXÁ | AÇÃO |
|---|---|---|
| Percorredor | Ogum | Que faz percorrer |
| Perdedor | Exu | Que faz perder |
| Perdoador | Oxalá | Que faz perdoar |
| Perguntador | Pombagira | Que faz perguntar |
| Permitidor | Exu | Que faz permitir |
| Picador | Exu | Que faz picar |
| Piorador | Exu | Que torna pior |
| Poedor | Pombagira | Que faz pôr |
| Portador | Ogum | Que porta |
| Possibilitador | Ogum | Que torna possivel |
| Possuidor | Exu | Que faz possuir |
| Potencializador | Ogum | Tornar potente; reforçar |
| Potencializador | Ogum | Que torna potente |
| Precipitador | Exu | Que faz precipitar |
| Preferidor | Ogum | Que faz preferências |
| Preferidor | Ogum | Que faz preferir |
| Preocupador | Exu | Que cria preocupação |
| Prevenidor | Ogum | Que faz prevenir |
| Problematizador | Pombagira | Que cria problemas |
| Problematizador | Pombagira | Que torna problemático |
| Propunhador | Logunã | Que faz propor |
| Provocador | Exu | Que faz provocar |
| Purificador | Xangô | Tornar puro; limpar, isentar |
| Puxador | Oxaguiã | Que puxa |
| Quantificador | Ogum | Que faz quantificar |
| Quebrador | Ogum | Reduzir a pedaços; fragmentar |
| Queredor | Ogum | Que faz querer |
| Racionalizador | Obá | Tornar racional; tornar reflexível |
| Rareador | Iansã | Tornar raro, menos denso; |
| Rebaixador | Omolu | Tornar mais baixo; aviltar, abater |

| FATOR | ORIXÁ | AÇÃO |
|---|---|---|
| Rebolador | Pombagira | Que faz rebolar |
| Recebedor | Oxum | Que faz receber |
| Recebedor | Exu | Que recebe |
| Recebedor | Oxalá | Que faz receber |
| Recolhedor | Ogum | Que recolhe |
| Recolhedor | Oxum | Que faz recolher |
| Recolhedor | Ogum | Que faz recolher |
| Recomendador | Ogum | Que recomenda |
| Recorredor | Ogum | Que faz recorrer |
| Reduzidor | Oxum | Tornar menor; subjugar, submeter |
| Refazedor | Oxumaré | Fazer novamente; corrigir; restaurar |
| Refinador | Oxalá | Tornar mais fino |
| Refletidor | Exu | Que reflete |
| Reforçador | Xangô | Tornar mais forte |
| Reformador | Ogum | Formar novamente; reconstruir, reorganizar |
| Reformulador | Oxaguiã | Que faz reformular |
| Regedor | Ogum | Governar, administrar, dirigir |
| Regedor | Oxalá | Que faz reger |
| Registrador | Ogum | Que registra |
| Regojizador | Pombagira | Que faz regojizar |
| Regrador | Ogum | Que faz regra |
| Regulador | Ogum | Sujeitar a regrar; regrar; dirigir; moderar, |
| Reintegrador | Ogum | Que faz reintegrar |
| Revelador | Ogum | Que faz revelar |
| Removedor | Iansã | Mover novamente; afastar; transferir, demitir |
| Rendador | Pombagira | Guarnecer de renda |
| Rendilhador | Pombagira | Ornar de rendilhas |

| FATOR | ORIXÁ | AÇÃO |
|---|---|---|
| Renovador | Oxumaré | Tornar novo; mudar ou modificar para melhor |
| Reparador | Oxalá | Notar, observar; remediar, refazer, restaurar |
| Repetidor | Exu | Que faz repetir |
| Replicador | Oxum | Que replica |
| Repositor | Oxalá | Pôr de novo; restituir |
| Reprimidor | Omolu | Suster, conter a ação ou o movimento de; |
| Reprodutor | Ogum | Tornar a produzir; imitar, copiar, renovar-se |
| Repulsador | Oxum | Repelir; afastar, recusar, rejeitar |
| Requebrador | Pombagira | Que faz requebrar |
| Resolvedor | Ogum | Que faz resolver |
| Resplandecedor | Oxalá | Que faz resplandecer |
| Responsabilizador | Ogum | Que responsabiliza |
| Restador | Exu | Que faz restos |
| Restador | Exu | Que faz restar |
| Restaurador | Oxalá | Recuperar, reconquistar; reparar, concertar, |
| Resultador | Logunã | Que faz resultar |
| Retedor | Ogum | Segurar, ter firme; deter, conter, refrear |
| Retificador | Ogum | Que retifica |
| Retilineador | Oxalá | Que torna reto |
| Retirador | Ogum | Que faz retirar-se |
| Retomador | Ogum | Que faz retomar |
| Retornador | Logunã | Regressar, voltar, restituir; fazer voltar, tornar |
| Retraidor | Oxalá | Puxar a si; recolher; recuar; impedir; afastar-se |
| Reunidor | Oxalá | Tornar a unir; conciliar, harmonizar |

| FATOR | ORIXÁ | AÇÃO |
|---|---|---|
| Revertedor | Logunã | Regressar; voltar, retroceder |
| Revolvedor | Iansã | Volver muito, agitar, remexer, misturar, girar |
| Ridente | Pombagira | Que faz rir |
| Rigorizador | Ogum | Que torna rigoroso |
| Rodeador | Ogum | Pôr ao redor, circundar |
| Rompedor | Ogum | Partir, despedaçar, estragar, rasgar; abrir à força |
| Sabedor | Oxalá | Que faz saber |
| Saneador | Obaluaiê | Tornar são, habitável ou respirável, |
| Satisfador | Ogum | Que dá satisfação |
| Saturador | Oxalá | Fartar, encher, saciar |
| Secador | Omolu | Enxugar, tirar ou fazer evaporar a |
| Sedimentador | Obaluaiê | Formar sedimento |
| Sedutor | Pombagira | Fazer cair em erro; iludir |
| Segmentador | Exu | Dividir em segmento |
| Segregador | Exu | Pôr de lado; separar; expelir, isolar |
| Sensibilizados | Oxum | Tornar sensível, comover, abrandar o coração a |
| Sensualizador | Pombagira | Tornar sensual; incitar aos prazeres sensuais |
| Sentenciador | Xangô | Que faz sentença |
| Separador | Exu | Desunir, apartar, dividir, isolar |
| Setuplicador | Oxalá | Multiplicar por sete; tornar sete vezes maior |
| Sextuplicador | Xangô | Tornar seis vezes maior |
| Sextavador | Xangô | Talhar em forma sextangular; dar seis faces a |
| Significador | Ogum | Que dá significado |
| Sofredor | Exu | Que faz sofrer |

| FATOR | ORIXÁ | AÇÃO |
|---|---|---|
| Soldador | Ogum | Que faz soldar |
| Soldador | Oxum | Unir com solda; fazer unir, cerrar |
| Solicitador | Oxalá | Que faz solicitar |
| Solicitador | Ogum | Que faz solicitar |
| Solidificador | Oxalá | Tornar sólido; congelar |
| Solubilizador | Oxumaré | Solubilizar uma substância, torná-la solúvel |
| Solucionador | Logunã | Que faz solucionar |
| Solucionador | Logunã | Que cria soluções |
| Somador | Oxum | Que faz somar |
| Sonorizador | Xangô | Que faz sonorizar |
| Sortilegiador | Pombagira | Que faz sortilégio |
| Sublimador | Oxalá | Elevar a grande altura; purificar; exaltar |
| Substituidor | Exu | Que faz substituir |
| Sugestionador | Exu | Que sugestiona |
| Suicidador | Exu | Que faz suicidar |
| Surgidor | Logunã | Que faz surgir |
| Suspendedor | Oxalá | Que faz suspender |
| Taceador | Oxum | Que dá forma de taça |
| Tecedor | Iansã | Entrelaçar, fazer (teias), urdir, tramar, |
| Temporalizador | Logunã | O mesmo que secularizar |
| Temporizador | Oxalá | Demorar, retardar, adiar, contemporizar |
| Tentador | Pombagira | Que tenta, tentação |
| Tentador | Exu | Que faz tentar |
| Testemunhador | Ogum | Que faz testemunhar |
| Titubeador | Oxum | Que faz titubear |
| Tornador | Oxum | Que faz tornar |
| Tortuador | Exu | Que torna tortuoso |

| FATOR | ORIXÁ | AÇÃO |
|---|---|---|
| Totalizador | Ogum | Que faz totalizar |
| Tragador | Oxaguiã | Devorar; engolir avidamente; absorver |
| Trancador | Ogum | Frechar, segurar, travar com tranca, |
| Tranqueirador | Exu | Pôr tranqueira em; atravancar |
| Transferidor | Ogum | Deslocar; fazer passar; ceder, |
| Transmitidor | Oxalá | Que faz transmitir |
| Transmutador | Obaluaiê - Nanã | Transformar, converter, transferir |
| Trazedor | Exu | Que traz |
| Trazedor | Logunã | Que faz trazer |
| Tremulador | Iansã | Mover, agir, vibrar, agitar |
| Trifurcador | Exu | Dividir em três ramos ou parte |
| Trilhador | Exu | Que faz trilhar |
| Trincador | Exu | Cortar, partir com os dentes; morder, picar, mastigar |
| Tripudiador | Pombagira | Que tripudia |
| Tumulizador | Exu | Tumular, sepultar |
| Usador | Exu | Que usa, usara |
| Vencedor | Ogum | Que faz vencer |
| Vigiador | Ogum | Que faz vigiar |
| Vigorizador | Exu | Dar vigor a; fortalecer; vigorar |
| Vingador | Pombagira | Que vinga |
| Virador | Oiá-Tempo | Volver, voltar; mudar de um lado para outro a |
| Virador | Logunã | Que faz virar |
| Vitalizador | Oxalá | Restituir à vida; dar nova vida a |
| Vivificador | Oxalá | Dar a vida a; reanimar; reviver |
| Voltador | Oiá-Tempo | Ir, regressar; tornar, recomeçar |
| Voltador | Ogum | Que faz voltar |